Il Vangelo

I Vangeli
Atti degli Apostoli
Lettere
Apocalisse

Prima edizione Maggio 2010
ISBN: 9781520510101

I Vangeli

Vangelo secondo Matteo

1

[1] Genealogia di Gesù Cristo figlio di Davide, figlio di Abramo. *[2]* Abramo generò Isacco, Isacco generò Giacobbe, Giacobbe generò Giuda e i suoi fratelli, *[3]* Giuda generò Fares e Zara da Tamar, Fares generò Esròm, Esròm generò Aram, *[4]* Aram generò Aminadàb, Aminadàb generò Naassòn, Naassòn generò Salmòn, *[5]* Salmòn generò Booz da Racab, Booz generò Obed da Rut, Obed generò Iesse, *[6]* Iesse generò il re Davide.

Davide generò Salomone da quella che era stata la moglie di Urìa, *[7]* Salomone generò Roboamo, Roboamo generò Abìa, Abìa generò Asàf, *[8]* Asàf generò Giòsafat, Giòsafat generò Ioram, Ioram generò Ozia, *[9]* Ozia generò Ioatam, Ioatam generò Acaz, Acaz generò Ezechia, *[10]* Ezechia generò Manasse, Manasse generò Amos, Amos generò Giosia, *[11]* Giosia generò Ieconia e i suoi fratelli, al tempo della deportazione in Babilonia.

[12] Dopo la deportazione in Babilonia, Ieconia generò Salatiel, Salatiel generò Zorobabèle, *[13]* Zorobabèle generò Abiùd, Abiùd generò Elìacim, Elìacim generò Azor, *[14]* Azor generò Sadoc, Sadoc generò Achim, Achim generò Eliùd, *[15]* Eliùd generò Eleàzar, Eleàzar generò Mattan, Mattan generò Giacobbe, *[16]* Giacobbe generò Giuseppe, lo sposo di Maria, dalla quale è nato Gesù chiamato Cristo.

[17] La somma di tutte le generazioni, da Abramo a Davide, è così di quattordici; da Davide fino alla deportazione in Babilonia è ancora di quattordici; dalla deportazione in Babilonia a Cristo è, infine, di quattordici.

[18] Ecco come avvenne la nascita di Gesù Cristo: sua madre Maria, essendo promessa sposa di Giuseppe, prima che andassero a vivere insieme si trovò incinta per opera dello Spirito Santo. *[19]* Giuseppe suo sposo, che era giusto e non voleva ripudiarla, decise di licenziarla in segreto. *[20]* Mentre però stava pensando a queste cose, ecco che gli apparve in sogno un angelo del Signore e gli disse: "Giuseppe, figlio di Davide, non temere di prendere con te Maria, tua sposa, perché quel che è generato in lei viene dallo Spirito Santo. *[21]* Essa partorirà un figlio e tu lo

chiamerai Gesù: egli infatti salverà il suo popolo dai suoi peccati". [22] Tutto questo avvenne perché si adempisse ciò che era stato detto dal Signore per mezzo del profeta:

[23] *Ecco, la vergine concepirà e partorirà un figlio*
che sarà chiamato Emmanuele,

che significa *Dio con noi*. [24] Destatosi dal sonno, Giuseppe fece come gli aveva ordinato l'angelo del Signore e prese con sé la sua sposa, [25] la quale, senza che egli la conoscesse, partorì un figlio, che egli chiamò Gesù.

2

[1] Gesù nacque a Betlemme di Giudea, al tempo del re Erode. Alcuni Magi giunsero da oriente a Gerusalemme e domandavano: [2] "Dov'è il re dei Giudei che è nato? Abbiamo visto sorgere la sua stella, e siamo venuti per adorarlo". [3] All'udire queste parole, il re Erode restò turbato e con lui tutta Gerusalemme. [4] Riuniti tutti i sommi sacerdoti e gli scribi del popolo, s'informava da loro sul luogo in cui doveva nascere il Messia. [5] Gli risposero: "A Betlemme di Giudea, perché così è scritto per mezzo del profeta:

[6] *E tu, Betlemme, terra di Giuda,*
non sei davvero il più piccolo capoluogo di Giuda:
da te uscirà infatti un capo
che pascerà il mio popolo, Israele.

[7] Allora Erode, chiamati segretamente i Magi, si fece dire con esattezza da loro il tempo in cui era apparsa la stella [8] e li inviò a Betlemme esortandoli: "Andate e informatevi accuratamente del bambino e, quando l'avrete trovato, fatemelo sapere, perché anch'io venga ad adorarlo".
[9] Udite le parole del re, essi partirono. Ed ecco la stella, che avevano visto nel suo sorgere, li precedeva, finché giunse e si fermò sopra il luogo dove si trovava il bambino. [10] Al vedere la stella, essi provarono una grandissima gioia. [11] Entrati nella casa, videro il bambino con Maria sua madre, e prostratisi lo adorarono. Poi aprirono i loro scrigni e gli offrirono in dono oro, incenso e mirra. [12] Avvertiti poi in sogno di non tornare da Erode, per un'altra strada fecero ritorno al loro paese.
[13] Essi erano appena partiti, quando un angelo del Signore apparve in sogno a Giuseppe e gli disse: "Alzati, prendi con te il bambino e sua madre e fuggi in Egitto, e resta là finché non ti avvertirò, perché Erode sta cercando il bambino per ucciderlo".
[14] Giuseppe, destatosi, prese con sé il bambino e sua madre nella notte e fuggì in Egitto, [15] dove rimase fino alla morte di Erode, perché si adempisse ciò che era stato detto dal Signore per mezzo del profeta:

[16] Erode, accortosi che i Magi si erano presi gioco di lui, s'infuriò e mandò ad uccidere tutti i bambini di Betlemme e del suo territorio dai due anni in giù, corrispondenti al tempo su cui era stato informato dai Magi. *[17]* Allora si adempì quel che era stato detto per mezzo del profeta Geremia:

[18] Un grido è stato udito in Rama,
un pianto e un lamento grande;
Rachele piange i suoi figli
e non vuole essere consolata, perché non sono più.

[19] Morto Erode, un angelo del Signore apparve in sogno a Giuseppe in Egitto *[20]* e gli disse: "Alzati, prendi con te il bambino e sua madre e va' nel paese d'Israele; perché sono morti coloro che insidiavano la vita del bambino". *[21]* Egli, alzatosi, prese con sé il bambino e sua madre, ed entrò nel paese d'Israele. *[22]* Avendo però saputo che era re della Giudea Archelào al posto di suo padre Erode, ebbe paura di andarvi. Avvertito poi in sogno, si ritirò nelle regioni della Galilea *[23]* e, appena giunto, andò ad abitare in una città chiamata Nàzaret, perché si adempisse ciò che era stato detto dai profeti: "Sarà chiamato Nazareno".

3

[1] In quei giorni comparve Giovanni il Battista a predicare nel deserto della Giudea, *[2]* dicendo: "Convertitevi, perché il regno dei cieli è vicino!".
[3] Egli è colui che fu annunziato dal profeta Isaia quando disse:

Voce di uno che grida nel deserto:
Preparate la via del Signore,
raddrizzate i suoi sentieri!

[4] Giovanni portava un vestito di peli di cammello e una cintura di pelle attorno ai fianchi; il suo cibo erano locuste e miele selvatico. *[5]* Allora accorrevano a lui da Gerusalemme, da tutta la Giudea e dalla zona adiacente il Giordano; *[6]* e, confessando i loro peccati, si facevano battezzare da lui nel fiume Giordano.
[7] Vedendo però molti farisei e sadducei venire al suo battesimo, disse loro: "Razza di vipere! Chi vi ha suggerito di sottrarvi all'ira imminente? *[8]* Fate dunque frutti degni di conversione, *[9]* e non crediate di poter dire fra voi: Abbiamo Abramo per padre. Vi dico che Dio può far sorgere figli di Abramo da queste pietre. *[10]* Già la scure è posta alla radice degli alberi: ogni albero che non produce frutti buoni viene tagliato e gettato nel fuoco. *[11]* Io vi battezzo con acqua per la conversione; ma colui che viene dopo di me è più potente di me e io non son degno neanche di portargli i sandali; egli vi battezzerà in Spirito santo e fuoco. *[12]* Egli ha in mano il ventilabro,

pulirà la sua aia e raccoglierà il suo grano nel granaio, ma brucerà la pula con un fuoco inestinguibile".

[13] In quel tempo Gesù dalla Galilea andò al Giordano da Giovanni per farsi battezzare da lui. *[14]* Giovanni però voleva impedirglielo, dicendo: "Io ho bisogno di essere battezzato da te e tu vieni da me?". *[15]* Ma Gesù gli disse: "Lascia fare per ora, poiché conviene che così adempiamo ogni giustizia". Allora Giovanni acconsentì. *[16]* Appena battezzato, Gesù uscì dall'acqua: ed ecco, si aprirono i cieli ed egli vide lo Spirito di Dio scendere come una colomba e venire su di lui. *[17]* Ed ecco una voce dal cielo che disse: "Questi è il *Figlio mio prediletto, nel quale mi sono compiaciuto*".

4

[1] Allora Gesù fu condotto dallo Spirito nel deserto per esser tentato dal diavolo. *[2]* E dopo aver digiunato quaranta giorni e quaranta notti, ebbe fame. *[3]* Il tentatore allora gli si accostò e gli disse: "Se sei Figlio di Dio, di' che questi sassi diventino pane". *[4]* Ma egli rispose: "Sta scritto:

Non di solo pane vivrà l'uomo,
ma di ogni parola che esce dalla bocca di Dio".

[5] Allora il diavolo lo condusse con sé nella città santa, lo depose sul pinnacolo del tempio *[6]* e gli disse: "Se sei Figlio di Dio, gettati giù, poiché sta scritto:

Ai suoi angeli darà ordini a tuo riguardo,
ed essi ti sorreggeranno con le loro mani,
perché non abbia a urtare contro un sasso il tuo piede".

[7] Gesù gli rispose: "Sta scritto anche:

Non tentare il Signore Dio tuo".

[8] Di nuovo il diavolo lo condusse con sé sopra un monte altissimo e gli mostrò tutti i regni del mondo con la loro gloria e gli disse: *[9]* "Tutte queste cose io ti darò, se, prostrandoti, mi adorerai". *[10]* Ma Gesù gli rispose: "Vattene, satana! Sta scritto:

Adora il Signore Dio tuo
e a lui solo rendi culto".

[11] Allora il diavolo lo lasciò ed ecco angeli gli si accostarono e lo servivano.

[12] Avendo intanto saputo che Giovanni era stato arrestato, Gesù si ritirò nella Galilea *[13]* e, lasciata Nàzaret, venne ad abitare a Cafàrnao, presso il mare, nel territorio di Zàbulon e di Nèftali, *[14]* perché si adempisse ciò che era stato detto per mezzo del profeta Isaia:

[15] Il paese di Zàbulon e il paese di Nèftali,
sulla via del mare, al di là del Giordano,
Galilea delle genti;
[16] il popolo immerso nelle tenebre
ha visto una grande luce;
su quelli che dimoravano in terra e ombra di morte
una luce si è levata.

[17] Da allora Gesù cominciò a predicare e a dire: "Convertitevi, perché il regno dei cieli è vicino".

[18] Mentre camminava lungo il mare di Galilea vide due fratelli, Simone, chiamato Pietro, e Andrea suo fratello, che gettavano la rete in mare, poiché erano pescatori. *[19]* E disse loro: "Seguitemi, vi farò pescatori di uomini". *[20]* Ed essi subito, lasciate le reti, lo seguirono. *[21]* Andando oltre, vide altri due fratelli, Giacomo di Zebedèo e Giovanni suo fratello, che nella barca insieme con Zebedèo, loro padre, riassettavano le reti; e li chiamò. *[22]* Ed essi subito, lasciata la barca e il padre, lo seguirono.

[23] Gesù andava attorno per tutta la Galilea, insegnando nelle loro sinagoghe e predicando la buona novella del regno e curando ogni sorta di malattie e di infermità nel popolo. *[24]* La sua fama si sparse per tutta la Siria e così condussero a lui tutti i malati, tormentati da varie malattie e dolori, indemoniati, epilettici e paralitici; ed egli li guariva. *[25]* E grandi folle cominciarono a seguirlo dalla Galilea, dalla Decàpoli, da Gerusalemme, dalla Giudea e da oltre il Giordano.

5

[1] Vedendo le folle, Gesù salì sulla montagna e, messosi a sedere, gli si avvicinarono i suoi discepoli. *[2]* Prendendo allora la parola, li ammaestrava dicendo:

[3] "Beati i poveri in spirito, perché di essi è il regno dei cieli. *[4]* Beati gli afflitti, perché saranno consolati. *[5]* Beati i miti, perché erediteranno la terra. *[6]* Beati quelli che hanno fame e sete della giustizia, perché saranno saziati. *[7]* Beati i misericordiosi, perché troveranno misericordia. *[8]* Beati i puri di cuore, perché vedranno Dio. *[9]* Beati gli operatori di pace, perché saranno chiamati figli di Dio. *[10]* Beati i perseguitati per causa della giustizia, perché di essi è il regno dei cieli.

[11] Beati voi quando vi insulteranno, vi perseguiteranno e, mentendo, diranno ogni sorta di male contro di voi per causa mia. *[12]* Rallegratevi ed esultate, perché grande è la vostra ricompensa nei cieli. Così infatti hanno perseguitato i profeti prima di voi.

[13] Voi siete il sale della terra; ma se il sale perdesse il sapore, con che cosa lo si potrà render salato? A null'altro serve che ad essere gettato via e calpestato dagli uomini.

[14] Voi siete la luce del mondo; non può restare nascosta una città collocata sopra un monte, *[15]* né si accende una lucerna per metterla sotto il moggio, ma sopra il

lucerniere perché faccia luce a tutti quelli che sono nella casa. *[16]* Così risplenda la vostra luce davanti agli uomini, perché vedano le vostre opere buone e rendano gloria al vostro Padre che è nei cieli.

[17] Non pensate che io sia venuto ad abolire la Legge o i Profeti; non son venuto per abolire, ma per dare compimento. *[18]* In verità vi dico: finché non siano passati il cielo e la terra, non passerà neppure un iota o un segno dalla legge, senza che tutto sia compiuto. *[19]* Chi dunque trasgredirà uno solo di questi precetti, anche minimi, e insegnerà agli uomini a fare altrettanto, sarà considerato minimo nel regno dei cieli. Chi invece li osserverà e li insegnerà agli uomini, sarà considerato grande nel regno dei cieli.

[20] Poiché io vi dico: se la vostra giustizia non supererà quella degli scribi e dei farisei, non entrerete nel regno dei cieli.

[21] Avete inteso che fu detto agli antichi: *Non uccidere*; chi avrà ucciso sarà sottoposto a giudizio. *[22]* Ma io vi dico: chiunque si adira con il proprio fratello, sarà sottoposto a giudizio. Chi poi dice al fratello: stupido, sarà sottoposto al sinedrio; e chi gli dice: pazzo, sarà sottoposto al fuoco della Geenna.

[23] Se dunque presenti la tua offerta sull'altare e lì ti ricordi che tuo fratello ha qualche cosa contro di te, *[24]* lascia lì il tuo dono davanti all'altare e va' prima a riconciliarti con il tuo fratello e poi torna ad offrire il tuo dono.

[25] Mettiti presto d'accordo con il tuo avversario mentre sei per via con lui, perché l'avversario non ti consegni al giudice e il giudice alla guardia e tu venga gettato in prigione. *[26]* In verità ti dico: non uscirai di là finché tu non abbia pagato fino all'ultimo spicciolo!

[27] Avete inteso che fu detto: *Non commettere adulterio*; *[28]* ma io vi dico: chiunque guarda una donna per desiderarla, ha già commesso adulterio con lei nel suo cuore.

[29] Se il tuo occhio destro ti è occasione di scandalo, cavalo e gettalo via da te: conviene che perisca uno dei tuoi membri, piuttosto che tutto il tuo corpo venga gettato nella Geenna. *[30]* E se la tua mano destra ti è occasione di scandalo, tagliala e gettala via da te: conviene che perisca uno dei tuoi membri, piuttosto che tutto il tuo corpo vada a finire nella Geenna.

[31] Fu pure detto: *Chi ripudia la propria moglie, le dia l'atto di ripudio*; *[32]* ma io vi dico: chiunque ripudia sua moglie, eccetto il caso di concubinato, la espone all'adulterio e chiunque sposa una ripudiata, commette adulterio.

[33] Avete anche inteso che fu detto agli antichi: *Non spergiurare, ma adempi con il Signore i tuoi giuramenti*; *[34]* ma io vi dico: non giurate affatto: né per *il cielo*, perché è *il trono di Dio*; *[35]* né per *la terra*, perché è *lo sgabello per i suoi piedi*; né per *Gerusalemme*, perché è *la città del gran re*. *[36]* Non giurare neppure per la tua testa, perché non hai il potere di rendere bianco o nero un solo capello. *[37]* Sia invece il vostro parlare sì, sì; no, no; il di più viene dal maligno.

[38] Avete inteso che fu detto: *Occhio per occhio e dente per dente*; *[39]* ma io vi dico di non opporvi al malvagio; anzi se uno ti percuote la guancia destra, tu porgigli anche l'altra; *[40]* e a chi ti vuol chiamare in giudizio per toglierti la tunica, tu lascia

anche il mantello. *[41]* E se uno ti costringerà a fare un miglio, tu fanne con lui due. *[42]* Da' a chi ti domanda e a chi desidera da te un prestito non volgere le spalle.

[43] Avete inteso che fu detto: *Amerai il tuo prossimo* e odierai il tuo nemico; *[44]* ma io vi dico: amate i vostri nemici e pregate per i vostri persecutori, *[45]* perché siate figli del Padre vostro celeste, che fa sorgere il suo sole sopra i malvagi e sopra i buoni, e fa piovere sopra i giusti e sopra gli ingiusti. *[46]* Infatti se amate quelli che vi amano, quale merito ne avete? Non fanno così anche i pubblicani? *[47]* E se date il saluto soltanto ai vostri fratelli, che cosa fate di straordinario? Non fanno così anche i pagani? *[48]* Siate voi dunque perfetti come è perfetto il Padre vostro celeste.

6

[1] Guardatevi dal praticare le vostre buone opere davanti agli uomini per essere da loro ammirati, altrimenti non avrete ricompensa presso il Padre vostro che è nei cieli. *[2]* Quando dunque fai l'elemosina, non suonare la tromba davanti a te, come fanno gli ipocriti nelle sinagoghe e nelle strade per essere lodati dagli uomini. In verità vi dico: hanno già ricevuto la loro ricompensa. *[3]* Quando invece tu fai l'elemosina, non sappia la tua sinistra ciò che fa la tua destra, *[4]* perché la tua elemosina resti segreta; e il Padre tuo, che vede nel segreto, ti ricompenserà.

[5] Quando pregate, non siate simili agli ipocriti che amano pregare stando ritti nelle sinagoghe e negli angoli delle piazze, per essere visti dagli uomini. In verità vi dico: hanno già ricevuto la loro ricompensa. *[6]* Tu invece, quando preghi, entra nella tua camera e, chiusa la porta, prega il Padre tuo nel segreto; e il Padre tuo, che vede nel segreto, ti ricompenserà.

[7] Pregando poi, non sprecate parole come i pagani, i quali credono di venire ascoltati a forza di parole. *[8]* Non siate dunque come loro, perché il Padre vostro sa di quali cose avete bisogno ancor prima che gliele chiediate. *[9]* Voi dunque pregate così:
Padre nostro che sei nei cieli, sia santificato il tuo nome; *[10]* venga il tuo regno; sia fatta la tua volontà, come in cielo così in terra. *[11]* Dacci oggi il nostro pane quotidiano,
[12] e rimetti a noi i nostri debiti come noi li rimettiamo ai nostri debitori, *[13]* e non ci indurre in tentazione, ma liberaci dal male.

[14] Se voi infatti perdonerete agli uomini le loro colpe, il Padre vostro celeste perdonerà anche a voi; *[15]* ma se voi non perdonerete agli uomini, neppure il Padre vostro perdonerà le vostre colpe.

[16] E quando digiunate, non assumete aria malinconica come gli ipocriti, che si sfigurano la faccia per far vedere agli uomini che digiunano. In verità vi dico: hanno già ricevuto la loro ricompensa.

[17] Tu invece, quando digiuni, profumati la testa e lavati il volto, *[18]* perché la gente non veda che tu digiuni, ma solo tuo Padre che è nel segreto; e il Padre tuo, che

vede nel segreto, ti ricompenserà.

[19] Non accumulatevi tesori sulla terra, dove tignola e ruggine consumano e dove ladri scassinano e rubano; *[20]* accumulatevi invece tesori nel cielo, dove né tignola né ruggine consumano, e dove ladri non scassinano e non rubano. *[21]* Perché là dov'è il tuo tesoro, sarà anche il tuo cuore.

[22] La lucerna del corpo è l'occhio; se dunque il tuo occhio è chiaro, tutto il tuo corpo sarà nella luce; *[23]* ma se il tuo occhio è malato, tutto il tuo corpo sarà tenebroso. Se dunque la luce che è in te è tenebra, quanto grande sarà la tenebra!

[24] Nessuno può servire a due padroni: o odierà l'uno e amerà l'altro, o preferirà l'uno e disprezzerà l'altro: non potete servire a Dio e a mammona.

[25] Perciò vi dico: per la vostra vita non affannatevi di quello che mangerete o berrete, e neanche per il vostro corpo, di quello che indosserete; la vita forse non vale più del cibo e il corpo più del vestito? *[26]* Guardate gli uccelli del cielo: non seminano, né mietono, né ammassano nei granai; eppure il Padre vostro celeste li nutre. Non contate voi forse più di loro? *[27]* E chi di voi, per quanto si dia da fare, può aggiungere un'ora sola alla sua vita? *[28]* E perché vi affannate per il vestito? Osservate come crescono i gigli del campo: non lavorano e non filano. *[29]* Eppure io vi dico che neanche Salomone, con tutta la sua gloria, vestiva come uno di loro. *[30]* Ora se Dio veste così l'erba del campo, che oggi c'è e domani verrà gettata nel forno, non farà assai più per voi, gente di poca fede? *[31]* Non affannatevi dunque dicendo: Che cosa mangeremo? Che cosa berremo? Che cosa indosseremo? *[32]* Di tutte queste cose si preoccupano i pagani; il Padre vostro celeste infatti sa che ne avete bisogno. *[33]* Cercate prima il regno di Dio e la sua giustizia, e tutte queste cose vi saranno date in aggiunta. *[34]* Non affannatevi dunque per il domani, perché il domani avrà già le sue inquietudini. A ciascun giorno basta la sua pena.

7

[1] Non giudicate, per non essere giudicati; *[2]* perché col giudizio con cui giudicate sarete giudicati, e con la misura con la quale misurate sarete misurati. *[3]* Perché osservi la pagliuzza nell'occhio del tuo fratello, mentre non ti accorgi della trave che hai nel tuo occhio? *[4]* O come potrai dire al tuo fratello: permetti che tolga la pagliuzza dal tuo occhio, mentre nell'occhio tuo c'è la trave? *[5]* Ipocrita, togli prima la trave dal tuo occhio e poi ci vedrai bene per togliere la pagliuzza dall'occhio del tuo fratello.

[6] Non date le cose sante ai cani e non gettate le vostre perle davanti ai porci, perché non le calpestino con le loro zampe e poi si voltino per sbranarvi.

[7] Chiedete e vi sarà dato; cercate e troverete; bussate e vi sarà aperto; *[8]* perché chiunque chiede riceve, e chi cerca trova e a chi bussa sarà aperto. *[9]* Chi tra di voi al figlio che gli chiede un pane darà una pietra? *[10]* O se gli chiede un pesce, darà una serpe? *[11]* Se voi dunque che siete cattivi sapete dare cose buone ai vostri figli, quanto più il Padre vostro che è nei cieli darà cose buone a quelli che gliele

domandano!

[12] Tutto quanto volete che gli uomini facciano a voi, anche voi fatelo a loro: questa infatti è la Legge ed i Profeti.

[13] Entrate per la porta stretta, perché larga è la porta e spaziosa la via che conduce alla perdizione, e molti sono quelli che entrano per essa; *[14]* quanto stretta invece è la porta e angusta la via che conduce alla vita, e quanto pochi sono quelli che la trovano!

[15] Guardatevi dai falsi profeti che vengono a voi in veste di pecore, ma dentro son lupi rapaci. *[16]* Dai loro frutti li riconoscerete. Si raccoglie forse uva dalle spine, o fichi dai rovi? *[17]* Così ogni albero buono produce frutti buoni e ogni albero cattivo produce frutti cattivi; *[18]* un albero buono non può produrre frutti cattivi, né un albero cattivo produrre frutti buoni. *[19]* Ogni albero che non produce frutti buoni viene tagliato e gettato nel fuoco. *[20]* Dai loro frutti dunque li potrete riconoscere.

[21] Non chiunque mi dice: Signore, Signore, entrerà nel regno dei cieli, ma colui che fa la volontà del Padre mio che è nei cieli. *[22]* Molti mi diranno in quel giorno: Signore, Signore, non abbiamo noi profetato nel tuo nome e cacciato dèmoni nel tuo nome e compiuto molti miracoli nel tuo nome? *[23]* Io però dichiarerò loro: Non vi ho mai conosciuti; allontanatevi da me, voi operatori di iniquità.

[24] Perciò chiunque ascolta queste mie parole e le mette in pratica, è simile a un uomo saggio che ha costruito la sua casa sulla roccia. *[25]* Cadde la pioggia, straripparono i fiumi, soffiarono i venti e si abbatterono su quella casa, ed essa non cadde, perché era fondata sopra la roccia. *[26]* Chiunque ascolta queste mie parole e non le mette in pratica, è simile a un uomo stolto che ha costruito la sua casa sulla sabbia. *[27]* Cadde la pioggia, straripparono i fiumi, soffiarono i venti e si abbatterono su quella casa, ed essa cadde, e la sua rovina fu grande".

[28] Quando Gesù ebbe finito questi discorsi, le folle restarono stupite del suo insegnamento: *[29]* egli infatti insegnava loro come uno che ha autorità e non come i loro scribi.

8

[1] Quando Gesù fu sceso dal monte, molta folla lo seguiva. *[2]* Ed ecco venire un lebbroso e prostrarsi a lui dicendo: "Signore, se vuoi, tu puoi sanarmi". *[3]* E Gesù stese la mano e lo toccò dicendo: "Lo voglio, sii sanato". E subito la sua lebbra scomparve. *[4]* Poi Gesù gli disse: "Guardati dal dirlo a qualcuno, ma va' a mostrarti al sacerdote e presenta l'offerta prescritta da Mosè, e ciò serva come testimonianza per loro".

[5] Entrato in Cafàrnao, gli venne incontro un centurione che lo scongiurava: *[6]* "Signore, il mio servo giace in casa paralizzato e soffre terribilmente". *[7]* Gesù gli rispose: "Io verrò e lo curerò". *[8]* Ma il centurione riprese: "Signore, io non son degno che tu entri sotto il mio tetto, di' soltanto una parola e il mio servo sarà guarito. *[9]* Perché anch'io, che sono un subalterno, ho soldati sotto di me e dico a uno: Va',

ed egli va; e a un altro: Vieni, ed egli viene, e al mio servo: Fa' questo, ed egli lo fa". *[10]* All'udire ciò, Gesù ne fu ammirato e disse a quelli che lo seguivano: "In verità vi dico, presso nessuno in Israele ho trovato una fede così grande. *[11]* Ora vi dico che molti verranno dall'oriente e dall'occidente e siederanno a mensa con Abramo, Isacco e Giacobbe nel regno dei cieli, *[12]* mentre i figli del regno saranno cacciati fuori nelle tenebre, ove sarà pianto e stridore di denti". *[13]* E Gesù disse al centurione: "Va', e sia fatto secondo la tua fede". In quell'istante il servo guarì.

[14] Entrato Gesù nella casa di Pietro, vide la suocera di lui che giaceva a letto con la febbre. *[15]* Le toccò la mano e la febbre scomparve; poi essa si alzò e si mise a servirlo.

[16] Venuta la sera, gli portarono molti indemoniati ed egli scacciò gli spiriti con la sua parola e guarì tutti i malati, *[17]* perché si adempisse ciò che era stato detto per mezzo del profeta Isaia:

Egli ha preso le nostre infermità
e si è addossato le nostre malattie.

[18] Vedendo Gesù una gran folla intorno a sé, ordinò di passare all'altra riva. *[19]* Allora uno scriba si avvicinò e gli disse: "Maestro, io ti seguirò dovunque tu andrai". *[20]* Gli rispose Gesù: "Le volpi hanno le loro tane e gli uccelli del cielo i loro nidi, ma il Figlio dell'uomo non ha dove posare il capo".

[21] E un altro dei discepoli gli disse: "Signore, permettimi di andar prima a seppellire mio padre". *[22]* Ma Gesù gli rispose: "Seguimi e lascia i morti seppellire i loro morti".

[23] Essendo poi salito su una barca, i suoi discepoli lo seguirono. *[24]* Ed ecco scatenarsi nel mare una tempesta così violenta che la barca era ricoperta dalle onde; ed egli dormiva. *[25]* Allora, accostatisi a lui, lo svegliarono dicendo: "Salvaci, Signore, siamo perduti!". *[26]* Ed egli disse loro: "Perché avete paura, uomini di poca fede?" Quindi levatosi, sgridò i venti e il mare e si fece una grande bonaccia. *[27]* I presenti furono presi da stupore e dicevano: "Chi è mai costui al quale i venti e il mare obbediscono?".

[28] Giunto all'altra riva, nel paese dei Gadarèni, due indemoniati, uscendo dai sepolcri, gli vennero incontro; erano tanto furiosi che nessuno poteva più passare per quella strada. *[29]* Cominciarono a gridare: "Che cosa abbiamo noi in comune con te, Figlio di Dio? Sei venuto qui prima del tempo a tormentarci?".

[30] A qualche distanza da loro c'era una numerosa mandria di porci a pascolare; *[31]* e i demòni presero a scongiurarlo dicendo: "Se ci scacci, mandaci in quella mandria". *[32]* Egli disse loro: "Andate!". Ed essi, usciti dai corpi degli uomini, entrarono in quelli dei porci: ed ecco tutta la mandria si precipitò dal dirupo nel mare e perì nei flutti. *[33]* I mandriani allora fuggirono ed entrati in città raccontarono ogni cosa e il fatto degli indemoniati. *[34]* Tutta la città allora uscì incontro a Gesù e, vistolo, lo pregarono che si allontanasse dal loro territorio.

[1] Salito su una barca, Gesù passò all'altra riva e giunse nella sua città. *[2]* Ed ecco, gli portarono un paralitico steso su un letto. Gesù, vista la loro fede, disse al paralitico: "Coraggio, figliolo, ti sono rimessi i tuoi peccati". *[3]* Allora alcuni scribi cominciarono a pensare: "Costui bestemmia". *[4]* Ma Gesù, conoscendo i loro pensieri, disse: "Perché mai pensate cose malvagie nel vostro cuore? *[5]* Che cosa dunque è più facile, dire: Ti sono rimessi i peccati, o dire: Alzati e cammina? *[6]* Ora, perché sappiate che il Figlio dell'uomo ha il potere in terra di rimettere i peccati: alzati, disse allora il paralitico, prendi il tuo letto e va' a casa tua". *[7]* Ed egli si alzò e andò a casa sua. *[8]* A quella vista, la folla fu presa da timore e rese gloria a Dio che aveva dato un tale potere agli uomini.

[9] Andando via di là, Gesù vide un uomo, seduto al banco delle imposte, chiamato Matteo, e gli disse: "Seguimi". Ed egli si alzò e lo seguì.

[10] Mentre Gesù sedeva a mensa in casa, sopraggiunsero molti pubblicani e peccatori e si misero a tavola con lui e con i discepoli. *[11]* Vedendo ciò, i farisei dicevano ai suoi discepoli: "Perché il vostro maestro mangia insieme ai pubblicani e ai peccatori?". *[12]* Gesù li udì e disse: "Non sono i sani che hanno bisogno del medico, ma i malati. *[13]* Andate dunque e imparate che cosa significhi: *Misericordia io voglio e non sacrificio.* Infatti non sono venuto a chiamare i giusti, ma i peccatori".

[14] Allora gli si accostarono i discepoli di Giovanni e gli dissero: "Perché, mentre noi e i farisei digiuniamo, i tuoi discepoli non digiunano?". *[15]* E Gesù disse loro: "Possono forse gli invitati a nozze essere in lutto mentre lo sposo è con loro? Verranno però i giorni quando lo sposo sarà loro tolto e allora digiuneranno.

[16] Nessuno mette un pezzo di stoffa grezza su un vestito vecchio, perché il rattoppo squarcia il vestito e si fa uno strappo peggiore. *[17]* né si mette vino nuovo in otri vecchi, altrimenti si rompono gli otri e il vino si versa e gli otri van perduti. Ma si versa vino nuovo in otri nuovi, e così l'uno e gli altri si conservano".

[18] Mentre diceva loro queste cose, giunse uno dei capi che gli si prostrò innanzi e gli disse: "Mia figlia è morta proprio ora; ma vieni, imponi la tua mano sopra di lei ed essa vivrà". *[19]* Alzatosi, Gesù lo seguiva con i suoi discepoli.

[20] Ed ecco una donna, che soffriva d'emorragia da dodici anni, gli si accostò alle spalle e toccò il lembo del suo mantello. *[21]* Pensava infatti: "Se riuscirò anche solo a toccare il suo mantello, sarò guarita". *[22]* Gesù, voltatosi, la vide e disse: "Coraggio, figliola, la tua fede ti ha guarita". E in quell'istante la donna guarì.

[23] Arrivato poi Gesù nella casa del capo e veduti i flautisti e la gente in agitazione, disse *[24]* "Ritiratevi, perché la fanciulla non è morta, ma dorme". Quelli si misero a deriderlo. *[25]* Ma dopo che fu cacciata via la gente egli entrò, le prese la mano e la fanciulla si alzò. *[26]* E se ne sparse la fama in tutta quella regione.

[27] Mentre Gesù si allontanava di là, due ciechi lo seguivano urlando: "Figlio di Davide, abbi pietà di noi". *[28]* Entrato in casa, i ciechi gli si accostarono, e Gesù disse loro: "Credete voi che io possa fare questo?". Gli risposero: "Sì, o Signore!". *[29]* Allora toccò loro gli occhi e disse: "Sia fatto a voi secondo la vostra fede". *[30]*

E si aprirono loro gli occhi. Quindi Gesù li ammonì dicendo: "Badate che nessuno lo sappia!". *[31]* Ma essi, appena usciti, ne sparsero la fama in tutta quella regione. *[32]* Usciti costoro, gli presentarono un muto indemoniato. *[33]* Scacciato il demonio, quel muto cominciò a parlare e la folla presa da stupore diceva: "Non si è mai vista una cosa simile in Israele!". *[34]* Ma i farisei dicevano: "Egli scaccia i demòni per opera del principe dei demòni".

[35] Gesù andava attorno per tutte le città e i villaggi, insegnando nelle loro sinagoghe, predicando il vangelo del regno e curando ogni malattia e infermità. *[36]* Vedendo le folle ne sentì compassione, perché erano stanche e sfinite, come pecore senza pastore. *[37]* Allora disse ai suoi discepoli: "La messe è molta, ma gli operai sono pochi! *[38]* Pregate dunque il padrone della messe che mandi operai nella sua messe!".

10

[1] Chiamati a sé i dodici discepoli, diede loro il potere di scacciare gli spiriti immondi e di guarire ogni sorta di malattie e d'infermità.
[2] I nomi dei dodici apostoli sono: primo, Simone, chiamato Pietro, e Andrea, suo fratello; Giacomo di Zebedèo e Giovanni suo fratello, *[3]* Filippo e Bartolomeo, Tommaso e Matteo il pubblicano, Giacomo di Alfeo e Taddeo, *[4]* Simone il Cananeo e Giuda l'Iscariota, che poi lo tradì.
[5] Questi dodici Gesù li inviò dopo averli così istruiti: "Non andate fra i pagani e non entrate nelle città dei Samaritani; *[6]* rivolgetevi piuttosto alle pecore perdute della casa d'Israele. *[7]* E strada facendo, predicate che il regno dei cieli è vicino. *[8]* Guarite gli infermi, risuscitate i morti, sanate i lebbrosi, cacciate i demòni. Gratuitamente avete ricevuto, gratuitamente date. *[9]* Non procuratevi oro, né argento, né moneta di rame nelle vostre cinture, *[10]* né bisaccia da viaggio, né due tuniche, né sandali, né bastone, perché l'operaio ha diritto al suo nutrimento.
[11] In qualunque città o villaggio entriate, fatevi indicare se vi sia qualche persona degna, e lì rimanete fino alla vostra partenza. *[12]* Entrando nella casa, rivolgetele il saluto. *[13]* Se quella casa ne sarà degna, la vostra pace scenda sopra di essa; ma se non ne sarà degna, la vostra pace ritorni a voi. *[14]* Se qualcuno poi non vi accoglierà e non darà ascolto alle vostre parole, uscite da quella casa o da quella città e scuotete la polvere dai vostri piedi. *[15]* In verità vi dico, nel giorno del giudizio il paese di Sòdoma e Gomorra avrà una sorte più sopportabile di quella città.
[16] Ecco: io vi mando come pecore in mezzo ai lupi; siate dunque prudenti come i serpenti e semplici come le colombe. *[17]* Guardatevi dagli uomini, perché vi consegneranno ai loro tribunali e vi flagelleranno nelle loro sinagoghe; *[18]* e sarete condotti davanti ai governatori e ai re per causa mia, per dare testimonianza a loro e ai pagani. *[19]* E quando vi consegneranno nelle loro mani, non preoccupatevi di come o di che cosa dovrete dire, perché vi sarà suggerito in quel momento ciò che

dovrete dire: *[20]* non siete infatti voi a parlare, ma è lo Spirito del Padre vostro che parla in voi.

[21] Il fratello darà a morte il fratello e il padre il figlio, e i figli insorgeranno contro i genitori e li faranno morire. *[22]* E sarete odiati da tutti a causa del mio nome; ma chi persevererà sino alla fine sarà salvato. *[23]* Quando vi perseguiteranno in una città, fuggite in un'altra; in verità vi dico: non avrete finito di percorrere le città di Israele, prima che venga il Figlio dell'uomo.

[24] Un discepolo non è da più del maestro, né un servo da più del suo padrone; *[25]* è sufficiente per il discepolo essere come il suo maestro e per il servo come il suo padrone. Se hanno chiamato Beelzebùl il padrone di casa, quanto più i suoi familiari!

[26] Non li temete dunque, poiché non v'è nulla di nascosto che non debba essere svelato, e di segreto che non debba essere manifestato. *[27]* Quello che vi dico nelle tenebre ditelo nella luce, e quello che ascoltate all'orecchio predicatelo sui tetti. *[28]* E non abbiate paura di quelli che uccidono il corpo, ma non hanno potere di uccidere l'anima; temete piuttosto colui che ha il potere di far perire e l'anima e il corpo nella Geenna. *[29]* Due passeri non si vendono forse per un soldo? Eppure neanche uno di essi cadrà a terra senza che il Padre vostro lo voglia.

[30] Quanto a voi, perfino i capelli del vostro capo sono tutti contati; *[31]* non abbiate dunque timore: voi valete più di molti passeri!

[32] Chi dunque mi riconoscerà davanti agli uomini, anch'io lo riconoscerò davanti al Padre mio che è nei cieli; *[33]* chi invece mi rinnegherà davanti agli uomini, anch'io lo rinnegherò davanti al Padre mio che è nei cieli.

[34] Non crediate che io sia venuto a portare pace sulla terra; non sono venuto a portare pace, ma una spada. *[35]* Sono venuto infatti a separare

il figlio dal padre, la figlia dalla madre,
la nuora dalla suocera:
[36] e i nemici dell'uomo saranno quelli della sua casa.

[37] Chi ama il padre o la madre più di me non è degno di me; chi ama il figlio o la figlia più di me non è degno di me; *[38]* chi non prende la sua croce e non mi segue, non è degno di me. *[39]* Chi avrà trovato la sua vita, la perderà: e chi avrà perduto la sua vita per causa mia, la troverà.

[40] Chi accoglie voi accoglie me, e chi accoglie me accoglie colui che mi ha mandato. *[41]* Chi accoglie un profeta come profeta, avrà la ricompensa del profeta, e chi accoglie un giusto come giusto, avrà la ricompensa del giusto. *[42]* E chi avrà dato anche solo un bicchiere di acqua fresca a uno di questi piccoli, perché è mio discepolo, in verità io vi dico: non perderà la sua ricompensa".

11

[1] Quando Gesù ebbe terminato di dare queste istruzioni ai suoi dodici discepoli, partì di là per insegnare e predicare nelle loro città.

[2] Giovanni intanto, che era in carcere, avendo sentito parlare delle opere del Cristo, mandò a dirgli per mezzo dei suoi discepoli: *[3]* "Sei tu colui che deve venire o dobbiamo attenderne un altro?". *[4]* Gesù rispose: "Andate e riferite a Giovanni ciò che voi udite e vedete: *[5] I ciechi ricuperano la vista*, gli storpi camminano, i lebbrosi sono guariti, i sordi riacquistano l'udito, i morti risuscitano, *ai poveri è predicata la buona novella*, *[6]* e beato colui che non si scandalizza di me". *[7]* Mentre questi se ne andavano, Gesù si mise a parlare di Giovanni alle folle: "Che cosa siete andati a vedere nel deserto? Una canna sbattuta dal vento? *[8]* Che cosa dunque siete andati a vedere? Un uomo avvolto in morbide vesti? Coloro che portano morbide vesti stanno nei palazzi dei re! *[9]* E allora, che cosa siete andati a vedere? Un profeta? Sì, vi dico, anche più di un profeta. *[10]* Egli è colui, del quale sta scritto:

Ecco, io mando davanti a te il mio messaggero
che preparerà la tua via davanti a te.

[11] In verità vi dico: tra i nati di donna non è sorto uno più grande di Giovanni il Battista; tuttavia il più piccolo nel regno dei cieli è più grande di lui. *[12]* Dai giorni di Giovanni il Battista fino ad ora, il regno dei cieli soffre violenza e i violenti se ne impadroniscono. *[13]* La Legge e tutti i Profeti infatti hanno profetato fino a Giovanni. *[14]* E se lo volete accettare, egli è quell'Elia che deve venire. *[15]* Chi ha orecchi intenda.

[16] Ma a chi paragonerò io questa generazione? Essa è simile a quei fanciulli seduti sulle piazze che si rivolgono agli altri compagni e dicono:

[17] Vi abbiamo suonato il flauto e non avete ballato,
abbiamo cantato un lamento e non avete pianto.

[18] È venuto Giovanni, che non mangia e non beve, e hanno detto: Ha un demonio. *[19]* È venuto il Figlio dell'uomo, che mangia e beve, e dicono: Ecco un mangione e un beone, amico dei pubblicani e dei peccatori. Ma alla sapienza è stata resa giustizia dalle sue opere".

[20] Allora si mise a rimproverare le città nelle quali aveva compiuto il maggior numero di miracoli, perché non si erano convertite: *[21]* "Guai a te, Corazin! Guai a te, Betsàida. Perché, se a Tiro e a Sidone fossero stati compiuti i miracoli che sono stati fatti in mezzo a voi, già da tempo avrebbero fatto penitenza, ravvolte nel cilicio e nella cenere. *[22]* Ebbene io ve lo dico: Tiro e Sidone nel giorno del giudizio avranno una sorte meno dura della vostra. *[23]* E tu, Cafàrnao,

sarai forse innalzata fino al cielo?
Fino agli inferi precipiterai!

Perché, se in Sòdoma fossero avvenuti i miracoli compiuti in te, oggi ancora essa esisterebbe! *[24]* Ebbene io vi dico: Nel giorno del giudizio avrà una sorte meno dura della tua!".

[25] In quel tempo Gesù disse: "Ti benedico, o Padre, Signore del cielo e della terra,

perché hai tenuto nascoste queste cose ai sapienti e agli intelligenti e le hai rivelate ai piccoli. *[26]* Sì, o Padre, perché così è piaciuto a te. *[27]* Tutto mi è stato dato dal Padre mio; nessuno conosce il Figlio se non il Padre, e nessuno conosce il Padre se non il Figlio e colui al quale il Figlio lo voglia rivelare.

[28] Venite a me, voi tutti, che siete affaticati e oppressi, e io vi ristorerò. *[29]* Prendete il mio giogo sopra di voi e imparate da me, che sono mite e umile di cuore, *e troverete ristoro* per le vostre anime. *[30]* Il mio giogo infatti è dolce e il mio carico leggero".

12

[1] In quel tempo Gesù passò tra le messi in giorno di sabato, e i suoi discepoli ebbero fame e cominciarono a cogliere spighe e le mangiavano. *[2]* Ciò vedendo, i farisei gli dissero: "Ecco, i tuoi discepoli stanno facendo quello che non è lecito fare in giorno di sabato". *[3]* Ed egli rispose: "Non avete letto quello che fece Davide quando ebbe fame insieme ai suoi compagni? *[4]* Come entrò nella casa di Dio e mangiarono i pani dell'offerta, che non era lecito mangiare né a lui né ai suoi compagni, ma solo ai sacerdoti? *[5]* O non avete letto nella Legge che nei giorni di sabato i sacerdoti nel tempio infrangono il sabato e tuttavia sono senza colpa? *[6]* Ora io vi dico che qui c'è qualcosa più grande del tempio. *[7]* Se aveste compreso che cosa significa: *Misericordia io voglio e non sacrificio*, non avreste condannato individui senza colpa. *[8]* Perché il Figlio dell'uomo è signore del sabato".

[9] Allontanatosi di là, andò nella loro sinagoga. *[10]* Ed ecco, c'era un uomo che aveva una mano inaridita, ed essi chiesero a Gesù: "È permesso curare di sabato?". Dicevano ciò per accusarlo. *[11]* Ed egli disse loro: "Chi tra voi, avendo una pecora, se questa gli cade di sabato in una fossa, non l'afferra e la tira fuori? *[12]* Ora, quanto è più prezioso un uomo di una pecora! Perciò è permesso fare del bene anche di sabato". *[13]* E rivolto all'uomo, gli disse: "Stendi la mano". Egli la stese, e quella ritornò sana come l'altra. *[14]* I farisei però, usciti, tennero consiglio contro di lui per toglierlo di mezzo.

[15] Ma Gesù, saputolo, si allontanò di là. Molti lo seguirono ed egli guarì tutti, *[16]* ordinando loro di non divulgarlo, *[17]* perché si adempisse ciò che era stato detto dal profeta Isaia:

[18] Ecco il mio servo che io ho scelto;
il mio prediletto,
nel quale mi sono compiaciuto.
Porrò il mio spirito sopra di lui
e annunzierà la giustizia alle genti.
[19] Non contenderà, né griderà,
né si udrà sulle piazze la sua voce.
[20] La canna infranta non spezzerà,
non spegnerà il lucignolo fumigante,

finché abbia fatto trionfare la giustizia;
[21] nel suo nome spereranno le genti.

[22] In quel tempo gli fu portato un indemoniato, cieco e muto, ed egli lo guarì, sicché il muto parlava e vedeva. *[23]* E tutta la folla era sbalordita e diceva: "Non è forse costui il figlio di Davide?". *[24]* Ma i farisei, udendo questo, presero a dire: "Costui scaccia i demòni in nome di Beelzebùl, principe dei demòni".
[25] Ma egli, conosciuto il loro pensiero, disse loro: "Ogni regno discorde cade in rovina e nessuna città o famiglia discorde può reggersi. *[26]* Ora, se satana scaccia satana, egli è discorde con se stesso; come potrà dunque reggersi il suo regno? *[27]* E se io scaccio i demòni in nome di Beelzebùl, i vostri figli in nome di chi li scacciano? Per questo loro stessi saranno i vostri giudici. *[28]* Ma se io scaccio i demòni per virtù dello Spirito di Dio, è certo giunto fra voi il regno di Dio. *[29]* Come potrebbe uno penetrare nella casa dell'uomo forte e rapirgli le sue cose, se prima non lo lega? Allora soltanto gli potrà saccheggiare la casa. *[30]* Chi non è con me è contro di me, e chi non raccoglie con me, disperde. *[31]* Perciò io vi dico: Qualunque peccato e bestemmia sarà perdonata agli uomini, ma la bestemmia contro lo Spirito non sarà perdonata. *[32]* A chiunque parlerà male del Figlio dell'uomo sarà perdonato; ma la bestemmia contro lo Spirito, non gli sarà perdonata né in questo secolo, né in quello futuro.
[33] Se prendete un albero buono, anche il suo frutto sarà buono; se prendete un albero cattivo, anche il suo frutto sarà cattivo: dal frutto infatti si conosce l'albero. *[34]* Razza di vipere, come potete dire cose buone, voi che siete cattivi? Poiché la bocca parla dalla pienezza del cuore. *[35]* L'uomo buono dal suo buon tesoro trae cose buone, mentre l'uomo cattivo dal suo cattivo tesoro trae cose cattive. *[36]* Ma io vi dico che di ogni parola infondata gli uomini renderanno conto nel giorno del giudizio; *[37]* poiché in base alle tue parole sarai giustificato e in base alle tue parole sarai condannato".
[38] Allora alcuni scribi e farisei lo interrogarono: "Maestro, vorremmo che tu ci facessi vedere un segno". Ed egli rispose: *[39]* "Una generazione perversa e adultera pretende un segno! Ma nessun segno le sarà dato, se non il segno di Giona profeta. *[40]* Come infatti *Giona rimase tre giorni e tre notti nel ventre del pesce*, così il Figlio dell'uomo resterà tre giorni e tre notti nel cuore della terra. *[41]* Quelli di Nìnive si alzeranno a giudicare questa generazione e la condanneranno, perché essi si convertirono alla predicazione di Giona. Ecco, ora qui c'è più di Giona! *[42]* La regina del sud si leverà a giudicare questa generazione e la condannerà, perché essa venne dall'estremità della terra per ascoltare la sapienza di Salomone; ecco, ora qui c'è più di Salomone!
[43] Quando lo spirito immondo esce da un uomo, se ne va per luoghi aridi cercando sollievo, ma non ne trova. *[44]* Allora dice: Ritornerò alla mia abitazione, da cui sono uscito. E tornato la trova vuota, spazzata e adorna. *[45]* Allora va, si prende sette altri spiriti peggiori ed entra a prendervi dimora; e la nuova condizione di quell'uomo diventa peggiore della prima. Così avverrà anche a questa generazione perversa".

[46] Mentre egli parlava ancora alla folla, sua madre e i suoi fratelli, stando fuori in disparte, cercavano di parlargli. *[47]* Qualcuno gli disse: "Ecco di fuori tua madre e i tuoi fratelli che vogliono parlarti". *[48]* Ed egli, rispondendo a chi lo informava, disse: "Chi è mia madre e chi sono i miei fratelli?". *[49]* Poi stendendo la mano verso i suoi discepoli disse: "Ecco mia madre ed ecco i miei fratelli; *[50]* perché chiunque fa la volontà del Padre mio che è nei cieli, questi è per me fratello, sorella e madre".

13

[1] Quel giorno Gesù uscì di casa e si sedette in riva al mare. *[2]* Si cominciò a raccogliere attorno a lui tanta folla che dovette salire su una barca e là porsi a sedere, mentre tutta la folla rimaneva sulla spiaggia.
[3] Egli parlò loro di molte cose in parabole.
E disse: "Ecco, il seminatore uscì a seminare. *[4]* E mentre seminava una parte del seme cadde sulla strada e vennero gli uccelli e la divorarono. *[5]* Un'altra parte cadde in luogo sassoso, dove non c'era molta terra; subito germogliò, perché il terreno non era profondo. *[6]* Ma, spuntato il sole, restò bruciata e non avendo radici si seccò. *[7]* Un'altra parte cadde sulle spine e le spine crebbero e la soffocarono. *[8]* Un'altra parte cadde sulla terra buona e diede frutto, dove il cento, dove il sessanta, dove il trenta. *[9]* Chi ha orecchi intenda".
[10] Gli si avvicinarono allora i discepoli e gli dissero: "Perché parli loro in parabole?".
[11] Egli rispose: "Perché a voi è dato di conoscere i misteri del regno dei cieli, ma a loro non è dato. *[12]* Così a chi ha sarà dato e sarà nell'abbondanza; e a chi non ha sarà tolto anche quello che ha. *[13]* Per questo parlo loro in parabole: perché pur vedendo non vedono, e pur udendo non odono e non comprendono. *[14]* E così si adempie per loro la profezia di Isaia che dice:

Voi udrete, ma non comprenderete,
guarderete, ma non vedrete.
[15] Perché il cuore di questo popolo
si è indurito, son diventati duri di orecchi,
e hanno chiuso gli occhi,
per non vedere con gli occhi,
non sentire con gli orecchi
e non intendere con il cuore e convertirsi,
e io li risani.

[16] Ma beati i vostri occhi perché vedono e i vostri orecchi perché sentono. *[17]* In verità vi dico: molti profeti e giusti hanno desiderato vedere ciò che voi vedete, e non lo videro, e ascoltare ciò che voi ascoltate, e non l'udirono!
[18] Voi dunque intendete la parabola del seminatore: *[19]* tutte le volte che uno

ascolta la parola del regno e non la comprende, viene il maligno e ruba ciò che è stato seminato nel suo cuore: questo è il seme seminato lungo la strada. *[20]* Quello che è stato seminato nel terreno sassoso è l'uomo che ascolta la parola e subito l'accoglie con gioia, *[21]* ma non ha radice in sé ed è incostante, sicché appena giunge una tribolazione o persecuzione a causa della parola, egli ne resta scandalizzato. *[22]* Quello seminato tra le spine è colui che ascolta la parola, ma la preoccupazione del mondo e l'inganno della ricchezza soffocano la parola ed essa non da' frutto. *[23]* Quello seminato nella terra buona è colui che ascolta la parola e la comprende; questi da' frutto e produce ora il cento, ora il sessanta, ora il trenta".

[24] Un'altra parabola espose loro così: "Il regno dei cieli si può paragonare a un uomo che ha seminato del buon seme nel suo campo. *[25]* Ma mentre tutti dormivano venne il suo nemico, seminò zizzania in mezzo al grano e se ne andò. *[26]* Quando poi la messe fiorì e fece frutto, ecco apparve anche la zizzania. *[27]* Allora i servi andarono dal padrone di casa e gli dissero: Padrone, non hai seminato del buon seme nel tuo campo? Da dove viene dunque la zizzania? *[28]* Ed egli rispose loro: Un nemico ha fatto questo. E i servi gli dissero: Vuoi dunque che andiamo a raccoglierla? *[29]* No, rispose, perché non succeda che, cogliendo la zizzania, con essa sradichiate anche il grano. *[30]* Lasciate che l'una e l'altro crescano insieme fino alla mietitura e al momento della mietitura dirò ai mietitori: Cogliete prima la zizzania e legatela in fastelli per bruciarla; il grano invece riponetelo nel mio granaio".

[31] Un'altra parabola espose loro: "Il regno dei cieli si può paragonare a un granellino di senapa, che un uomo prende e semina nel suo campo. *[32]* Esso è il più piccolo di tutti i semi ma, una volta cresciuto, è più grande degli altri legumi e diventa un albero, tanto che vengono gli uccelli del cielo e si annidano fra i suoi rami".

[33] Un'altra parabola disse loro: "Il regno dei cieli si può paragonare al lievito, che una donna ha preso e impastato con tre misure di farina perché tutta si fermenti".

[34] Tutte queste cose Gesù disse alla folla in parabole e non parlava ad essa se non in parabole, *[35]* perché si adempisse ciò che era stato detto dal profeta:
Aprirò la mia bocca in parabole, proclamerò cose nascoste fin dalla fondazione del mondo.

[36] Poi Gesù lasciò la folla ed entrò in casa; i suoi discepoli gli si accostarono per dirgli: "Spiegaci la parabola della zizzania nel campo". *[37]* Ed egli rispose: "Colui che semina il buon seme è il Figlio dell'uomo. *[38]* Il campo è il mondo. Il seme buono sono i figli del regno; la zizzania sono i figli del maligno, *[39]* e il nemico che l'ha seminata è il diavolo. La mietitura rappresenta la fine del mondo, e i mietitori sono gli angeli. *[40]* Come dunque si raccoglie la zizzania e si brucia nel fuoco, così avverrà alla fine del mondo. *[41]* Il Figlio dell'uomo manderà i suoi angeli, i quali raccoglieranno dal suo regno tutti gli scandali e tutti gli operatori di iniquità *[42]* e li getteranno nella fornace ardente dove sarà pianto e stridore di denti. *[43]* Allora i giusti splenderanno come il sole nel regno del Padre loro. Chi ha orecchi, intenda!

[44] Il regno dei cieli è simile a un tesoro nascosto in un campo; un uomo lo trova e

lo nasconde di nuovo, poi va, pieno di gioia, e vende tutti i suoi averi e compra quel campo.

[45] Il regno dei cieli è simile a un mercante che va in cerca di perle preziose; *[46]* trovata una perla di grande valore, va, vende tutti i suoi averi e la compra.

[47] Il regno dei cieli è simile anche a una rete gettata nel mare, che raccoglie ogni genere di pesci. *[48]* Quando è piena, i pescatori la tirano a riva e poi, sedutisi, raccolgono i pesci buoni nei canestri e buttano via i cattivi. *[49]* Così sarà alla fine del mondo. Verranno gli angeli e separeranno i cattivi dai buoni *[50]* e li getteranno nella fornace ardente, dove sarà pianto e stridore di denti.

[51] Avete capito tutte queste cose?". Gli risposero: "Sì". *[52]* Ed egli disse loro: "Per questo ogni scriba divenuto discepolo del regno dei cieli è simile a un padrone di casa che estrae dal suo tesoro cose nuove e cose antiche".

[53] Terminate queste parabole, Gesù partì di là *[54]* e venuto nella sua patria insegnava nella loro sinagoga e la gente rimaneva stupita e diceva: "Da dove mai viene a costui questa sapienza e questi miracoli? *[55]* Non è egli forse il figlio del carpentiere? Sua madre non si chiama Maria e i suoi fratelli Giacomo, Giuseppe, Simone e Giuda? *[56]* E le sue sorelle non sono tutte fra noi? Da dove gli vengono dunque tutte queste cose?". *[57]* E si scandalizzavano per causa sua. Ma Gesù disse loro: "Un profeta non è disprezzato se non nella sua patria e in casa sua". *[58]* E non fece molti miracoli a causa della loro incredulità.

14

[1] In quel tempo il tetrarca Erode ebbe notizia della fama di Gesù. *[2]* Egli disse ai suoi cortigiani: "Costui è Giovanni il Battista risuscitato dai morti; per ciò la potenza dei miracoli opera in lui".

[3] Erode aveva arrestato Giovanni e lo aveva fatto incatenare e gettare in prigione per causa di Erodìade, moglie di Filippo suo fratello. *[4]* Giovanni infatti gli diceva: "Non ti è lecito tenerla!". *[5]* Benché Erode volesse farlo morire, temeva il popolo perché lo considerava un profeta.

[6] Venuto il compleanno di Erode, la figlia di Erodìade danzò in pubblico e piacque tanto a Erode *[7]* che egli le promise con giuramento di darle tutto quello che avesse domandato. *[8]* Ed essa, istigata dalla madre, disse: "Dammi qui, su un vassoio, la testa di Giovanni il Battista". *[9]* Il re ne fu contristato, ma a causa del giuramento e dei commensali ordinò che le fosse data *[10]* e mandò a decapitare Giovanni nel carcere. *[11]* La sua testa venne portata su un vassoio e fu data alla fanciulla, ed ella la portò a sua madre. *[12]* I suoi discepoli andarono a prendere il cadavere, lo seppellirono e andarono a informarne Gesù.

[13] Udito ciò, Gesù partì di là su una barca e si ritirò in disparte in un luogo deserto. Ma la folla, saputolo, lo seguì a piedi dalle città. *[14]* Egli, sceso dalla barca, vide una grande folla e sentì compassione per loro e guarì i loro malati.

[15] Sul far della sera, gli si accostarono i discepoli e gli dissero: "Il luogo è deserto

ed è ormai tardi; congeda la folla perché vada nei villaggi a comprarsi da mangiare". *[16]* Ma Gesù rispose: "Non occorre che vadano; date loro voi stessi da mangiare". *[17]* Gli risposero: "Non abbiamo che cinque pani e due pesci!". *[18]* Ed egli disse: "Portatemeli qua". *[19]* E dopo aver ordinato alla folla di sedersi sull'erba, prese i cinque pani e i due pesci e, alzati gli occhi al cielo, pronunziò la benedizione, spezzò i pani e li diede ai discepoli e i discepoli li distribuirono alla folla. *[20]* Tutti mangiarono e furono saziati; e portarono via dodici ceste piene di pezzi avanzati. *[21]* Quelli che avevano mangiato erano circa cinquemila uomini, senza contare le donne e i bambini.

[22] Subito dopo ordinò ai discepoli di salire sulla barca e di precederlo sull'altra sponda, mentre egli avrebbe congedato la folla. *[23]* Congedata la folla, salì sul monte, solo, a pregare. Venuta la sera, egli se ne stava ancora solo lassù.

[24] La barca intanto distava già qualche miglio da terra ed era agitata dalle onde, a causa del vento contrario. *[25]* Verso la fine della notte egli venne verso di loro camminando sul mare. *[26]* I discepoli, a vederlo camminare sul mare, furono turbati e dissero: "È un fantasma" e si misero a gridare dalla paura. *[27]* Ma subito Gesù parlò loro: "Coraggio, sono io, non abbiate paura". *[28]* Pietro gli disse: "Signore, se sei tu, comanda che io venga da te sulle acque". *[29]* Ed egli disse: "Vieni!". Pietro, scendendo dalla barca, si mise a camminare sulle acque e andò verso Gesù. *[30]* Ma per la violenza del vento, s'impaurì e, cominciando ad affondare, gridò: "Signore, salvami!". *[31]* E subito Gesù stese la mano, lo afferrò e gli disse: "Uomo di poca fede, perché hai dubitato?".

[32] Appena saliti sulla barca, il vento cessò. *[33]* Quelli che erano sulla barca gli si prostrarono davanti, esclamando: "Tu sei veramente il Figlio di Dio!".

[34] Compiuta la traversata, approdarono a Genèsaret. *[35]* E la gente del luogo, riconosciuto Gesù, diffuse la notizia in tutta la regione; gli portarono tutti i malati, *[36]* e lo pregavano di poter toccare almeno l'orlo del suo mantello. E quanti lo toccavano guarivano.

15

[1] In quel tempo vennero a Gesù da Gerusalemme alcuni farisei e alcuni scribi e gli dissero: *[2]* "Perché i tuoi discepoli trasgrediscono la tradizione degli antichi? Poiché non si lavano le mani quando prendono cibo!". *[3]* Ed egli rispose loro: "Perché voi trasgredite il comandamento di Dio in nome della vostra tradizione? *[4]* Dio ha detto:

Onora il padre e la madre

e inoltre:

Chi maledice il padre e la madre sia messo a morte.

[5] Invece voi asserite: Chiunque dice al padre o alla madre: Ciò con cui ti dovrei

aiutare è offerto a Dio, *[6]* non è più tenuto a onorare suo padre o sua madre. Così avete annullato la parola di Dio in nome della vostra tradizione. *[7]* Ipocriti! Bene ha profetato di voi Isaia, dicendo:

[8] Questo popolo mi onora con le labbra
ma il suo cuore è lontano da me.
[9] Invano essi mi rendono culto,
insegnando dottrine che sono precetti di uomini".

[10] Poi riunita la folla disse: "Ascoltate e intendete! *[11]* Non quello che entra nella bocca rende impuro l'uomo, ma quello che esce dalla bocca rende impuro l'uomo!".
[12] Allora i discepoli gli si accostarono per dirgli: "Sai che i farisei si sono scandalizzati nel sentire queste parole?". *[13]* Ed egli rispose: "Ogni pianta che non è stata piantata dal mio Padre celeste sarà sradicata. *[14]* Lasciateli! Sono ciechi e guide di ciechi. E quando un cieco guida un altro cieco, tutti e due cadranno in un fosso!". *[15]* Pietro allora gli disse: "Spiegaci questa parabola". *[16]* Ed egli rispose: "Anche voi siete ancora senza intelletto? *[17]* Non capite che tutto ciò che entra nella bocca, passa nel ventre e va a finire nella fogna? *[18]* Invece ciò che esce dalla bocca proviene dal cuore. Questo rende immondo l'uomo. *[19]* Dal cuore, infatti, provengono i propositi malvagi, gli omicidi, gli adultéri, le prostituzioni, i furti, le false testimonianze, le bestemmie. *[20]* Queste sono le cose che rendono immondo l'uomo, ma il mangiare senza lavarsi le mani non rende immondo l'uomo".
[21] Partito di là, Gesù si diresse verso le parti di Tiro e Sidone. *[22]* Ed ecco una donna Cananèa, che veniva da quelle regioni, si mise a gridare: "Pietà di me, Signore, figlio di Davide. Mia figlia è crudelmente tormentata da un demonio". *[23]* Ma egli non le rivolse neppure una parola.
Allora i discepoli gli si accostarono implorando: "Esaudiscila, vedi come ci grida dietro". *[24]* Ma egli rispose: "Non sono stato inviato che alle pecore perdute della casa di Israele". *[25]* Ma quella venne e si prostrò dinanzi a lui dicendo: "Signore, aiutami!". *[26]* Ed egli rispose: "Non è bene prendere il pane dei figli per gettarlo ai cagnolini". *[27]* "È vero, Signore, disse la donna, ma anche i cagnolini si cibano delle briciole che cadono dalla tavola dei loro padroni". *[28]* Allora Gesù le replicò: "Donna, davvero grande è la tua fede! Ti sia fatto come desideri". E da quell'istante sua figlia fu guarita.
[29] Allontanatosi di là, Gesù giunse presso il mare di Galilea e, salito sul monte, si fermò là. *[30]* Attorno a lui si radunò molta folla recando con sé zoppi, storpi, ciechi, sordi e molti altri malati; li deposero ai suoi piedi, ed egli li guarì. *[31]* E la folla era piena di stupore nel vedere i muti che parlavano, gli storpi raddrizzati, gli zoppi che camminavano e i ciechi che vedevano. E glorificava il Dio di Israele.
[32] Allora Gesù chiamò a sé i discepoli e disse: "Sento compassione di questa folla: ormai da tre giorni mi vengono dietro e non hanno da mangiare. Non voglio rimandarli digiuni, perché non svengano lungo la strada". *[33]* E i discepoli gli dissero: "Dove potremo noi trovare in un deserto tanti pani da sfamare una folla così grande?". *[34]* Ma Gesù domandò: "Quanti pani avete?". Risposero: "Sette, e pochi

pesciolini". *[35]* Dopo aver ordinato alla folla di sedersi per terra, *[36]* Gesù prese i sette pani e i pesci, rese grazie, li spezzò, li dava ai discepoli, e i discepoli li distribuivano alla folla. *[37]* Tutti mangiarono e furono saziati. Dei pezzi avanzati portarono via sette sporte piene. *[38]* Quelli che avevano mangiato erano quattromila uomini, senza contare le donne e i bambini. *[39]* Congedata la folla, Gesù salì sulla barca e andò nella regione di Magadàn.

16

[1] I farisei e i sadducei si avvicinarono per metterlo alla prova e gli chiesero che mostrasse loro un segno dal cielo. *[2]* Ma egli rispose: "Quando si fa sera, voi dite: Bel tempo, perché il cielo rosseggia; *[3]* e al mattino: Oggi burrasca, perché il cielo è rosso cupo. Sapete dunque interpretare l'aspetto del cielo e non sapete distinguere i segni dei tempi? *[4]* Una generazione perversa e adultera cerca un segno, ma nessun segno le sarà dato se non il segno di Giona". E lasciatili, se ne andò.

[5] Nel passare però all'altra riva, i discepoli avevano dimenticato di prendere il pane. *[6]* Gesù disse loro: "Fate bene attenzione e guardatevi dal lievito dei farisei e dei sadducei". *[7]* Ma essi parlavano tra loro e dicevano: "Non abbiamo preso il pane!". *[8]* Accortosene, Gesù chiese: "Perché, uomini di poca fede, andate dicendo che non avete il pane? *[9]* Non capite ancora e non ricordate i cinque pani per i cinquemila e quante ceste avete portato via? *[10]* E neppure i sette pani per i quattromila e quante sporte avete raccolto? *[11]* Come mai non capite ancora che non alludevo al pane quando vi ho detto: Guardatevi dal lievito dei farisei e dei sadducei?". *[12]* Allora essi compresero che egli non aveva detto che si guardassero dal lievito del pane, ma dalla dottrina dei farisei e dei sadducei.

[13] Essendo giunto Gesù nella regione di Cesarèa di Filippo, chiese ai suoi discepoli: "La gente chi dice che sia il Figlio dell'uomo?". *[14]* Risposero: "Alcuni Giovanni il Battista, altri Elia, altri Geremia o qualcuno dei profeti". *[15]* Disse loro: "Voi chi dite che io sia?". *[16]* Rispose Simon Pietro: "Tu sei il Cristo, il Figlio del Dio vivente". *[17]* E Gesù: "Beato te, Simone figlio di Giona, perché né la carne né il sangue te l'hanno rivelato, ma il Padre mio che sta nei cieli. *[18]* E io ti dico: Tu sei Pietro e su questa pietra edificherò la mia chiesa e le porte degli inferi non prevarranno contro di essa. *[19]* A te darò le chiavi del regno dei cieli, e tutto ciò che legherai sulla terra sarà legato nei cieli, e tutto ciò che scioglierai sulla terra sarà sciolto nei cieli". *[20]* Allora ordinò ai discepoli di non dire ad alcuno che egli era il Cristo.

[21] Da allora Gesù cominciò a dire apertamente ai suoi discepoli che doveva andare a Gerusalemme e soffrire molto da parte degli anziani, dei sommi sacerdoti e degli scribi, e venire ucciso e risuscitare il terzo giorno. *[22]* Ma Pietro lo trasse in disparte e cominciò a protestare dicendo: "Dio te ne scampi, Signore; questo non ti accadrà mai". *[23]* Ma egli, voltandosi, disse a Pietro: "Lungi da me, satana! Tu mi sei di scandalo, perché non pensi secondo Dio, ma secondo gli uomini!".

[24] Allora Gesù disse ai suoi discepoli: "Se qualcuno vuol venire dietro a me rinneghi se stesso, prenda la sua croce e mi segua. *[25]* Perché chi vorrà salvare la propria vita, la perderà; ma chi perderà la propria vita per causa mia, la troverà. *[26]* Qual vantaggio infatti avrà l'uomo se guadagnerà il mondo intero, e poi perderà la propria anima? O che cosa l'uomo potrà dare in cambio della propria anima? *[27]* Poiché il Figlio dell'uomo verrà nella gloria del Padre suo, con i suoi angeli, e renderà a ciascuno secondo le sue azioni. *[28]* In verità vi dico: vi sono alcuni tra i presenti che non morranno finché non vedranno il Figlio dell'uomo venire nel suo regno".

17

[1] Sei giorni dopo, Gesù prese con sé Pietro, Giacomo e Giovanni suo fratello e li condusse in disparte, su un alto monte. *[2]* E fu trasfigurato davanti a loro; il suo volto brillò come il sole e le sue vesti divennero candide come la luce. *[3]* Ed ecco apparvero loro Mosè ed Elia, che conversavano con lui. *[4]* Pietro prese allora la parola e disse a Gesù: "Signore, è bello per noi restare qui; se vuoi, farò qui tre tende, una per te, una per Mosè e una per Elia". *[5]* Egli stava ancora parlando quando una nuvola luminosa li avvolse con la sua ombra. Ed ecco una voce che diceva: "Questi è il Figlio mio prediletto, nel quale mi sono compiaciuto. Ascoltatelo". *[6]* All'udire ciò, i discepoli caddero con la faccia a terra e furono presi da grande timore. *[7]* Ma Gesù si avvicinò e, toccatili, disse: "Alzatevi e non temete". *[8]* Sollevando gli occhi non videro più nessuno, se non Gesù solo.

[9] E mentre discendevano dal monte, Gesù ordinò loro: "Non parlate a nessuno di questa visione, finché il Figlio dell'uomo non sia risorto dai morti".

[10] Allora i discepoli gli domandarono: "Perché dunque gli scribi dicono che prima deve venire Elia?". *[11]* Ed egli rispose: "Sì, verrà Elia e ristabilirà ogni cosa. *[12]* Ma io vi dico: Elia è già venuto e non l'hanno riconosciuto; anzi, l'hanno trattato come hanno voluto. Così anche il Figlio dell'uomo dovrà soffrire per opera loro". *[13]* Allora i discepoli compresero che egli parlava di Giovanni il Battista.

[14] Appena ritornati presso la folla, si avvicinò a Gesù un uomo *[15]* che, gettatosi in ginocchio, gli disse: "Signore, abbi pietà di mio figlio. Egli è epilettico e soffre molto; cade spesso nel fuoco e spesso anche nell'acqua; *[16]* l'ho già portato dai tuoi discepoli, ma non hanno potuto guarirlo". *[17]* E Gesù rispose: "O generazione incredula e perversa! Fino a quando starò con voi? Fino a quando dovrò sopportarvi? Portatemelo qui". *[18]* E Gesù gli parlò minacciosamente, e il demonio uscì da lui e da quel momento il ragazzo fu guarito.

[19] Allora i discepoli, accostatisi a Gesù in disparte, gli chiesero: "Perché noi non abbiamo potuto scacciarlo?". *[20]* Ed egli rispose: "Per la vostra poca fede. In verità vi dico: se avrete fede pari a un granellino di senapa, potrete dire a questo monte: spostati da qui a là, ed esso si sposterà, e niente vi sarà impossibile. *[21]* Questa razza di demòni non si scaccia se non con la preghiera e il digiuno".

[22] Mentre si trovavano insieme in Galilea, Gesù disse loro: "Il Figlio dell'uomo sta per esser consegnato nelle mani degli uomini *[23]* e lo uccideranno, ma il terzo giorno risorgerà". Ed essi furono molto rattristati.

[24] Venuti a Cafàrnao, si avvicinarono a Pietro gli esattori della tassa per il tempio e gli dissero: "Il vostro maestro non paga la tassa per il tempio?". *[25]* Rispose: "Sì". Mentre entrava in casa, Gesù lo prevenne dicendo: "Che cosa ti pare, Simone? I re di questa terra da chi riscuotono le tasse e i tributi? Dai propri figli o dagli altri?". *[26]* Rispose: "Dagli estranei". E Gesù: "Quindi i figli sono esenti. *[27]* Ma perché non si scandalizzino, va' al mare, getta l'amo e il primo pesce che viene prendilo, aprigli la bocca e vi troverai una moneta d'argento. Prendila e consegnala a loro per me e per te".

18

[1] In quel momento i discepoli si avvicinarono a Gesù dicendo: "Chi dunque è il più grande nel regno dei cieli?". *[2]* Allora Gesù chiamò a sé un bambino, lo pose in mezzo a loro e disse: *[3]* "In verità vi dico: se non vi convertirete e non diventerete come i bambini, non entrerete nel regno dei cieli. *[4]* Perciò chiunque diventerà piccolo come questo bambino, sarà il più grande nel regno dei cieli.
[5] E chi accoglie anche uno solo di questi bambini in nome mio, accoglie me.
[6] Chi invece scandalizza anche uno solo di questi piccoli che credono in me, sarebbe meglio per lui che gli fosse appesa al collo una macina girata da asino, e fosse gettato negli abissi del mare. *[7]* Guai al mondo per gli scandali! È inevitabile che avvengano scandali, ma guai all'uomo per colpa del quale avviene lo scandalo!
[8] Se la tua mano o il tuo piede ti è occasione di scandalo, taglialo e gettalo via da te; è meglio per te entrare nella vita monco o zoppo, che avere due mani o due piedi ed essere gettato nel fuoco eterno. *[9]* E se il tuo occhio ti è occasione di scandalo, cavalo e gettalo via da te; è meglio per te entrare nella vita con un occhio solo, che avere due occhi ed essere gettato nella Geenna del fuoco.
[10] Guardatevi dal disprezzare uno solo di questi piccoli, perché vi dico che i loro angeli nel cielo vedono sempre la faccia del Padre mio che è nei cieli. *[11]* È venuto infatti il Figlio dell'uomo a salvare ciò che era perduto.
[12] Che ve ne pare? Se un uomo ha cento pecore e ne smarrisce una, non lascerà forse le novantanove sui monti, per andare in cerca di quella perduta? *[13]* Se gli riesce di trovarla, in verità vi dico, si rallegrerà per quella più che per le novantanove che non si erano smarrite. *[14]* Così il Padre vostro celeste non vuole che si perda neanche uno solo di questi piccoli.
[15] Se il tuo fratello commette una colpa, va' e ammoniscilo fra te e lui solo; se ti ascolterà, avrai guadagnato il tuo fratello; *[16]* se non ti ascolterà, prendi con te una o due persone, perché *ogni cosa sia risolta sulla parola di due o tre testimoni*. *[17]* Se poi non ascolterà neppure costoro, dillo all'assemblea; e se non ascolterà neanche l'assemblea, sia per te come un pagano e un pubblicano. *[18]* In verità vi dico: tutto quello che legherete sopra la terra sarà legato anche in cielo e tutto quello che scioglierete sopra la terra sarà sciolto anche in cielo.
[19] In verità vi dico ancora: se due di voi sopra la terra si accorderanno per

domandare qualunque cosa, il Padre mio che è nei cieli ve la concederà. *[20]* Perché dove sono due o tre riuniti nel mio nome, io sono in mezzo a loro".

[21] Allora Pietro gli si avvicinò e gli disse: "Signore, quante volte dovrò perdonare al mio fratello, se pecca contro di me? Fino a sette volte?". *[22]* E Gesù gli rispose: "Non ti dico fino a sette, ma fino a settanta volte sette.

[23] A proposito, il regno dei cieli è simile a un re che volle fare i conti con i suoi servi. *[24]* Incominciati i conti, gli fu presentato uno che gli era debitore di diecimila talenti. *[25]* Non avendo però costui il denaro da restituire, il padrone ordinò che fosse venduto lui con la moglie, con i figli e con quanto possedeva, e saldasse così il debito. *[26]* Allora quel servo, gettatosi a terra, lo supplicava: Signore, abbi pazienza con me e ti restituirò ogni cosa. *[27]* Impietositosi del servo, il padrone lo lasciò andare e gli condonò il debito. *[28]* Appena uscito, quel servo trovò un altro servo come lui che gli doveva cento denari e, afferratolo, lo soffocava e diceva: Paga quel che devi! *[29]* Il suo compagno, gettatosi a terra, lo supplicava dicendo: Abbi pazienza con me e ti rifonderò il debito. *[30]* Ma egli non volle esaudirlo, andò e lo fece gettare in carcere, fino a che non avesse pagato il debito.

[31] Visto quel che accadeva, gli altri servi furono addolorati e andarono a riferire al loro padrone tutto l'accaduto. *[32]* Allora il padrone fece chiamare quell'uomo e gli disse: Servo malvagio, io ti ho condonato tutto il debito perché mi hai pregato. *[33]* Non dovevi forse anche tu aver pietà del tuo compagno, così come io ho avuto pietà di te? *[34]* E, sdegnato, il padrone lo diede in mano agli aguzzini, finché non gli avesse restituito tutto il dovuto. *[35]* Così anche il mio Padre celeste farà a ciascuno di voi, se non perdonerete di cuore al vostro fratello".

19

[1] Terminati questi discorsi, Gesù partì dalla Galilea e andò nel territorio della Giudea, al di là del Giordano. *[2]* E lo seguì molta folla e colà egli guarì i malati.

[3] Allora gli si avvicinarono alcuni farisei per metterlo alla prova e gli chiesero: "È lecito ad un uomo ripudiare la propria moglie per qualsiasi motivo?". *[4]* Ed egli rispose: "Non avete letto che il Creatore da principio *li creò maschio e femmina* e disse: *[5]* Per questo l'uomo *lascerà suo padre e sua madre e si unirà a sua moglie e i due saranno una carne sola?* *[6]* Così che non sono più due, ma una carne sola. Quello dunque che Dio ha congiunto, l'uomo non lo separi". *[7]* Gli obiettarono: "Perché allora Mosè ha ordinato *di darle l'atto di ripudio e mandarla via?*". *[8]* Rispose loro Gesù: "Per la durezza del vostro cuore Mosè vi ha permesso di ripudiare le vostre mogli, ma da principio non fu così. *[9]* Perciò io vi dico: Chiunque ripudia la propria moglie, se non in caso di concubinato, e ne sposa un'altra commette adulterio".

[10] Gli dissero i discepoli: "Se questa è la condizione dell'uomo rispetto alla donna, non conviene sposarsi". *[11]* Egli rispose loro: "Non tutti possono capirlo, ma solo coloro ai quali è stato concesso. *[12]* Vi sono infatti eunuchi che sono nati così dal

ventre della madre; ve ne sono alcuni che sono stati resi eunuchi dagli uomini, e vi sono altri che si sono fatti eunuchi per il regno dei cieli. Chi può capire, capisca".

[13] Allora gli furono portati dei bambini perché imponesse loro le mani e pregasse; ma i discepoli li sgridavano. *[14]* Gesù però disse loro: "Lasciate che i bambini vengano a me, perché di questi è il regno dei cieli". *[15]* E dopo avere imposto loro le mani, se ne partì.

[16] Ed ecco un tale gli si avvicinò e gli disse: "Maestro, che cosa devo fare di buono per ottenere la vita eterna?". *[17]* Egli rispose: "Perché mi interroghi su ciò che è buono? Uno solo è buono. Se vuoi entrare nella vita, osserva i comandamenti". *[18]* Ed egli chiese: "Quali?". Gesù rispose: *"Non uccidere, non commettere adulterio, non rubare, non testimoniare il falso, [19] onora il padre e la madre, ama il prossimo tuo come te stesso".* *[20]* Il giovane gli disse: "Ho sempre osservato tutte queste cose; che mi manca ancora?". *[21]* Gli disse Gesù: "Se vuoi essere perfetto, va', vendi quello che possiedi, dallo ai poveri e avrai un tesoro nel cielo; poi vieni e seguimi". *[22]* Udito questo, il giovane se ne andò triste; poiché aveva molte ricchezze.

[23] Gesù allora disse ai suoi discepoli: "In verità vi dico: difficilmente un ricco entrerà nel regno dei cieli. *[24]* Ve lo ripeto: è più facile che un cammello passi per la cruna di un ago, che un ricco entri nel regno dei cieli". *[25]* A queste parole i discepoli rimasero costernati e chiesero: "Chi si potrà dunque salvare?". *[26]* E Gesù, fissando su di loro lo sguardo, disse: "Questo è impossibile agli uomini, ma a Dio tutto è possibile".

[27] Allora Pietro prendendo la parola disse: "Ecco, noi abbiamo lasciato tutto e ti abbiamo seguito; che cosa dunque ne otterremo?". *[28]* E Gesù disse loro: "In verità vi dico: voi che mi avete seguito, nella nuova creazione, quando il Figlio dell'uomo sarà seduto sul trono della sua gloria, siederete anche voi su dodici troni a giudicare le dodici tribù di Israele. *[29]* Chiunque avrà lasciato case, o fratelli, o sorelle, o padre, o madre, o figli, o campi per il mio nome, riceverà cento volte tanto e avrà in eredità la vita eterna.

[30] Molti dei primi saranno ultimi e gli ultimi i primi".

20

[1] "Il regno dei cieli è simile a un padrone di casa che uscì all'alba per prendere a giornata lavoratori per la sua vigna. *[2]* Accordatosi con loro per un denaro al giorno, li mandò nella sua vigna. *[3]* Uscito poi verso le nove del mattino, ne vide altri che stavano sulla piazza disoccupati *[4]* e disse loro: Andate anche voi nella mia vigna; quello che è giusto ve lo darò. Ed essi andarono. *[5]* Uscì di nuovo verso mezzogiorno e verso le tre e fece altrettanto. *[6]* Uscito ancora verso le cinque, ne vide altri che se ne stavano là e disse loro: Perché ve ne state qui tutto il giorno oziosi? *[7]* Gli risposero: Perché nessuno ci ha presi a giornata. Ed egli disse loro: Andate anche voi nella mia vigna.

[8] Quando fu sera, il padrone della vigna disse al suo fattore: Chiama gli operai e da'

loro la paga, incominciando dagli ultimi fino ai primi. *[9]* Venuti quelli delle cinque del pomeriggio, ricevettero ciascuno un denaro. *[10]* Quando arrivarono i primi, pensavano che avrebbero ricevuto di più. Ma anch'essi ricevettero un denaro per ciascuno. *[11]* Nel ritirarlo però, mormoravano contro il padrone dicendo: *[12]* Questi ultimi hanno lavorato un'ora soltanto e li hai trattati come noi, che abbiamo sopportato il peso della giornata e il caldo. *[13]* Ma il padrone, rispondendo a uno di loro, disse: Amico, io non ti faccio torto. Non hai forse convenuto con me per un denaro? *[14]* Prendi il tuo e vattene; ma io voglio dare anche a quest'ultimo quanto a te. *[15]* Non posso fare delle mie cose quello che voglio? Oppure tu sei invidioso perché io sono buono? *[16]* Così gli ultimi saranno primi, e i primi ultimi".

[17] Mentre saliva a Gerusalemme, Gesù prese in disparte i dodici e lungo la via disse loro: *[18]* "Ecco, noi stiamo salendo a Gerusalemme e il Figlio dell'uomo sarà consegnato ai sommi sacerdoti e agli scribi, che lo condanneranno a morte *[19]* e lo consegneranno ai pagani perché sia schernito e flagellato e crocifisso; ma il terzo giorno risusciterà".

[20] Allora gli si avvicinò la madre dei figli di Zebedèo con i suoi figli, e si prostrò per chiedergli qualcosa. *[21]* Egli le disse: "Che cosa vuoi?". Gli rispose: "Di' che questi miei figli siedano uno alla tua destra e uno alla tua sinistra nel tuo regno". *[22]* Rispose Gesù: "Voi non sapete quello che chiedete. Potete bere il calice che io sto per bere?". Gli dicono: "Lo possiamo". *[23]* Ed egli soggiunse: "Il mio calice lo berrete; però non sta a me concedere che vi sediate alla mia destra o alla mia sinistra, ma è per coloro per i quali è stato preparato dal Padre mio".

[24] Gli altri dieci, udito questo, si sdegnarono con i due fratelli; *[25]* ma Gesù, chiamatili a sé, disse: "I capi delle nazioni, voi lo sapete, dominano su di esse e i grandi esercitano su di esse il potere. *[26]* Non così dovrà essere tra voi; ma colui che vorrà diventare grande tra voi, si farà vostro servo, *[27]* e colui che vorrà essere il primo tra voi, si farà vostro schiavo; *[28]* appunto come il Figlio dell'uomo, che non è venuto per essere servito, ma per servire e dare la sua vita in riscatto per molti".

[29] Mentre uscivano da Gèrico, una gran folla seguiva Gesù. *[30]* Ed ecco che due ciechi, seduti lungo la strada, sentendo che passava, si misero a gridare: "Signore, abbi pietà di noi, figlio di Davide!". *[31]* La folla li sgridava perché tacessero; ma essi gridavano ancora più forte: "Signore, figlio di Davide, abbi pietà di noi!". *[32]* Gesù, fermatosi, li chiamò e disse: "Che volete che io vi faccia?". *[33]* Gli risposero: "Signore, che i nostri occhi si aprano!". *[34]* Gesù si commosse, toccò loro gli occhi e subito ricuperarono la vista e lo seguirono.

21

[1] Quando furono vicini a Gerusalemme e giunsero presso Bètfage, verso il monte degli Ulivi, Gesù mandò due dei suoi discepoli *[2]* dicendo loro: "Andate nel villaggio che vi sta di fronte: subito troverete un'asina legata e con essa un puledro. Scioglieteli e conduceteli a me. *[3]* Se qualcuno poi vi dirà qualche cosa,

risponderete: Il Signore ne ha bisogno, ma li rimanderà subito". *[4]* Ora questo avvenne perché si adempisse ciò che era stato annunziato dal profeta:

[5] Dite alla figlia di Sion:
Ecco, il tuo re viene a te
mite, seduto su un'asina,
con un puledro figlio di bestia da soma.

[6] I discepoli andarono e fecero quello che aveva ordinato loro Gesù: *[7]* condussero l'asina e il puledro, misero su di essi i mantelli ed egli vi si pose a sedere. *[8]* La folla numerosissima stese i suoi mantelli sulla strada mentre altri tagliavano rami dagli alberi e li stendevano sulla via. *[9]* La folla che andava innanzi e quella che veniva dietro, gridava:

Osanna al figlio di Davide!
Benedetto colui che viene nel nome del Signore!
Osanna nel più alto dei cieli!

[10] Entrato Gesù in Gerusalemme, tutta la città fu in agitazione e la gente si chiedeva: "Chi è costui?". *[11]* E la folla rispondeva: "Questi è il profeta Gesù, da Nàzaret di Galilea".
[12] Gesù entrò poi nel tempio e scacciò tutti quelli che vi trovò a comprare e a vendere; rovesciò i tavoli dei cambiavalute e le sedie dei venditori di colombe *[13]* e disse loro: "La Scrittura dice:

La mia casa sarà chiamata casa di preghiera
ma voi ne fate una spelonca di ladri".

[14] Gli si avvicinarono ciechi e storpi nel tempio ed egli li guarì. *[15]* Ma i sommi sacerdoti e gli scribi, vedendo le meraviglie che faceva e i fanciulli che acclamavano nel tempio: "Osanna al figlio di Davide", si sdegnarono *[16]* e gli dissero: "Non senti quello che dicono?". Gesù rispose loro: "Sì, non avete mai letto:

Dalla bocca dei bambini e dei lattanti
ti sei procurata una lode?".

[17] E, lasciatili, uscì fuori dalla città, verso Betània, e là trascorse la notte.
[18] La mattina dopo, mentre rientrava in città, ebbe fame. *[19]* Vedendo un fico sulla strada, gli si avvicinò, ma non vi trovò altro che foglie, e gli disse: "Non nasca mai più frutto da te". E subito quel fico si seccò. *[20]* Vedendo ciò i discepoli rimasero stupiti e dissero: "Come mai il fico si è seccato immediatamente?". *[21]* Rispose Gesù: "In verità vi dico: Se avrete fede e non dubiterete, non solo potrete fare ciò che è accaduto a questo fico, ma anche se direte a questo monte: Levati di lì e gettati nel mare, ciò avverrà. *[22]* E tutto quello che chiederete con fede nella preghiera, lo otterrete".

[23] Entrato nel tempio, mentre insegnava gli si avvicinarono i sommi sacerdoti e gli anziani del popolo e gli dissero: "Con quale autorità fai questo? Chi ti ha dato questa autorità?". *[24]* Gesù rispose: "Vi farò anch'io una domanda e se voi mi rispondete, vi dirò anche con quale autorità faccio questo. *[25]* Il battesimo di Giovanni da dove veniva? Dal cielo o dagli uomini?". Ed essi riflettevano tra sé dicendo: "Se diciamo: "dal Cielo", ci risponderà: "perché dunque non gli avete creduto?"; *[26]* se diciamo "dagli uomin", abbiamo timore della folla, perché tutti considerano Giovanni un profeta". *[27]* Rispondendo perciò a Gesù, dissero: "Non lo sappiamo". Allora anch'egli disse loro: "Neanch'io vi dico con quale autorità faccio queste cose".

[28] "Che ve ne pare? Un uomo aveva due figli; rivoltosi al primo disse: Figlio, va' oggi a lavorare nella vigna. *[29]* Ed egli rispose: Sì, signore; ma non andò. *[30]* Rivoltosi al secondo, gli disse lo stesso. Ed egli rispose: Non ne ho voglia; ma poi, pentitosi, ci andò. *[31]* Chi dei due ha compiuto la volontà del padre?". Dicono: "L'ultimo". E Gesù disse loro: "In verità vi dico: I pubblicani e le prostitute vi passano avanti nel regno di Dio. *[32]* È venuto a voi Giovanni nella via della giustizia e non gli avete creduto; i pubblicani e le prostitute invece gli hanno creduto. Voi, al contrario, pur avendo visto queste cose, non vi siete nemmeno pentiti per credergli.

[33] Ascoltate un'altra parabola: C'era un padrone che *piantò una vigna e la circondò con una siepe, vi scavò un frantoio, vi costruì una torre*, poi l'affidò a dei vignaioli e se ne andò. *[34]* Quando fu il tempo dei frutti, mandò i suoi servi da quei vignaioli a ritirare il raccolto. *[35]* Ma quei vignaioli presero i servi e uno lo bastonarono, l'altro lo uccisero, l'altro lo lapidarono. *[36]* Di nuovo mandò altri servi più numerosi dei primi, ma quelli si comportarono nello stesso modo. *[37]* Da ultimo mandò loro il proprio figlio dicendo: Avranno rispetto di mio figlio! *[38]* Ma quei vignaioli, visto il figlio, dissero tra sé: Costui è l'erede; venite, uccidiamolo, e avremo noi l'eredità. *[39]* E, presolo, lo cacciarono fuori della vigna e l'uccisero. *[40]* Quando dunque verrà il padrone della vigna che farà a quei vignaioli?". *[41]* Gli rispondono: "Farà morire miseramente quei malvagi e darà la vigna ad altri vignaioli che gli consegneranno i frutti a suo tempo". *[42]* E Gesù disse loro: "Non avete mai letto nelle Scritture:

La pietra che i costruttori hanno scartata
è diventata testata d'angolo;
dal Signore è stato fatto questo
ed è mirabile agli occhi nostri?

[43] Perciò io vi dico: vi sarà tolto il regno di Dio e sarà dato a un popolo che lo farà fruttificare. *[44]* Chi cadrà sopra questa pietra sarà sfracellato; e qualora essa cada su qualcuno, lo stritolerà".

[45] Udite queste parabole, i sommi sacerdoti e i farisei capirono che parlava di loro e cercavano di catturarlo; ma avevano paura della folla che lo considerava un profeta.

[1] Gesù riprese a parlar loro in parabole e disse: *[2]* "Il regno dei cieli è simile a un re che fece un banchetto di nozze per suo figlio. *[3]* Egli mandò i suoi servi a chiamare gli invitati alle nozze, ma questi non vollero venire. *[4]* Di nuovo mandò altri servi a dire: Ecco ho preparato il mio pranzo; i miei buoi e i miei animali ingrassati sono già macellati e tutto è pronto; venite alle nozze. *[5]* Ma costoro non se ne curarono e andarono chi al proprio campo, chi ai propri affari; *[6]* altri poi presero i suoi servi, li insultarono e li uccisero. *[7]* Allora il re si indignò e, mandate le sue truppe, uccise quegli assassini e diede alle fiamme la loro città. *[8]* Poi disse ai suoi servi: Il banchetto nuziale è pronto, ma gli invitati non ne erano degni; *[9]* andate ora ai crocicchi delle strade e tutti quelli che troverete, chiamateli alle nozze. *[10]* Usciti nelle strade, quei servi raccolsero quanti ne trovarono, buoni e cattivi, e la sala si riempì di commensali. *[11]* Il re entrò per vedere i commensali e, scorto un tale che non indossava l'abito nuziale, *[12]* gli disse: Amico, come hai potuto entrare qui senz'abito nuziale? Ed egli ammutolì. *[13]* Allora il re ordinò ai servi: Legatelo mani e piedi e gettatelo fuori nelle tenebre; là sarà pianto e stridore di denti. *[14]* Perché molti sono chiamati, ma pochi eletti".

[15] Allora i farisei, ritiratisi, tennero consiglio per vedere di coglierlo in fallo nei suoi discorsi. *[16]* Mandarono dunque a lui i propri discepoli, con gli erodiani, a dirgli: "Maestro, sappiamo che sei veritiero e insegni la via di Dio secondo verità e non hai soggezione di nessuno perché non guardi in faccia ad alcuno. *[17]* Dicci dunque il tuo parere: È lecito o no pagare il tributo a Cesare?". *[18]* Ma Gesù, conoscendo la loro malizia, rispose: "Ipocriti, perché mi tentate? *[19]* Mostratemi la moneta del tributo". Ed essi gli presentarono un denaro. *[20]* Egli domandò loro: "Di chi è questa immagine e l'iscrizione?". *[21]* Gli risposero: "Di Cesare". Allora disse loro: "Rendete dunque a Cesare quello che è di Cesare e a Dio quello che è di Dio". *[22]* A queste parole rimasero sorpresi e, lasciatolo, se ne andarono.

[23] In quello stesso giorno vennero a lui dei sadducei, i quali affermano che non c'è risurrezione, e lo interrogarono: *[24]* "Maestro, Mosè ha detto: *Se qualcuno muore senza figli, il fratello ne sposerà la vedova e così susciterà una discendenza al suo fratello. [25]* Ora, c'erano tra noi sette fratelli; il primo appena sposato morì e, non avendo discendenza, lasciò la moglie a suo fratello. *[26]* Così anche il secondo, e il terzo, fino al settimo. *[27]* Alla fine, dopo tutti, morì anche la donna. *[28]* Alla risurrezione, di quale dei sette essa sarà moglie? Poiché tutti l'hanno avuta". *[29]* E Gesù rispose loro: "Voi vi ingannate, non conoscendo né le Scritture né la potenza di Dio. *[30]* Alla risurrezione infatti non si prende né moglie né marito, ma si è come angeli nel cielo. *[31]* Quanto poi alla risurrezione dei morti, non avete letto quello che vi è stato detto da Dio: *[32] Io sono il Dio di Abramo e il Dio di Isacco e il Dio di Giacobbe?* Ora, non è Dio dei morti, ma dei vivi". *[33]* Udendo ciò, la folla era sbalordita per la sua dottrina.

[34] Allora i farisei, udito che egli aveva chiuso la bocca ai sadducei, si riunirono insieme *[35]* e uno di loro, un dottore della legge, lo interrogò per metterlo alla

prova: *[36]* "Maestro, qual è il più grande comandamento della legge?". *[37]* Gli rispose: *"Amerai il Signore Dio tuo con tutto il cuore, con tutta la tua anima* e con tutta la tua mente. *[38]* Questo è il più grande e il primo dei comandamenti. *[39]* E il secondo è simile al primo: *Amerai il prossimo tuo come te stesso. [40]* Da questi due comandamenti dipendono tutta la Legge e i Profeti".

[41] Trovandosi i farisei riuniti insieme, Gesù chiese loro: *[42]* "Che ne pensate del Messia? Di chi è figlio?". Gli risposero: "Di Davide". *[43]* Ed egli a loro: "Come mai allora Davide, sotto ispirazione, lo chiama Signore, dicendo:

[44] Ha detto il Signore al mio Signore: Siedi alla mia destra, finché io non abbia posto i tuoi nemici sotto i tuoi piedi?

[45] Se dunque Davide lo chiama Signore, come può essere suo figlio?". *[46]* Nessuno era in grado di rispondergli nulla; e nessuno, da quel giorno in poi, osò interrogarlo.

23

[1] Allora Gesù si rivolse alla folla e ai suoi discepoli dicendo: *[2]* "Sulla cattedra di Mosè si sono seduti gli scribi e i farisei. *[3]* Quanto vi dicono, fatelo e osservatelo, ma non fate secondo le loro opere, perché dicono e non fanno. *[4]* Legano infatti pesanti fardelli e li impongono sulle spalle della gente, ma loro non vogliono muoverli neppure con un dito. *[5]* Tutte le loro opere le fanno per essere ammirati dagli uomini: allargano i loro filattéri e allungano le frange; *[6]* amano posti d'onore nei conviti, i primi seggi nelle sinagoghe *[7]* e i saluti nelle piazze, come anche sentirsi chiamare "rabbì" dalla gente. *[8]* Ma voi non fatevi chiamare "rabbì", perché uno solo è il vostro maestro e voi siete tutti fratelli. *[9]* E non chiamate nessuno "padre" sulla terra, perché uno solo è il Padre vostro, quello del cielo. *[10]* E non fatevi chiamare "maestri", perché uno solo è il vostro Maestro, il Cristo. *[11]* Il più grande tra voi sia vostro servo; *[12]* chi invece si innalzerà sarà abbassato e chi si abbasserà sarà innalzato.

[13] Guai a voi, scribi e farisei ipocriti, che chiudete il regno dei cieli davanti agli uomini; perché così voi non vi entrate, e non lasciate entrare nemmeno quelli che vogliono entrarci *[14]* .

[15] Guai a voi, scribi e farisei ipocriti, che percorrete il mare e la terra per fare un solo proselito e, ottenutolo, lo rendete figlio della Geenna il doppio di voi.

[16] Guai a voi, guide cieche, che dite: Se si giura per il tempio non vale, ma se si giura per l'oro del tempio si è obbligati. *[17]* Stolti e ciechi: che cosa è più grande, l'oro o il tempio che rende sacro l'oro? *[18]* E dite ancora: Se si giura per l'altare non vale, ma se si giura per l'offerta che vi sta sopra, si resta obbligati. *[19]* Ciechi! Che cosa è più grande, l'offerta o l'altare che rende sacra l'offerta? *[20]* Ebbene, chi giura per l'altare, giura per l'altare e per quanto vi sta sopra; *[21]* e chi giura per il tempio, giura per il tempio e per Colui che l'abita. *[22]* E chi giura per il cielo, giura per il

trono di Dio e per Colui che vi è assiso.

[23] Guai a voi, scribi e farisei ipocriti, che pagate la decima della menta, dell'anèto e del cumìno, e trasgredite le prescrizioni più gravi della legge: la giustizia, la misericordia e la fedeltà. Queste cose bisognava praticare, senza omettere quelle. *[24]* Guide cieche, che filtrate il moscerino e ingoiate il cammello!

[25] Guai a voi, scribi e farisei ipocriti, che pulite l'esterno del bicchiere e del piatto mentre all'interno sono pieni di rapina e d'intemperanza. *[26]* Fariseo cieco, pulisci prima l'interno del bicchiere, perché anche l'esterno diventi netto!

[27] Guai a voi, scribi e farisei ipocriti, che rassomigliate a sepolcri imbiancati: essi all'esterno son belli a vedersi, ma dentro sono pieni di ossa di morti e di ogni putridume. *[28]* Così anche voi apparite giusti all'esterno davanti agli uomini, ma dentro siete pieni d'ipocrisia e d'iniquità.

[29] Guai a voi, scribi e farisei ipocriti, che innalzate i sepolcri ai profeti e adornate le tombe dei giusti, *[30]* e dite: Se fossimo vissuti al tempo dei nostri padri, non ci saremmo associati a loro per versare il sangue dei profeti; *[31]* e così testimoniate, contro voi stessi, di essere figli degli uccisori dei profeti. *[32]* Ebbene, colmate la misura dei vostri padri!

[33] Serpenti, razza di vipere, come potrete scampare dalla condanna della Geenna? *[34]* Perciò ecco, io vi mando profeti, sapienti e scribi; di questi alcuni ne ucciderete e crocifiggerete, altri ne flagellerete nelle vostre sinagoghe e li perseguiterete di città in città; *[35]* perché ricada su di voi tutto il sangue innocente versato sopra la terra, dal sangue del giusto Abele fino al sangue di Zaccaria, figlio di Barachìa, che avete ucciso tra il santuario e l'altare. *[36]* In verità vi dico: tutte queste cose ricadranno su questa generazione.

[37] Gerusalemme, Gerusalemme, che uccidi i profeti e lapidi quelli che ti sono inviati, quante volte ho voluto raccogliere i tuoi figli, come una gallina raccoglie i pulcini sotto le ali, e voi non avete voluto! *[38]* Ecco: *la vostra casa vi sarà lasciata deserta! [39]* Vi dico infatti che non mi vedrete più finché non direte: *Benedetto colui che viene nel nome del Signore!*".

24

[1] Mentre Gesù, uscito dal tempio, se ne andava, gli si avvicinarono i suoi discepoli per fargli osservare le costruzioni del tempio. *[2]* Gesù disse loro: "Vedete tutte queste cose? In verità vi dico, non resterà qui pietra su pietra che non venga diroccata".

[3] Sedutosi poi sul monte degli Ulivi, i suoi discepoli gli si avvicinarono e, in disparte, gli dissero: "Dicci quando accadranno queste cose, e quale sarà il segno della tua venuta e della fine del mondo".

[4] Gesù rispose: "Guardate che nessuno vi inganni; *[5]* molti verranno nel mio nome, dicendo: Io sono il Cristo, e trarranno molti in inganno. *[6]* Sentirete poi parlare di guerre e di rumori di guerre. Guardate di non allarmarvi; è necessario che

tutto questo avvenga, ma non è ancora la fine. *[7]* Si solleverà popolo contro popolo e regno contro regno; vi saranno carestie e terremoti in vari luoghi; *[8]* ma tutto questo è solo l'inizio dei dolori. *[9]* Allora vi consegneranno ai supplizi e vi uccideranno, e sarete odiati da tutti i popoli a causa del mio nome. *[10]* Molti ne resteranno scandalizzati, ed essi si tradiranno e odieranno a vicenda. *[11]* Sorgeranno molti falsi profeti e inganneranno molti; *[12]* per il dilagare dell'iniquità, l'amore di molti si raffredderà. *[13]* Ma chi persevererà sino alla fine, sarà salvato. *[14]* Frattanto questo vangelo del regno sarà annunziato in tutto il mondo, perché ne sia resa testimonianza a tutte le genti; e allora verrà la fine.

[15] Quando dunque vedrete *l'abominio della desolazione*, di cui parlò il profeta Daniele, stare *nel luogo santo* - chi legge comprenda -, *[16]* allora quelli che sono in Giudea fuggano ai monti, *[17]* chi si trova sulla terrazza non scenda a prendere la roba di casa, *[18]* e chi si trova nel campo non torni indietro a prendersi il mantello. *[19]* Guai alle donne incinte e a quelle che allatteranno in quei giorni. *[20]* Pregate perché la vostra fuga non accada d'inverno o di sabato.

[21] Poiché vi sarà allora *una tribolazione* grande, *quale mai avvenne dall'inizio del mondo fino a ora*, né mai più ci sarà. *[22]* E se quei giorni non fossero abbreviati, nessun vivente si salverebbe; ma a causa degli eletti quei giorni saranno abbreviati. *[23]* Allora se qualcuno vi dirà: Ecco, il Cristo è qui, o: È là, non ci credete. *[24]* Sorgeranno infatti falsi cristi e falsi profeti e faranno grandi portenti e miracoli, così da indurre in errore, se possibile, anche gli eletti. *[25]* Ecco, io ve l'ho predetto.

[26] Se dunque vi diranno: Ecco, è nel deserto, non ci andate; o: È in casa, non ci credete. *[27]* Come la folgore viene da oriente e brilla fino a occidente, così sarà la venuta del Figlio dell'uomo. *[28]* Dovunque sarà il cadavere, ivi si raduneranno gli avvoltoi.

[29] Subito dopo la tribolazione di quei giorni,

il sole si oscurerà, la luna non darà più la sua luce,
  gli astri cadranno dal cielo
  e le potenze dei cieli saranno sconvolte.

[30] Allora comparirà nel cielo il segno del Figlio dell'uomo e *allora si batteranno il petto tutte le tribù della terra*, e vedranno il *Figlio dell'uomo venire sopra le nubi del cielo* con grande potenza e gloria. *[31]* Egli manderà i suoi angeli con una grande tromba e raduneranno tutti i suoi eletti dai quattro venti, da un estremo all'altro dei cieli.

[32] Dal fico poi imparate la parabola: quando ormai il suo ramo diventa tenero e spuntano le foglie, sapete che l'estate è vicina. *[33]* Così anche voi, quando vedrete tutte queste cose, sappiate che Egli è proprio alle porte. *[34]* In verità vi dico: non passerà questa generazione prima che tutto questo accada. *[35]* Il cielo e la terra passeranno, ma le mie parole non passeranno.

[36] Quanto a quel giorno e a quell'ora, però, nessuno lo sa, neanche gli angeli del cielo e neppure il Figlio, ma solo il Padre.

[37] Come fu ai giorni di Noè, così sarà la venuta del Figlio dell'uomo. *[38]* Infatti,

come nei giorni che precedettero il diluvio mangiavano e bevevano, prendevano moglie e marito, fino a quando Noè entrò nell'arca, *[39]* e non si accorsero di nulla finché venne il diluvio e inghiottì tutti, così sarà anche alla venuta del Figlio dell'uomo. *[40]* Allora due uomini saranno nel campo: uno sarà preso e l'altro lasciato. *[41]* Due donne macineranno alla mola: una sarà presa e l'altra lasciata. *[42]* Vegliate dunque, perché non sapete in quale giorno il Signore vostro verrà. *[43]* Questo considerate: se il padrone di casa sapesse in quale ora della notte viene il ladro, veglierebbe e non si lascerebbe scassinare la casa. *[44]* Perciò anche voi state pronti, perché nell'ora che non immaginate, il Figlio dell'uomo verrà.

[45] Qual è dunque il servo fidato e prudente che il padrone ha preposto ai suoi domestici con l'incarico di dar loro il cibo al tempo dovuto? *[46]* Beato quel servo che il padrone al suo ritorno troverà ad agire così! *[47]* In verità vi dico: gli affiderà l'amministrazione di tutti i suoi beni. *[48]* Ma se questo servo malvagio dicesse in cuor suo: Il mio padrone tarda a venire, *[49]* e cominciasse a percuotere i suoi compagni e a bere e a mangiare con gli ubriaconi, *[50]* arriverà il padrone quando il servo non se l'aspetta e nell'ora che non sa, *[51]* lo punirà con rigore e gli infliggerà la sorte che gli ipocriti si meritano: e là sarà pianto e stridore di denti.

25

[1] Il regno dei cieli è simile a dieci vergini che, prese le loro lampade, uscirono incontro allo sposo. *[2]* Cinque di esse erano stolte e cinque sagge; *[3]* le stolte presero le lampade, ma non presero con sé olio; *[4]* le sagge invece, insieme alle lampade, presero anche dell'olio in piccoli vasi. *[5]* Poiché lo sposo tardava, si assopirono tutte e dormirono. *[6]* A mezzanotte si levò un grido: Ecco lo sposo, andategli incontro! *[7]* Allora tutte quelle vergini si destarono e prepararono le loro lampade. *[8]* E le stolte dissero alle sagge: Dateci del vostro olio, perché le nostre lampade si spengono. *[9]* Ma le sagge risposero: No, che non abbia a mancare per noi e per voi; andate piuttosto dai venditori e compratevene. *[10]* Ora, mentre quelle andavano per comprare l'olio, arrivò lo sposo e le vergini che erano pronte entrarono con lui alle nozze, e la porta fu chiusa. *[11]* Più tardi arrivarono anche le altre vergini e incominciarono a dire: Signore, signore, aprici! *[12]* Ma egli rispose: In verità vi dico: non vi conosco. *[13]* Vegliate dunque, perché non sapete né il giorno né l'ora.

[14] Avverrà come di un uomo che, partendo per un viaggio, chiamò i suoi servi e consegnò loro i suoi beni. *[15]* A uno diede cinque talenti, a un altro due, a un altro uno, a ciascuno secondo la sua capacità, e partì. *[16]* Colui che aveva ricevuto cinque talenti, andò subito a impiegarli e ne guadagnò altri cinque. *[17]* Così anche quello che ne aveva ricevuti due, ne guadagnò altri due. *[18]* Colui invece che aveva ricevuto un solo talento, andò a fare una buca nel terreno e vi nascose il denaro del suo padrone. *[19]* Dopo molto tempo il padrone di quei servi tornò, e volle regolare i conti con loro. *[20]* Colui che aveva ricevuto cinque talenti, ne presentò altri cinque, dicendo: Signore, mi hai consegnato cinque talenti; ecco, ne ho guadagnati altri

cinque. *[21]* Bene, servo buono e fedele, gli disse il suo padrone, sei stato fedele nel poco, ti darò autorità su molto; prendi parte alla gioia del tuo padrone. *[22]* Presentatosi poi colui che aveva ricevuto due talenti, disse: Signore, mi hai consegnato due talenti; vedi, ne ho guadagnati altri due. *[23]* Bene, servo buono e fedele, gli rispose il padrone, sei stato fedele nel poco, ti darò autorità su molto; prendi parte alla gioia del tuo padrone. *[24]* Venuto infine colui che aveva ricevuto un solo talento, disse: Signore, so che sei un uomo duro, che mieti dove non hai seminato e raccogli dove non hai sparso; *[25]* per paura andai a nascondere il tuo talento sotterra; ecco qui il tuo. *[26]* Il padrone gli rispose: Servo malvagio e infingardo, sapevi che mieto dove non ho seminato e raccolgo dove non ho sparso; *[27]* avresti dovuto affidare il mio denaro ai banchieri e così, ritornando, avrei ritirato il mio con l'interesse. *[28]* Toglietegli dunque il talento, e datelo a chi ha i dieci talenti. *[29]* Perché a chiunque ha sarà dato e sarà nell'abbondanza; ma a chi non ha sarà tolto anche quello che ha. *[30]* E il servo fannullone gettatelo fuori nelle tenebre; là sarà pianto e stridore di denti.

[31] Quando il Figlio dell'uomo verrà nella sua gloria con tutti i suoi angeli, si siederà sul trono della sua gloria. *[32]* E saranno riunite davanti a lui tutte le genti, ed egli separerà gli uni dagli altri, come il pastore separa le pecore dai capri, *[33]* e porrà le pecore alla sua destra e i capri alla sinistra. *[34]* Allora il re dirà a quelli che stanno alla sua destra: Venite, benedetti del Padre mio, ricevete in eredità il regno preparato per voi fin dalla fondazione del mondo. *[35]* Perché io ho avuto fame e mi avete dato da mangiare, ho avuto sete e mi avete dato da bere; ero forestiero e mi avete ospitato, *[36]* nudo e mi avete vestito, malato e mi avete visitato, carcerato e siete venuti a trovarmi. *[37]* Allora i giusti gli risponderanno: Signore, quando mai ti abbiamo veduto affamato e ti abbiamo dato da mangiare, assetato e ti abbiamo dato da bere? *[38]* Quando ti abbiamo visto forestiero e ti abbiamo ospitato, o nudo e ti abbiamo vestito? *[39]* E quando ti abbiamo visto ammalato o in carcere e siamo venuti a visitarti? *[40]* Rispondendo, il re dirà loro: In verità vi dico: ogni volta che avete fatto queste cose a uno solo di questi miei fratelli più piccoli, l'avete fatto a me. *[41]* Poi dirà a quelli alla sua sinistra: Via, lontano da me, maledetti, nel fuoco eterno, preparato per il diavolo e per i suoi angeli. *[42]* Perché ho avuto fame e non mi avete dato da mangiare; ho avuto sete e non mi avete dato da bere; *[43]* ero forestiero e non mi avete ospitato, nudo e non mi avete vestito, malato e in carcere e non mi avete visitato. *[44]* Anch'essi allora risponderanno: Signore, quando mai ti abbiamo visto affamato o assetato o forestiero o nudo o malato o in carcere e non ti abbiamo assistito? *[45]* Ma egli risponderà: In verità vi dico: ogni volta che non avete fatto queste cose a uno di questi miei fratelli più piccoli, non l'avete fatto a me. *[46]* E se ne andranno, questi al supplizio eterno, e i giusti alla vita eterna".

26

[1] Terminati tutti questi discorsi, Gesù disse ai suoi discepoli: *[2]* "Voi sapete che fra

due giorni è Pasqua e che il Figlio dell'uomo sarà consegnato per essere crocifisso".
[3] Allora i sommi sacerdoti e gli anziani del popolo si riunirono nel palazzo del sommo sacerdote, che si chiamava Caifa, *[4]* e tennero consiglio per arrestare con un inganno Gesù e farlo morire. *[5]* Ma dicevano: "Non durante la festa, perché non avvengano tumulti fra il popolo".

[6] Mentre Gesù si trovava a Betània, in casa di Simone il lebbroso, *[7]* gli si avvicinò una donna con un vaso di alabastro di olio profumato molto prezioso, e glielo versò sul capo mentre stava a mensa. *[8]* I discepoli vedendo ciò si sdegnarono e dissero: "Perché questo spreco? *[9]* Lo si poteva vendere a caro prezzo per darlo ai poveri!". *[10]* Ma Gesù, accortosene, disse loro: "Perché infastidite questa donna? Essa ha compiuto un'azione buona verso di me. *[11]* I poveri infatti li avete sempre con voi, me, invece, non sempre mi avete. *[12]* Versando questo olio sul mio corpo, lo ha fatto in vista della mia sepoltura. *[13]* In verità vi dico: dovunque sarà predicato questo vangelo, nel mondo intero, sarà detto anche ciò che essa ha fatto, in ricordo di lei".

[14] Allora uno dei Dodici, chiamato Giuda Iscariota, andò dai sommi sacerdoti *[15]* e disse: "Quanto mi volete dare perché io ve lo consegni?". E quelli gli *fissarono trenta monete d'argento.* *[16]* Da quel momento cercava l'occasione propizia per consegnarlo.

[17] Il primo giorno degli Azzimi, i discepoli si avvicinarono a Gesù e gli dissero: "Dove vuoi che ti prepariamo, per mangiare la Pasqua?". *[18]* Ed egli rispose: "Andate in città, da un tale, e ditegli: Il Maestro ti manda a dire: Il mio tempo è vicino; farò la Pasqua da te con i miei discepoli". *[19]* I discepoli fecero come aveva loro ordinato Gesù, e prepararono la Pasqua.

[20] Venuta la sera, si mise a mensa con i Dodici. *[21]* Mentre mangiavano disse: "In verità io vi dico, uno di voi mi tradirà". *[22]* Ed essi, addolorati profondamente, incominciarono ciascuno a domandargli: "Sono forse io, Signore?". *[23]* Ed egli rispose: "Colui che ha intinto con me la mano nel piatto, quello mi tradirà. *[24]* Il Figlio dell'uomo se ne va, come è scritto di lui, ma guai a colui dal quale il Figlio dell'uomo viene tradito; sarebbe meglio per quell'uomo se non fosse mai nato!". *[25]* Giuda, il traditore, disse: "Rabbì, sono forse io?". Gli rispose: "Tu l'hai detto".

[26] Ora, mentre essi mangiavano, Gesù prese il pane e, pronunziata la benedizione, lo spezzò e lo diede ai discepoli dicendo: "Prendete e mangiate; questo è il mio corpo". *[27]* Poi prese il calice e, dopo aver reso grazie, lo diede loro, dicendo: "Bevetene tutti, *[28]* perché questo è il mio sangue dell'alleanza, versato per molti, in remissione dei peccati. *[29]* Io vi dico che da ora non berrò più di questo frutto della vite fino al giorno in cui lo berrò nuovo con voi nel regno del Padre mio".

[30] E dopo aver cantato l'inno, uscirono verso il monte degli Ulivi. *[31]* Allora Gesù disse loro: "Voi tutti vi scandalizzerete per causa mia in questa notte. Sta scritto infatti:

Percuoterò il pastore
e saranno disperse le pecore del gregge,

[32] ma dopo la mia risurrezione, vi precederò in Galilea". *[33]* E Pietro gli disse: "Anche se tutti si scandalizzassero di te, io non mi scandalizzerò mai". *[34]* Gli disse Gesù: "In verità ti dico: questa notte stessa, prima che il gallo canti, mi rinnegherai tre volte". *[35]* E Pietro gli rispose: "Anche se dovessi morire con te, non ti rinnegherò". Lo stesso dissero tutti gli altri discepoli.

[36] Allora Gesù andò con loro in un podere, chiamato Getsèmani, e disse ai discepoli: "Sedetevi qui, mentre io vado là a pregare". *[37]* E presi con sé Pietro e i due figli di Zebedèo, cominciò a provare tristezza e angoscia. *[38]* Disse loro: "La mia anima è triste fino alla morte; restate qui e vegliate con me". *[39]* E avanzatosi un poco, si prostrò con la faccia a terra e pregava dicendo: "Padre mio, se è possibile, passi da me questo calice! Però non come voglio io, ma come vuoi tu!". *[40]* Poi tornò dai discepoli e li trovò che dormivano. E disse a Pietro: "Così non siete stati capaci di vegliare un'ora sola con me? *[41]* Vegliate e pregate, per non cadere in tentazione. Lo spirito è pronto, ma la carne è debole". *[42]* E di nuovo, allontanatosi, pregava dicendo: "Padre mio, se questo calice non può passare da me senza che io lo beva, sia fatta la tua volontà". *[43]* E tornato di nuovo trovò i suoi che dormivano, perché gli occhi loro si erano appesantiti. *[44]* E lasciatili, si allontanò di nuovo e pregò per la terza volta, ripetendo le stesse parole. *[45]* Poi si avvicinò ai discepoli e disse loro: "Dormite ormai e riposate! Ecco, è giunta l'ora nella quale il Figlio dell'uomo sarà consegnato in mano ai peccatori. *[46]* Alzatevi, andiamo; ecco, colui che mi tradisce si avvicina".

[47] Mentre parlava ancora, ecco arrivare Giuda, uno dei Dodici, e con lui una gran folla con spade e bastoni, mandata dai sommi sacerdoti e dagli anziani del popolo. *[48]* Il traditore aveva dato loro questo segnale dicendo: "Quello che bacerò, è lui; arrestatelo!". *[49]* E subito si avvicinò a Gesù e disse: "Salve, Rabbì!". E lo baciò. *[50]* E Gesù gli disse: "Amico, per questo sei qui!". Allora si fecero avanti e misero le mani addosso a Gesù e lo arrestarono. *[51]* Ed ecco, uno di quelli che erano con Gesù, messa mano alla spada, la estrasse e colpì il servo del sommo sacerdote staccandogli un orecchio.

[52] Allora Gesù gli disse: "Rimetti la spada nel fodero, perché tutti quelli che mettono mano alla spada periranno di spada. *[53]* Pensi forse che io non possa pregare il Padre mio, che mi darebbe subito più di dodici legioni di angeli? *[54]* Ma come allora si adempirebbero le Scritture, secondo le quali così deve avvenire?". *[55]* In quello stesso momento Gesù disse alla folla: "Siete usciti come contro un brigante, con spade e bastoni, per catturarmi. Ogni giorno stavo seduto nel tempio ad insegnare, e non mi avete arrestato. *[56]* Ma tutto questo è avvenuto perché si adempissero le Scritture dei profeti". Allora tutti i discepoli, abbandonatolo, fuggirono.

[57] Or quelli che avevano arrestato Gesù, lo condussero dal sommo sacerdote Caifa, presso il quale già si erano riuniti gli scribi e gli anziani. *[58]* Pietro intanto lo aveva seguito da lontano fino al palazzo del sommo sacerdote; ed entrato anche lui, si pose a sedere tra i servi, per vedere la conclusione. *[59]* I sommi sacerdoti e tutto il sinedrio cercavano qualche falsa testimonianza

contro Gesù, per condannarlo a morte; *[60]* ma non riuscirono a trovarne alcuna, pur essendosi fatti avanti molti falsi testimoni. *[61]* Finalmente se ne presentarono due, che affermarono: "Costui ha dichiarato: Posso distruggere il tempio di Dio e ricostruirlo in tre giorni". *[62]* Alzatosi il sommo sacerdote gli disse: "Non rispondi nulla? Che cosa testimoniano costoro contro di te?". *[63]* Ma Gesù taceva. Allora il sommo sacerdote gli disse: "Ti scongiuro, per il Dio vivente, perché ci dica se tu sei il Cristo, il Figlio di Dio". *[64]* "Tu l'hai detto, gli rispose Gesù, anzi io vi dico:

d'ora innanzi vedrete il Figlio dell'uomo
seduto alla destra di Dio,
e venire sulle nubi del cielo".

[65] Allora il sommo sacerdote si stracciò le vesti dicendo: "Ha bestemmiato! Perché abbiamo ancora bisogno di testimoni? Ecco, ora avete udito la bestemmia; *[66]* che ve ne pare?". E quelli risposero: "È reo di morte!". *[67]* Allora gli sputarono in faccia e lo schiaffeggiarono; altri lo bastonavano, *[68]* dicendo: "Indovina, Cristo! Chi è che ti ha percosso?".
[69] Pietro intanto se ne stava seduto fuori, nel cortile. Una serva gli si avvicinò e disse: "Anche tu eri con Gesù, il Galileo!". *[70]* Ed egli negò davanti a tutti: "Non capisco che cosa tu voglia dire". *[71]* Mentre usciva verso l'atrio, lo vide un'altra serva e disse ai presenti: "Costui era con Gesù, il Nazareno". *[72]* Ma egli negò di nuovo giurando: "Non conosco quell'uomo". *[73]* Dopo un poco, i presenti gli si accostarono e dissero a Pietro: "Certo anche tu sei di quelli; la tua parlata ti tradisce!". *[74]* Allora egli cominciò a imprecare e a giurare: "Non conosco quell'uomo!". E subito un gallo cantò. *[75]* E Pietro si ricordò delle parole dette da Gesù: "Prima che il gallo canti, mi rinnegherai tre volte". E uscito all'aperto, pianse amaramente.

27

[1] Venuto il mattino, tutti i sommi sacerdoti e gli anziani del popolo tennero consiglio contro Gesù, per farlo morire. *[2]* Poi, messolo in catene, lo condussero e consegnarono al governatore Pilato.
[3] Allora Giuda, il traditore, vedendo che Gesù era stato condannato, si pentì e riportò le trenta monete d'argento ai sommi sacerdoti e agli anziani *[4]* dicendo: "Ho peccato, perché ho tradito sangue innocente". Ma quelli dissero: "Che ci riguarda? Veditela tu!". *[5]* Ed egli, gettate le monete d'argento nel tempio, si allontanò e andò ad impiccarsi. *[6]* Ma i sommi sacerdoti, raccolto quel denaro, dissero: "Non è lecito metterlo nel tesoro, perché è prezzo di sangue". *[7]* E tenuto consiglio, comprarono con esso il Campo del vasaio per la sepoltura degli stranieri. *[8]* Perciò quel campo fu denominato "Campo di sangue" fino al giorno d'oggi. *[9]* Allora si adempì quanto era stato detto dal profeta Geremia: *E presero trenta denari d'argento, il prezzo del venduto, che i figli di Israele avevano mercanteggiato, [10] e li diedero per il campo*

del vasaio, come mi aveva ordinato il Signore.

[11] Gesù intanto comparve davanti al governatore, e il governatore l'interrogò dicendo: "Sei tu il re dei Giudei?". Gesù rispose "Tu lo dici". *[12]* E mentre lo accusavano i sommi sacerdoti e gli anziani, non rispondeva nulla. *[13]* Allora Pilato gli disse: "Non senti quante cose attestano contro di te?". *[14]* Ma Gesù non gli rispose neanche una parola, con grande meraviglia del governatore.

[15] Il governatore era solito, per ciascuna festa di Pasqua, rilasciare al popolo un prigioniero, a loro scelta. *[16]* Avevano in quel tempo un prigioniero famoso, detto Barabba. *[17]* Mentre quindi si trovavano riuniti, Pilato disse loro: "Chi volete che vi rilasci: Barabba o Gesù chiamato il Cristo?". *[18]* Sapeva bene infatti che glielo avevano consegnato per invidia.

[19] Mentre egli sedeva in tribunale, sua moglie gli mandò a dire: "Non avere a che fare con quel giusto; perché oggi fui molto turbata in sogno, per causa sua". *[20]* Ma i sommi sacerdoti e gli anziani persuasero la folla a richiedere Barabba e a far morire Gesù. *[21]* Allora il governatore domandò: "Chi dei due volete che vi rilasci?". Quelli risposero: "Barabba!". *[22]* Disse loro Pilato: "Che farò dunque di Gesù chiamato il Cristo?". Tutti gli risposero: "Sia crocifisso!". *[23]* Ed egli aggiunse: "Ma che male ha fatto?". Essi allora urlarono: "Sia crocifisso!".

[24] Pilato, visto che non otteneva nulla, anzi che il tumulto cresceva sempre più, presa dell'acqua, si lavò le mani davanti alla folla: "Non sono responsabile, disse, di questo sangue; vedetevela voi!". *[25]* E tutto il popolo rispose: "Il suo sangue ricada sopra di noi e sopra i nostri figli". *[26]* Allora rilasciò loro Barabba e, dopo aver fatto flagellare Gesù, lo consegnò ai soldati perché fosse crocifisso.

[27] Allora i soldati del governatore condussero Gesù nel pretorio e gli radunarono attorno tutta la coorte. *[28]* Spogliatolo, gli misero addosso un manto scarlatto *[29]* e, intrecciata una corona di spine, gliela posero sul capo, con una canna nella destra; poi mentre gli si inginocchiavano davanti, lo schernivano: "Salve, re dei Giudei!". *[30]* E sputandogli addosso, gli tolsero di mano la canna e lo percuotevano sul capo. *[31]* Dopo averlo così schernito, lo spogliarono del mantello, gli fecero indossare i suoi vestiti e lo portarono via per crocifiggerlo.

[32] Mentre uscivano, incontrarono un uomo di Cirene, chiamato Simone, e lo costrinsero a prender su la croce di lui. *[33]* Giunti a un luogo detto Gòlgota, che significa luogo del cranio, *[34]* gli *diedero da bere vino* mescolato con *fiele*; ma egli, assaggiatolo, non ne volle bere. *[35]* Dopo averlo quindi crocifisso, *si spartirono le* sue *vesti tirandole a sorte*. *[36]* E sedutisi, gli facevano la guardia. *[37]* Al di sopra del suo capo, posero la motivazione scritta della sua condanna: "*Questi è Gesù, il re dei Giudei*".

[38] Insieme con lui furono crocifissi due ladroni, uno a destra e uno a sinistra.

[39] E quelli che passavano di là lo insultavano *scuotendo il capo* e dicendo: *[40]* "Tu che distruggi il tempio e lo ricostruisci in tre giorni, salva te stesso! Se tu sei Figlio di Dio, scendi dalla croce!". *[41]* Anche i sommi sacerdoti con gli scribi e gli anziani lo schernivano: *[42]* "Ha salvato gli altri, non può salvare se stesso. È il re d'Israele, scenda ora dalla croce e gli crederemo. *[43] Ha confidato in Dio; lo liberi*

lui ora, *se gli vuol bene*. Ha detto infatti: Sono Figlio di Dio!". *[44]* Anche i ladroni crocifissi con lui lo oltraggiavano allo stesso modo.

[45] Da mezzogiorno fino alle tre del pomeriggio si fece buio su tutta la terra. *[46]* Verso le tre, Gesù gridò a gran voce: *"Elì, Elì, lemà sabactàni?"*, che significa: *"Dio mio, Dio mio, perché mi hai abbandonato?"*. *[47]* Udendo questo, alcuni dei presenti dicevano: "Costui chiama Elia". *[48]* E subito uno di loro corse a prendere una spugna e, imbevutala *di aceto*, la fissò su una canna e così gli *dava da bere*. *[49]* Gli altri dicevano: "Lascia, vediamo se viene Elia a salvarlo!". *[50]* E Gesù, emesso un alto grido, spirò.

[51] Ed ecco il velo del tempio si squarciò in due da cima a fondo, la terra si scosse, le rocce si spezzarono, *[52]* i sepolcri si aprirono e molti corpi di santi morti risuscitarono. *[53]* E uscendo dai sepolcri, dopo la sua risurrezione, entrarono nella città santa e apparvero a molti. *[54]* Il centurione e quelli che con lui facevano la guardia a Gesù, sentito il terremoto e visto quel che succedeva, furono presi da grande timore e dicevano: "Davvero costui era Figlio di Dio!".

[55] C'erano anche là molte donne che stavano a osservare da lontano; esse avevano seguito Gesù dalla Galilea per servirlo. *[56]* Tra costoro Maria di Màgdala, Maria madre di Giacomo e di Giuseppe, e la madre dei figli di Zebedèo.

[57] Venuta la sera giunse un uomo ricco di Arimatéa, chiamato Giuseppe, il quale era diventato anche lui discepolo di Gesù. *[58]* Egli andò da Pilato e gli chiese il corpo di Gesù. Allora Pilato ordinò che gli fosse consegnato. *[59]* Giuseppe, preso il corpo di Gesù, lo avvolse in un candido lenzuolo *[60]* e lo depose nella sua tomba nuova, che si era fatta scavare nella roccia; rotolata poi una gran pietra sulla porta del sepolcro, se ne andò. *[61]* Erano lì, davanti al sepolcro, Maria di Màgdala e l'altra Maria.

[62] Il giorno seguente, quello dopo la Parasceve, si riunirono presso Pilato i sommi sacerdoti e i farisei, dicendo: *[63]* "Signore, ci siamo ricordati che quell'impostore disse mentre era vivo: Dopo tre giorni risorgerò. *[64]* Ordina dunque che sia vigilato il sepolcro fino al terzo giorno, perché non vengano i suoi discepoli, lo rubino e poi dicano al popolo: È risuscitato dai morti. Così quest'ultima impostura sarebbe peggiore della prima!". *[65]* Pilato disse loro: "Avete la vostra guardia, andate e assicuratevi come credete". *[66]* Ed essi andarono e assicurarono il sepolcro, sigillando la pietra e mettendovi la guardia.

28

[1] Passàto il sabato, all'alba del primo giorno della settimana, Maria di Màgdala e l'altra Maria andarono a visitare il sepolcro. *[2]* Ed ecco che vi fu un gran terremoto: un angelo del Signore, sceso dal cielo, si accostò, rotolò la pietra e si pose a sedere su di essa. *[3]* Il suo aspetto era come la folgore e il suo vestito bianco come la neve. *[4]* Per lo spavento che ebbero di lui le guardie tremarono tramortite. *[5]* Ma l'angelo disse alle donne: "Non abbiate paura, voi! So che cercate Gesù il crocifisso. *[6]* Non

è qui. È risorto, come aveva detto; venite a vedere il luogo dove era deposto. *[7]* Presto, andate a dire ai suoi discepoli: È risuscitato dai morti, e ora vi precede in Galilea; là lo vedrete. Ecco, io ve l'ho detto". *[8]* Abbandonato in fretta il sepolcro, con timore e gioia grande, le donne corsero a dare l'annunzio ai suoi discepoli.

[9] Ed ecco Gesù venne loro incontro dicendo: "Salute a voi". Ed esse, avvicinatesi, gli presero i piedi e lo adorarono. *[10]* Allora Gesù disse loro: "Non temete; andate ad annunziare ai miei fratelli che vadano in Galilea e là mi vedranno".

[11] Mentre esse erano per via, alcuni della guardia giunsero in città e annunziarono ai sommi sacerdoti quanto era accaduto. *[12]* Questi si riunirono allora con gli anziani e deliberarono di dare una buona somma di denaro ai soldati dicendo: *[13]* "Dichiarate: i suoi discepoli sono venuti di notte e l'hanno rubato, mentre noi dormivamo. *[14]* E se mai la cosa verrà all'orecchio del governatore noi lo persuaderemo e vi libereremo da ogni noia". *[15]* Quelli, preso il denaro, fecero secondo le istruzioni ricevute. Così questa diceria si è divulgata fra i Giudei fino ad oggi.

[16] Gli undici discepoli, intanto, andarono in Galilea, sul monte che Gesù aveva loro fissato. *[17]* Quando lo videro, gli si prostrarono innanzi; alcuni però dubitavano. *[18]* E Gesù, avvicinatosi, disse loro: "Mi è stato dato ogni potere in cielo e in terra. *[19]* Andate dunque e ammaestrate tutte le nazioni, battezzandole nel nome del Padre e del Figlio e dello Spirito santo, *[20]* insegnando loro ad osservare tutto ciò che vi ho comandato. Ecco, io sono con voi tutti i giorni, fino alla fine del mondo".

Vangelo secondo Marco

1

[1] Inizio del vangelo di Gesù Cristo, Figlio di Dio. *[2]* Come è scritto nel profeta Isaia:

Ecco, io mando il mio messaggero davanti a te,
egli ti preparerà la strada.
[3] Voce di uno che grida nel deserto:
preparate la strada del Signore,
raddrizzate i suoi sentieri,

[4] si presentò Giovanni a battezzare nel deserto, predicando un battesimo di conversione per il perdono dei peccati. *[5]* Accorreva a lui tutta la regione della Giudea e tutti gli abitanti di Gerusalemme. E si facevano battezzare da lui nel fiume Giordano, confessando i loro peccati. *[6]* Giovanni era vestito di peli di cammello, con una cintura di pelle attorno ai fianchi, si cibava di locuste e miele selvatico *[7]* e predicava: "Dopo di me viene uno che è più forte di me e al quale io non son degno di chinarmi per sciogliere i legacci dei suoi sandali. *[8]* Io vi ho battezzati con acqua, ma egli vi battezzerà con lo Spirito Santo".

[9] In quei giorni Gesù venne da Nàzaret di Galilea e fu battezzato nel Giordano da Giovanni. *[10]* E, uscendo dall'acqua, vide aprirsi i cieli e lo Spirito discendere su di lui come una colomba. *[11]* E si sentì una voce dal cielo: "Tu sei il Figlio mio prediletto, in te mi sono compiaciuto".

[12] Subito dopo lo Spirito lo sospinse nel deserto *[13]* e vi rimase quaranta giorni, tentato da satana; stava con le fiere e gli angeli lo servivano.

[14] Dopo che Giovanni fu arrestato, Gesù si recò nella Galilea predicando il vangelo di Dio e diceva: *[15]* "Il tempo è compiuto e il regno di Dio è vicino; convertitevi e credete al vangelo".

[16] Passando lungo il mare della Galilea, vide Simone e Andrea, fratello di Simone, mentre gettavano le reti in mare; erano infatti pescatori. *[17]* Gesù disse loro: "Seguitemi, vi farò diventare pescatori di uomini". *[18]* E subito, lasciate le reti, lo seguirono. *[19]* Andando un poco oltre, vide sulla barca anche Giacomo di Zebedèo e Giovanni suo fratello mentre riassettavano le reti. *[20]* Li chiamò. Ed essi, lasciato il loro padre Zebedèo sulla barca con i garzoni, lo seguirono.

[21] Andarono a Cafàrnao e, entrato proprio di sabato nella sinagoga, Gesù si mise ad

insegnare. *[22]* Ed erano stupiti del suo insegnamento, perché insegnava loro come uno che ha autorità e non come gli scribi. *[23]* Allora un uomo che era nella sinagoga, posseduto da uno spirito immondo, si mise a gridare: *[24]* "Che c'entri con noi, Gesù Nazareno? Sei venuto a rovinarci! Io so chi tu sei: il santo di Dio". *[25]* E Gesù lo sgridò: "Taci! Esci da quell'uomo". *[26]* E lo spirito immondo, straziandolo e gridando forte, uscì da lui. *[27]* Tutti furono presi da timore, tanto che si chiedevano a vicenda: "Che è mai questo? Una dottrina nuova insegnata con autorità. Comanda persino agli spiriti immondi e gli obbediscono!". *[28]* La sua fama si diffuse subito dovunque nei dintorni della Galilea.

[29] E, usciti dalla sinagoga, si recarono subito in casa di Simone e di Andrea, in compagnia di Giacomo e di Giovanni. *[30]* La suocera di Simone era a letto con la febbre e subito gli parlarono di lei. *[31]* Egli, accostatosi, la sollevò prendendola per mano; la febbre la lasciò ed essa si mise a servirli.

[32] Venuta la sera, dopo il tramonto del sole, gli portavano tutti i malati e gli indemoniati. *[33]* Tutta la città era riunita davanti alla porta. *[34]* Guarì molti che erano afflitti da varie malattie e scacciò molti demòni; ma non permetteva ai demòni di parlare, perché lo conoscevano.

[35] Al mattino si alzò quando ancora era buio e, uscito di casa, si ritirò in un luogo deserto e là pregava. *[36]* Ma Simone e quelli che erano con lui si misero sulle sue tracce *[37]* e, trovatolo, gli dissero: "Tutti ti cercano!". *[38]* Egli disse loro: "Andiamocene altrove per i villaggi vicini, perché io predichi anche là; per questo infatti sono venuto!". *[39]* E andò per tutta la Galilea, predicando nelle loro sinagoghe e scacciando i demòni.

[40] Allora venne a lui un lebbroso: lo supplicava in ginocchio e gli diceva: "Se vuoi, puoi guarirmi!". *[41]* Mosso a compassione, stese la mano, lo toccò e gli disse: "Lo voglio, guarisci!". *[42]* Subito la lebbra scomparve ed egli guarì. *[43]* E, ammonendolo severamente, lo rimandò e gli disse: *[44]* "Guarda di non dir niente a nessuno, ma va', presentati al sacerdote, e offri per la tua purificazione quello che Mosè ha ordinato, a testimonianza per loro". *[45]* Ma quegli, allontanatosi, cominciò a proclamare e a divulgare il fatto, al punto che Gesù non poteva più entrare pubblicamente in una città, ma se ne stava fuori, in luoghi deserti, e venivano a lui da ogni parte.

2

[1] Ed entrò di nuovo a Cafàrnao dopo alcuni giorni. Si seppe che era in casa *[2]* e si radunarono tante persone, da non esserci più posto neanche davanti alla porta, ed egli annunziava loro la parola.

[3] Si recarono da lui con un paralitico portato da quattro persone. *[4]* Non potendo però portarglielo innanzi, a causa della folla, scoperchiarono il tetto nel punto dov'egli si trovava e, fatta un'apertura, calarono il lettuccio su cui giaceva il

paralitico. *[5]* Gesù, vista la loro fede, disse al paralitico: "Figliolo, ti sono rimessi i tuoi peccati".

[6] Seduti là erano alcuni scribi che pensavano in cuor loro: *[7]* "Perché costui parla così? Bestemmia! Chi può rimettere i peccati se non Dio solo?".

[8] Ma Gesù, avendo subito conosciuto nel suo spirito che così pensavano tra sé, disse loro: "Perché pensate così nei vostri cuori? *[9]* Che cosa è più facile: dire al paralitico: Ti sono rimessi i peccati, o dire: Alzati, prendi il tuo lettuccio e cammina? *[10]* Ora, perché sappiate che il Figlio dell'uomo ha il potere sulla terra di rimettere i peccati, *[11]* ti ordino - disse al paralitico - alzati, prendi il tuo lettuccio e va' a casa tua". *[12]* Quegli si alzò, prese il suo lettuccio e se ne andò in presenza di tutti e tutti si meravigliarono e lodavano Dio dicendo: "Non abbiamo mai visto nulla di simile!".

[13] Uscì di nuovo lungo il mare; tutta la folla veniva a lui ed egli li ammaestrava. *[14]* Nel passare, vide Levi, il figlio di Alfeo, seduto al banco delle imposte, e gli disse: "Seguimi".

Egli, alzatosi, lo seguì.

[15] Mentre Gesù stava a mensa in casa di lui, molti pubblicani e peccatori si misero a mensa insieme con Gesù e i suoi discepoli; erano molti infatti quelli che lo seguivano. *[16]* Allora gli scribi della setta dei farisei, vedendolo mangiare con i peccatori e i pubblicani, dicevano ai suoi discepoli: "Come mai egli mangia e beve in compagnia dei pubblicani e dei peccatori?". *[17]* Avendo udito questo, Gesù disse loro: "Non sono i sani che hanno bisogno del medico, ma i malati; non sono venuto per chiamare i giusti, ma i peccatori".

[18] Ora i discepoli di Giovanni e i farisei stavano facendo un digiuno. Si recarono allora da Gesù e gli dissero: "Perché i discepoli di Giovanni e i discepoli dei farisei digiunano, mentre i tuoi discepoli non digiunano?". *[19]* Gesù disse loro: "Possono forse digiunare gli invitati a nozze quando lo sposo è con loro? Finché hanno lo sposo con loro, non possono digiunare. *[20]* Ma verranno i giorni in cui sarà loro tolto lo sposo e allora digiuneranno. *[21]* Nessuno cuce una toppa di panno grezzo su un vestito vecchio; altrimenti il rattoppo nuovo squarcia il vecchio e si forma uno strappo peggiore. *[22]* E nessuno versa vino nuovo in otri vecchi, altrimenti il vino spaccherà gli otri e si perdono vino e otri, ma vino nuovo in otri nuovi".

[23] In giorno di sabato Gesù passava per i campi di grano, e i discepoli, camminando, cominciarono a strappare le spighe. *[24]* I farisei gli dissero: "Vedi, perché essi fanno di sabato quel che non è permesso?". *[25]* Ma egli rispose loro: "Non avete mai letto che cosa fece Davide quando si trovò nel bisogno ed ebbe fame, lui e i suoi compagni? *[26]* Come entrò nella casa di Dio, sotto il sommo sacerdote Abiatàr, e mangiò i pani dell'offerta, che soltanto ai sacerdoti è lecito mangiare, e ne diede anche ai suoi compagni?". *[27]* E diceva loro: "Il sabato è stato fatto per l'uomo e non l'uomo per il sabato! *[28]* Perciò il Figlio dell'uomo è signore anche del sabato".

3

[1] Entrò di nuovo nella sinagoga. C'era un uomo che aveva una mano inaridita, *[2]* e lo osservavano per vedere se lo guariva in giorno di sabato per poi accusarlo. *[3]* Egli disse all'uomo che aveva la mano inaridita: "Mettiti nel mezzo!". *[4]* Poi domandò loro: "È lecito in giorno di sabato fare il bene o il male, salvare una vita o toglierla?". *[5]* Ma essi tacevano. E guardandoli tutt'intorno con indignazione, rattristato per la durezza dei loro cuori, disse a quell'uomo: "Stendi la mano!". La stese e la sua mano fu risanata. *[6]* E i farisei uscirono subito con gli erodiani e tennero consiglio contro di lui per farlo morire.

[7] Gesù intanto si ritirò presso il mare con i suoi discepoli e lo seguì molta folla dalla Galilea. *[8]* Dalla Giudea e da Gerusalemme e dall'Idumea e dalla Transgiordania e dalle parti di Tiro e Sidone una gran folla, sentendo ciò che faceva, si recò da lui. *[9]* Allora egli pregò i suoi discepoli che gli mettessero a disposizione una barca, a causa della folla, perché non lo schiacciassero. *[10]* Infatti ne aveva guariti molti, così che quanti avevano qualche male gli si gettavano addosso per toccarlo.

[11] Gli spiriti immondi, quando lo vedevano, gli si gettavano ai piedi gridando: "Tu sei il Figlio di Dio!". *[12]* Ma egli li sgridava severamente perché non lo manifestassero.

[13] Salì poi sul monte, chiamò a sé quelli che egli volle ed essi andarono da lui. *[14]* Ne costituì Dodici che stessero con lui *[15]* e anche per mandarli a predicare e perché avessero il potere di scacciare i demòni.

[16] Costituì dunque i Dodici: Simone, al quale impose il nome di Pietro; *[17]* poi Giacomo di Zebedèo e Giovanni fratello di Giacomo, ai quali diede il nome di Boanèrghes, cioè figli del tuono; *[18]* e Andrea, Filippo, Bartolomeo, Matteo, Tommaso, Giacomo di Alfeo, Taddeo, Simone il Cananèo *[19]* e Giuda Iscariota, quello che poi lo tradì.

[20] Entrò in una casa e si radunò di nuovo attorno a lui molta folla, al punto che non potevano neppure prendere cibo. *[21]* Allora i suoi, sentito questo, uscirono per andare a prenderlo; poiché dicevano: "È fuori di sé".

[22] Ma gli scribi, che erano discesi da Gerusalemme, dicevano: "Costui è posseduto da Beelzebùl e scaccia i demòni per mezzo del principe dei demòni". *[23]* Ma egli, chiamatili, diceva loro in parabole: "Come può satana scacciare satana? *[24]* Se un regno è diviso in se stesso, quel regno non può reggersi; *[25]* se una casa è divisa in se stessa, quella casa non può reggersi. *[26]* Alla stessa maniera, se satana si ribella contro se stesso ed è diviso, non può resistere, ma sta per finire. *[27]* Nessuno può entrare nella casa di un uomo forte e rapire le sue cose se prima non avrà legato l'uomo forte; allora ne saccheggerà la casa. *[28]* In verità vi dico: tutti i peccati saranno perdonati ai figli degli uomini e anche tutte le bestemmie che diranno; *[29]* ma chi avrà bestemmiato contro lo Spirito santo, non avrà perdono in eterno: sarà reo

di colpa eterna". *[30]* Poiché dicevano: "È posseduto da uno spirito immondo".

[31] Giunsero sua madre e i suoi fratelli e, stando fuori, lo mandarono a chiamare. *[32]* Tutto attorno era seduta la folla e gli dissero: "Ecco tua madre, i tuoi fratelli e le tue sorelle sono fuori e ti cercano". *[33]* Ma egli rispose loro: "Chi è mia madre e chi sono i miei fratelli?". *[34]* Girando lo sguardo su quelli che gli stavano seduti attorno, disse: "Ecco mia madre e i miei fratelli! *[35]* Chi compie la volontà di Dio, costui è mio fratello, sorella e madre".

4

[1] Di nuovo si mise a insegnare lungo il mare. E si riunì attorno a lui una folla enorme, tanto che egli salì su una barca e là restò seduto, stando in mare, mentre la folla era a terra lungo la riva. *[2]* Insegnava loro molte cose in parabole e diceva loro nel suo insegnamento: *[3]* "Ascoltate. Ecco, uscì il seminatore a seminare. *[4]* Mentre seminava, una parte cadde lungo la strada e vennero gli uccelli e la divorarono. *[5]* Un'altra cadde fra i sassi, dove non c'era molta terra, e subito spuntò perché non c'era un terreno profondo; *[6]* ma quando si levò il sole, restò bruciata e, non avendo radice, si seccò. *[7]* Un'altra cadde tra le spine; le spine crebbero, la soffocarono e non diede frutto. *[8]* E un'altra cadde sulla terra buona, diede frutto che venne su e crebbe, e rese ora il trenta, ora il sessanta e ora il cento per uno". *[9]* E diceva: "Chi ha orecchi per intendere intenda!".

[10] Quando poi fu solo, i suoi insieme ai Dodici lo interrogavano sulle parabole. Ed egli disse loro: *[11]* "A voi è stato confidato il mistero del regno di Dio; a quelli di fuori invece tutto viene esposto in parabole, *[12]* perché:

guardino, ma non vedano, ascoltino, ma non intendano,
 perché non si convertano e venga loro perdonato".

[13] Continuò dicendo loro: "Se non comprendete questa parabola, come potrete capire tutte le altre parabole? *[14]* Il seminatore semina la parola. *[15]* Quelli lungo la strada sono coloro nei quali viene seminata la parola; ma quando l'ascoltano, subito viene satana, e porta via la parola seminata in loro. *[16]* Similmente quelli che ricevono il seme sulle pietre sono coloro che, quando ascoltano la parola, subito l'accolgono con gioia, *[17]* ma non hanno radice in se stessi, sono incostanti e quindi, al sopraggiungere di qualche tribolazione o persecuzione a causa della parola, subito si abbattono. *[18]* Altri sono quelli che ricevono il seme tra le spine: sono coloro che hanno ascoltato la parola, *[19]* ma sopraggiungono le preoccupazioni del mondo e l'inganno della ricchezza e tutte le altre bramosie, soffocano la parola e questa rimane senza frutto.*[20]* Quelli poi che ricevono il seme su un terreno buono, sono coloro che ascoltano la parola, l'accolgono e portano frutto nella misura chi del trenta, chi del sessanta, chi del cento per uno".

[21] Diceva loro: "Si porta forse la lampada per metterla sotto il moggio o sotto il letto? O piuttosto per metterla sul lucerniere? *[22]* Non c'è nulla infatti di nascosto

che non debba essere manifestato e nulla di segreto che non debba essere messo in luce. *[23]* Se uno ha orecchi per intendere, intenda!".

[24] Diceva loro: "Fate attenzione a quello che udite: Con la stessa misura con la quale misurate, sarete misurati anche voi; anzi vi sarà dato di più. *[25]* Poiché a chi ha, sarà dato e a chi non ha, sarà tolto anche quello che ha".

[26] Diceva: "Il regno di Dio è come un uomo che getta il seme nella terra; *[27]* dorma o vegli, di notte o di giorno, il seme germoglia e cresce; come, egli stesso non lo sa. *[28]* Poiché la terra produce spontaneamente, prima lo stelo, poi la spiga, poi il chicco pieno nella spiga. *[29]* Quando il frutto è pronto, subito si mette mano alla falce, perché è venuta la mietitura".

[30] Diceva: "A che cosa possiamo paragonare il regno di Dio o con quale parabola possiamo descriverlo? *[31]* Esso è come un granellino di senapa che, quando viene seminato per terra, è il più piccolo di tutti semi che sono sulla terra; *[32]* ma appena seminato cresce e diviene più grande di tutti gli ortaggi e fa rami tanto grandi che gli uccelli del cielo possono ripararsi alla sua ombra".

[33] Con molte parabole di questo genere annunziava loro la parola secondo quello che potevano intendere. *[34]* Senza parabole non parlava loro; ma in privato, ai suoi discepoli, spiegava ogni cosa.

[35] In quel medesimo giorno, verso sera, disse loro: "Passiamo all'altra riva". *[36]* E lasciata la folla, lo presero con sé, così com'era, nella barca. C'erano anche altre barche con lui. *[37]* Nel frattempo si sollevò una gran tempesta di vento e gettava le onde nella barca, tanto che ormai era piena. *[38]* Egli se ne stava a poppa, sul cuscino, e dormiva. Allora lo svegliarono e gli dissero: "Maestro, non t'importa che moriamo?". *[39]* Destatosi, sgridò il vento e disse al mare: "Taci, calmati!". Il vento cessò e vi fu grande bonaccia. *[40]* Poi disse loro: "Perché siete così paurosi? Non avete ancora fede?". *[41]* E furono presi da grande timore e si dicevano l'un l'altro: "Chi è dunque costui, al quale anche il vento e il mare obbediscono?".

5

[1] Intanto giunsero all'altra riva del mare, nella regione dei Geraseni. *[2]* Come scese dalla barca, gli venne incontro dai sepolcri un uomo posseduto da uno spirito immondo. *[3]* Egli aveva la sua dimora nei sepolcri e nessuno più riusciva a tenerlo legato neanche con catene, *[4]* perché più volte era stato legato con ceppi e catene, ma aveva sempre spezzato le catene e infranto i ceppi, e nessuno più riusciva a domarlo. *[5]* Continuamente, notte e giorno, tra i sepolcri e sui monti, gridava e si percuoteva con pietre. *[6]* Visto Gesù da lontano, accorse, gli si gettò ai piedi, *[7]* e urlando a gran voce disse: "Che hai tu in comune con me, Gesù, Figlio del Dio altissimo? Ti scongiuro, in nome di Dio, non tormentarmi!". *[8]* Gli diceva infatti: "Esci, spirito immondo, da quest'uomo!". *[9]* E gli domandò: "Come ti chiami?". "Mi chiamo Legione, gli rispose, perché siamo in molti". *[10]* E prese a scongiurarlo con insistenza perché non lo cacciasse fuori da quella regione.

[11] Ora c'era là, sul monte, un numeroso branco di porci al pascolo. *[12]* E gli spiriti lo scongiurarono: "Mandaci da quei porci, perché entriamo in essi". *[13]* Glielo permise. E gli spiriti immondi uscirono ed entrarono nei porci e il branco si precipitò dal burrone nel mare; erano circa duemila e affogarono uno dopo l'altro nel mare.

[14] I mandriani allora fuggirono, portarono la notizia in città e nella campagna e la gente si mosse a vedere che cosa fosse accaduto.

[15] Giunti che furono da Gesù, videro l'indemoniato seduto, vestito e sano di mente, lui che era stato posseduto dalla Legione, ed ebbero paura. *[16]* Quelli che avevano visto tutto, spiegarono loro che cosa era accaduto all'indemoniato e il fatto dei porci. *[17]* Ed essi si misero a pregarlo di andarsene dal loro territorio. *[18]* Mentre risaliva nella barca, colui che era stato indemoniato lo pregava di permettergli di stare con lui. *[19]* Non glielo permise, ma gli disse: "Va' nella tua casa, dai tuoi, annunzia loro ciò che il Signore ti ha fatto e la misericordia che ti ha usato". *[20]* Egli se ne andò e si mise a proclamare per la Decàpoli ciò che Gesù gli aveva fatto, e tutti ne erano meravigliati.

[21] Essendo passato di nuovo Gesù all'altra riva, gli si radunò attorno molta folla, ed egli stava lungo il mare. *[22]* Si recò da lui uno dei capi della sinagoga, di nome Giàiro, il quale, vedutolo, gli si gettò ai piedi *[23]* e lo pregava con insistenza: "La mia figlioletta è agli estremi; vieni a imporle le mani perché sia guarita e viva". *[24]* Gesù andò con lui. Molta folla lo seguiva e gli si stringeva intorno.

[25] Or una donna, che da dodici anni era affetta da emorragia *[26]* e aveva molto sofferto per opera di molti medici, spendendo tutti i suoi averi senza nessun vantaggio, anzi peggiorando, *[27]* udito parlare di Gesù, venne tra la folla, alle sue spalle, e gli toccò il mantello. Diceva infatti: *[28]* "Se riuscirò anche solo a toccare il suo mantello, sarò guarita". *[29]* E subito le si fermò il flusso di sangue, e sentì nel suo corpo che era stata guarita da quel male.

[30] Ma subito Gesù, avvertita la potenza che era uscita da lui, si voltò alla folla dicendo: "Chi mi ha toccato il mantello?". *[31]* I discepoli gli dissero: "Tu vedi la folla che ti si stringe attorno e dici: Chi mi ha toccato?". *[32]* Egli intanto guardava intorno, per vedere colei che aveva fatto questo. *[33]* E la donna impaurita e tremante, sapendo ciò che le era accaduto, venne, gli si gettò davanti e gli disse tutta la verità. *[34]* Gesù rispose: "Figlia, la tua fede ti ha salvata. Va' in pace e sii guarita dal tuo male".

[35] Mentre ancora parlava, dalla casa del capo della sinagoga vennero a dirgli: "Tua figlia è morta. Perché disturbi ancora il Maestro?". *[36]* Ma Gesù, udito quanto dicevano, disse al capo della sinagoga: "Non temere, continua solo ad aver fede!". *[37]* E non permise a nessuno di seguirlo fuorché a Pietro, Giacomo e Giovanni, fratello di Giacomo. *[38]* Giunsero alla casa del capo della sinagoga ed egli vide trambusto e gente che piangeva e urlava. *[39]* Entrato, disse loro: "Perché fate tanto strepito e piangete? La bambina non è morta, ma dorme". *[40]* Ed essi lo deridevano. Ma egli, cacciati tutti fuori, prese con sé il padre e la madre della fanciulla e quelli che erano con lui, ed entrò dove era la bambina.*[41]* Presa la mano della bambina, le disse: "Talità kum", che significa: "Fanciulla, io ti dico, alzati!". *[42]* Subito la

fanciulla si alzò e si mise a camminare; aveva dodici anni. Essi furono presi da grande stupore. *[43]* Gesù raccomandò loro con insistenza che nessuno venisse a saperlo e ordinò di darle da mangiare.

6

[1] Partito quindi di là, andò nella sua patria e i discepoli lo seguirono. *[2]* Venuto il sabato, incominciò a insegnare nella sinagoga. E molti ascoltandolo rimanevano stupiti e dicevano: "Donde gli vengono queste cose? E che sapienza è mai questa che gli è stata data? E questi prodigi compiuti dalle sue mani? *[3]* Non è costui il carpentiere, il figlio di Maria, il fratello di Giacomo, di Ioses, di Giuda e di Simone? E le sue sorelle non stanno qui da noi?". E si scandalizzavano di lui. *[4]* Ma Gesù disse loro: "Un profeta non è disprezzato che nella sua patria, tra i suoi parenti e in casa sua". *[5]* E non vi poté operare nessun prodigio, ma solo impose le mani a pochi ammalati e li guarì. *[6]* E si meravigliava della loro incredulità.
Gesù andava attorno per i villaggi, insegnando.
[7] Allora chiamò i Dodici, ed incominciò a mandarli a due a due e diede loro potere sugli spiriti immondi. *[8]* E ordinò loro che, oltre al bastone, non prendessero nulla per il viaggio: né pane, né bisaccia, né denaro nella borsa; *[9]* ma, calzati solo i sandali, non indossassero due tuniche. *[10]* E diceva loro: "Entrati in una casa, rimanetevi fino a che ve ne andiate da quel luogo. *[11]* Se in qualche luogo non vi riceveranno e non vi ascolteranno, andandovene, scuotete la polvere di sotto ai vostri piedi, a testimonianza per loro". *[12]* E partiti, predicavano che la gente si convertisse, *[13]* scacciavano molti demòni, ungevano di olio molti infermi e li guarivano.
[14] Il re Erode sentì parlare di Gesù, poiché intanto il suo nome era diventato famoso. Si diceva: "Giovanni il Battista è risuscitato dai morti e per questo il potere dei miracoli opera in lui". *[15]* Altri invece dicevano: "È Elia"; altri dicevano ancora: "È un profeta, come uno dei profeti". *[16]* Ma Erode, al sentirne parlare, diceva: "Quel Giovanni che io ho fatto decapitare è risuscitato!".
[17] Erode infatti aveva fatto arrestare Giovanni e lo aveva messo in prigione a causa di Erodìade, moglie di suo fratello Filippo, che egli aveva sposata. *[18]* Giovanni diceva a Erode: "Non ti è lecito tenere la moglie di tuo fratello". *[19]* Per questo Erodìade gli portava rancore e avrebbe voluto farlo uccidere, ma non poteva, *[20]* perché Erode temeva Giovanni, sapendolo giusto e santo, e vigilava su di lui; e anche se nell'ascoltarlo restava molto perplesso, tuttavia lo ascoltava volentieri.
[21] Venne però il giorno propizio, quando Erode per il suo compleanno fece un banchetto per i grandi della sua corte, gli ufficiali e i notabili della Galilea. *[22]* Entrata la figlia della stessa Erodìade, danzò e piacque a Erode e ai commensali. Allora il re disse alla ragazza: "Chiedimi quello che vuoi e io te lo darò". *[23]* E le fece questo giuramento: "Qualsiasi cosa mi chiederai, te la darò, fosse anche la metà del mio regno". *[24]* La ragazza uscì e disse alla madre: "Che cosa devo chiedere?".

Quella rispose: "La testa di Giovanni il Battista". *[25]* Ed entrata di corsa dal re fece la richiesta dicendo: "Voglio che tu mi dia subito su un vassoio la testa di Giovanni il Battista". *[26]* Il re divenne triste; tuttavia, a motivo del giuramento e dei commensali, non volle opporle un rifiuto. *[27]* Subito il re mandò una guardia con l'ordine che gli fosse portata la testa. *[28]* La guardia andò, lo decapitò in prigione e portò la testa su un vassoio, la diede alla ragazza e la ragazza la diede a sua madre. *[29]* I discepoli di Giovanni, saputa la cosa, vennero, ne presero il cadavere e lo posero in un sepolcro.

[30] Gli apostoli si riunirono attorno a Gesù e gli riferirono tutto quello che avevano fatto e insegnato. *[31]* Ed egli disse loro: "Venite in disparte, in un luogo solitario, e riposatevi un po'". Era infatti molta la folla che andava e veniva e non avevano più neanche il tempo di mangiare. *[32]* Allora partirono sulla barca verso un luogo solitario, in disparte.

[33] Molti però li videro partire e capirono, e da tutte le città cominciarono ad accorrere là a piedi e li precedettero. *[34]* Sbarcando, vide molta folla e si commosse per loro, perché erano come pecore senza pastore, e si mise a insegnare loro molte cose. *[35]* Essendosi ormai fatto tardi, gli si avvicinarono i discepoli dicendo: "Questo luogo è solitario ed è ormai tardi; *[36]* congedali perciò, in modo che, andando per le campagne e i villaggi vicini, possano comprarsi da mangiare". *[37]* Ma egli rispose: "Voi stessi date loro da mangiare". Gli dissero: "Dobbiamo andar noi a comprare duecento denari di pane e dare loro da mangiare?". *[38]* Ma egli replicò loro: "Quanti pani avete? Andate a vedere". E accertatisi, riferirono: "Cinque pani e due pesci". *[39]* Allora ordinò loro di farli mettere tutti a sedere, a gruppi, sull'erba verde. *[40]* E sedettero tutti a gruppi e gruppetti di cento e di cinquanta. *[41]* Presi i cinque pani e i due pesci, levò gli occhi al cielo, pronunziò la benedizione, spezzò i pani e li dava ai discepoli perché li distribuissero; e divise i due pesci fra tutti. *[42]* Tutti mangiarono e si sfamarono, *[43]* e portarono via dodici ceste piene di pezzi di pane e anche dei pesci. *[44]* Quelli che avevano mangiato i pani erano cinquemila uomini.

[45] Ordinò poi ai discepoli di salire sulla barca e precederlo sull'altra riva, verso Betsàida, mentre egli avrebbe licenziato la folla. *[46]* Appena li ebbe congedati, salì sul monte a pregare. *[47]* Venuta la sera, la barca era in mezzo al mare ed egli solo a terra. *[48]* Vedendoli però tutti affaticati nel remare, poiché avevano il vento contrario, già verso l'ultima parte della notte andò verso di loro camminando sul mare, e voleva oltrepassarli. *[49]* Essi, vedendolo camminare sul mare, pensarono: "È un fantasma", e cominciarono a gridare, *[50]* perché tutti lo avevano visto ed erano rimasti turbati. Ma egli subito rivolse loro la parola e disse: "Coraggio, sono io, non temete!". *[51]* Quindi salì con loro sulla barca e il vento cessò. Ed erano enormemente stupiti in se stessi, *[52]* perché non avevano capito il fatto dei pani, essendo il loro cuore indurito.

[53] Compiuta la traversata, approdarono e presero terra a Genèsaret. *[54]* Appena scesi dalla barca, la gente lo riconobbe, *[55]* e accorrendo da tutta quella regione cominciarono a portargli sui lettucci quelli che stavano male, dovunque udivano che

si trovasse. *[56]* E dovunque giungeva, in villaggi o città o campagne, ponevano i malati nelle piazze e lo pregavano di potergli toccare almeno la frangia del mantello; e quanti lo toccavano guarivano.

7

[1] Allora si riunirono attorno a lui i farisei e alcuni degli scribi venuti da Gerusalemme. *[2]* Avendo visto che alcuni dei suoi discepoli prendevano cibo con mani immonde, cioè non lavate - *[3]* i farisei infatti e tutti i Giudei non mangiano se non si sono lavate le mani fino al gomito, attenendosi alla tradizione degli antichi, *[4]* e tornando dal mercato non mangiano senza aver fatto le abluzioni, e osservano molte altre cose per tradizione, come lavature di bicchieri, stoviglie e oggetti di rame - *[5]* quei farisei e scribi lo interrogarono: "Perché i tuoi discepoli non si comportano secondo la tradizione degli antichi, ma prendono cibo con mani immonde?". *[6]* Ed egli rispose loro: "Bene ha profetato Isaia di voi, ipocriti, come sta scritto:

Questo popolo mi onora con le labbra,
  ma il suo cuore è lontano da me.
[7] Invano essi mi rendono culto,
  insegnando dottrine che sono precetti di uomini.

[8] Trascurando il comandamento di Dio, voi osservate la tradizione degli uomini". *[9]* E aggiungeva: "Siete veramente abili nell'eludere il comandamento di Dio, per osservare la vostra tradizione. *[10]* Mosè infatti disse: *Onora tuo padre e tua madre*, e *chi maledice il padre e la madre sia messo a morte*. *[11]* Voi invece dicendo: Se uno dichiara al padre o alla madre: è Korbàn, cioè offerta sacra, quello che ti sarebbe dovuto da me, *[12]* non gli permettete più di fare nulla per il padre e la madre, *[13]* annullando così la parola di Dio con la tradizione che avete tramandato voi. E di cose simili ne fate molte".
[14] Chiamata di nuovo la folla, diceva loro: "Ascoltatemi tutti e intendete bene: *[15]* non c'è nulla fuori dell'uomo che, entrando in lui, possa contaminarlo; sono invece le cose che escono dall'uomo a contaminarlo". *[16]* .
[17] Quando entrò in una casa lontano dalla folla, i discepoli lo interrogarono sul significato di quella parabola. *[18]* E disse loro: "Siete anche voi così privi di intelletto? Non capite che tutto ciò che entra nell'uomo dal di fuori non può contaminarlo, *[19]* perché non gli entra nel cuore ma nel ventre e va a finire nella fogna?". Dichiarava così mondi tutti gli alimenti. *[20]* Quindi soggiunse: "Ciò che esce dall'uomo, questo sì contamina l'uomo. *[21]* Dal di dentro infatti, cioè dal cuore degli uomini, escono le intenzioni cattive: fornicazioni, furti, omicidi, *[22]* adultéri, cupidigie, malvagità, inganno, impudicizia, invidia, calunnia, superbia, stoltezza. *[23]* Tutte queste cose cattive vengono fuori dal di dentro e contaminano l'uomo".
[24] Partito di là, andò nella regione di Tiro e di Sidone. Ed entrato in una casa, voleva che nessuno lo sapesse, ma non poté restare nascosto. *[25]* Subito una donna

che aveva la sua figlioletta posseduta da uno spirito immondo, appena lo seppe, andò e si gettò ai suoi piedi. *[26]* Ora, quella donna che lo pregava di scacciare il demonio dalla figlia era greca, di origine siro-fenicia. *[27]* Ed egli le disse: "Lascia prima che si sfamino i figli; non è bene prendere il pane dei figli e gettarlo ai cagnolini". *[28]* Ma essa replicò: "Sì, Signore, ma anche i cagnolini sotto la tavola mangiano delle briciole dei figli". *[29]* Allora le disse: "Per questa tua parola va', il demonio è uscito da tua figlia".

[30] Tornata a casa, trovò la bambina coricata sul letto e il demonio se n'era andato.

[31] Di ritorno dalla regione di Tiro, passò per Sidone, dirigendosi verso il mare di Galilea in pieno territorio della Decàpoli. *[32]* E gli condussero un sordomuto, pregandolo di imporgli la mano. *[33]* E portandolo in disparte lontano dalla folla, gli pose le dita negli orecchi e con la saliva gli toccò la lingua; *[34]* guardando quindi verso il cielo, emise un sospiro e disse: "Effatà" cioè: "Apriti!". *[35]* E subito gli si aprirono gli orecchi, si sciolse il nodo della sua lingua e parlava correttamente. *[36]* E comandò loro di non dirlo a nessuno. Ma più egli lo raccomandava, più essi ne parlavano *[37]* e, pieni di stupore, dicevano: "Ha fatto bene ogni cosa; fa udire i sordi e fa parlare i muti!".

8

[1] In quei giorni, essendoci di nuovo molta folla che non aveva da mangiare, chiamò a sé i discepoli e disse loro: *[2]* "Sento compassione di questa folla, perché già da tre giorni mi stanno dietro e non hanno da mangiare. *[3]* Se li rimando digiuni alle proprie case, verranno meno per via; e alcuni di loro vengono di lontano". *[4]* Gli risposero i discepoli: "E come si potrebbe sfamarli di pane qui, in un deserto?". *[5]* E domandò loro: "Quanti pani avete?". Gli dissero: "Sette". *[6]* Gesù ordinò alla folla di sedersi per terra. Presi allora quei sette pani, rese grazie, li spezzò e li diede ai discepoli perché li distribuissero; ed essi li distribuirono alla folla. *[7]* Avevano anche pochi pesciolini; dopo aver pronunziata la benedizione su di essi, disse di distribuire anche quelli. *[8]* Così essi mangiarono e si saziarono; e portarono via sette sporte di pezzi avanzati. *[9]* Erano circa quattromila. E li congedò.

[10] Salì poi sulla barca con i suoi discepoli e andò dalle parti di Dalmanùta.

[11] Allora vennero i farisei e incominciarono a discutere con lui, chiedendogli un segno dal cielo, per metterlo alla prova. *[12]* Ma egli, traendo un profondo sospiro, disse: "Perché questa generazione chiede un segno? In verità vi dico: non sarà dato alcun segno a questa generazione". *[13]* E lasciatili, risalì sulla barca e si avviò all'altra sponda.

[14] Ma i discepoli avevano dimenticato di prendere dei pani e non avevano con sé sulla barca che un pane solo. *[15]* Allora egli li ammoniva dicendo: "Fate attenzione, guardatevi dal lievito dei farisei e dal lievito di Erode!". *[16]* E quelli dicevano fra loro: "Non abbiamo pane". *[17]* Ma Gesù, accortosi di questo, disse loro: "Perché discutete che non avete pane? Non intendete e non capite ancora? Avete il cuore

indurito? *[18] Avete occhi e non vedete, avete orecchi e non udite?* E non vi ricordate, *[19]* quando ho spezzato i cinque pani per i cinquemila, quante ceste colme di pezzi avete portato via?". Gli dissero: "Dodici". *[20]* "E quando ho spezzato i sette pani per i quattromila, quante sporte piene di pezzi avete portato via?". Gli dissero: "Sette". *[21]* E disse loro: "Non capite ancora?".

[22] Giunsero a Betsàida, dove gli condussero un cieco pregandolo di toccarlo. *[23]* Allora preso il cieco per mano, lo condusse fuori del villaggio e, dopo avergli messo della saliva sugli occhi, gli impose le mani e gli chiese: "Vedi qualcosa?". *[24]* Quegli, alzando gli occhi, disse: "Vedo gli uomini, poiché vedo come degli alberi che camminano". *[25]* Allora gli impose di nuovo le mani sugli occhi ed egli ci vide chiaramente e fu sanato e vedeva a distanza ogni cosa. *[26]* E lo rimandò a casa dicendo: "Non entrare nemmeno nel villaggio".

[27] Poi Gesù partì con i suoi discepoli verso i villaggi intorno a Cesarèa di Filippo; e per via interrogava i suoi discepoli dicendo: "Chi dice la gente che io sia?". *[28]* Ed essi gli risposero: "Giovanni il Battista, altri poi Elia e altri uno dei profeti". *[29]* Ma egli replicò: "E voi chi dite che io sia?". Pietro gli rispose: "Tu sei il Cristo". *[30]* E impose loro severamente di non parlare di lui a nessuno.

[31] E cominciò a insegnar loro che il Figlio dell'uomo doveva molto soffrire, ed essere riprovato dagli anziani, dai sommi sacerdoti e dagli scribi, poi venire ucciso e, dopo tre giorni, risuscitare. *[32]* Gesù faceva questo discorso apertamente. Allora Pietro lo prese in disparte, e si mise a rimproverarlo. *[33]* Ma egli, voltatosi e guardando i discepoli, rimproverò Pietro e gli disse: "Lungi da me, satana! Perché tu non pensi secondo Dio, ma secondo gli uomini".

[34] Convocata la folla insieme ai suoi discepoli, disse loro: "Se qualcuno vuol venire dietro di me rinneghi se stesso, prenda la sua croce e mi segua. *[35]* Perché chi vorrà salvare la propria vita, la perderà; ma chi perderà la propria vita per causa mia e del vangelo, la salverà. *[36]* Che giova infatti all'uomo guadagnare il mondo intero, se poi perde la propria anima? *[37]* E che cosa potrebbe mai dare un uomo in cambio della propria anima? *[38]* Chi si vergognerà di me e delle mie parole davanti a questa generazione adultera e peccatrice, anche il Figlio dell'uomo si vergognerà di lui, quando verrà nella gloria del Padre suo con gli angeli santi".

9

[1] E diceva loro: "In verità vi dico: vi sono alcuni qui presenti, che non morranno senza aver visto il regno di Dio venire con potenza".

[2] Dopo sei giorni, Gesù prese con sé Pietro, Giacomo e Giovanni e li portò sopra un monte alto, in un luogo appartato, loro soli. Si trasfigurò davanti a loro *[3]* e le sue vesti divennero splendenti, bianchissime: nessun lavandaio sulla terra potrebbe renderle così bianche. *[4]* E apparve loro Elia con Mosè e discorrevano con Gesù. *[5]* Prendendo allora la parola, Pietro disse a Gesù: "Maestro, è bello per noi stare qui; facciamo tre tende, una per te, una per Mosè e una per Elia!". *[6]* Non sapeva infatti

che cosa dire, poiché erano stati presi dallo spavento. *[7]* Poi si formò una nube che li avvolse nell'ombra e uscì una voce dalla nube: "Questi è il Figlio mio prediletto; ascoltatelo!". *[8]* E subito guardandosi attorno, non videro più nessuno, se non Gesù solo con loro.

[9] Mentre scendevano dal monte, ordinò loro di non raccontare a nessuno ciò che avevano visto, se non dopo che il Figlio dell'uomo fosse risuscitato dai morti. *[10]* Ed essi tennero per sé la cosa, domandandosi però che cosa volesse dire risuscitare dai morti. *[11]* E lo interrogarono: "Perché gli scribi dicono che prima deve venire Elia?". *[12]* Egli rispose loro: "Sì, prima viene Elia e ristabilisce ogni cosa; ma come sta scritto del Figlio dell'uomo? Che deve soffrire molto ed essere disprezzato. *[13]* Orbene, io vi dico che Elia è già venuto, ma hanno fatto di lui quello che hanno voluto, come sta scritto di lui".

[14] E giunti presso i discepoli, li videro circondati da molta folla e da scribi che discutevano con loro. *[15]* Tutta la folla, al vederlo, fu presa da meraviglia e corse a salutarlo. *[16]* Ed egli li interrogò: "Di che cosa discutete con loro?". *[17]* Gli rispose uno della folla: "Maestro, ho portato da te mio figlio, posseduto da uno spirito muto. *[18]* Quando lo afferra, lo getta al suolo ed egli schiuma, digrigna i denti e si irrigidisce. Ho detto ai tuoi discepoli di scacciarlo, ma non ci sono riusciti". *[19]* Egli allora in risposta, disse loro: "O generazione incredula! Fino a quando starò con voi? Fino a quando dovrò sopportarvi? Portatelo da me". *[20]* E glielo portarono. Alla vista di Gesù lo spirito scosse con convulsioni il ragazzo ed egli, caduto a terra, si rotolava spumando. *[21]* Gesù interrogò il padre: "Da quanto tempo gli accade questo?". Ed egli rispose: "Dall'infanzia; *[22]* anzi, spesso lo ha buttato persino nel fuoco e nell'acqua per ucciderlo. Ma se tu puoi qualcosa, abbi pietà di noi e aiutaci". *[23]* Gesù gli disse: "Se tu puoi! Tutto è possibile per chi crede". *[24]* Il padre del fanciullo rispose ad alta voce: "Credo, aiutami nella mia incredulità". *[25]* Allora Gesù, vedendo accorrere la folla, minacciò lo spirito immondo dicendo: "Spirito muto e sordo, io te l'ordino, esci da lui e non vi rientrare più". *[26]* E gridando e scuotendolo fortemente, se ne uscì. E il fanciullo diventò come morto, sicché molti dicevano: "È morto". *[27]* Ma Gesù, presolo per mano, lo sollevò ed egli si alzò in piedi.

[28] Entrò poi in una casa e i discepoli gli chiesero in privato: "Perché noi non abbiamo potuto scacciarlo?". *[29]* Ed egli disse loro: "Questa specie di demòni non si può scacciare in alcun modo, se non con la preghiera".

[30] Partiti di là, attraversavano la Galilea, ma egli non voleva che alcuno lo sapesse. *[31]* Istruiva infatti i suoi discepoli e diceva loro: "Il Figlio dell'uomo sta per esser consegnato nelle mani degli uomini e lo uccideranno; ma una volta ucciso, dopo tre giorni, risusciterà". *[32]* Essi però non comprendevano queste parole e avevano timore di chiedergli spiegazioni.

[33] Giunsero intanto a Cafàrnao. E quando fu in casa, chiese loro: "Di che cosa stavate discutendo lungo la via?". *[34]* Ed essi tacevano. Per la via infatti avevano discusso tra loro chi fosse il più grande. *[35]* Allora, sedutosi, chiamò i Dodici e disse loro: "Se uno vuol essere il primo, sia l'ultimo di tutti e il servo di tutti". *[36]* E,

preso un bambino, lo pose in mezzo e abbracciandolo disse loro:

[37] "Chi accoglie uno di questi bambini nel mio nome, accoglie me; chi accoglie me, non accoglie me, ma colui che mi ha mandato".

[38] Giovanni gli disse: "Maestro, abbiamo visto uno che scacciava i demòni nel tuo nome e glielo abbiamo vietato, perché non era dei nostri". *[39]* Ma Gesù disse: "Non glielo proibite, perché non c'è nessuno che faccia un miracolo nel mio nome e subito dopo possa parlare male di me. *[40]* Chi non è contro di noi è per noi.

[41] Chiunque vi darà da bere un bicchiere d'acqua nel mio nome perché siete di Cristo, vi dico in verità che non perderà la sua ricompensa.

[42] Chi scandalizza uno di questi piccoli che credono, è meglio per lui che gli si metta una macina da asino al collo e venga gettato nel mare. *[43]* Se la tua mano ti scandalizza, tagliala: è meglio per te entrare nella vita monco, che con due mani andare nella Geenna, nel fuoco inestinguibile. *[44]* . *[45]* Se il tuo piede ti scandalizza, taglialo: è meglio per te entrare nella vita zoppo, che esser gettato con due piedi nella Geenna. *[46]* . *[47]* Se il tuo occhio ti scandalizza, cavalo: è meglio per te entrare nel regno di Dio con un occhio solo, che essere gettato con due occhi nella Geenna, *[48]* dove *il loro verme non muore e il fuoco non si estingue*. *[49]* Perché ciascuno sarà salato con il fuoco. *[50]* Buona cosa il sale; ma se il sale diventa senza sapore, con che cosa lo salerete? Abbiate sale in voi stessi e siate in pace gli uni con gli altri".

10

[1] Partito di là, si recò nel territorio della Giudea e oltre il Giordano. La folla accorse di nuovo a lui e di nuovo egli l'ammaestrava, come era solito fare. *[2]* E avvicinatisi dei farisei, per metterlo alla prova, gli domandarono: "È lecito ad un marito ripudiare la propria moglie?". *[3]* Ma egli rispose loro: "Che cosa vi ha ordinato Mosè?". *[4]* Dissero: "Mosè ha permesso di *scrivere un atto di ripudio e di rimandarla*". *[5]* Gesù disse loro: "Per la durezza del vostro cuore egli scrisse per voi questa norma. *[6]* Ma all'inizio della creazione *Dio li creò maschio e femmina*; *[7]* per questo l'uomo lascerà suo padre e sua madre e i due saranno una carne sola. *[8]* Sicché non sono più due, ma una sola carne. *[9]* L'uomo dunque non separi ciò che Dio ha congiunto".

[10] Rientrati a casa, i discepoli lo interrogarono di nuovo su questo argomento. Ed egli disse: *[11]* "Chi ripudia la propria moglie e ne sposa un'altra, commette adulterio contro di lei; *[12]* se la donna ripudia il marito e ne sposa un altro, commette adulterio".

[13] Gli presentavano dei bambini perché li accarezzasse, ma i discepoli li sgridavano. *[14]* Gesù, al vedere questo, s'indignò e disse loro: "Lasciate che i bambini vengano a me e non glielo impedite, perché a chi è come loro appartiene il regno di Dio. *[15]* In verità vi dico: Chi non accoglie il regno di Dio come un bambino, non entrerà in esso". *[16]* E prendendoli fra le braccia e ponendo le mani sopra di loro li benediceva.

[17] Mentre usciva per mettersi in viaggio, un tale gli corse incontro e, gettandosi in ginocchio davanti a lui, gli domandò: "Maestro buono, che cosa devo fare per avere la vita eterna?". *[18]* Gesù gli disse: "Perché mi chiami buono? Nessuno è buono, se non Dio solo. *[19]* Tu conosci i comandamenti: *Non uccidere, non commettere adulterio, non rubare, non dire falsa testimonianza,* non frodare, *onora il padre e la madre".*

[20] Egli allora gli disse: "Maestro, tutte queste cose le ho osservate fin dalla mia giovinezza". *[21]* Allora Gesù, fissatolo, lo amò e gli disse: "Una cosa sola ti manca: va', vendi quello che hai e dàllo ai poveri e avrai un tesoro in cielo; poi vieni e seguimi". *[22]* Ma egli, rattristatosi per quelle parole, se ne andò afflitto, poiché aveva molti beni.

[23] Gesù, volgendo lo sguardo attorno, disse ai suoi discepoli: "Quanto difficilmente coloro che hanno ricchezze entreranno nel regno di Dio!". *[24]* I discepoli rimasero stupefatti a queste sue parole; ma Gesù riprese: "Figlioli, com'è difficile entrare nel regno di Dio! *[25]* È più facile che un cammello passi per la cruna di un ago, che un ricco entri nel regno di Dio". *[26]* Essi, ancora più sbigottiti, dicevano tra loro: "E chi mai si può salvare?". *[27]* Ma Gesù, guardandoli, disse: "Impossibile presso gli uomini, ma non presso Dio! Perché tutto è possibile presso Dio".

[28] Pietro allora gli disse: "Ecco, noi abbiamo lasciato tutto e ti abbiamo seguito". *[29]* Gesù gli rispose: "In verità vi dico: non c'è nessuno che abbia lasciato casa o fratelli o sorelle o madre o padre o figli o campi a causa mia e a causa del vangelo, *[30]* che non riceva già al presente cento volte tanto in case e fratelli e sorelle e madri e figli e campi, insieme a persecuzioni, e nel futuro la vita eterna. *[31]* E molti dei primi saranno ultimi e gli ultimi i primi".

[32] Mentre erano in viaggio per salire a Gerusalemme, Gesù camminava davanti a loro ed essi erano stupiti; coloro che venivano dietro erano pieni di timore. Prendendo di nuovo in disparte i Dodici, cominciò a dir loro quello che gli sarebbe accaduto: *[33]* "Ecco, noi saliamo a Gerusalemme e il Figlio dell'uomo sarà consegnato ai sommi sacerdoti e agli scribi: lo condanneranno a morte, lo consegneranno ai pagani, *[34]* lo scherniranno, gli sputeranno addosso, lo flagelleranno e lo uccideranno; ma dopo tre giorni risusciterà".

[35] E gli si avvicinarono Giacomo e Giovanni, i figli di Zebedèo, dicendogli: "Maestro, noi vogliamo che tu ci faccia quello che ti chiederemo". *[36]* Egli disse loro: "Cosa volete che io faccia per voi?". Gli risposero: *[37]* "Concedici di sedere nella tua gloria uno alla tua destra e uno alla tua sinistra". *[38]* Gesù disse loro: "Voi non sapete ciò che domandate. Potete bere il calice che io bevo, o ricevere il battesimo con cui io sono battezzato?". Gli risposero: "Lo possiamo". *[39]* E Gesù disse: "Il calice che io bevo anche voi lo berrete, e il battesimo che io ricevo anche voi lo riceverete. *[40]* Ma sedere alla mia destra o alla mia sinistra non sta a me concederlo; è per coloro per i quali è stato preparato".

[41] All'udire questo, gli altri dieci si sdegnarono con Giacomo e Giovanni. *[42]* Allora Gesù, chiamatili a sé, disse loro: "Voi sapete che coloro che sono ritenuti capi delle nazioni le dominano, e i loro grandi esercitano su di esse il potere. *[43]* Fra voi

però non è così; ma chi vuol essere grande tra voi si farà vostro servitore, *[44]* e chi vuol essere il primo tra voi sarà il servo di tutti. *[45]* Il Figlio dell'uomo infatti non è venuto per essere servito, ma per servire e dare la propria vita in riscatto per molti".

[46] E giunsero a Gèrico. E mentre partiva da Gèrico insieme ai discepoli e a molta folla, il figlio di Timèo, Bartimèo, cieco, sedeva lungo la strada a mendicare. *[47]* Costui, al sentire che c'era Gesù Nazareno, cominciò a gridare e a dire: "Figlio di Davide, Gesù, abbi pietà di me!". *[48]* Molti lo sgridavano per farlo tacere, ma egli gridava più forte: "Figlio di Davide, abbi pietà di me!".

[49] Allora Gesù si fermò e disse: "Chiamatelo!". E chiamarono il cieco dicendogli: "Coraggio! Alzati, ti chiama!". *[50]* Egli, gettato via il mantello, balzò in piedi e venne da Gesù. *[51]* Allora Gesù gli disse: "Che vuoi che io ti faccia?". E il cieco a lui: "Rabbunì, che io riabbia la vista!". *[52]* E Gesù gli disse: "Va', la tua fede ti ha salvato". E subito riacquistò la vista e prese a seguirlo per la strada.

11

[1] Quando si avvicinarono a Gerusalemme, verso Bètfage e Betània, presso il monte degli Ulivi, mandò due dei suoi discepoli *[2]* e disse loro: "Andate nel villaggio che vi sta di fronte, e subito entrando in esso troverete un asinello legato, sul quale nessuno è mai salito. Scioglietelo e conducetelo. *[3]* E se qualcuno vi dirà: Perché fate questo?, rispondete: Il Signore ne ha bisogno, ma lo rimanderà qui subito". *[4]* Andarono e trovarono un asinello legato vicino a una porta, fuori sulla strada, e lo sciolsero. *[5]* E alcuni dei presenti però dissero loro: "Che cosa fate, sciogliendo questo asinello?". *[6]* Ed essi risposero come aveva detto loro il Signore. E li lasciarono fare. *[7]* Essi condussero l'asinello da Gesù, e vi gettarono sopra i loro mantelli, ed egli vi montò sopra. *[8]* E molti stendevano i propri mantelli sulla strada e altri delle fronde, che avevano tagliate dai campi. *[9]* Quelli poi che andavano innanzi, e quelli che venivano dietro gridavano:

Osanna!

Benedetto colui che viene nel nome del Signore!

[10] Benedetto il regno che viene, del nostro padre Davide! *Osanna* nel più alto dei cieli!

[11] Ed entrò a Gerusalemme, nel tempio. E dopo aver guardato ogni cosa attorno, essendo ormai l'ora tarda, uscì con i Dodici diretto a Betània.

[12] La mattina seguente, mentre uscivano da Betània, ebbe fame. *[13]* E avendo visto di lontano un fico che aveva delle foglie, si avvicinò per vedere se mai vi trovasse qualche cosa; ma giuntovi sotto, non trovò altro che foglie. Non era infatti quella la stagione dei fichi. *[14]* E gli disse: "Nessuno possa mai più mangiare i tuoi frutti". E i discepoli l'udirono.

[15] Andarono intanto a Gerusalemme. Ed entrato nel tempio, si mise a scacciare quelli che vendevano e comperavano nel tempio; rovesciò i tavoli dei cambiavalute e

le sedie dei venditori di colombe *[16]* e non permetteva che si portassero cose attraverso il tempio. *[17]* Ed insegnava loro dicendo: "Non sta forse scritto:

La mia casa sarà chiamata
casa di preghiera per tutte le genti?

Voi invece ne avete fatto *una spelonca di ladri!*".
[18] L'udirono i sommi sacerdoti e gli scribi e cercavano il modo di farlo morire. Avevano infatti paura di lui, perché tutto il popolo era ammirato del suo insegnamento. *[19]* Quando venne la sera uscirono dalla città.
[20] La mattina seguente, passando, videro il fico seccato fin dalle radici. *[21]* Allora Pietro, ricordatosi, gli disse: "Maestro, guarda: il fico che hai maledetto si è seccato". *[22]* Gesù allora disse loro: "Abbiate fede in Dio! *[23]* In verità vi dico: chi dicesse a questo monte: Lèvati e gettati nel mare, senza dubitare in cuor suo ma credendo che quanto dice avverrà, ciò gli sarà accordato. *[24]* Per questo vi dico: tutto quello che domandate nella preghiera, abbiate fede di averlo ottenuto e vi sarà accordato. *[25]* Quando vi mettete a pregare, se avete qualcosa contro qualcuno, perdonate, perché anche il Padre vostro che è nei cieli perdoni a voi i vostri peccati". *[26]* .
[27] Andarono di nuovo a Gerusalemme. E mentre egli si aggirava per il tempio, gli si avvicinarono i sommi sacerdoti, gli scribi e gli anziani e gli dissero: *[28]* "Con quale autorità fai queste cose? O chi ti ha dato l'autorità di farlo?". *[29]* Ma Gesù disse loro: "Vi farò anch'io una domanda e, se mi risponderete, vi dirò con quale potere lo faccio. *[30]* Il battesimo di Giovanni veniva dal cielo o dagli uomini? Rispondetemi". *[31]* Ed essi discutevano tra sé dicendo: "Se rispondiamo "dal cielo", dirà: Perché allora non gli avete creduto? *[32]* Diciamo dunque "dagli uomini"?". Però temevano la folla, perché tutti consideravano Giovanni come un vero profeta. *[33]* Allora diedero a Gesù questa risposta: "Non sappiamo". E Gesù disse loro: "Neanch'io vi dico con quale autorità faccio queste cose".

12

[1] Gesù si mise a parlare loro in parabole: "Un uomo *piantò una vigna, vi pose attorno una siepe, scavò un torchio, costruì una torre*, poi la diede in affitto a dei vignaioli e se ne andò lontano. *[2]* A suo tempo inviò un servo a ritirare da quei vignaioli i frutti della vigna. *[3]* Ma essi, afferratolo, lo bastonarono e lo rimandarono a mani vuote. *[4]* Inviò loro di nuovo un altro servo: anche quello lo picchiarono sulla testa e lo coprirono di insulti. *[5]* Ne inviò ancora un altro, e questo lo uccisero; e di molti altri, che egli ancora mandò, alcuni li bastonarono, altri li uccisero. *[6]* Aveva ancora uno, il figlio prediletto: lo inviò loro per ultimo, dicendo: Avranno rispetto per mio figlio! *[7]* Ma quei vignaioli dissero tra di loro: Questi è l'erede; su, uccidiamolo e l'eredità sarà nostra. *[8]* E afferratolo, lo uccisero e lo gettarono fuori della vigna. *[9]* Che cosa farà dunque il padrone della vigna? Verrà e sterminerà quei vignaioli e darà la vigna ad altri. *[10]* Non avete forse letto questa Scrittura:

La pietra che i costruttori hanno scartata
è diventata testata d'angolo;
[11] dal Signore è stato fatto questo
ed è mirabile agli occhi nostri"?

[12] Allora cercarono di catturarlo, ma ebbero paura della folla; avevano capito infatti che aveva detto quella parabola contro di loro. E, lasciatolo, se ne andarono.
[13] Gli mandarono però alcuni farisei ed erodiani per coglierlo in fallo nel discorso.
[14] E venuti, quelli gli dissero: "Maestro, sappiamo che sei veritiero e non ti curi di nessuno; infatti non guardi in faccia agli uomini, ma secondo verità insegni la via di Dio. È lecito o no dare il tributo a Cesare? Lo dobbiamo dare o no?". *[15]* Ma egli, conoscendo la loro ipocrisia, disse: "Perché mi tentate? Portatemi un denaro perché io lo veda". *[16]* Ed essi glielo portarono. Allora disse loro: "Di chi è questa immagine e l'iscrizione?". Gli risposero: "Di Cesare". *[17]* Gesù disse loro: "Rendete a Cesare ciò che è di Cesare e a Dio ciò che è di Dio". E rimasero ammirati di lui.
[18] Vennero a lui dei sadducei, i quali dicono che non c'è risurrezione, e lo interrogarono dicendo: *[19]* "Maestro, Mosè ci ha lasciato scritto che *se muore il fratello di uno* e lascia la moglie *senza figli, il fratello ne prenda la moglie per dare discendenti al fratello. [20]* C'erano sette fratelli: il primo prese moglie e morì senza lasciare discendenza; *[21]* allora la prese il secondo, ma morì senza lasciare discendenza; e il terzo egualmente, *[22]* e nessuno dei sette lasciò discendenza. Infine, dopo tutti, morì anche la donna. *[23]* Nella risurrezione, quando risorgeranno, a chi di loro apparterrà la donna? Poiché in sette l'hanno avuta come moglie". *[24]* Rispose loro Gesù: "Non siete voi forse in errore dal momento che non conoscete le Scritture, né la potenza di Dio? *[25]* Quando risusciteranno dai morti, infatti, non prenderanno moglie né marito, ma saranno come angeli nei cieli. *[26]* A riguardo poi dei morti che devono risorgere, non avete letto nel libro di Mosè, a proposito del roveto, come Dio gli parlò dicendo: *Io sono il Dio di Abramo, il Dio di Isacco e di Giacobbe? [27]* Non è un Dio dei morti ma dei viventi! Voi siete in grande errore".
[28] Allora si accostò uno degli scribi che li aveva uditi discutere, e, visto come aveva loro ben risposto, gli domandò: "Qual è il primo di tutti i comandamenti?".
[29] Gesù rispose: "Il primo è: *Ascolta, Israele. Il Signore Dio nostro è l'unico Signore*; *[30]* amerai dunque il Signore Dio tuo con tutto il tuo cuore, con tutta la tua mente e con tutta la tua forza. [31]* E il secondo è questo: *Amerai il prossimo tuo come te stesso*. Non c'è altro comandamento più importante di questi". *[32]* Allora lo scriba gli disse: "Hai detto bene, Maestro, e secondo verità che Egli è *unico e non v'è altri all'infuori di lui; [33] amarlo con tutto il cuore*, con tutta la mente *e con tutta la forza* e *amare il prossimo come se stesso* val più di tutti gli olocausti e i sacrifici".
[34] Gesù, vedendo che aveva risposto saggiamente, gli disse: "Non sei lontano dal regno di Dio". E nessuno aveva più il coraggio di interrogarlo.
[35] Gesù continuava a parlare, insegnando nel tempio: "Come mai dicono gli scribi che il Messia è figlio di Davide? *[36]* Davide stesso infatti ha detto, mosso dallo Spirito Santo:

Disse il Signore al mio Signore:
Siedi alla mia destra,
finché io ponga i tuoi nemici
come sgabello ai tuoi piedi.

[37] Davide stesso lo chiama Signore: come dunque può essere suo figlio?". E la numerosa folla lo ascoltava volentieri.

[38] Diceva loro mentre insegnava: "Guardatevi dagli scribi, che amano passeggiare in lunghe vesti, ricevere saluti nelle piazze, *[39]* avere i primi seggi nelle sinagoghe e i primi posti nei banchetti. *[40]* Divorano le case delle vedove e ostentano di fare lunghe preghiere; essi riceveranno una condanna più grave".

[41] E sedutosi di fronte al tesoro, osservava come la folla gettava monete nel tesoro. E tanti ricchi ne gettavano molte. *[42]* Ma venuta una povera vedova vi gettò due spiccioli, cioè un quattrino. *[43]* Allora, chiamati a sé i discepoli, disse loro: "In verità vi dico: questa vedova ha gettato nel tesoro più di tutti gli altri. *[44]* Poiché tutti hanno dato del loro superfluo, essa invece, nella sua povertà, vi ha messo tutto quello che aveva, tutto quanto aveva per vivere".

13

[1] Mentre usciva dal tempio, un discepolo gli disse: "Maestro, guarda che pietre e che costruzioni!". *[2]* Gesù gli rispose: "Vedi queste grandi costruzioni? Non rimarrà qui pietra su pietra, che non sia distrutta". *[3]* Mentre era seduto sul monte degli Ulivi, di fronte al tempio, Pietro, Giacomo, Giovanni e Andrea lo interrogavano in disparte: *[4]* "Dicci, quando accadrà questo, e quale sarà il segno che tutte queste cose staranno per compiersi?".

[5] Gesù si mise a dire loro: "Guardate che nessuno v'inganni! *[6]* Molti verranno in mio nome, dicendo: "Sono io", e ingenneranno molti. *[7]* E quando sentirete parlare di guerre, non allarmatevi; bisogna infatti che ciò avvenga, ma non sarà ancora la fine. *[8]* Si leverà infatti nazione contro nazione e regno contro regno; vi saranno terremoti sulla terra e vi saranno carestie. Questo sarà il principio dei dolori.

[9] Ma voi badate a voi stessi! Vi consegneranno ai sinedri, sarete percossi nelle sinagoghe, comparirete davanti a governatori e re a causa mia, per render testimonianza davanti a loro. *[10]* Ma prima è necessario che il vangelo sia proclamato a tutte le genti. *[11]* E quando vi condurranno via per consegnarvi, non preoccupatevi di ciò che dovrete dire, ma dite ciò che in quell'ora vi sarà dato: poiché non siete voi a parlare, ma lo Spirito Santo. *[12]* Il fratello consegnerà a morte il fratello, il padre il figlio e i figli insorgeranno contro i genitori e li metteranno a morte. *[13]* Voi sarete odiati da tutti a causa del mio nome, ma chi avrà perseverato sino alla fine sarà salvato.

[14] Quando vedrete *l'abominio della desolazione* stare là dove non conviene, chi legge capisca, allora quelli che si trovano nella Giudea fuggano ai monti; *[15]* chi si

trova sulla terrazza non scenda per entrare a prender qualcosa nella sua casa; *[16]* chi è nel campo non torni indietro a prendersi il mantello. *[17]* Guai alle donne incinte e a quelle che allatteranno in quei giorni! *[18]* Pregate che ciò non accada d'inverno; *[19]* perché quei giorni saranno *una tribolazione, quale non è mai stata dall'inizio della creazione*, fatta da Dio, *fino al presente*, né mai vi sarà. *[20]* Se il Signore non abbreviasse quei giorni, nessun uomo si salverebbe. Ma a motivo degli eletti che si è scelto ha abbreviato quei giorni. *[21]* Allora, dunque, se qualcuno vi dirà: "Ecco, il Cristo è qui, ecco è là", non ci credete; *[22]* perché sorgeranno falsi cristi e falsi profeti e faranno segni e portenti per ingannare, se fosse possibile, anche gli eletti. *[23]* Voi però state attenti! Io vi ho predetto tutto.

[24] In quei giorni, dopo quella tribolazione,

il sole si oscurerà
e la luna non darà più il suo splendore
[25] e gli astri si metteranno a cadere dal cielo
e le potenze che sono nei cieli saranno sconvolte.

[26] Allora vedranno *il Figlio dell'uomo venire sulle nub*i con grande potenza e gloria. *[27]* Ed egli manderà gli angeli e riunirà i suoi eletti dai quattro venti, dall'estremità della terra fino all'estremità del cielo.

[28] Dal fico imparate questa parabola: quando già il suo ramo si fa tenero e mette le foglie, voi sapete che l'estate è vicina; *[29]* così anche voi, quando vedrete accadere queste cose, sappiate che egli è vicino, alle porte. *[30]* In verità vi dico: non passerà questa generazione prima che tutte queste cose siano avvenute. *[31]* Il cielo e la terra passeranno, ma le mie parole non passeranno. *[32]* Quanto poi a quel giorno o a quell'ora, nessuno li conosce, neanche gli angeli nel cielo, e neppure il Figlio, ma solo il Padre.

[33] State attenti, vegliate, perché non sapete quando sarà il momento preciso. *[34]* È come uno che è partito per un viaggio dopo aver lasciato la propria casa e dato il potere ai servi, a ciascuno il suo compito, e ha ordinato al portiere di vigilare. *[35]* Vigilate dunque, poiché non sapete quando il padrone di casa ritornerà, se alla sera o a mezzanotte o al canto del gallo o al mattino, *[36]* perché non giunga all'improvviso, trovandovi addormentati. *[37]* Quello che dico a voi, lo dico a tutti: Vegliate!".

14

[1] Mancavano intanto due giorni alla Pasqua e agli Azzimi e i sommi sacerdoti e gli scribi cercavano il modo di impadronirsi di lui con inganno, per ucciderlo. *[2]* Dicevano infatti: "Non durante la festa, perché non succeda un tumulto di popolo".

[3] Gesù si trovava a Betània nella casa di Simone il lebbroso. Mentre stava a mensa, giunse una donna con un vasetto di alabastro, pieno di olio profumato di nardo genuino di gran valore; ruppe il vasetto di alabastro e versò l'unguento sul suo capo. *[4]* Ci furono alcuni che si sdegnarono fra di loro: "Perché tutto questo spreco di olio

profumato? *[5]* Si poteva benissimo vendere quest'olio a più di trecento denari e darli ai poveri!"'. Ed erano infuriati contro di lei.

[6] Allora Gesù disse: "Lasciatela stare; perché le date fastidio? Ella ha compiuto verso di me un'opera buona; *[7]* i poveri infatti li avete sempre con voi e potete beneficarli quando volete, me invece non mi avete sempre. *[8]* Essa ha fatto ciò ch'era in suo potere, ungendo in anticipo il mio corpo per la sepoltura. *[9]* In verità vi dico che dovunque, in tutto il mondo, sarà annunziato il vangelo, si racconterà pure in suo ricordo ciò che ella ha fatto".

[10] Allora Giuda Iscariota, uno dei Dodici, si recò dai sommi sacerdoti, per consegnare loro Gesù. *[11]* Quelli all'udirlo si rallegrarono e promisero di dargli denaro. Ed egli cercava l'occasione opportuna per consegnarlo.

[12] Il primo giorno degli Azzimi, quando si immolava la Pasqua, i suoi discepoli gli dissero: "Dove vuoi che andiamo a preparare perché tu possa mangiare la Pasqua?". *[13]* Allora mandò due dei suoi discepoli dicendo loro: "Andate in città e vi verrà incontro un uomo con una brocca d'acqua; seguitelo *[14]* e là dove entrerà dite al padrone di casa: Il Maestro dice: Dov'è la mia stanza, perché io vi possa mangiare la Pasqua con i miei discepoli? *[15]* Egli vi mostrerà al piano superiore una grande sala con i tappeti, già pronta; là preparate per noi". *[16]* I discepoli andarono e, entrati in città, trovarono come aveva detto loro e prepararono per la Pasqua.

[17] Venuta la sera, egli giunse con i Dodici. *[18]* Ora, mentre erano a mensa e mangiavano, Gesù disse: "In verità vi dico, uno di voi, *colui che mangia con me*, mi tradirà". *[19]* Allora cominciarono a rattristarsi e a dirgli uno dopo l'altro: "Sono forse io?". *[20]* Ed egli disse loro: "Uno dei Dodici, colui che intinge con me nel piatto. *[21]* Il Figlio dell'uomo se ne va, come sta scritto di lui, ma guai a quell'uomo dal quale il Figlio dell'uomo è tradito! Bene per quell'uomo se non fosse mai nato!".

[22] Mentre mangiavano prese il pane e, pronunziata la benedizione, lo spezzò e lo diede loro, dicendo: "Prendete, questo è il mio corpo". *[23]* Poi prese il calice e rese grazie, lo diede loro e ne bevvero tutti. *[24]* E disse: "Questo è il mio sangue, il sangue dell'alleanza versato per molti. *[25]* In verità vi dico che io non berrò più del frutto della vite fino al giorno in cui lo berrò nuovo nel regno di Dio".

[26] E dopo aver cantato l'inno, uscirono verso il monte degli Ulivi. *[27]* Gesù disse loro: "Tutti rimarrete scandalizzati, poiché sta scritto:

Percuoterò il pastore e le pecore saranno disperse.

[28] Ma, dopo la mia risurrezione, vi precederò in Galilea". *[29]* Allora Pietro gli disse: "Anche se tutti saranno scandalizzati, io non lo sarò". *[30]* Gesù gli disse: "In verità ti dico: proprio tu oggi, in questa stessa notte, prima che il gallo canti due volte, mi rinnegherai tre volte". *[31]* Ma egli, con grande insistenza, diceva: "Se anche dovessi morire con te, non ti rinnegherò". Lo stesso dicevano anche tutti gli altri.

[32] Giunsero intanto a un podere chiamato Getsèmani, ed egli disse ai suoi discepoli: "Sedetevi qui, mentre io prego". *[33]* Prese con sé Pietro, Giacomo e Giovanni e cominciò a sentire paura e angoscia. *[34]* Gesù disse loro: "La mia anima è triste fino alla morte. Restate qui e vegliate". *[35]* Poi, andato un po' innanzi, si

gettò a terra e pregava che, se fosse possibile, passasse da lui quell'ora. *[36]* E diceva: "Abbà, Padre! Tutto è possibile a te, allontana da me questo calice! Però non ciò che io voglio, ma ciò che vuoi tu". *[37]* Tornato indietro, li trovò addormentati e disse a Pietro: "Simone, dormi? Non sei riuscito a vegliare un'ora sola? *[38]* Vegliate e pregate per non entrare in tentazione; lo spirito è pronto, ma la carne è debole". *[39]* Allontanatosi di nuovo, pregava dicendo le medesime parole. *[40]* Ritornato li trovò addormentati, perché i loro occhi si erano appesantiti, e non sapevano che cosa rispondergli.

[41] Venne la terza volta e disse loro: "Dormite ormai e riposatevi! Basta, è venuta l'ora: ecco, il Figlio dell'uomo viene consegnato nelle mani dei peccatori. *[42]* Alzatevi, andiamo! Ecco, colui che mi tradisce è vicino".

[43] E subito, mentre ancora parlava, arrivò Giuda, uno dei Dodici, e con lui una folla con spade e bastoni mandata dai sommi sacerdoti, dagli scribi e dagli anziani. *[44]* Chi lo tradiva aveva dato loro questo segno: "Quello che bacerò, è lui; arrestatelo e conducetelo via sotto buona scorta". *[45]* Allora gli si accostò dicendo: "Rabbì" e lo baciò. *[46]* Essi gli misero addosso le mani e lo arrestarono. *[47]* Uno dei presenti, estratta la spada, colpì il servo del sommo sacerdote e gli recise l'orecchio. *[48]* Allora Gesù disse loro: "Come contro un brigante, con spade e bastoni siete venuti a prendermi. *[49]* Ogni giorno ero in mezzo a voi a insegnare nel tempio, e non mi avete arrestato. Si adempiano dunque le Scritture!".

[50] Tutti allora, abbandonandolo, fuggirono. *[51]* Un giovanetto però lo seguiva, rivestito soltanto di un lenzuolo, e lo fermarono. *[52]* Ma egli, lasciato il lenzuolo, fuggì via nudo.

[53] Allora condussero Gesù dal sommo sacerdote, e là si riunirono tutti i capi dei sacerdoti, gli anziani e gli scribi. *[54]* Pietro lo aveva seguito da lontano, fin dentro il cortile del sommo sacerdote; e se ne stava seduto tra i servi, scaldandosi al fuoco. *[55]* Intanto i capi dei sacerdoti e tutto il sinedrio cercavano una testimonianza contro Gesù per metterlo a morte, ma non la trovavano. *[56]* Molti infatti attestavano il falso contro di lui e così le loro testimonianze non erano concordi. *[57]* Ma alcuni si alzarono per testimoniare il falso contro di lui, dicendo: *[58]* "Noi lo abbiamo udito mentre diceva: Io distruggerò questo tempio fatto da mani d'uomo e in tre giorni ne edificherò un altro non fatto da mani d'uomo". *[59]* Ma nemmeno su questo punto la loro testimonianza era concorde. *[60]* Allora il sommo sacerdote, levatosi in mezzo all'assemblea, interrogò Gesù dicendo: "Non rispondi nulla? Che cosa testimoniano costoro contro di te?". *[61]* Ma egli taceva e non rispondeva nulla. Di nuovo il sommo sacerdote lo interrogò dicendogli: "Sei tu il Cristo, il Figlio di Dio benedetto?". *[62]* Gesù rispose: "Io lo sono!

E vedrete il Figlio dell'uomo
seduto alla destra della Potenza
e venire con le nubi del cielo".

[63] Allora il sommo sacerdote, stracciandosi le vesti, disse: "Che bisogno abbiamo ancora di testimoni? *[64]* Avete udito la bestemmia; che ve ne pare?". Tutti

sentenziarono che era reo di morte.

[65] Allora alcuni cominciarono a sputargli addosso, a coprirgli il volto, a schiaffeggiarlo e a dirgli: "Indovina". I servi intanto lo percuotevano.

[66] Mentre Pietro era giù nel cortile, venne una serva del sommo sacerdote *[67]* e, vedendo Pietro che stava a scaldarsi, lo fissò e gli disse: "Anche tu eri con il Nazareno, con Gesù". *[68]* Ma egli negò: "Non so e non capisco quello che vuoi dire". Uscì quindi fuori del cortile e il gallo cantò. *[69]* E la serva, vedendolo, ricominciò a dire ai presenti: "Costui è di quelli". *[70]* Ma egli negò di nuovo. Dopo un poco i presenti dissero di nuovo a Pietro: "Tu sei certo di quelli, perché sei Galileo". *[71]* Ma egli cominciò a imprecare e a giurare: "Non conosco quell'uomo che voi dite". *[72]* Per la seconda volta un gallo cantò. Allora Pietro si ricordò di quella parola che Gesù gli aveva detto: "Prima che il gallo canti due volte, mi rinnegherai per tre volte". E scoppiò in pianto.

15

[1] Al mattino i sommi sacerdoti, con gli anziani, gli scribi e tutto il sinedrio, dopo aver tenuto consiglio, misero in catene Gesù, lo condussero e lo consegnarono a Pilato. *[2]* Allora Pilato prese a interrogarlo: "Sei tu il re dei Giudei?". Ed egli rispose: "Tu lo dici". *[3]* I sommi sacerdoti frattanto gli muovevano molte accuse. *[4]* Pilato lo interrogò di nuovo: "Non rispondi nulla? Vedi di quante cose ti accusano!". *[5]* Ma Gesù non rispose più nulla, sicché Pilato ne restò meravigliato.

[6] Per la festa egli era solito rilasciare un carcerato a loro richiesta. *[7]* Un tale chiamato Barabba si trovava in carcere insieme ai ribelli che nel tumulto avevano commesso un omicidio. *[8]* La folla, accorsa, cominciò a chiedere ciò che sempre egli le concedeva. *[9]* Allora Pilato rispose loro: "Volete che vi rilasci il re dei Giudei?". *[10]* Sapeva infatti che i sommi sacerdoti glielo avevano consegnato per invidia. *[11]* Ma i sommi sacerdoti sobillarono la folla perché egli rilasciasse loro piuttosto Barabba. *[12]* Pilato replicò: "Che farò dunque di quello che voi chiamate il re dei Giudei?". *[13]* Ed essi di nuovo gridarono: "Crocifiggilo!". *[14]* Ma Pilato diceva loro: "Che male ha fatto?". Allora essi gridarono più forte: "Crocifiggilo!". *[15]* E Pilato, volendo dar soddisfazione alla moltitudine, rilasciò loro Barabba e, dopo aver fatto flagellare Gesù, lo consegnò perché fosse crocifisso.

[16] Allora i soldati lo condussero dentro il cortile, cioè nel pretorio, e convocarono tutta la coorte. *[17]* Lo rivestirono di porpora e, dopo aver intrecciato una corona di spine, gliela misero sul capo. *[18]* Cominciarono poi a salutarlo: "Salve, re dei Giudei!". *[19]* E gli percuotevano il capo con una canna, gli sputavano addosso e, piegando le ginocchia, si prostravano a lui. *[20]* Dopo averlo schernito, lo spogliarono della porpora e gli rimisero le sue vesti, poi lo condussero fuori per crocifiggerlo.

[21] Allora costrinsero un tale che passava, un certo Simone di Cirene che veniva dalla campagna, padre di Alessandro e Rufo, a portare la croce. *[22]* Condussero

dunque Gesù al luogo del Gòlgota, che significa luogo del cranio, *[23]* e gli offrirono vino mescolato con mirra, ma egli non ne prese.

[24] Poi lo crocifissero *e si divisero le* sue *vesti, tirando a sorte su di esse* quello che ciascuno dovesse prendere. *[25]* Erano le nove del mattino quando lo crocifissero. *[26]* E l'iscrizione con il motivo della condanna diceva: *Il re dei Giudei. [27]* Con lui crocifissero anche due ladroni, uno alla sua destra e uno alla sinistra. *[28]* .

[29] I passanti lo insultavano e, *scuotendo il capo,* esclamavano: "Ehi, tu che distruggi il tempio e lo riedifichi in tre giorni, *[30]* salva te stesso scendendo dalla croce!". *[31]* Ugualmente anche i sommi sacerdoti con gli scribi, facendosi beffe di lui, dicevano: "Ha salvato altri, non può salvare se stesso! *[32]* Il Cristo, il re d'Israele, scenda ora dalla croce, perché vediamo e crediamo". E anche quelli che erano stati crocifissi con lui lo insultavano.

[33] Venuto mezzogiorno, si fece buio su tutta la terra, fino alle tre del pomeriggio. *[34]* Alle tre Gesù gridò con voce forte: *Eloì, Eloì, lemà sabactàni?*, che significa: *Dio mio, Dio mio, perché mi hai abbandonato? [35]* Alcuni dei presenti, udito ciò, dicevano: "Ecco, chiama Elia!". *[36]* Uno corse a inzuppare di *aceto* una spugna e, postala su una canna, gli *dava da bere,* dicendo: "Aspettate, vediamo se viene Elia a toglierlo dalla croce". *[37]* Ma Gesù, dando un forte grido, spirò.

[38] Il velo del tempio si squarciò in due, dall'alto in basso.

[39] Allora il centurione che gli stava di fronte, vistolo spirare in quel modo, disse: "Veramente quest'uomo era Figlio di Dio!".

[40] C'erano anche alcune donne, che stavano ad osservare da lontano, tra le quali Maria di Màgdala, Maria madre di Giacomo il minore e di ioses, e Salome, *[41]* che lo seguivano e servivano quando era ancora in Galilea, e molte altre che erano salite con lui a Gerusalemme.

[42] Sopraggiunta ormai la sera, poiché era la Parascève, cioè la vigilia del sabato, *[43]* Giuseppe d'Arimatéa, membro autorevole del sinedrio, che aspettava anche lui il regno di Dio, andò coraggiosamente da Pilato per chiedere il corpo di Gesù. *[44]* Pilato si meravigliò che fosse già morto e, chiamato il centurione, lo interrogò se fosse morto da tempo. *[45]* Informato dal centurione, concesse la salma a Giuseppe. *[46]* Egli allora, comprato un lenzuolo, lo calò giù dalla croce e, avvoltolo nel lenzuolo, lo depose in un sepolcro scavato nella roccia. Poi fece rotolare un masso contro l'entrata del sepolcro. *[47]* Intanto Maria di Màgdala e Maria madre di Ioses stavano ad osservare dove veniva deposto.

16

[1] Passato il sabato, Maria di Màgdala, Maria di Giacomo e Salome comprarono oli aromatici per andare a imbalsamare Gesù. *[2]* Di buon mattino, il primo giorno dopo il sabato, vennero al sepolcro al levar del sole. *[3]* Esse dicevano tra loro: "Chi ci rotolerà via il masso dall'ingresso del sepolcro?".*[4]* Ma, guardando, videro che il masso era già stato rotolato via, benché fosse molto grande. *[5]* Entrando nel

sepolcro, videro un giovane, seduto sulla destra, vestito d'una veste bianca, ed ebbero paura. *[6]* Ma egli disse loro: "Non abbiate paura! Voi cercate Gesù Nazareno, il crocifisso. È risorto, non è qui. Ecco il luogo dove l'avevano deposto. *[7]* Ora andate, dite ai suoi discepoli e a Pietro che egli vi precede in Galilea. Là lo vedrete, come vi ha detto". *[8]* Ed esse, uscite, fuggirono via dal sepolcro perché erano piene di timore e di spavento. E non dissero niente a nessuno, perché avevano paura.

[9] Risuscitato al mattino nel primo giorno dopo il sabato, apparve prima a Maria di Màgdala, dalla quale aveva cacciato sette dèmoni. *[10]* Questa andò ad annunziarlo ai suoi seguaci che erano in lutto e in pianto. *[11]* Ma essi, udito che era vivo ed era stato visto da lei, non vollero credere.

[12] Dopo ciò, apparve a due di loro sotto altro aspetto, mentre erano in cammino verso la campagna. *[13]* Anch'essi ritornarono ad annunziarlo agli altri; ma neanche a loro vollero credere.

[14] Alla fine apparve agli undici, mentre stavano a mensa, e li rimproverò per la loro incredulità e durezza di cuore, perché non avevano creduto a quelli che lo avevano visto risuscitato.

[15] Gesù disse loro: "Andate in tutto il mondo e predicate il vangelo ad ogni creatura. *[16]* Chi crederà e sarà battezzato sarà salvo, ma chi non crederà sarà condannato. *[17]* E questi saranno i segni che accompagneranno quelli che credono: nel mio nome scacceranno i dèmoni, parleranno lingue nuove, *[18]* prenderanno in mano i serpenti e, se berranno qualche veleno, non recherà loro danno, imporranno le mani ai malati e questi guariranno".

[19] Il Signore Gesù, dopo aver parlato con loro, fu assunto in cielo e sedette alla destra di Dio.

[20] Allora essi partirono e predicarono dappertutto, mentre il Signore operava insieme con loro e confermava la parola con i prodigi che l'accompagnavano.

Vangelo secondo Luca

1

[1] Poiché molti han posto mano a stendere un racconto degli avvenimenti successi tra di noi, *[2]* come ce li hanno trasmessi coloro che ne furono testimoni fin da principio e divennero ministri della parola, *[3]* così ho deciso anch'io di fare ricerche accurate su ogni circostanza fin dagli inizi e di scriverne per te un resoconto ordinato, illustre Teòfilo, *[4]* perché ti possa rendere conto della solidità degli insegnamenti che hai ricevuto.

[5] Al tempo di Erode, re della Giudea, c'era un sacerdote chiamato Zaccaria, della classe di Abìa, e aveva in moglie una discendente di Aronne chiamata Elisabetta. *[6]* Erano giusti davanti a Dio, osservavano irreprensibili tutte le leggi e le prescrizioni del Signore. *[7]* Ma non avevano figli, perché Elisabetta era sterile e tutti e due erano avanti negli anni.

[8] Mentre Zaccaria officiava davanti al Signore nel turno della sua classe, *[9]* secondo l'usanza del servizio sacerdotale, gli toccò in sorte di entrare nel tempio per fare l'offerta dell'incenso. *[10]* Tutta l'assemblea del popolo pregava fuori nell'ora dell'incenso. *[11]* Allora gli apparve un angelo del Signore, ritto alla destra dell'altare dell'incenso. *[12]* Quando lo vide, Zaccaria si turbò e fu preso da timore. *[13]* Ma l'angelo gli disse: "Non temere, Zaccaria, la tua preghiera è stata esaudita e tua moglie Elisabetta ti darà un figlio, che chiamerai Giovanni. *[14]* Avrai gioia ed esultanza e molti si rallegreranno della sua nascita, *[15]* poiché egli sarà grande davanti al Signore; non berrà vino né bevande inebrianti, sarà pieno di Spirito Santo fin dal seno di sua madre *[16]* e ricondurrà molti figli d'Israele al Signore loro Dio. *[17]* Gli camminerà innanzi con lo spirito e la forza di Elia, *per ricondurre i cuori dei padri verso i figli* e i ribelli alla saggezza dei giusti e preparare al Signore un popolo ben disposto". *[18]* Zaccaria disse all'angelo: "Come posso conoscere questo? Io sono vecchio e mia moglie è avanzata negli anni". *[19]* L'angelo gli rispose: "Io sono Gabriele che sto al cospetto di Dio e sono stato mandato a portarti questo lieto annunzio. *[20]* Ed ecco, sarai muto e non potrai parlare fino al giorno in cui queste cose avverranno, perché non hai creduto alle mie parole, le quali si adempiranno a loro tempo".

[21] Intanto il popolo stava in attesa di Zaccaria, e si meravigliava per il suo indugiare nel tempio. *[22]* Quando poi uscì e non poteva parlare loro, capirono che nel tempio aveva avuto una visione. Faceva loro dei cenni e restava muto.

[23] Compiuti i giorni del suo servizio, tornò a casa. *[24]* Dopo quei giorni

Elisabetta, sua moglie, concepì e si tenne nascosta per cinque mesi e diceva: *[25]* "Ecco che cosa ha fatto per me il Signore, nei giorni in cui si è degnato di togliere la mia vergogna tra gli uomini".

[26] Nel sesto mese, l'angelo Gabriele fu mandato da Dio in una città della Galilea, chiamata Nàzaret, *[27]* a una vergine, promessa sposa di un uomo della casa di Davide, chiamato Giuseppe. La vergine si chiamava Maria. *[28]* Entrando da lei, disse: "Ti saluto, o piena di grazia, il Signore è con te". *[29]* A queste parole ella rimase turbata e si domandava che senso avesse un tale saluto. *[30]* L'angelo le disse: "Non temere, Maria, perché hai trovato grazia presso Dio. *[31]* Ecco concepirai un figlio, lo darai alla luce e lo chiamerai Gesù. *[32]* Sarà grande e chiamato Figlio dell'Altissimo; il Signore Dio gli darà il trono di Davide suo padre *[33]* e regnerà per sempre sulla casa di Giacobbe e il suo regno non avrà fine".

[34] Allora Maria disse all'angelo: "Come è possibile? Non conosco uomo". *[35]* Le rispose l'angelo: "Lo Spirito Santo scenderà su di te, su te stenderà la sua ombra la potenza dell'Altissimo. Colui che nascerà sarà dunque santo e chiamato Figlio di Dio. *[36]* Vedi: anche Elisabetta, tua parente, nella sua vecchiaia, ha concepito un figlio e questo è il sesto mese per lei, che tutti dicevano sterile: *[37]* *nulla è impossibile a Dio*". *[38]* Allora Maria disse: "Eccomi, sono la serva del Signore, avvenga di me quello che hai detto". E l'angelo partì da lei.

[39] In quei giorni Maria si mise in viaggio verso la montagna e raggiunse in fretta una città di Giuda. *[40]* Entrata nella casa di Zaccaria, salutò Elisabetta. *[41]* Appena Elisabetta ebbe udito il saluto di Maria, il bambino le sussultò nel grembo. Elisabetta fu piena di Spirito Santo *[42]* ed esclamò a gran voce: "Benedetta tu fra le donne e benedetto il frutto del tuo grembo! *[43]* A che debbo che la madre del mio Signore venga a me? *[44]* Ecco, appena la voce del tuo saluto è giunta ai miei orecchi, il bambino ha esultato di gioia nel mio grembo. *[45]* E beata colei che ha creduto nell'adempimento delle parole del Signore".

[46] Allora Maria disse:

"L'anima mia magnifica il Signore
[47] e il mio spirito esulta in Dio, mio salvatore,
[48] perché ha guardato l'umiltà della sua serva.
D'ora in poi tutte le generazioni mi chiameranno beata.
[49] Grandi cose ha fatto in me l'Onnipotente
e Santo è il suo nome:
[50] di generazione in generazione la sua misericordia
si stende su quelli che lo temono.
[51] Ha spiegato la potenza del suo braccio,
ha disperso i superbi nei pensieri del loro cuore;
[52] ha rovesciato i potenti dai troni,
ha innalzato gli umili;
[53] ha ricolmato di beni gli affamati,
ha rimandato a mani vuote i ricchi.
[54] Ha soccorso Israele, suo servo,

ricordandosi della sua misericordia,
[55] come aveva promesso ai nostri padri,
ad Abramo e alla sua discendenza,
per sempre".

[56] Maria rimase con lei circa tre mesi, poi tornò a casa sua.
[57] Per Elisabetta intanto si compì il tempo del parto e diede alla luce un figlio. [58] I vicini e i parenti udirono che il Signore aveva esaltato in lei la sua misericordia, e si rallegravano con lei.
[59] All'ottavo giorno vennero per circoncidere il bambino e volevano chiamarlo col nome di suo padre, Zaccaria. [60] Ma sua madre intervenne: "No, si chiamerà Giovanni". [61] Le dissero: "Non c'è nessuno della tua parentela che si chiami con questo nome". [62] Allora domandavano con cenni a suo padre come voleva che si chiamasse. [63] Egli chiese una tavoletta, e scrisse: "Giovanni è il suo nome". Tutti furono meravigliati. [64] In quel medesimo istante gli si aprì la bocca e gli si sciolse la lingua, e parlava benedicendo Dio. [65] Tutti i loro vicini furono presi da timore, e per tutta la regione montuosa della Giudea si discorreva di tutte queste cose. [66] Coloro che le udivano, le serbavano in cuor loro: "Che sarà mai questo bambino?" si dicevano. Davvero la mano del Signore stava con lui.
[67] Zaccaria, suo padre, fu pieno di Spirito Santo, e profetò dicendo:
[68] *"Benedetto il Signore Dio d'Israele,*
perché ha visitato e redento il suo popolo,
[69] e ha suscitato per noi una salvezza potente
nella casa di Davide, suo servo,
[70] come aveva promesso
per bocca dei suoi santi profeti d'un tempo:
[71] salvezza *dai* nostri *nemici,*
e dalle mani di quanti ci odiano.
[72] *Così egli ha concesso misericordia ai nostri padri*
e si è ricordato della sua santa *alleanza,*
[73] *del giuramento fatto ad Abramo,* nostro padre,
[74] di concederci, liberati dalle mani dei nemici,
di servirlo senza timore, [75] in santità e giustizia
al suo cospetto, per tutti i nostri giorni.
[76] E tu, bambino, sarai chiamato profeta dell'Altissimo
perché andrai *innanzi al Signore a preparargli le strade,*
[77] per dare al suo popolo la conoscenza della salvezza
nella remissione dei suoi peccati,
[78] grazie alla bontà misericordiosa del nostro Dio,
per cui verrà a visitarci dall'alto un sole che sorge
[79] *per rischiarare quelli che stanno nelle tenebre*
e nell'ombra della morte
e dirigere i nostri passi sulla via della pace".

[80] Il fanciullo cresceva e si fortificava nello spirito. Visse in regioni deserte fino al giorno della sua manifestazione a Israele.

2

[1] In quei giorni un decreto di Cesare Augusto ordinò che si facesse il censimento di tutta la terra. *[2]* Questo primo censimento fu fatto quando era governatore della Siria Quirinio. *[3]* Andavano tutti a farsi registrare, ciascuno nella sua città. *[4]* Anche Giuseppe, che era della casa e della famiglia di Davide, dalla città di Nàzaret e dalla Galilea salì in Giudea alla città di Davide, chiamata Betlemme, *[5]* per farsi registrare insieme con Maria sua sposa, che era incinta. *[6]* Ora, mentre si trovavano in quel luogo, si compirono per lei i giorni del parto. *[7]* Diede alla luce il suo figlio primogenito, lo avvolse in fasce e lo depose in una mangiatoia, perché non c'era posto per loro nell'albergo.

[8] C'erano in quella regione alcuni pastori che vegliavano di notte facendo la guardia al loro gregge. *[9]* Un angelo del Signore si presentò davanti a loro e la gloria del Signore li avvolse di luce. Essi furono presi da grande spavento, *[10]* ma l'angelo disse loro: "Non temete, ecco vi annunzio una grande gioia, che sarà di tutto il popolo: *[11]* oggi vi è nato nella città di Davide un salvatore, che è il Cristo Signore. *[12]* Questo per voi il segno: troverete un bambino avvolto in fasce, che giace in una mangiatoia". *[13]* E subito apparve con l'angelo una moltitudine dell'esercito celeste che lodava Dio e diceva:

[14] "Gloria a Dio nel più alto dei cieli

e pace in terra agli uomini che egli ama".

[15] Appena gli angeli si furono allontanati per tornare al cielo, i pastori dicevano fra loro: "Andiamo fino a Betlemme, vediamo questo avvenimento che il Signore ci ha fatto conoscere". *[16]* Andarono dunque senz'indugio e trovarono Maria e Giuseppe e il bambino, che giaceva nella mangiatoia. *[17]* E dopo averlo visto, riferirono ciò che del bambino era stato detto loro. *[18]* Tutti quelli che udirono, si stupirono delle cose che i pastori dicevano. *[19]* Maria, da parte sua, serbava tutte queste cose meditandole nel suo cuore.

[20] I pastori poi se ne tornarono, glorificando e lodando Dio per tutto quello che avevano udito e visto, com'era stato detto loro.

[21] Quando furon passati gli otto giorni prescritti per la circoncisione, gli fu messo nome Gesù, come era stato chiamato dall'angelo prima di essere concepito nel grembo della madre.

[22] Quando venne il tempo della loro purificazione secondo la Legge di Mosè, portarono il bambino a Gerusalemme per offrirlo al Signore, *[23]* come è scritto nella Legge del Signore: *ogni maschio primogenito sarà sacro al Signore*; *[24]* e per offrire in sacrificio *una coppia di tortore o di giovani colombi*, come prescrive la

Legge del Signore.

[25] Ora a Gerusalemme c'era un uomo di nome Simeone, uomo giusto e timorato di Dio, che aspettava il conforto d'Israele; *[26]* lo Spirito Santo che era sopra di lui, gli aveva preannunziato che non avrebbe visto la morte senza prima aver veduto il Messia del Signore. *[27]* Mosso dunque dallo Spirito, si recò al tempio; e mentre i genitori vi portavano il bambino Gesù per adempiere la Legge, *[28]* lo prese tra le braccia e benedisse Dio:

[29] "Ora lascia, o Signore, che il tuo servo
vada in pace secondo la tua parola;
[30] perché i miei occhi han visto la tua salvezza,
[31] preparata da te davanti a tutti i popoli,
[32] luce per illuminare le genti
e gloria del tuo popolo Israele".

[33] Il padre e la madre di Gesù si stupivano delle cose che si dicevano di lui. *[34]* Simeone li benedisse e parlò a Maria, sua madre: "Egli è qui per la rovina e la risurrezione di molti in Israele, segno di contraddizione *[35]* perché siano svelati i pensieri di molti cuori. E anche a te una spada trafiggerà l'anima".

[36] C'era anche una profetessa, Anna, figlia di Fanuèle, della tribù di Aser. Era molto avanzata in età, aveva vissuto col marito sette anni dal tempo in cui era ragazza, *[37]* era poi rimasta vedova e ora aveva ottantaquattro anni. Non si allontanava mai dal tempio, servendo Dio notte e giorno con digiuni e preghiere. *[38]* Sopraggiunta in quel momento, si mise anche lei a lodare Dio e parlava del bambino a quanti aspettavano la redenzione di Gerusalemme.

[39] Quando ebbero tutto compiuto secondo la legge del Signore, fecero ritorno in Galilea, alla loro città di Nàzaret. *[40]* Il bambino cresceva e si fortificava, pieno di sapienza, e la grazia di Dio era sopra di lui.

[41] I suoi genitori si recavano tutti gli anni a Gerusalemme per la festa di Pasqua. *[42]* Quando egli ebbe dodici anni, vi salirono di nuovo secondo l'usanza; *[43]* ma trascorsi i giorni della festa, mentre riprendevano la via del ritorno, il fanciullo Gesù rimase a Gerusalemme, senza che i genitori se ne accorgessero. *[44]* Credendolo nella carovana, fecero una giornata di viaggio, e poi si misero a cercarlo tra i parenti e i conoscenti; *[45]* non avendolo trovato, tornarono in cerca di lui a Gerusalemme. *[46]* Dopo tre giorni lo trovarono nel tempio, seduto in mezzo ai dottori, mentre li ascoltava e li interrogava. *[47]* E tutti quelli che l'udivano erano pieni di stupore per la sua intelligenza e le sue risposte. *[48]* Al vederlo restarono stupiti e sua madre gli disse: "Figlio, perché ci hai fatto così? Ecco, tuo padre e io, angosciati, ti cercavamo". *[49]* Ed egli rispose: "Perché mi cercavate? Non sapevate che io devo occuparmi delle cose del Padre mio?". *[50]* Ma essi non compresero le sue parole.

[51] Partì dunque con loro e tornò a Nàzaret e stava loro sottomesso. Sua madre serbava tutte queste cose nel suo cuore. *[52]* E Gesù *cresceva* in sapienza, età *e grazia davanti a Dio e agli uomini.*

3

[1] Nell'anno decimoquinto dell'impero di Tiberio Cesare, mentre Ponzio Pilato era governatore della Giudea, Erode tetrarca della Galilea, e Filippo, suo fratello, tetrarca dell'Iturèa e della Traconìtide, e Lisània tetrarca dell'Abilène, *[2]* sotto i sommi sacerdoti Anna e Caifa, la parola di Dio scese su Giovanni, figlio di Zaccaria, nel deserto. *[3]* Ed egli percorse tutta la regione del Giordano, predicando un battesimo di conversione per il perdono dei peccati, *[4]* com'è scritto nel libro degli oracoli del profeta Isaia:

Voce di uno che grida nel deserto:
Preparate la via del Signore,
raddrizzate i suoi sentieri!
[5] Ogni burrone sia riempito,
ogni monte e ogni colle sia abbassato;
i passi tortuosi siano diritti;
i luoghi impervi spianati.
[6] Ogni uomo vedrà la salvezza di Dio!

[7] Diceva dunque alle folle che andavano a farsi battezzare da lui: "Razza di vipere, chi vi ha insegnato a sfuggire all'ira imminente? *[8]* Fate dunque opere degne della conversione e non cominciate a dire in voi stessi: Abbiamo Abramo per padre! Perché io vi dico che Dio può far nascere figli ad Abramo anche da queste pietre. *[9]* Anzi, la scure è già posta alla radice degli alberi; ogni albero che non porta buon frutto, sarà tagliato e buttato nel fuoco".
[10] Le folle lo interrogavano: "Che cosa dobbiamo fare?". *[11]* Rispondeva: "Chi ha due tuniche, ne dia una a chi non ne ha; e chi ha da mangiare, faccia altrettanto". *[12]* Vennero anche dei pubblicani a farsi battezzare, e gli chiesero: "Maestro, che dobbiamo fare?". *[13]* Ed egli disse loro: "Non esigete nulla di più di quanto vi è stato fissato". *[14]* Lo interrogavano anche alcuni soldati: "E noi che dobbiamo fare?". Rispose: "Non maltrattate e non estorcete niente a nessuno, contentatevi delle vostre paghe". *[15]* Poiché il popolo era in attesa e tutti si domandavano in cuor loro, riguardo a Giovanni, se non fosse lui il Cristo, *[16]* Giovanni rispose a tutti dicendo: "Io vi battezzo con acqua; ma viene uno che è più forte di me, al quale io non son degno di sciogliere neppure il legaccio dei sandali: costui vi battezzerà in Spirito Santo e fuoco. *[17]* Egli ha in mano il ventilabro per ripulire la sua aia e per raccogliere il frumento nel granaio; ma la pula, la brucerà con fuoco inestinguibile".
[18] Con molte altre esortazioni annunziava al popolo la buona novella.
[19] Ma il tetrarca Erode, biasimato da lui a causa di Erodìade, moglie di suo fratello, e per tutte le scelleratezze che aveva commesso, *[20]* aggiunse alle altre anche questa: fece rinchiudere Giovanni in prigione.
[21] Quando tutto il popolo fu battezzato e mentre Gesù, ricevuto anche lui il battesimo, stava in preghiera, il cielo si aprì *[22]* e scese su di lui lo Spirito Santo in

apparenza corporea, come di colomba, e vi fu una voce dal cielo: "Tu sei il mio figlio prediletto, in te mi sono compiaciuto".

[23] Gesù quando incominciò il suo ministero aveva circa trent'anni ed era figlio, come si credeva, di Giuseppe, figlio di Eli, *[24]* figlio di Mattàt, figlio di Levi, figlio di Melchi, figlio di Innài, figlio di Giuseppe, *[25]* figlio di Mattatìa, figlio di Amos, figlio di Naum, figlio di Esli, figlio di Naggài, *[26]* figlio di Maat, figlio di Mattatìa, figlio di Semèin, figlio di Iosek, figlio di Ioda, *[27]* figlio di Ioanan, figlio di Resa, figlio di Zorobabèle, figlio di Salatiel, figlio di Neri, *[28]* figlio di Melchi, figlio di Addi, figlio di Cosam, figlio di Elmadàm, figlio di Er, *[29]* figlio di Gesù, figlio di Elièzer, figlio di Iorim, figlio di Mattàt, figlio di Levi, *[30]* figlio di Simeone, figlio di Giuda, figlio di Giuseppe, figlio di Ionam, figlio di Eliacim, *[31]* figlio di Melèa, figlio di Menna, figlio di Mattatà, figlio di Natàm, figlio di Davide, *[32]* figlio di Iesse, figlio di Obed, figlio di Booz, figlio di Sala, figlio di Naàsson, *[33]* figlio di Aminadàb, figlio di Admin, figlio di Arni, figlio di Esrom, figlio di Fares, figlio di Giuda, *[34]* figlio di Giacobbe, figlio di Isacco, figlio di Abramo, figlio di Tare, figlio di Nacor, *[35]* figlio di Seruk, figlio di Ragau, figlio di Falek, figlio di Eber, figlio di Sala, *[36]* figlio di Cainam, figlio di Arfàcsad, figlio di Sem, figlio di Noè, figlio di Lamech, *[37]* figlio di Matusalemme, figlio di Enoch, figlio di Iaret, figlio di Malleèl, figlio di Cainam, *[38]* figlio di Enos, figlio di Set, figlio di Adamo, figlio di Dio.

4

[1] Gesù, pieno di Spirito Santo, si allontanò dal Giordano e fu condotto dallo Spirito nel deserto *[2]* dove, per quaranta giorni, fu tentato dal diavolo. Non mangiò nulla in quei giorni; ma quando furono terminati ebbe fame. *[3]* Allora il diavolo gli disse: "Se tu sei Figlio di Dio, di' a questa pietra che diventi pane". *[4]* Gesù gli rispose: "Sta scritto: *Non di solo pane vivrà l'uomo*". *[5]* Il diavolo lo condusse in alto e, mostrandogli in un istante tutti i regni della terra, gli disse: *[6]* "Ti darò tutta questa potenza e la gloria di questi regni, perché è stata messa nelle mie mani e io la do a chi voglio. *[7]* Se ti prostri dinanzi a me tutto sarà tuo". *[8]* Gesù gli rispose: "Sta scritto: *Solo al Signore Dio tuo ti prostrerai, lui* solo *adorerai*". *[9]* Lo condusse a Gerusalemme, lo pose sul pinnacolo del tempio e gli disse: "Se tu sei Figlio di Dio, buttati giù; *[10]* sta scritto infatti:

Ai suoi angeli darà ordine per te,
  perché essi ti custodiscano;

[11] e anche:

essi ti sosterranno con le mani,
  perché il tuo piede non inciampi in una pietra".

[12] Gesù gli rispose: "È stato detto: *Non tenterai il Signore Dio tuo*". *[13]* Dopo

aver esaurito ogni specie di tentazione, il diavolo si allontanò da lui per ritornare al tempo fissato.

[14] Gesù ritornò in Galilea con la potenza dello Spirito Santo e la sua fama si diffuse in tutta la regione. *[15]* Insegnava nelle loro sinagoghe e tutti ne facevano grandi lodi. *[16]* Si recò a Nàzaret, dove era stato allevato; ed entrò, secondo il suo solito, di sabato nella sinagoga e si alzò a leggere. *[17]* Gli fu dato il rotolo del profeta Isaia; apertolo trovò il passo dove era scritto:

[18] Lo Spirito del Signore è sopra di me;

per questo mi ha consacrato con l'unzione,

e mi ha mandato per annunziare ai poveri un lieto messaggio,

per proclamare ai prigionieri la liberazione

e ai ciechi la vista;

per rimettere in libertà gli oppressi,

[19] e predicare un anno di grazia del Signore.

[20] Poi arrotolò il volume, lo consegnò all'inserviente e sedette. Gli occhi di tutti nella sinagoga stavano fissi sopra di lui. *[21]* Allora cominciò a dire: "Oggi si è adempiuta questa Scrittura che voi avete udita con i vostri orecchi". *[22]* Tutti gli rendevano testimonianza ed erano meravigliati delle parole di grazia che uscivano dalla sua bocca e dicevano: "Non è il figlio di Giuseppe?". *[23]* Ma egli rispose: "Di certo voi mi citerete il proverbio: Medico, cura te stesso. Quanto abbiamo udito che accadde a Cafàrnao, fàllo anche qui, nella tua patria!". *[24]* Poi aggiunse: "Nessun profeta è bene accetto in patria. *[25]* Vi dico anche: c'erano molte vedove in Israele al tempo di Elia, quando il cielo fu chiuso per tre anni e sei mesi e ci fu una grande carestia in tutto il paese; *[26]* ma a nessuna di esse fu mandato Elia, se non a una vedova in Sarepta di Sidone. *[27]* C'erano molti lebbrosi in Israele al tempo del profeta Eliseo, ma nessuno di loro fu risanato se non Naaman, il Siro".

[28] All'udire queste cose, tutti nella sinagoga furono pieni di sdegno; *[29]* si levarono, lo cacciarono fuori della città e lo condussero fin sul ciglio del monte sul quale la loro città era situata, per gettarlo giù dal precipizio. *[30]* Ma egli, passando in mezzo a loro, se ne andò.

[31] Poi discese a Cafàrnao, una città della Galilea, e al sabato ammaestrava la gente. *[32]* Rimanevano colpiti dal suo insegnamento, perché parlava con autorità. *[33]* Nella sinagoga c'era un uomo con un demonio immondo e cominciò a gridare forte: *[34]* "Basta! Che abbiamo a che fare con te, Gesù Nazareno? Sei venuto a rovinarci? So bene chi sei: il Santo di Dio!". *[35]* Gesù gli intimò: "Taci, esci da costui!". E il demonio, gettatolo a terra in mezzo alla gente, uscì da lui, senza fargli alcun male. *[36]* Tutti furono presi da paura e si dicevano l'un l'altro: "Che parola è mai questa, che comanda con autorità e potenza agli spiriti immondi ed essi se ne vanno?". *[37]* E si diffondeva la fama di lui in tutta la regione.

[38] Uscito dalla sinagoga entrò nella casa di Simone. La suocera di Simone era in preda a una grande febbre e lo pregarono per lei. *[39]* Chinatosi su di lei, intimò alla febbre, e la febbre la lasciò. Levatasi all'istante, la donna cominciò a servirli.

[40] Al calar del sole, tutti quelli che avevano infermi colpiti da mali di ogni genere li condussero a lui. Ed egli, imponendo su ciascuno le mani, li guariva. *[41]* Da molti uscivano demòni gridando: "Tu sei il Figlio di Dio!". Ma egli li minacciava e non li lasciava parlare, perché sapevano che era il Cristo.

[42] Sul far del giorno uscì e si recò in un luogo deserto. Ma le folle lo cercavano, lo raggiunsero e volevano trattenerlo perché non se ne andasse via da loro. *[43]* Egli però disse: "Bisogna che io annunzi il regno di Dio anche alle altre città; per questo sono stato mandato". *[44]* E andava predicando nelle sinagoghe della Giudea.

5

[1] Un giorno, mentre, levato in piedi, stava presso il lago di Genèsaret *[2]* e la folla gli faceva ressa intorno per ascoltare la parola di Dio, vide due barche ormeggiate alla sponda. I pescatori erano scesi e lavavano le reti. *[3]* Salì in una barca, che era di Simone, e lo pregò di scostarsi un poco da terra. Sedutosi, si mise ad ammaestrare le folle dalla barca.

[4] Quando ebbe finito di parlare, disse a Simone: "Prendi il largo e calate le reti per la pesca". *[5]* Simone rispose: "Maestro, abbiamo faticato tutta la notte e non abbiamo preso nulla; ma sulla tua parola getterò le reti". *[6]* E avendolo fatto, presero una quantità enorme di pesci e le reti si rompevano. *[7]* Allora fecero cenno ai compagni dell'altra barca, che venissero ad aiutarli. Essi vennero e riempirono tutte e due le barche al punto che quasi affondavano. *[8]* Al veder questo, Simon Pietro si gettò alle ginocchia di Gesù, dicendo: "Signore, allontanati da me che sono un peccatore". *[9]* Grande stupore infatti aveva preso lui e tutti quelli che erano insieme con lui per la pesca che avevano fatto; *[10]* così pure Giacomo e Giovanni, figli di Zebedèo, che erano soci di Simone. Gesù disse a Simone: "Non temere; d'ora in poi sarai pescatore di uomini". *[11]* Tirate le barche a terra, lasciarono tutto e lo seguirono.

[12] Un giorno Gesù si trovava in una città e un uomo coperto di lebbra lo vide e gli si gettò ai piedi pregandolo: "Signore, se vuoi, puoi sanarmi". *[13]* Gesù stese la mano e lo toccò dicendo: "Lo voglio, sii risanato!". E subito la lebbra scomparve da lui. *[14]* Gli ingiunse di non dirlo a nessuno: "Va', mostrati al sacerdote e fa' l'offerta per la tua purificazione, come ha ordinato Mosè, perché serva di testimonianza per essi". *[15]* La sua fama si diffondeva ancor più; folle numerose venivano per ascoltarlo e farsi guarire dalle loro infermità. *[16]* Ma Gesù si ritirava in luoghi solitari a pregare.

[17] Un giorno sedeva insegnando. Sedevano là anche farisei e dottori della legge, venuti da ogni villaggio della Galilea, della Giudea e da Gerusalemme. E la potenza del Signore gli faceva operare guarigioni. *[18]* Ed ecco alcuni uomini, portando sopra un letto un paralitico, cercavano di farlo passare e metterlo davanti a lui. *[19]* Non trovando da qual parte introdurlo a causa della folla, salirono sul tetto e lo calarono attraverso le tegole con il lettuccio davanti a Gesù, nel mezzo della stanza. *[20]*

Veduta la loro fede, disse: "Uomo, i tuoi peccati ti sono rimessi". *[21]* Gli scribi e i farisei cominciarono a discutere dicendo: "Chi è costui che pronuncia bestemmie? Chi può rimettere i peccati, se non Dio soltanto?". *[22]* Ma Gesù, conosciuti i loro ragionamenti, rispose: "Che cosa andate ragionando nei vostri cuori? *[23]* Che cosa è più facile, dire: Ti sono rimessi i tuoi peccati, o dire: Àlzati e cammina? *[24]* Ora, perché sappiate che il Figlio dell'uomo ha il potere sulla terra di rimettere i peccati: io ti dico - esclamò rivolto al paralitico - alzati, prendi il tuo lettuccio e va' a casa tua". *[25]* Subito egli si alzò davanti a loro, prese il lettuccio su cui era disteso e si avviò verso casa glorificando Dio. *[26]* Tutti rimasero stupiti e levavano lode a Dio; pieni di timore dicevano: "Oggi abbiamo visto cose prodigiose".

[27] Dopo ciò egli uscì e vide un pubblicano di nome Levi seduto al banco delle imposte, e gli disse: "Seguimi!". *[28]* Egli, lasciando tutto, si alzò e lo seguì.

[29] Poi Levi gli preparò un grande banchetto nella sua casa. C'era una folla di pubblicani e d'altra gente seduta con loro a tavola. *[30]* I farisei e i loro scribi mormoravano e dicevano ai suoi discepoli: "Perché mangiate e bevete con i pubblicani e i peccatori?". *[31]* Gesù rispose: "Non sono i sani che hanno bisogno del medico, ma i malati; *[32]* io non sono venuto a chiamare i giusti, ma i peccatori a convertirsi".

[33] Allora gli dissero: "I discepoli di Giovanni digiunano spesso e fanno orazioni; così pure i discepoli dei farisei; invece i tuoi mangiano e bevono!". *[34]* Gesù rispose: "Potete far digiunare gli invitati a nozze, mentre lo sposo è con loro? *[35]* Verranno però i giorni in cui lo sposo sarà strappato da loro; allora, in quei giorni, digiuneranno". *[36]* Diceva loro anche una parabola: "Nessuno strappa un pezzo da un vestito nuovo per attaccarlo a un vestito vecchio; altrimenti egli strappa il nuovo, e la toppa presa dal nuovo non si adatta al vecchio. *[37]* E nessuno mette vino nuovo in otri vecchi; altrimenti il vino nuovo spacca gli otri, si versa fuori e gli otri vanno perduti. *[38]* Il vino nuovo bisogna metterlo in otri nuovi. *[39]* Nessuno poi che beve il vino vecchio desidera il nuovo, perché dice: Il vecchio è buono!".

6

[1] Un giorno di sabato passava attraverso campi di grano e i suoi discepoli coglievano e mangiavano le spighe, sfregandole con le mani. *[2]* Alcuni farisei dissero: "Perché fate ciò che non è permesso di sabato?". *[3]* Gesù rispose: "Allora non avete mai letto ciò che fece Davide, quando ebbe fame lui e i suoi compagni? *[4]* Come entrò nella casa di Dio, prese i pani dell'offerta, ne mangiò e ne diede ai suoi compagni, sebbene non fosse lecito mangiarli se non ai soli sacerdoti?". *[5]* E diceva loro: "Il Figlio dell'uomo è signore del sabato".

[6] Un altro sabato egli entrò nella sinagoga e si mise a insegnare. Ora c'era là un uomo, che aveva la mano destra inaridita. *[7]* Gli scribi e i farisei lo osservavano per vedere se lo guariva di sabato, allo scopo di trovare un capo di accusa contro di lui. *[8]* Ma Gesù era a conoscenza dei loro pensieri e disse all'uomo che aveva la mano

inaridita: "Alzati e mettiti nel mezzo!". L'uomo, alzatosi, si mise nel punto indicato. *[9]* Poi Gesù disse loro: "Domando a voi: È lecito in giorno di sabato fare del bene o fare del male, salvare una vita o perderla?". *[10]* E volgendo tutt'intorno lo sguardo su di loro, disse all'uomo: "Stendi la mano!". Egli lo fece e la mano guarì. *[11]* Ma essi furono pieni di rabbia e discutevano fra di loro su quello che avrebbero potuto fare a Gesù.

[12] In quei giorni Gesù se ne andò sulla montagna a pregare e passò la notte in orazione. *[13]* Quando fu giorno, chiamò a sé i suoi discepoli e ne scelse dodici, ai quali diede il nome di apostoli: *[14]* Simone, che chiamò anche Pietro, Andrea suo fratello, Giacomo, Giovanni, Filippo, Bartolomeo, *[15]* Matteo, Tommaso, Giacomo d'Alfeo, Simone soprannominato Zelota, *[16]* Giuda di Giacomo e Giuda Iscariota, che fu il traditore.

[17] Disceso con loro, si fermò in un luogo pianeggiante. C'era gran folla di suoi discepoli e gran moltitudine di gente da tutta la Giudea, da Gerusalemme e dal litorale di Tiro e di Sidone, *[18]* che erano venuti per ascoltarlo ed esser guariti dalle loro malattie; anche quelli che erano tormentati da spiriti immondi, venivano guariti. *[19]* Tutta la folla cercava di toccarlo, perché da lui usciva una forza che sanava tutti. *[20]* Alzati gli occhi verso i suoi discepoli, Gesù diceva:

"Beati voi poveri,
perché vostro è il regno di Dio.
[21] Beati voi che ora avete fame,
perché sarete saziati.
Beati voi che ora piangete,
perché riderete.

[22] Beati voi quando gli uomini vi odieranno e quando vi metteranno al bando e v'insulteranno e respingeranno il vostro nome come scellerato, a causa del Figlio dell'uomo. *[23]* Rallegratevi in quel giorno ed esultate, perché, ecco, la vostra ricompensa è grande nei cieli. Allo stesso modo infatti facevano i loro padri con i profeti.
[24] Ma guai a voi, ricchi,
perché avete già la vostra consolazione.
[25] Guai a voi che ora siete sazi,
perché avrete fame.
Guai a voi che ora ridete,
perché sarete afflitti e piangerete.
[26] Guai quando tutti gli uomini diranno bene di voi.
Allo stesso modo infatti facevano i loro padri con i falsi profeti.

[27] Ma a voi che ascoltate, io dico: Amate i vostri nemici, fate del bene a coloro che vi odiano, *[28]* benedite coloro che vi maledicono, pregate per coloro che vi maltrattano. *[29]* A chi ti percuote sulla guancia, porgi anche l'altra; a chi ti leva il mantello, non rifiutare la tunica. *[30]* Da' a chiunque ti chiede; e a chi prende del tuo,

non richiederlo. *[31]* Ciò che volete gli uomini facciano a voi, anche voi fatelo a loro. *[32]* Se amate quelli che vi amano, che merito ne avrete? Anche i peccatori fanno lo stesso. *[33]* E se fate del bene a coloro che vi fanno del bene, che merito ne avrete? Anche i peccatori fanno lo stesso. *[34]* E se prestate a coloro da cui sperate ricevere, che merito ne avrete? Anche i peccatori concedono prestiti ai peccatori per riceverne altrettanto. *[35]* Amate invece i vostri nemici, fate del bene e prestate senza sperarne nulla, e il vostro premio sarà grande e sarete figli dell'Altissimo; perché egli è benevolo verso gl'ingrati e i malvagi.

[36] Siate misericordiosi, come è misericordioso il Padre vostro. *[37]* Non giudicate e non sarete giudicati; non condannate e non sarete condannati; perdonate e vi sarà perdonato; *[38]* date e vi sarà dato; una buona misura, pigiata, scossa e traboccante vi sarà versata nel grembo, perché con la misura con cui misurate, sarà misurato a voi in cambio".

[39] Disse loro anche una parabola: "Può forse un cieco guidare un altro cieco? Non cadranno tutt'e due in una buca? *[40]* Il discepolo non è da più del maestro; ma ognuno ben preparato sarà come il suo maestro. *[41]* Perché guardi la pagliuzza che è nell'occhio del tuo fratello, e non t'accorgi della trave che è nel tuo? *[42]* Come puoi dire al tuo fratello: Permetti che tolga la pagliuzza che è nel tuo occhio, e tu non vedi la trave che è nel tuo? Ipocrita, togli prima la trave dal tuo occhio e allora potrai vederci bene nel togliere la pagliuzza dall'occhio del tuo fratello.

[43] Non c'è albero buono che faccia frutti cattivi, né albero cattivo che faccia frutti buoni. *[44]* Ogni albero infatti si riconosce dal suo frutto: non si raccolgono fichi dalle spine, né si vendemmia uva da un rovo. *[45]* L'uomo buono trae fuori il bene dal buon tesoro del suo cuore; l'uomo cattivo dal suo cattivo tesoro trae fuori il male, perché la bocca parla dalla pienezza del cuore.

[46] Perché mi chiamate: Signore, Signore, e poi non fate ciò che dico? *[47]* Chi viene a me e ascolta le mie parole e le mette in pratica, vi mostrerò a chi è simile: *[48]* è simile a un uomo che, costruendo una casa, ha scavato molto profondo e ha posto le fondamenta sopra la roccia. Venuta la piena, il fiume irruppe contro quella casa, ma non riuscì a smuoverla perché era costruita bene. *[49]* Chi invece ascolta e non mette in pratica, è simile a un uomo che ha costruito una casa sulla terra, senza fondamenta. Il fiume la investì e subito crollò; e la rovina di quella casa fu grande".

7

[1] Quando ebbe terminato di rivolgere tutte queste parole al popolo che stava in ascolto, entrò in Cafàrnao. *[2]* Il servo di un centurione era ammalato e stava per morire. Il centurione l'aveva molto caro. *[3]* Perciò, avendo udito parlare di Gesù, gli mandò alcuni anziani dei Giudei a pregarlo di venire e di salvare il suo servo. *[4]* Costoro giunti da Gesù lo pregavano con insistenza: "Egli merita che tu gli faccia questa grazia, dicevano, *[5]* perché ama il nostro popolo, ed è stato lui a costruirci la sinagoga". *[6]* Gesù si incamminò con loro. Non era ormai molto distante dalla casa

quando il centurione mandò alcuni amici a dirgli: "Signore, non stare a disturbarti, io non son degno che tu entri sotto il mio tetto; *[7]* per questo non mi sono neanche ritenuto degno di venire da te, ma comanda con una parola e il mio servo sarà guarito. *[8]* Anch'io infatti sono uomo sottoposto a un'autorità, e ho sotto di me dei soldati; e dico all'uno: Va' ed egli va, e a un altro: Vieni, ed egli viene, e al mio servo: Fa' questo, ed egli lo fa". *[9]* All'udire questo Gesù restò ammirato e rivolgendosi alla folla che lo seguiva disse: "Io vi dico che neanche in Israele ho trovato una fede così grande!". *[10]* E gli inviati, quando tornarono a casa, trovarono il servo guarito.

[11] In seguito si recò in una città chiamata Nain e facevano la strada con lui i discepoli e grande folla. *[12]* Quando fu vicino alla porta della città, ecco che veniva portato al sepolcro un morto, figlio unico di madre vedova; e molta gente della città era con lei. *[13]* Vedendola, il Signore ne ebbe compassione e le disse: "Non piangere!". *[14]* E accostatosi toccò la bara, mentre i portatori si fermarono. Poi disse: "Giovinetto, dico a te, alzati!". *[15]* Il morto si levò a sedere e incominciò a parlare. Ed egli lo diede alla madre. *[16]* Tutti furono presi da timore e glorificavano Dio dicendo: "Un grande profeta è sorto tra noi e Dio ha visitato il suo popolo". *[17]* La fama di questi fatti si diffuse in tutta la Giudea e per tutta la regione.

[18] Anche Giovanni fu informato dai suoi discepoli di tutti questi avvenimenti. Giovanni chiamò due di essi *[19]* e li mandò a dire al Signore: "Sei tu colui che viene, o dobbiamo aspettare un altro?". *[20]* Venuti da lui, quegli uomini dissero: "Giovanni il Battista ci ha mandati da te per domandarti: Sei tu colui che viene o dobbiamo aspettare un altro?". *[21]* In quello stesso momento Gesù guarì molti da malattie, da infermità, da spiriti cattivi e donò la vista a molti ciechi. *[22]* Poi diede loro questa risposta: "Andate e riferite a Giovanni ciò che avete visto e udito: *i ciechi riacquistano la vista*, gli zoppi camminano, i lebbrosi vengono sanati, i sordi odono, i morti risuscitano, *ai poveri è annunziata la buona novella*. *[23]* E beato è chiunque non sarà scandalizzato di me!".

[24] Quando gli inviati di Giovanni furono partiti, Gesù cominciò a dire alla folla riguardo a Giovanni: "Che cosa siete andati a vedere nel deserto? Una canna agitata dal vento? *[25]* E allora, che cosa siete andati a vedere? Un uomo avvolto in morbide vesti? Coloro che portano vesti sontuose e vivono nella lussuria stanno nei palazzi dei re. *[26]* Allora, che cosa siete andati a vedere? Un profeta? Sì, vi dico, e più che un profeta. *[27]* Egli è colui del quale sta scritto:

Ecco io mando davanti a te il mio messaggero,
 egli preparerà la via davanti a te.

[28] Io vi dico, tra i nati di donna non c'è nessuno più grande di Giovanni, e il più piccolo nel regno di Dio è più grande di lui. *[29]* Tutto il popolo che lo ha ascoltato, e anche i pubblicani, hanno riconosciuto la giustizia di Dio ricevendo il battesimo di Giovanni. *[30]* Ma i farisei e i dottori della legge non facendosi battezzare da lui hanno reso vano per loro il disegno di Dio.

[31] A chi dunque paragonerò gli uomini di questa generazione, a chi sono simili? *[32]* Sono simili a quei bambini che stando in piazza gridano gli uni agli altri:

Vi abbiamo suonato il flauto e non avete ballato;
vi abbiamo cantato un lamento e non avete pianto!

[33] È venuto infatti Giovanni il Battista che non mangia pane e non beve vino, e voi dite: Ha un demonio. *[34]* È venuto il Figlio dell'uomo che mangia e beve, e voi dite: Ecco un mangione e un beone, amico dei pubblicani e dei peccatori. *[35]* Ma alla sapienza è stata resa giustizia da tutti i suoi figli".

[36] Uno dei farisei lo invitò a mangiare da lui. Egli entrò nella casa del fariseo e si mise a tavola. *[37]* Ed ecco una donna, una peccatrice di quella città, saputo che si trovava nella casa del fariseo, venne con un vasetto di olio profumato; *[38]* e fermatasi dietro si rannicchiò piangendo ai piedi di lui e cominciò a bagnarli di lacrime, poi li asciugava con i suoi capelli, li baciava e li cospargeva di olio profumato.

[39] A quella vista il fariseo che l'aveva invitato pensò tra sé. "Se costui fosse un profeta, saprebbe chi e che specie di donna è colei che lo tocca: è una peccatrice". *[40]* Gesù allora gli disse: "Simone, ho una cosa da dirti". Ed egli: "Maestro, di' pure". *[41]* "Un creditore aveva due debitori: l'uno gli doveva cinquecento denari, l'altro cinquanta. *[42]* Non avendo essi da restituire, condonò il debito a tutti e due. Chi dunque di loro lo amerà di più?". *[43]* Simone rispose: "Suppongo quello a cui ha condonato di più". Gli disse Gesù: "Hai giudicato bene". *[44]* E volgendosi verso la donna, disse a Simone: "Vedi questa donna? Sono entrato nella tua casa e tu non m'hai dato l'acqua per i piedi; lei invece mi ha bagnato i piedi con le lacrime e li ha asciugati con i suoi capelli. *[45]* Tu non mi hai dato un bacio, lei invece da quando sono entrato non ha cessato di baciarmi i piedi. *[46]* Tu non mi hai cosparso il capo di olio profumato, ma lei mi ha cosparso di profumo i piedi. *[47]* Per questo ti dico: le sono perdonati i suoi molti peccati, poiché ha molto amato. Invece quello a cui si perdona poco, ama poco". *[48]* Poi disse a lei: "Ti sono perdonati i tuoi peccati". *[49]* Allora i commensali cominciarono a dire tra sé: "Chi è quest'uomo che perdona anche i peccati?". *[50]* Ma egli disse alla donna: "La tua fede ti ha salvata; va' in pace!".

8

[1] In seguito egli se ne andava per le città e i villaggi, predicando e annunziando la buona novella del regno di Dio. *[2]* C'erano con lui i Dodici e alcune donne che erano state guarite da spiriti cattivi e da infermità: Maria di Màgdala, dalla quale erano usciti sette demòni, *[3]* Giovanna, moglie di Cusa, amministratore di Erode, Susanna e molte altre, che li assistevano con i loro beni.

[4] Poiché una gran folla si radunava e accorreva a lui gente da ogni città, disse con una parabola: *[5]* "Il seminatore uscì a seminare la sua semente. Mentre seminava, parte cadde lungo la strada e fu calpestata, e gli uccelli del cielo la divorarono. *[6]* Un'altra parte cadde sulla pietra e appena germogliata inaridì per mancanza di

umidità. *[7]* Un'altra cadde in mezzo alle spine e le spine, cresciute insieme con essa, la soffocarono. *[8]* Un'altra cadde sulla terra buona, germogliò e fruttò cento volte tanto". Detto questo, esclamò: "Chi ha orecchi per intendere, intenda!".

[9] I suoi discepoli lo interrogarono sul significato della parabola. *[10]* Ed egli disse: "A voi è dato conoscere i misteri del regno di Dio, ma agli altri solo in parabole, perché

vedendo non vedano

e udendo non intendano.

[11] Il significato della parabola è questo: Il seme è la parola di Dio. *[12]* I semi caduti lungo la strada sono coloro che l'hanno ascoltata, ma poi viene il diavolo e porta via la parola dai loro cuori, perché non credano e così siano salvati. *[13]* Quelli sulla pietra sono coloro che, quando ascoltano, accolgono con gioia la parola, ma non hanno radice; credono per un certo tempo, ma nell'ora della tentazione vengono meno. *[14]* Il seme caduto in mezzo alle spine sono coloro che, dopo aver ascoltato, strada facendo si lasciano sopraffare dalle preoccupazioni, dalla ricchezza e dai piaceri della vita e non giungono a maturazione. *[15]* Il seme caduto sulla terra buona sono coloro che, dopo aver ascoltato la parola con cuore buono e perfetto, la custodiscono e producono frutto con la loro perseveranza.

[16] Nessuno accende una lampada e la copre con un vaso o la pone sotto un letto; la pone invece su un lampadario, perché chi entra veda la luce. *[17]* Non c'è nulla di nascosto che non debba essere manifestato, nulla di segreto che non debba essere conosciuto e venire in piena luce. *[18]* Fate attenzione dunque a come ascoltate; perché a chi ha sarà dato, ma a chi non ha sarà tolto anche ciò che crede di avere".

[19] Un giorno andarono a trovarlo la madre e i fratelli, ma non potevano avvicinarlo a causa della folla. *[20]* Gli fu annunziato: "Tua madre e i tuoi fratelli sono qui fuori e desiderano vederti". *[21]* Ma egli rispose: "Mia madre e miei fratelli sono coloro che ascoltano la parola di Dio e la mettono in pratica".

[22] Un giorno salì su una barca con i suoi discepoli e disse: "Passiamo all'altra riva del lago". Presero il largo. *[23]* Ora, mentre navigavano, egli si addormentò. Un turbine di vento si abbatté sul lago, imbarcavano acqua ed erano in pericolo. *[24]* Accostatisi a lui, lo svegliarono dicendo: "Maestro, maestro, siamo perduti!". E lui, destatosi, sgridò il vento e i flutti minacciosi; essi cessarono e si fece bonaccia. *[25]* Allora disse loro: "Dov'è la vostra fede?". Essi intimoriti e meravigliati si dicevano l'un l'altro: "Chi è dunque costui che da' ordini ai venti e all'acqua e gli obbediscono?".

[26] Approdarono nella regione dei Geraseni, che sta di fronte alla Galilea. *[27]* Era appena sceso a terra, quando gli venne incontro un uomo della città posseduto dai demòni. Da molto tempo non portava vestiti, né abitava in casa, ma nei sepolcri. *[28]* Alla vista di Gesù gli si gettò ai piedi urlando e disse a gran voce: "Che vuoi da me, Gesù, Figlio del Dio Altissimo? Ti prego, non tormentarmi!". *[29]* Gesù infatti stava ordinando allo spirito immondo di uscire da quell'uomo. Molte volte infatti s'era impossessato di lui; allora lo legavano con catene e lo custodivano in ceppi, ma egli

spezzava i legami e veniva spinto dal demonio in luoghi deserti. *[30]* Gesù gli domandò: "Qual è il tuo nome?". Rispose: "Legione", perché molti demòni erano entrati in lui. *[31]* E lo supplicavano che non ordinasse loro di andarsene nell'abisso. *[32]* Vi era là un numeroso branco di porci che pascolavano sul monte. Lo pregarono che concedesse loro di entrare nei porci; ed egli lo permise. *[33]* I demòni uscirono dall'uomo ed entrarono nei porci e quel branco corse a gettarsi a precipizio dalla rupe nel lago e annegò. *[34]* Quando videro ciò che era accaduto, i mandriani fuggirono e portarono la notizia nella città e nei villaggi. *[35]* La gente uscì per vedere l'accaduto, arrivarono da Gesù e trovarono l'uomo dal quale erano usciti i demòni vestito e sano di mente, che sedeva ai piedi di Gesù; e furono presi da spavento. *[36]* Quelli che erano stati spettatori riferirono come l'indemoniato era stato guarito. *[37]* Allora tutta la popolazione del territorio dei Geraseni gli chiese che si allontanasse da loro, perché avevano molta paura. Gesù, salito su una barca, tornò indietro. *[38]* L'uomo dal quale erano usciti i demòni gli chiese di restare con lui, ma egli lo congedò dicendo: *[39]* "Torna a casa tua e racconta quello che Dio ti ha fatto". L'uomo se ne andò, proclamando per tutta la città quello che Gesù gli aveva fatto.

[40] Al suo ritorno, Gesù fu accolto dalla folla, poiché tutti erano in attesa di lui. *[41]* Ed ecco venne un uomo di nome Giàiro, che era capo della sinagoga: gettatosi ai piedi di Gesù, lo pregava di recarsi a casa sua, *[42]* perché aveva un'unica figlia, di circa dodici anni, che stava per morire. Durante il cammino, le folle gli si accalcavano attorno. *[43]* Una donna che soffriva di emorragia da dodici anni, e che nessuno era riuscito a guarire, *[44]* gli si avvicinò alle spalle e gli toccò il lembo del mantello e subito il flusso di sangue si arrestò. *[45]* Gesù disse: "Chi mi ha toccato?". Mentre tutti negavano, Pietro disse: "Maestro, la folla ti stringe da ogni parte e ti schiaccia". *[46]* Ma Gesù disse: "Qualcuno mi ha toccato. Ho sentito che una forza è uscita da me". *[47]* Allora la donna, vedendo che non poteva rimanere nascosta, si fece avanti tremando e, gettatasi ai suoi piedi, dichiarò davanti a tutto il popolo il motivo per cui l'aveva toccato, e come era stata subito guarita. *[48]* Egli le disse: "Figlia, la tua fede ti ha salvata, va' in pace!".

[49] Stava ancora parlando quando venne uno della casa del capo della sinagoga a dirgli: "Tua figlia è morta, non disturbare più il maestro". *[50]* Ma Gesù che aveva udito rispose: "Non temere, soltanto abbi fede e sarà salvata". *[51]* Giunto alla casa, non lasciò entrare nessuno con sé, all'infuori di Pietro, Giovanni e Giacomo e il padre e la madre della fanciulla. *[52]* Tutti piangevano e facevano il lamento su di lei. Gesù disse: "Non piangete, perché non è morta, ma dorme". *[53]* Essi lo deridevano, sapendo che era morta, *[54]* ma egli, prendendole la mano, disse ad alta voce: "Fanciulla, alzati!". *[55]* Il suo spirito ritornò in lei ed ella si alzò all'istante. Egli ordinò di darle da mangiare. *[56]* I genitori ne furono sbalorditi, ma egli raccomandò loro di non raccontare a nessuno ciò che era accaduto.

9

[1] Egli allora chiamò a sé i Dodici e diede loro potere e autorità su tutti i demòni e di curare le malattie. *[2]* E li mandò ad annunziare il regno di Dio e a guarire gli infermi. *[3]* Disse loro: "Non prendete nulla per il viaggio, né bastone, né bisaccia, né pane, né denaro, né due tuniche per ciascuno. *[4]* In qualunque casa entriate, là rimanete e di là poi riprendete il cammino. *[5]* Quanto a coloro che non vi accolgono, nell'uscire dalla loro città, scuotete la polvere dai vostri piedi, a testimonianza contro di essi". *[6]* Allora essi partirono e giravano di villaggio in villaggio, annunziando dovunque la buona novella e operando guarigioni.

[7] Intanto il tetrarca Erode sentì parlare di tutti questi avvenimenti e non sapeva che cosa pensare, perché alcuni dicevano: "Giovanni è risuscitato dai morti", *[8]* altri: "È apparso Elia", e altri ancora: "È risorto uno degli antichi profeti". *[9]* Ma Erode diceva: "Giovanni l'ho fatto decapitare io; chi è dunque costui, del quale sento dire tali cose?". E cercava di vederlo.

[10] Al loro ritorno, gli apostoli raccontarono a Gesù tutto quello che avevano fatto. Allora li prese con sé e si ritirò verso una città chiamata Betsàida. *[11]* Ma le folle lo seppero e lo seguirono. Egli le accolse e prese a parlar loro del regno di Dio e a guarire quanti avevan bisogno di cure. *[12]* Il giorno cominciava a declinare e i Dodici gli si avvicinarono dicendo: "Congeda la folla, perché vada nei villaggi e nelle campagne dintorno per alloggiare e trovar cibo, poiché qui siamo in una zona deserta". *[13]* Gesù disse loro: "Dategli voi stessi da mangiare". Ma essi risposero: "Non abbiamo che cinque pani e due pesci, a meno che non andiamo noi a comprare viveri per tutta questa gente". *[14]* C'erano infatti circa cinquemila uomini. Egli disse ai discepoli: "Fateli sedere per gruppi di cinquanta". *[15]* Così fecero e li invitarono a sedersi tutti quanti. *[16]* Allora egli prese i cinque pani e i due pesci e, levati gli occhi al cielo, li benedisse, li spezzò e li diede ai discepoli perché lo distribuissero alla folla. *[17]* Tutti mangiarono e si saziarono e delle parti loro avanzate furono portate via dodici ceste.

[18] Un giorno, mentre Gesù si trovava in un luogo appartato a pregare e i discepoli erano con lui, pose loro questa domanda: "Chi sono io secondo la gente?". *[19]* Essi risposero: "Per alcuni Giovanni il Battista, per altri Elia, per altri uno degli antichi profeti che è risorto". *[20]* Allora domandò: "Ma voi chi dite che io sia?". Pietro, prendendo la parola, rispose: "Il Cristo di Dio". *[21]* Egli allora ordinò loro severamente di non riferirlo a nessuno.

[22] "Il Figlio dell'uomo, disse, deve soffrire molto, essere riprovato dagli anziani, dai sommi sacerdoti e dagli scribi, esser messo a morte e risorgere il terzo giorno".

[23] Poi, a tutti, diceva: "Se qualcuno vuol venire dietro a me, rinneghi se stesso, prenda la sua croce ogni giorno e mi segua.

[24] Chi vorrà salvare la propria vita, la perderà, ma chi perderà la propria vita per me, la salverà. *[25]* Che giova all'uomo guadagnare il mondo intero, se poi si perde o rovina se stesso?

[26] Chi si vergognerà di me e delle mie parole, di lui si vergognerà il Figlio

dell'uomo, quando verrà nella gloria sua e del Padre e degli angeli santi. *[27]* In verità vi dico: vi sono alcuni qui presenti, che non morranno prima di aver visto il regno di Dio".

[28] Circa otto giorni dopo questi discorsi, prese con sé Pietro, Giovanni e Giacomo e salì sul monte a pregare. *[29]* E, mentre pregava, il suo volto cambiò d'aspetto e la sua veste divenne candida e sfolgorante. *[30]* Ed ecco due uomini parlavano con lui: erano Mosè ed Elia, *[31]* apparsi nella loro gloria, e parlavano della sua dipartita che avrebbe portato a compimento a Gerusalemme. *[32]* Pietro e i suoi compagni erano oppressi dal sonno; tuttavia restarono svegli e videro la sua gloria e i due uomini che stavano con lui. *[33]* Mentre questi si separavano da lui, Pietro disse a Gesù: "Maestro, è bello per noi stare qui. Facciamo tre tende, una per te, una per Mosè e una per Elia". Egli non sapeva quel che diceva. *[34]* Mentre parlava così, venne una nube e li avvolse; all'entrare in quella nube, ebbero paura. *[35]* E dalla nube uscì una voce, che diceva: "Questi è il Figlio mio, l'eletto; ascoltatelo". *[36]* Appena la voce cessò, Gesù restò solo. Essi tacquero e in quei giorni non riferirono a nessuno ciò che avevano visto.

[37] Il giorno seguente, quando furon discesi dal monte, una gran folla gli venne incontro. *[38]* A un tratto dalla folla un uomo si mise a gridare: "Maestro, ti prego di volgere lo sguardo a mio figlio, perché è l'unico che ho. *[39]* Ecco, uno spirito lo afferra e subito egli grida, lo scuote ed egli da' schiuma e solo a fatica se ne allontana lasciandolo sfinito. *[40]* Ho pregato i tuoi discepoli di scacciarlo, ma non ci sono riusciti". *[41]* Gesù rispose: "O generazione incredula e perversa, fino a quando sarò con voi e vi sopporterò? Conducimi qui tuo figlio". *[42]* Mentre questi si avvicinava, il demonio lo gettò per terra agitandolo con convulsioni. Gesù minacciò lo spirito immondo, risanò il fanciullo e lo consegnò a suo padre. *[43]* E tutti furono stupiti per la grandezza di Dio.

Mentre tutti erano sbalorditi per tutte le cose che faceva, disse ai suoi discepoli: *[44]* "Mettetevi bene in mente queste parole: Il Figlio dell'uomo sta per esser consegnato in mano degli uomini". *[45]* Ma essi non comprendevano questa frase; per loro restava così misteriosa che non ne comprendevano il senso e avevano paura a rivolgergli domande su tale argomento.

[46] Frattanto sorse una discussione tra loro, chi di essi fosse il più grande. *[47]* Allora Gesù, conoscendo il pensiero del loro cuore, prese un fanciullo, se lo mise vicino e disse: *[48]* "Chi accoglie questo fanciullo nel mio nome, accoglie me; e chi accoglie me, accoglie colui che mi ha mandato. Poiché chi è il più piccolo tra tutti voi, questi è grande".

[49] Giovanni prese la parola dicendo: "Maestro, abbiamo visto un tale che scacciava demòni nel tuo nome e glielo abbiamo impedito, perché non è con noi tra i tuoi seguaci". *[50]* Ma Gesù gli rispose: "Non glielo impedite, perché chi non è contro di voi, è per voi".

[51] Mentre stavano compiendosi i giorni in cui sarebbe stato tolto dal mondo, si diresse decisamente verso Gerusalemme *[52]* e mandò avanti dei messaggeri. Questi si incamminarono ed entrarono in un villaggio di Samaritani per fare i preparativi per

lui. *[53]* Ma essi non vollero riceverlo, perché era diretto verso Gerusalemme. *[54]* Quando videro ciò, i discepoli Giacomo e Giovanni dissero: "Signore, vuoi che diciamo che *scenda un fuoco dal cielo e li consumi?*". *[55]* Ma Gesù si voltò e li rimproverò. *[56]* E si avviarono verso un altro villaggio.

[57] Mentre andavano per la strada, un tale gli disse: "Ti seguirò dovunque tu vada". *[58]* Gesù gli rispose: "Le volpi hanno le loro tane e gli uccelli del cielo i loro nidi, ma il Figlio dell'uomo non ha dove posare il capo". *[59]* A un altro disse: "Seguimi". E costui rispose: "Signore, concedimi di andare a seppellire prima mio padre". *[60]* Gesù replicò: "Lascia che i morti seppelliscano i loro morti; tu va' e annunzia il regno di Dio". *[61]* Un altro disse: "Ti seguirò, Signore, ma prima lascia che io mi congedi da quelli di casa". *[62]* Ma Gesù gli rispose: "Nessuno che ha messo mano all'aratro e poi si volge indietro, è adatto per il regno di Dio".

10

[1] Dopo questi fatti il Signore designò altri settantadue discepoli e li inviò a due a due avanti a sé in ogni città e luogo dove stava per recarsi. *[2]* Diceva loro: "La messe è molta, ma gli operai sono pochi. Pregate dunque il padrone della messe perché mandi operai per la sua messe. *[3]* Andate: ecco io vi mando come agnelli in mezzo a lupi; *[4]* non portate borsa, né bisaccia, né sandali e non salutate nessuno lungo la strada. *[5]* In qualunque casa entriate, prima dite: Pace a questa casa. *[6]* Se vi sarà un figlio della pace, la vostra pace scenderà su di lui, altrimenti ritornerà su di voi. *[7]* Restate in quella casa, mangiando e bevendo di quello che hanno, perché l'operaio è degno della sua mercede. Non passate di casa in casa. *[8]* Quando entrerete in una città e vi accoglieranno, mangiate quello che vi sarà messo dinanzi, *[9]* curate i malati che vi si trovano, e dite loro: Si è avvicinato a voi il regno di Dio. *[10]* Ma quando entrerete in una città e non vi accoglieranno, uscite sulle piazze e dite: *[11]* Anche la polvere della vostra città che si è attaccata ai nostri piedi, noi la scuotiamo contro di voi; sappiate però che il regno di Dio è vicino. *[12]* Io vi dico che in quel giorno Sòdoma sarà trattata meno duramente di quella città.

[13] Guai a te, Corazin, guai a te, Betsàida! Perché se in Tiro e Sidone fossero stati compiuti i miracoli compiuti tra voi, già da tempo si sarebbero convertiti vestendo il sacco e coprendosi di cenere. *[14]* Perciò nel giudizio Tiro e Sidone saranno trattate meno duramente di voi.

[15] E tu, Cafàrnao,

sarai innalzata fino al cielo?

Fino agli inferi sarai precipitata!

[16] Chi ascolta voi ascolta me, chi disprezza voi disprezza me. E chi disprezza me disprezza colui che mi ha mandato".

[17] I settantadue tornarono pieni di gioia dicendo: "Signore, anche i demòni si sottomettono a noi nel tuo nome". *[18]* Egli disse: "Io vedevo satana cadere dal cielo

come la folgore. *[19]* Ecco, io vi ho dato il potere di camminare sopra i serpenti e gli scorpioni e sopra ogni potenza del nemico; nulla vi potrà danneggiare. *[20]* Non rallegratevi però perché i demòni si sottomettono a voi; rallegratevi piuttosto che i vostri nomi sono scritti nei cieli".

[21] In quello stesso istante Gesù esultò nello Spirito Santo e disse: "Io ti rendo lode, Padre, Signore del cielo e della terra, che hai nascosto queste cose ai dotti e ai sapienti e le hai rivelate ai piccoli. Sì, Padre, perché così a te è piaciuto. *[22]* Ogni cosa mi è stata affidata dal Padre mio e nessuno sa chi è il Figlio se non il Padre, né chi è il Padre se non il Figlio e colui al quale il Figlio lo voglia rivelare".

[23] E volgendosi ai discepoli, in disparte, disse: "Beati gli occhi che vedono ciò che voi vedete. *[24]* Vi dico che molti profeti e re hanno desiderato vedere ciò che voi vedete, ma non lo videro, e udire ciò che voi udite, ma non l'udirono".

[25] Un dottore della legge si alzò per metterlo alla prova: "Maestro, che devo fare per ereditare la vita eterna?". *[26]* Gesù gli disse: "Che cosa sta scritto nella Legge? Che cosa vi leggi?". *[27]* Costui rispose: "*Amerai il Signore Dio tuo con tutto il tuo cuore, con tutta la tua anima, con tutta la tua forza* e con tutta la tua mente e *il prossimo tuo come te stesso*". *[28]* E Gesù: "Hai risposto bene; fa' questo e vivrai".

[29] Ma quegli, volendo giustificarsi, disse a Gesù: "E chi è il mio prossimo?". *[30]* Gesù riprese:

"Un uomo scendeva da Gerusalemme a Gèrico e incappò nei briganti che lo spogliarono, lo percossero e poi se ne andarono, lasciandolo mezzo morto. *[31]* Per caso, un sacerdote scendeva per quella medesima strada e quando lo vide passò oltre dall'altra parte. *[32]* Anche un levita, giunto in quel luogo, lo vide e passò oltre. *[33]* Invece un Samaritano, che era in viaggio, passandogli accanto lo vide e n'ebbe compassione. *[34]* Gli si fece vicino, gli fasciò le ferite, versandovi olio e vino; poi, caricatolo sopra il suo giumento, lo portò a una locanda e si prese cura di lui. *[35]* Il giorno seguente, estrasse due denari e li diede all'albergatore, dicendo: Abbi cura di lui e ciò che spenderai in più, te lo rifonderò al mio ritorno. *[36]* Chi di questi tre ti sembra sia stato il prossimo di colui che è incappato nei briganti?". *[37]* Quegli rispose: "Chi ha avuto compassione di lui". Gesù gli disse: "Va' e anche tu fa' lo stesso".

[38] Mentre erano in cammino, entrò in un villaggio e una donna, di nome Marta, lo accolse nella sua casa. *[39]* Essa aveva una sorella, di nome Maria, la quale, sedutasi ai piedi di Gesù, ascoltava la sua parola; *[40]* Marta invece era tutta presa dai molti servizi. Pertanto, fattasi avanti, disse: "Signore, non ti curi che mia sorella mi ha lasciata sola a servire? Dille dunque che mi aiuti". *[41]* Ma Gesù le rispose: "Marta, Marta, tu ti preoccupi e ti agiti per molte cose, *[42]* ma una sola è la cosa di cui c'è bisogno. Maria si è scelta la parte migliore, che non le sarà tolta".

11

[1] Un giorno Gesù si trovava in un luogo a pregare e quando ebbe finito uno dei

discepoli gli disse: "Signore, insegnaci a pregare, come anche Giovanni ha insegnato ai suoi discepoli". *[2]* Ed egli disse loro: "Quando pregate, dite:

Padre, sia santificato il tuo nome,

venga il tuo regno;

[3] dacci ogni giorno il nostro pane quotidiano,

[4] e perdonaci i nostri peccati,

perché anche noi perdoniamo ad ogni nostro debitore,

e non ci indurre in tentazione".

[5] Poi aggiunse: "Se uno di voi ha un amico e va da lui a mezzanotte a dirgli: Amico, prestami tre pani, *[6]* perché è giunto da me un amico da un viaggio e non ho nulla da mettergli davanti; *[7]* e se quegli dall'interno gli risponde: Non m'importunare, la porta è già chiusa e i miei bambini sono a letto con me, non posso alzarmi per darteli; *[8]* vi dico che, se anche non si alzerà a darglieli per amicizia, si alzerà a dargliene quanti gliene occorrono almeno per la sua insistenza.

[9] Ebbene io vi dico: Chiedete e vi sarà dato, cercate e troverete, bussate e vi sarà aperto. *[10]* Perché chi chiede ottiene, chi cerca trova, e a chi bussa sarà aperto. *[11]* Quale padre tra voi, se il figlio gli chiede un pane, gli darà una pietra? O se gli chiede un pesce, gli darà al posto del pesce una serpe? *[12]* O se gli chiede un uovo, gli darà uno scorpione? *[13]* Se dunque voi, che siete cattivi, sapete dare cose buone ai vostri figli, quanto più il Padre vostro celeste darà lo Spirito Santo a coloro che glielo chiedono!".

[14] Gesù stava scacciando un demonio che era muto. Uscito il demonio, il muto cominciò a parlare e le folle rimasero meravigliate. *[15]* Ma alcuni dissero: "È in nome di Beelzebùl, capo dei demòni, che egli scaccia i demòni". *[16]* Altri poi, per metterlo alla prova, gli domandavano un segno dal cielo. *[17]* Egli, conoscendo i loro pensieri, disse: "Ogni regno diviso in se stesso va in rovina e una casa cade sull'altra. *[18]* Ora, se anche satana è diviso in se stesso, come potrà stare in piedi il suo regno? Voi dite che io scaccio i demòni in nome di Beelzebùl. *[19]* Ma se io scaccio i demòni in nome di Beelzebùl, i vostri discepoli in nome di chi li scacciano? Perciò essi stessi saranno i vostri giudici. *[20]* Se invece io scaccio i demòni con il dito di Dio, è dunque giunto a voi il regno di Dio.

[21] Quando un uomo forte, bene armato, fa la guardia al suo palazzo, tutti i suoi beni stanno al sicuro. *[22]* Ma se arriva uno più forte di lui e lo vince, gli strappa via l'armatura nella quale confidava e ne distribuisce il bottino.

[23] Chi non è con me, è contro di me; e chi non raccoglie con me, disperde.

[24] Quando lo spirito immondo esce dall'uomo, si aggira per luoghi aridi in cerca di riposo e, non trovandone, dice: Ritornerò nella mia casa da cui sono uscito. *[25]* Venuto, la trova spazzata e adorna. *[26]* Allora va, prende con sé altri sette spiriti peggiori di lui ed essi entrano e vi alloggiano e la condizione finale di quell'uomo diventa peggiore della prima".

[27] Mentre diceva questo, una donna alzò la voce di mezzo alla folla e disse: "Beato il ventre che ti ha portato e il seno da cui hai preso il latte!". *[28]* Ma egli disse:

"Beati piuttosto coloro che ascoltano la parola di Dio e la osservano!".

[29] Mentre le folle si accalcavano, Gesù cominciò a dire: "Questa generazione è una generazione malvagia; essa cerca un segno, ma non le sarà dato nessun segno fuorché il segno di Giona. *[30]* Poiché come Giona fu un segno per quelli di Nìnive, così anche il Figlio dell'uomo lo sarà per questa generazione. *[31]* La regina del sud sorgerà nel giudizio insieme con gli uomini di questa generazione e li condannerà; perché essa venne dalle estremità della terra per ascoltare la sapienza di Salomone. Ed ecco, ben più di Salomone c'è qui. *[32]* Quelli di Nìnive sorgeranno nel giudizio insieme con questa generazione e la condanneranno; perché essi alla predicazione di Giona si convertirono. Ed ecco, ben più di Giona c'è qui.

[33] Nessuno accende una lucerna e la mette in luogo nascosto o sotto il moggio, ma sopra il lucerniere, perché quanti entrano vedano la luce. *[34]* La lucerna del tuo corpo è l'occhio. Se il tuo occhio è sano, anche il tuo corpo è tutto nella luce; ma se è malato, anche il tuo corpo è nelle tenebre. *[35]* Bada dunque che la luce che è in te non sia tenebra. *[36]* Se il tuo corpo è tutto luminoso senza avere alcuna parte nelle tenebre, tutto sarà luminoso, come quando la lucerna ti illumina con il suo bagliore".

[37] Dopo che ebbe finito di parlare, un fariseo lo invitò a pranzo. Egli entrò e si mise a tavola. *[38]* Il fariseo si meravigliò che non avesse fatto le abluzioni prima del pranzo. *[39]* Allora il Signore gli disse: "Voi farisei purificate l'esterno della coppa e del piatto, ma il vostro interno è pieno di rapina e di iniquità. *[40]* Stolti! Colui che ha fatto l'esterno non ha forse fatto anche l'interno? *[41]* Piuttosto date in elemosina quel che c'è dentro, ed ecco, tutto per voi sarà mondo. *[42]* Ma guai a voi, farisei, che pagate la decima della menta, della ruta e di ogni erbaggio, e poi trasgredite la giustizia e l'amore di Dio. Queste cose bisognava curare senza trascurare le altre. *[43]* Guai a voi, farisei, che avete cari i primi posti nelle sinagoghe e i saluti sulle piazze. *[44]* Guai a voi perché siete come quei sepolcri che non si vedono e la gente vi passa sopra senza saperlo".

[45] Uno dei dottori della legge intervenne: "Maestro, dicendo questo, offendi anche noi". *[46]* Egli rispose: "Guai anche a voi, dottori della legge, che caricate gli uomini di pesi insopportabili, e quei pesi voi non li toccate nemmeno con un dito! *[47]* Guai a voi, che costruite i sepolcri dei profeti, e i vostri padri li hanno uccisi. *[48]* Così voi date testimonianza e approvazione alle opere dei vostri padri: essi li uccisero e voi costruite loro i sepolcri. *[49]* Per questo la sapienza di Dio ha detto: Manderò a loro profeti e apostoli ed essi li uccideranno e perseguiteranno; *[50]* perché sia chiesto conto a questa generazione del sangue di tutti i profeti, versato fin dall'inizio del mondo, *[51]* dal sangue di Abele fino al sangue di Zaccaria, che fu ucciso tra l'altare e il santuario. Sì, vi dico, ne sarà chiesto conto a questa generazione. *[52]* Guai a voi, dottori della legge, che avete tolto la chiave della scienza. Voi non siete entrati, e a quelli che volevano entrare l'avete impedito".

[53] Quando fu uscito di là, gli scribi e i farisei cominciarono a trattarlo ostilmente e a farlo parlare su molti argomenti, *[54]* tendendogli insidie, per sorprenderlo in qualche parola uscita dalla sua stessa bocca.

[1] Nel frattempo, radunatesi migliaia di persone che si calpestavano a vicenda, Gesù cominciò a dire anzitutto ai discepoli: "Guardatevi dal lievito dei farisei, che è l'ipocrisia. *[2]* Non c'è nulla di nascosto che non sarà svelato, né di segreto che non sarà conosciuto. *[3]* Pertanto ciò che avrete detto nelle tenebre, sarà udito in piena luce; e ciò che avrete detto all'orecchio nelle stanze più interne, sarà annunziato sui tetti.

[4] A voi miei amici, dico: Non temete coloro che uccidono il corpo e dopo non possono far più nulla. *[5]* Vi mostrerò invece chi dovete temere: temete Colui che, dopo aver ucciso, ha il potere di gettare nella Geenna. Sì, ve lo dico, temete Costui. *[6]* Cinque passeri non si vendono forse per due soldi? Eppure nemmeno uno di essi è dimenticato davanti a Dio. *[7]* Anche i capelli del vostro capo sono tutti contati. Non temete, voi valete più di molti passeri.

[8] Inoltre vi dico: Chiunque mi riconoscerà davanti agli uomini, anche il Figlio dell'uomo lo riconoscerà davanti agli angeli di Dio; *[9]* ma chi mi rinnegherà davanti agli uomini sarà rinnegato davanti agli angeli di Dio.

[10] Chiunque parlerà contro il Figlio dell'uomo gli sarà perdonato, ma chi bestemmierà lo Spirito Santo non gli sarà perdonato.

[11] Quando vi condurranno davanti alle sinagoghe, ai magistrati e alle autorità, non preoccupatevi come discolparvi o che cosa dire; *[12]* perché lo Spirito Santo vi insegnerà in quel momento ciò che bisogna dire".

[13] Uno della folla gli disse: "Maestro, di' a mio fratello che divida con me l'eredità". *[14]* Ma egli rispose: "O uomo, chi mi ha costituito giudice o mediatore sopra di voi?". *[15]* E disse loro: "Guardatevi e tenetevi lontano da ogni cupidigia, perché anche se uno è nell'abbondanza la sua vita non dipende dai suoi beni". *[16]* Disse poi una parabola: "La campagna di un uomo ricco aveva dato un buon raccolto. *[17]* Egli ragionava tra sé: Che farò, poiché non ho dove riporre i miei raccolti? *[18]* E disse: Farò così: demolirò i miei magazzini e ne costruirò di più grandi e vi raccoglierò tutto il grano e i miei beni. *[19]* Poi dirò a me stesso: Anima mia, hai a disposizione molti beni, per molti anni; riposati, mangia, bevi e datti alla gioia. *[20]* Ma Dio gli disse: Stolto, questa notte stessa ti sarà richiesta la tua vita. E quello che hai preparato di chi sarà? *[21]* Così è di chi accumula tesori per sé, e non arricchisce davanti a Dio".

[22] Poi disse ai discepoli: "Per questo io vi dico: Non datevi pensiero per la vostra vita, di quello che mangerete; né per il vostro corpo, come lo vestirete. *[23]* La vita vale più del cibo e il corpo più del vestito. *[24]* Guardate i corvi: non seminano e non mietono, non hanno ripostiglio né granaio, e Dio li nutre. Quanto più degli uccelli voi valete! *[25]* Chi di voi, per quanto si affanni, può aggiungere un'ora sola alla sua vita? *[26]* Se dunque non avete potere neanche per la più piccola cosa, perché vi affannate del resto? *[27]* Guardate i gigli, come crescono: non filano, non tessono: eppure io vi dico che neanche Salomone, con tutta la sua gloria, vestiva come uno di loro. *[28]* Se dunque Dio veste così l'erba del campo, che oggi c'è e domani si getta

nel forno, quanto più voi, gente di poca fede? *[29]* Non cercate perciò che cosa mangerete e berrete, e non state con l'animo in ansia: *[30]* di tutte queste cose si preoccupa la gente del mondo; ma il Padre vostro sa che ne avete bisogno. *[31]* Cercate piuttosto il regno di Dio, e queste cose vi saranno date in aggiunta.

[32] Non temere, piccolo gregge, perché al Padre vostro è piaciuto di darvi il suo regno.

[33] Vendete ciò che avete e datelo in elemosina; fatevi borse che non invecchiano, un tesoro inesauribile nei cieli, dove i ladri non arrivano e la tignola non consuma. *[34]* Perché dove è il vostro tesoro, là sarà anche il vostro cuore.

[35] Siate pronti, con la cintura ai fianchi e le lucerne accese; *[36]* siate simili a coloro che aspettano il padrone quando torna dalle nozze, per aprirgli subito, appena arriva e bussa. *[37]* Beati quei servi che il padrone al suo ritorno troverà ancora svegli; in verità vi dico, si cingerà le sue vesti, li farà mettere a tavola e passerà a servirli. *[38]* E se, giungendo nel mezzo della notte o prima dell'alba, li troverà così, beati loro! *[39]* Sappiate bene questo: se il padrone di casa sapesse a che ora viene il ladro, non si lascerebbe scassinare la casa. *[40]* Anche voi tenetevi pronti, perché il Figlio dell'uomo verrà nell'ora che non pensate".

[41] Allora Pietro disse: "Signore, questa parabola la dici per noi o anche per tutti?". *[42]* Il Signore rispose: "Qual è dunque l'amministratore fedele e saggio, che il Signore porrà a capo della sua servitù, per distribuire a tempo debito la razione di cibo? *[43]* Beato quel servo che il padrone, arrivando, troverà al suo lavoro. *[44]* In verità vi dico, lo metterà a capo di tutti i suoi averi. *[45]* Ma se quel servo dicesse in cuor suo: Il padrone tarda a venire, e cominciasse a percuotere i servi e le serve, a mangiare, a bere e a ubriacarsi, *[46]* il padrone di quel servo arriverà nel giorno in cui meno se l'aspetta e in un'ora che non sa, e lo punirà con rigore assegnandogli il posto fra gli infedeli. *[47]* Il servo che, conoscendo la volontà del padrone, non avrà disposto o agito secondo la sua volontà, riceverà molte percosse; *[48]* quello invece che, non conoscendola, avrà fatto cose meritevoli di percosse, ne riceverà poche. A chiunque fu dato molto, molto sarà chiesto; a chi fu affidato molto, sarà richiesto molto di più.

[49] Sono venuto a portare il fuoco sulla terra; e come vorrei che fosse già acceso! *[50]* C'è un battesimo che devo ricevere; e come sono angosciato, finché non sia compiuto!

[51] Pensate che io sia venuto a portare la pace sulla terra? No, vi dico, ma la divisione. *[52]* D'ora innanzi in una casa di cinque persone *[53]* si divideranno tre contro due e due contro tre;

padre contro figlio e *figlio contro padre,*

madre contro figlia e *figlia contro madre,*

suocera contro nuora e *nuora contro suocera".*

[54] Diceva ancora alle folle: "Quando vedete una nuvola salire da ponente, subito dite: Viene la pioggia, e così accade. *[55]* E quando soffia lo scirocco, dite: Ci sarà caldo, e così accade. *[56]* Ipocriti! Sapete giudicare l'aspetto della terra e del cielo,

come mai questo tempo non sapete giudicarlo? *[57]* E perché non giudicate da voi stessi ciò che è giusto? *[58]* Quando vai con il tuo avversario davanti al magistrato, lungo la strada procura di accordarti con lui, perché non ti trascini davanti al giudice e il giudice ti consegni all'esecutore e questi ti getti in prigione. *[59]* Ti assicuro, non ne uscirai finché non avrai pagato fino all'ultimo spicciolo".

13

[1] In quello stesso tempo si presentarono alcuni a riferirgli circa quei Galilei, il cui sangue Pilato aveva mescolato con quello dei loro sacrifici. *[2]* Prendendo la parola, Gesù rispose: "Credete che quei Galilei fossero più peccatori di tutti i Galilei, per aver subito tale sorte? *[3]* No, vi dico, ma se non vi convertite, perirete tutti allo stesso modo. *[4]* O quei diciotto, sopra i quali rovinò la torre di Sìloe e li uccise, credete che fossero più colpevoli di tutti gli abitanti di Gerusalemme? *[5]* No, vi dico, ma se non vi convertite, perirete tutti allo stesso modo".

[6] Disse anche questa parabola: "Un tale aveva un fico piantato nella vigna e venne a cercarvi frutti, ma non ne trovò. *[7]* Allora disse al vignaiolo: Ecco, son tre anni che vengo a cercare frutti su questo fico, ma non ne trovo. Taglialo. Perché deve sfruttare il terreno? *[8]* Ma quegli rispose: Padrone, lascialo ancora quest'anno finché io gli zappi attorno e vi metta il concime *[9]* e vedremo se porterà frutto per l'avvenire; se no, lo taglierai".

[10] Una volta stava insegnando in una sinagoga il giorno di sabato. *[11]* C'era là una donna che aveva da diciotto anni uno spirito che la teneva inferma; era curva e non poteva drizzarsi in nessun modo. *[12]* Gesù la vide, la chiamò a sé e le disse: "Donna, sei libera dalla tua infermità", *[13]* e le impose le mani. Subito quella si raddrizzò e glorificava Dio.

[14] Ma il capo della sinagoga, sdegnato perché Gesù aveva operato quella guarigione di sabato, rivolgendosi alla folla disse: "Ci sono sei giorni in cui si deve lavorare; in quelli dunque venite a farvi curare e non in giorno di sabato". *[15]* Il Signore replicò: "Ipocriti, non scioglie forse, di sabato, ciascuno di voi il bue o l'asino dalla mangiatoia, per condurlo ad abbeverarsi? *[16]* E questa figlia di Abramo, che satana ha tenuto legata diciott'anni, non doveva essere sciolta da questo legame in giorno di sabato?". *[17]* Quando egli diceva queste cose, tutti i suoi avversari si vergognavano, mentre la folla intera esultava per tutte le meraviglie da lui compiute.

[18] Diceva dunque: "A che cosa è simile il regno di Dio, e a che cosa lo rassomiglierò? *[19]* È simile a un granellino di senapa, che un uomo ha preso e gettato nell'orto; poi è cresciuto e diventato un arbusto, e gli uccelli del cielo si sono posati tra i suoi rami".

[20] E ancora: "A che cosa rassomiglierò il regno di Dio? *[21]* È simile al lievito che una donna ha preso e nascosto in tre staia di farina, finché sia tutta fermentata".

[22] Passava per città e villaggi, insegnando, mentre camminava verso Gerusalemme.

[23] Un tale gli chiese: "Signore, sono pochi quelli che si salvano?". Rispose: *[24]* "Sforzatevi di entrare per la porta stretta, perché molti, vi dico, cercheranno di entrarvi, ma non ci riusciranno. *[25]* Quando il padrone di casa si alzerà e chiuderà la porta, rimasti fuori, comincerete a bussare alla porta, dicendo: Signore, aprici. Ma egli vi risponderà: Non vi conosco, non so di dove siete. *[26]* Allora comincerete a dire: Abbiamo mangiato e bevuto in tua presenza e tu hai insegnato nelle nostre piazze. *[27]* Ma egli dichiarerà: Vi dico che non so di dove siete. Allontanatevi da me voi tutti operatori d'iniquità! *[28]* Là ci sarà pianto e stridore di denti quando vedrete Abramo, Isacco e Giacobbe e tutti i profeti nel regno di Dio e voi cacciati fuori. *[29]* Verranno da oriente e da occidente, da settentrione e da mezzogiorno e siederanno a mensa nel regno di Dio. *[30]* Ed ecco, ci sono alcuni tra gli ultimi che saranno primi e alcuni tra i primi che saranno ultimi".

[31] In quel momento si avvicinarono alcuni farisei a dirgli: "Parti e vattene via di qui, perché Erode ti vuole uccidere". *[32]* Egli rispose: "Andate a dire a quella volpe: Ecco, io scaccio i demòni e compio guarigioni oggi e domani; e il terzo giorno avrò finito. *[33]* Però è necessario che oggi, domani e il giorno seguente io vada per la mia strada, perché non è possibile che un profeta muoia fuori di Gerusalemme.

[34] Gerusalemme, Gerusalemme, che uccidi i profeti e lapidi coloro che sono mandati a te, quante volte ho voluto raccogliere i tuoi figli come una gallina la sua covata sotto le ali e voi non avete voluto! *[35]* Ecco, *la vostra casa vi viene lasciata deserta!* Vi dico infatti che non mi vedrete più fino al tempo in cui direte: *Benedetto colui che viene nel nome del Signore!*".

14

[1] Un sabato era entrato in casa di uno dei capi dei farisei per pranzare e la gente stava ad osservarlo. *[2]* Davanti a lui stava un idropico. *[3]* Rivolgendosi ai dottori della legge e ai farisei, Gesù disse: "È lecito o no curare di sabato?". *[4]* Ma essi tacquero. Egli lo prese per mano, lo guarì e lo congedò. *[5]* Poi disse: "Chi di voi, se un asino o un bue gli cade nel pozzo, non lo tirerà subito fuori in giorno di sabato?". *[6]* E non potevano rispondere nulla a queste parole.

[7] Osservando poi come gli invitati sceglievano i primi posti, disse loro una parabola: *[8]* "Quando sei invitato a nozze da qualcuno, non metterti al primo posto, perché non ci sia un altro invitato più ragguardevole di te *[9]* e colui che ha invitato te e lui venga a dirti: Cedigli il posto! Allora dovrai con vergogna occupare l'ultimo posto. *[10]* Invece quando sei invitato, va' a metterti all'ultimo posto, perché venendo colui che ti ha invitato ti dica: Amico, passa più avanti. Allora ne avrai onore davanti a tutti i commensali. *[11]* Perché chiunque si esalta sarà umiliato, e chi si umilia sarà esaltato".

[12] Disse poi a colui che l'aveva invitato: "Quando offri un pranzo o una cena, non invitare i tuoi amici, né i tuoi fratelli, né i tuoi parenti, né i ricchi vicini, perché anch'essi non ti invitino a loro volta e tu abbia il contraccambio. *[13]* Al contrario,

quando dài un banchetto, invita poveri, storpi, zoppi, ciechi; *[14]* e sarai beato perché non hanno da ricambiarti. Riceverai infatti la tua ricompensa alla risurrezione dei giusti".

[15] Uno dei commensali, avendo udito ciò, gli disse: "Beato chi mangerà il pane nel regno di Dio!". *[16]* Gesù rispose: "Un uomo diede una grande cena e fece molti inviti. *[17]* All'ora della cena, mandò il suo servo a dire agli invitati: Venite, è pronto. *[18]* Ma tutti, all'unanimità, cominciarono a scusarsi. Il primo disse: Ho comprato un campo e devo andare a vederlo; ti prego, considerami giustificato. *[19]* Un altro disse: Ho comprato cinque paia di buoi e vado a provarli; ti prego, considerami giustificato. *[20]* Un altro disse: Ho preso moglie e perciò non posso venire. *[21]* Al suo ritorno il servo riferì tutto questo al padrone. Allora il padrone di casa, irritato, disse al servo: Esci subito per le piazze e per le vie della città e conduci qui poveri, storpi, ciechi e zoppi. *[22]* Il servo disse: Signore, è stato fatto come hai ordinato, ma c'è ancora posto. *[23]* Il padrone allora disse al servo: Esci per le strade e lungo le siepi, spingili a entrare, perché la mia casa si riempia. *[24]* Perché vi dico: Nessuno di quegli uomini che erano stati invitati assaggerà la mia cena".

[25] Siccome molta gente andava con lui, egli si voltò e disse: *[26]* "Se uno viene a me e non odia suo padre, sua madre, la moglie, i figli, i fratelli, le sorelle e perfino la propria vita, non può essere mio discepolo. *[27]* Chi non porta la propria croce e non viene dietro di me, non può essere mio discepolo.

[28] Chi di voi, volendo costruire una torre, non si siede prima a calcolarne la spesa, se ha i mezzi per portarla a compimento? *[29]* Per evitare che, se getta le fondamenta e non può finire il lavoro, tutti coloro che vedono comincino a deriderlo, dicendo: *[30]* Costui ha iniziato a costruire, ma non è stato capace di finire il lavoro. *[31]* Oppure quale re, partendo in guerra contro un altro re, non siede prima a esaminare se può affrontare con diecimila uomini chi gli viene incontro con ventimila? *[32]* Se no, mentre l'altro è ancora lontano, gli manda un'ambasceria per la pace. *[33]* Così chiunque di voi non rinunzia a tutti i suoi averi, non può essere mio discepolo.

[34] Il sale è buono, ma se anche il sale perdesse il sapore, con che cosa lo si salerà? *[35]* Non serve né per la terra né per il concime e così lo buttano via. Chi ha orecchi per intendere, intenda".

15

[1] Si avvicinavano a lui tutti i pubblicani e i peccatori per ascoltarlo. *[2]* I farisei e gli scribi mormoravano: "Costui riceve i peccatori e mangia con loro". *[3]* Allora egli disse loro questa parabola:

[4] "Chi di voi se ha cento pecore e ne perde una, non lascia le novantanove nel deserto e va dietro a quella perduta, finché non la ritrova? *[5]* Ritrovatala, se la mette in spalla tutto contento, *[6]* va a casa, chiama gli amici e i vicini dicendo: Rallegratevi con me, perché ho trovato la mia pecora che era perduta. *[7]* Così, vi

dico, ci sarà più gioia in cielo per un peccatore convertito, che per novantanove giusti che non hanno bisogno di conversione.

[8] O quale donna, se ha dieci dramme e ne perde una, non accende la lucerna e spazza la casa e cerca attentamente finché non la ritrova? *[9]* E dopo averla trovata, chiama le amiche e le vicine, dicendo: Rallegratevi con me, perché ho ritrovato la dramma che avevo perduta. *[10]* Così, vi dico, c'è gioia davanti agli angeli di Dio per un solo peccatore che si converte".

[11] Disse ancora: "Un uomo aveva due figli. *[12]* Il più giovane disse al padre: Padre, dammi la parte del patrimonio che mi spetta. E il padre divise tra loro le sostanze. *[13]* Dopo non molti giorni, il figlio più giovane, raccolte le sue cose, partì per un paese lontano e là sperperò le sue sostanze vivendo da dissoluto. *[14]* Quando ebbe speso tutto, in quel paese venne una grande carestia ed egli cominciò a trovarsi nel bisogno. *[15]* Allora andò e si mise a servizio di uno degli abitanti di quella regione, che lo mandò nei campi a pascolare i porci. *[16]* Avrebbe voluto saziarsi con le carrube che mangiavano i porci; ma nessuno gliene dava. *[17]* Allora rientrò in se stesso e disse: Quanti salariati in casa di mio padre hanno pane in abbondanza e io qui muoio di fame! *[18]* Mi leverò e andrò da mio padre e gli dirò: Padre, ho peccato contro il Cielo e contro di te; *[19]* non sono più degno di esser chiamato tuo figlio. Trattami come uno dei tuoi garzoni. *[20]* Partì e si incamminò verso suo padre. Quando era ancora lontano il padre lo vide e commosso gli corse incontro, gli si gettò al collo e lo baciò. *[21]* Il figlio gli disse: Padre, ho peccato contro il Cielo e contro di te; non sono più degno di esser chiamato tuo figlio. *[22]* Ma il padre disse ai servi: Presto, portate qui il vestito più bello e rivestitelo, mettetegli l'anello al dito e i calzari ai piedi. *[23]* Portate il vitello grasso, ammazzatelo, mangiamo e facciamo festa, *[24]* perché questo mio figlio era morto ed è tornato in vita, era perduto ed è stato ritrovato. E cominciarono a far festa.

[25] Il figlio maggiore si trovava nei campi. Al ritorno, quando fu vicino a casa, udì la musica e le danze; *[26]* chiamò un servo e gli domandò che cosa fosse tutto ciò. *[27]* Il servo gli rispose: È tornato tuo fratello e il padre ha fatto ammazzare il vitello grasso, perché lo ha riavuto sano e salvo. *[28]* Egli si arrabbiò, e non voleva entrare. Il padre allora uscì a pregarlo. *[29]* Ma lui rispose a suo padre: Ecco, io ti servo da tanti anni e non ho mai trasgredito un tuo comando, e tu non mi hai dato mai un capretto per far festa con i miei amici. *[30]* Ma ora che questo tuo figlio che ha divorato i tuoi averi con le prostitute è tornato, per lui hai ammazzato il vitello grasso. *[31]* Gli rispose il padre: Figlio, tu sei sempre con me e tutto ciò che è mio è tuo; *[32]* ma bisognava far festa e rallegrarsi, perché questo tuo fratello era morto ed è tornato in vita, era perduto ed è stato ritrovato".

16

[1] Diceva anche ai discepoli: "C'era un uomo ricco che aveva un amministratore, e

questi fu accusato dinanzi a lui di sperperare i suoi averi. *[2]* Lo chiamò e gli disse: Che è questo che sento dire di te? Rendi conto della tua amministrazione, perché non puoi più essere amministratore. *[3]* L'amministratore disse tra sé: Che farò ora che il mio padrone mi toglie l'amministrazione? Zappare, non ho forza, mendicare, mi vergogno. *[4]* So io che cosa fare perché, quando sarò stato allontanato dall'amministrazione, ci sia qualcuno che mi accolga in casa sua. *[5]* Chiamò uno per uno i debitori del padrone e disse al primo: *[6]* Tu quanto devi al mio padrone? Quello rispose: Cento barili d'olio. Gli disse: Prendi la tua ricevuta, siediti e scrivi subito cinquanta. *[7]* Poi disse a un altro: Tu quanto devi? Rispose: Cento misure di grano. Gli disse: Prendi la tua ricevuta e scrivi ottanta. *[8]* Il padrone lodò quell'amministratore disonesto, perché aveva agito con scaltrezza. I figli di questo mondo, infatti, verso i loro pari sono più scaltri dei figli della luce.

[9] Ebbene, io vi dico: Procuratevi amici con la disonesta ricchezza, perché, quand'essa verrà a mancare, vi accolgano nelle dimore eterne.

[10] Chi è fedele nel poco, è fedele anche nel molto; e chi è disonesto nel poco, è disonesto anche nel molto.

[11] Se dunque non siete stati fedeli nella disonesta ricchezza, chi vi affiderà quella vera? *[12]* E se non siete stati fedeli nella ricchezza altrui, chi vi darà la vostra?

[13] Nessun servo può servire a due padroni: o odierà l'uno e amerà l'altro oppure si affezionerà all'uno e disprezzerà l'altro. Non potete servire a Dio e a mammona".

[14] I farisei, che erano attaccati al denaro, ascoltavano tutte queste cose e si beffavano di lui. *[15]* Egli disse: "Voi vi ritenete giusti davanti agli uomini, ma Dio conosce i vostri cuori: ciò che è esaltato fra gli uomini è cosa detestabile davanti a Dio.

[16] La Legge e i Profeti fino a Giovanni; da allora in poi viene annunziato il regno di Dio e ognuno si sforza per entrarvi.

[17] È più facile che abbiano fine il cielo e la terra, anziché cada un solo trattino della Legge.

[18] Chiunque ripudia la propria moglie e ne sposa un'altra, commette adulterio; chi sposa una donna ripudiata dal marito, commette adulterio.

[19] C'era un uomo ricco, che vestiva di porpora e di bisso e tutti i giorni banchettava lautamente. *[20]* Un mendicante, di nome Lazzaro, giaceva alla sua porta, coperto di piaghe, *[21]* bramoso di sfamarsi di quello che cadeva dalla mensa del ricco. Perfino i cani venivano a leccare le sue piaghe. *[22]* Un giorno il povero morì e fu portato dagli angeli nel seno di Abramo. Morì anche il ricco e fu sepolto. *[23]* Stando nell'inferno tra i tormenti, levò gli occhi e vide di lontano Abramo e Lazzaro accanto a lui. *[24]* Allora gridando disse: Padre Abramo, abbi pietà di me e manda Lazzaro a intingere nell'acqua la punta del dito e bagnarmi la lingua, perché questa fiamma mi tortura. *[25]* Ma Abramo rispose: Figlio, ricordati che hai ricevuto i tuoi beni durante la vita e Lazzaro parimenti i suoi mali; ora invece lui è consolato e tu sei in mezzo ai tormenti. *[26]* Per di più, tra noi e voi è stabilito un grande abisso: coloro che di qui vogliono passare da voi non possono, né di costì si può attraversare fino a noi. *[27]* E quegli replicò: Allora, padre, ti prego di mandarlo a casa di mio padre, *[28]* perché ho

cinque fratelli. Li ammonisca, perché non vengano anch'essi in questo luogo di tormento. *[29]* Ma Abramo rispose: Hanno Mosè e i Profeti; ascoltino loro. *[30]* E lui: No, padre Abramo, ma se qualcuno dai morti andrà da loro, si ravvederanno. *[31]* Abramo rispose: Se non ascoltano Mosè e i Profeti, neanche se uno risuscitasse dai morti saranno persuasi".

17

[1] Disse ancora ai suoi discepoli: "È inevitabile che avvengano scandali, ma guai a colui per cui avvengono. *[2]* È meglio per lui che gli sia messa al collo una pietra da mulino e venga gettato nel mare, piuttosto che scandalizzare uno di questi piccoli. *[3]* State attenti a voi stessi!

Se un tuo fratello pecca, rimproveralo; ma se si pente, perdonagli. *[4]* E se pecca sette volte al giorno contro di te e sette volte ti dice: Mi pento, tu gli perdonerai".

[5] Gli apostoli dissero al Signore: *[6]* "Aumenta la nostra fede!". Il Signore rispose: "Se aveste fede quanto un granellino di senapa, potreste dire a questo gelso: Sii sradicato e trapiantato nel mare, ed esso vi ascolterebbe.

[7] Chi di voi, se ha un servo ad arare o a pascolare il gregge, gli dirà quando rientra dal campo: Vieni subito e mettiti a tavola? *[8]* Non gli dirà piuttosto: Preparami da mangiare, rimboccati la veste e servimi, finché io abbia mangiato e bevuto, e dopo mangerai e berrai anche tu? *[9]* Si riterrà obbligato verso il suo servo, perché ha eseguito gli ordini ricevuti? *[10]* Così anche voi, quando avrete fatto tutto quello che vi è stato ordinato, dite: Siamo servi inutili. Abbiamo fatto quanto dovevamo fare".

[11] Durante il viaggio verso Gerusalemme, Gesù attraversò la Samarìa e la Galilea. *[12]* Entrando in un villaggio, gli vennero incontro dieci lebbrosi i quali, fermatisi a distanza, *[13]* alzarono la voce, dicendo: "Gesù maestro, abbi pietà di noi!". *[14]* Appena li vide, Gesù disse: "Andate a presentarvi ai sacerdoti". E mentre essi andavano, furono sanati. *[15]* Uno di loro, vedendosi guarito, tornò indietro lodando Dio a gran voce; *[16]* e si gettò ai piedi di Gesù per ringraziarlo. Era un Samaritano. *[17]* Ma Gesù osservò: "Non sono stati guariti tutti e dieci? E gli altri nove dove sono? *[18]* Non si è trovato chi tornasse a render gloria a Dio, all'infuori di questo straniero?". E gli disse: *[19]* "Alzati e va'; la tua fede ti ha salvato!".

[20] Interrogato dai farisei: "Quando verrà il regno di Dio?", rispose: *[21]* "Il regno di Dio non viene in modo da attirare l'attenzione, e nessuno dirà: Eccolo qui, o: eccolo là. Perché il regno di Dio è in mezzo a voi!".

[22] Disse ancora ai discepoli: "Verrà un tempo in cui desidererete vedere anche uno solo dei giorni del Figlio dell'uomo, ma non lo vedrete. *[23]* Vi diranno: Eccolo là, o: eccolo qua; non andateci, non seguiteli. *[24]* Perché come il lampo, guizzando, brilla da un capo all'altro del cielo, così sarà il Figlio dell'uomo nel suo giorno. *[25]* Ma prima è necessario che egli soffra molto e venga ripudiato da questa generazione. *[26]* Come avvenne al tempo di Noè, così sarà nei giorni del Figlio dell'uomo: *[27]*

mangiavano, bevevano, si ammogliavano e si maritavano, fino al giorno in cui Noè entrò nell'arca e venne il diluvio e li fece perire tutti. *[28]* Come avvenne anche al tempo di Lot: mangiavano, bevevano, compravano, vendevano, piantavano, costruivano; *[29]* ma nel giorno in cui Lot uscì da Sòdoma piovve fuoco e zolfo dal cielo e li fece perire tutti. *[30]* Così sarà nel giorno in cui il Figlio dell'uomo si rivelerà. *[31]* In quel giorno, chi si troverà sulla terrazza, se le sue cose sono in casa, non scenda a prenderle; così chi si troverà nel campo, non torni indietro. *[32]* Ricordatevi della moglie di Lot. *[33]* Chi cercherà di salvare la propria vita la perderà, chi invece la perde la salverà. *[34]* Vi dico: in quella notte due si troveranno in un letto: l'uno verrà preso e l'altro lasciato; *[35]* due donne staranno a macinare nello stesso luogo: l'una verrà presa e l'altra lasciata". *[36]* . *[37]* Allora i discepoli gli chiesero: "Dove, Signore?". Ed egli disse loro: "Dove sarà il cadavere, là si raduneranno anche gli avvoltoi".

18

[1] Disse loro una parabola sulla necessità di pregare sempre, senza stancarsi: *[2]* "C'era in una città un giudice, che non temeva Dio e non aveva riguardo per nessuno. *[3]* In quella città c'era anche una vedova, che andava da lui e gli diceva: Fammi giustizia contro il mio avversario. *[4]* Per un certo tempo egli non volle; ma poi disse tra sé: Anche se non temo Dio e non ho rispetto di nessuno, *[5]* poiché questa vedova è così molesta le farò giustizia, perché non venga continuamente a importunarmi". *[6]* E il Signore soggiunse: "Avete udito ciò che dice il giudice disonesto. *[7]* E Dio non farà giustizia ai suoi eletti che gridano giorno e notte verso di lui, e li farà a lungo aspettare? *[8]* Vi dico che farà loro giustizia prontamente. Ma il Figlio dell'uomo, quando verrà, troverà la fede sulla terra?".

[9] Disse ancora questa parabola per alcuni che presumevano di esser giusti e disprezzavano gli altri: *[10]* "Due uomini salirono al tempio a pregare: uno era fariseo e l'altro pubblicano. *[11]* Il fariseo, stando in piedi, pregava così tra sé: O Dio, ti ringrazio che non sono come gli altri uomini, ladri, ingiusti, adùlteri, e neppure come questo pubblicano. *[12]* Digiuno due volte la settimana e pago le decime di quanto possiedo. *[13]* Il pubblicano invece, fermatosi a distanza, non osava nemmeno alzare gli occhi al cielo, ma si batteva il petto dicendo: O Dio, abbi pietà di me peccatore. *[14]* Io vi dico: questi tornò a casa sua giustificato, a differenza dell'altro, perché chi si esalta sarà umiliato e chi si umilia sarà esaltato".

[15] Gli presentavano anche i bambini perché li accarezzasse, ma i discepoli, vedendo ciò, li rimproveravano. *[16]* Allora Gesù li fece venire avanti e disse: "Lasciate che i bambini vengano a me, non glielo impedite perché a chi è come loro appartiene il regno di Dio. *[17]* In verità vi dico: Chi non accoglie il regno di Dio come un bambino, non vi entrerà".

[18] Un notabile lo interrogò: "Maestro buono, che devo fare per ottenere la vita eterna?". *[19]* Gesù gli rispose: "Perché mi dici buono? Nessuno è buono, se non uno

solo, Dio. *[20]* Tu conosci i comandamenti: *Non commettere adulterio, non uccidere, non rubare, non testimoniare il falso, onora tuo padre e tua madre"*. *[21]* Costui disse: "Tutto questo l'ho osservato fin dalla mia giovinezza". *[22]* Udito ciò, Gesù gli disse: "Una cosa ancora ti manca: vendi tutto quello che hai, distribuiscilo ai poveri e avrai un tesoro nei cieli; poi vieni e seguimi". *[23]* Ma quegli, udite queste parole, divenne assai triste, perché era molto ricco.

[24] Quando Gesù lo vide, disse: "Quant'è difficile, per coloro che possiedono ricchezze entrare nel regno di Dio. *[25]* È più facile per un cammello passare per la cruna di un ago che per un ricco entrare nel regno di Dio!". *[26]* Quelli che ascoltavano dissero: "Allora chi potrà essere salvato?". *[27]* Rispose: "Ciò che è impossibile agli uomini, è possibile a Dio".

[28] Pietro allora disse: "Noi abbiamo lasciato tutte le nostre cose e ti abbiamo seguito". *[29]* Ed egli rispose: "In verità vi dico, non c'è nessuno che abbia lasciato casa o moglie o fratelli o genitori o figli per il regno di Dio, *[30]* che non riceva molto di più nel tempo presente e la vita eterna nel tempo che verrà".

[31] Poi prese con sé i Dodici e disse loro: "Ecco, noi andiamo a Gerusalemme, e tutto ciò che fu scritto dai profeti riguardo al Figlio dell'uomo si compirà. *[32]* Sarà consegnato ai pagani, schernito, oltraggiato, coperto di sputi *[33]* e, dopo averlo flagellato, lo uccideranno e il terzo giorno risorgerà". *[34]* Ma non compresero nulla di tutto questo; quel parlare restava oscuro per loro e non capivano ciò che egli aveva detto.

[35] Mentre si avvicinava a Gèrico, un cieco era seduto a mendicare lungo la strada. *[36]* Sentendo passare la gente, domandò che cosa accadesse. *[37]* Gli risposero: "Passa Gesù il Nazareno!". *[38]* Allora incominciò a gridare: "Gesù, figlio di Davide, abbi pietà di me!". *[39]* Quelli che camminavano avanti lo sgridavano, perché tacesse; ma lui continuava ancora più forte: "Figlio di Davide, abbi pietà di me!". *[40]* Gesù allora si fermò e ordinò che glielo conducessero. Quando gli fu vicino, gli domandò: *[41]* "Che vuoi che io faccia per te?". Egli rispose: "Signore, che io riabbia la vista". *[42]* E Gesù gli disse: "Abbi di nuovo la vista! La tua fede ti ha salvato". *[43]* Subito ci vide di nuovo e cominciò a seguirlo lodando Dio. E tutto il popolo, alla vista di ciò, diede lode a Dio.

19

[1] Entrato in Gèrico, attraversava la città. *[2]* Ed ecco un uomo di nome Zaccheo, capo dei pubblicani e ricco, *[3]* cercava di vedere quale fosse Gesù, ma non gli riusciva a causa della folla, poiché era piccolo di statura. *[4]* Allora corse avanti e, per poterlo vedere, salì su un sicomoro, poiché doveva passare di là. *[5]* Quando giunse sul luogo, Gesù alzò lo sguardo e gli disse: "Zaccheo, scendi subito, perché oggi devo fermarmi a casa tua". *[6]* In fretta scese e lo accolse pieno di gioia. *[7]* Vedendo ciò, tutti mormoravano: "È andato ad alloggiare da un peccatore!". *[8]* Ma Zaccheo, alzatosi, disse al Signore: "Ecco, Signore, io do la metà dei miei beni ai poveri; e se

ho frodato qualcuno, restituisco quattro volte tanto". *[9]* Gesù gli rispose: "Oggi la salvezza è entrata in questa casa, perché anch'egli è figlio di Abramo; *[10]* il Figlio dell'uomo infatti è venuto a cercare e a salvare ciò che era perduto".

[11] Mentre essi stavano ad ascoltare queste cose, Gesù disse ancora una parabola perché era vicino a Gerusalemme ed essi credevano che il regno di Dio dovesse manifestarsi da un momento all'altro. *[12]* Disse dunque: "Un uomo di nobile stirpe partì per un paese lontano per ricevere un titolo regale e poi ritornare. *[13]* Chiamati dieci servi, consegnò loro dieci mine, dicendo: Impiegatele fino al mio ritorno. *[14]* Ma i suoi cittadini lo odiavano e gli mandarono dietro un'ambasceria a dire: Non vogliamo che costui venga a regnare su di noi. *[15]* Quando fu di ritorno, dopo aver ottenuto il titolo di re, fece chiamare i servi ai quali aveva consegnato il denaro, per vedere quanto ciascuno avesse guadagnato. *[16]* Si presentò il primo e disse: Signore, la tua mina ha fruttato altre dieci mine. *[17]* Gli disse: Bene, bravo servitore; poiché ti sei mostrato fedele nel poco, ricevi il potere sopra dieci città. *[18]* Poi si presentò il secondo e disse: La tua mina, signore, ha fruttato altre cinque mine. *[19]* Anche a questo disse: Anche tu sarai a capo di cinque città. *[20]* Venne poi anche l'altro e disse: Signore, ecco la tua mina, che ho tenuta riposta in un fazzoletto; *[21]* avevo paura di te che sei un uomo severo e prendi quello che non hai messo in deposito, mieti quello che non hai seminato. *[22]* Gli rispose: Dalle tue stesse parole ti giudico, servo malvagio! Sapevi che sono un uomo severo, che prendo quello che non ho messo in deposito e mieto quello che non ho seminato: *[23]* perché allora non hai consegnato il mio denaro a una banca? Al mio ritorno l'avrei riscosso con gli interessi. *[24]* Disse poi ai presenti: Toglietegli la mina e datela a colui che ne ha dieci *[25]* Gli risposero: Signore, ha già dieci mine! *[26]* Vi dico: A chiunque ha sarà dato; ma a chi non ha sarà tolto anche quello che ha. *[27]* E quei miei nemici che non volevano che diventassi loro re, conduceteli qui e uccideteli davanti a me".

[28] Dette queste cose, Gesù proseguì avanti agli altri salendo verso Gerusalemme.

[29] Quando fu vicino a Bètfage e a Betània, presso il monte detto degli Ulivi, inviò due discepoli dicendo: *[30]* "Andate nel villaggio di fronte; entrando, troverete un puledro legato, sul quale nessuno è mai salito; scioglietelo e portatelo qui. *[31]* E se qualcuno vi chiederà: Perché lo sciogliete?, direte così: Il Signore ne ha bisogno". *[32]* Gli inviati andarono e trovarono tutto come aveva detto. *[33]* Mentre scioglievano il puledro, i proprietari dissero loro: "Perché sciogliete il puledro?". *[34]* Essi risposero: "Il Signore ne ha bisogno".

[35] Lo condussero allora da Gesù; e gettati i loro mantelli sul puledro, vi fecero salire Gesù. *[36]* Via via che egli avanzava, stendevano i loro mantelli sulla strada. *[37]* Era ormai vicino alla discesa del monte degli Ulivi, quando tutta la folla dei discepoli, esultando, cominciò a lodare Dio a gran voce, per tutti i prodigi che avevano veduto, dicendo:

[38] *"Benedetto colui che viene,*
il re, *nel nome del Signore.*
Pace in cielo
e gloria nel più alto dei cieli!"*.

[39] Alcuni farisei tra la folla gli dissero: "Maestro, rimprovera i tuoi discepoli". *[40]* Ma egli rispose: "Vi dico che, se questi taceranno, grideranno le pietre".

[41] Quando fu vicino, alla vista della città, pianse su di essa, dicendo: *[42]* "Se avessi compreso anche tu, in questo giorno, la via della pace. Ma ormai è stata nascosta ai tuoi occhi. *[43]* Giorni verranno per te in cui i tuoi nemici ti cingeranno di trincee, ti circonderanno e ti stringeranno da ogni parte; *[44]* abbatteranno te e i tuoi figli dentro di te e non lasceranno in te pietra su pietra, perché non hai riconosciuto il tempo in cui sei stata visitata".

[45] Entrato poi nel tempio, cominciò a cacciare i venditori, *[46]* dicendo: "Sta scritto:

La mia casa sarà casa di preghiera.
Ma voi ne avete fatto una spelonca di ladri!".

[47] Ogni giorno insegnava nel tempio. I sommi sacerdoti e gli scribi cercavano di farlo perire e così anche i notabili del popolo; *[48]* ma non sapevano come fare, perché tutto il popolo pendeva dalle sue parole.

20

[1] Un giorno, mentre istruiva il popolo nel tempio e annunziava la parola di Dio, si avvicinarono i sommi sacerdoti e gli scribi con gli anziani e si rivolsero a lui dicendo: *[2]* "Dicci con quale autorità fai queste cose o chi è che t'ha dato quest'autorità". *[3]* E Gesù disse loro: "Vi farò anch'io una domanda e voi rispondetemi: *[4]* Il battesimo di Giovanni veniva dal Cielo o dagli uomini?". *[5]* Allora essi discutevano fra loro: "Se diciamo "dal Cielo", risponderà: "Perché non gli avete creduto?". *[6]* E se diciamo "dagli uomini", tutto il popolo ci lapiderà, perché è convinto che Giovanni è un profeta". *[7]* Risposero quindi di non saperlo. *[8]* E Gesù disse loro: "Nemmeno io vi dico con quale autorità faccio queste cose".

[9] Poi cominciò a dire al popolo questa parabola: "Un uomo *piantò una vigna*, l'affidò a dei coltivatori e se ne andò lontano per molto tempo. *[10]* A suo tempo, mandò un servo da quei coltivatori perché gli dessero una parte del raccolto della vigna. Ma i coltivatori lo percossero e lo rimandarono a mani vuote. *[11]* Mandò un altro servo, ma essi percossero anche questo, lo insultarono e lo rimandarono a mani vuote. *[12]* Ne mandò ancora un terzo, ma anche questo lo ferirono e lo cacciarono. *[13]* Disse allora il padrone della vigna: Che devo fare? Manderò il mio unico figlio; forse di lui avranno rispetto. *[14]* Quando lo videro, i coltivatori discutevano fra loro dicendo: Costui è l'erede. Uccidiamolo e così l'eredità sarà nostra. *[15]* E lo cacciarono fuori della vigna e l'uccisero. Che cosa farà dunque a costoro il padrone della vigna? *[16]* Verrà e manderà a morte quei coltivatori, e affiderà ad altri la

vigna". Ma essi, udito ciò, esclamarono: "Non sia mai!". *[17]* Allora egli si volse verso di loro e disse: "Che cos'è dunque ciò che è scritto:

La pietra che i costruttori hanno scartata,
è diventata testata d'angolo?

[18] Chiunque cadrà su quella pietra si sfracellerà e a chi cadrà addosso, lo stritolerà". *[19]* Gli scribi e i sommi sacerdoti cercarono allora di mettergli addosso le mani, ma ebbero paura del popolo. Avevano capito che quella parabola l'aveva detta per loro.

[20] Postisi in osservazione, mandarono informatori, che si fingessero persone oneste, per coglierlo in fallo nelle sue parole e poi consegnarlo all'autorità e al potere del governatore. *[21]* Costoro lo interrogarono: "Maestro, sappiamo che parli e insegni con rettitudine e non guardi in faccia a nessuno, ma insegni secondo verità la via di Dio. *[22]* È lecito che noi paghiamo il tributo a Cesare?". *[23]* Conoscendo la loro malizia, disse: *[24]* "Mostratemi un denaro: di chi è l'immagine e l'iscrizione?". Risposero: "Di Cesare". *[25]* Ed egli disse: "Rendete dunque a Cesare ciò che è di Cesare e a Dio ciò che è di Dio". *[26]* Così non poterono coglierlo in fallo davanti al popolo e, meravigliati della sua risposta, tacquero.

[27] Gli si avvicinarono poi alcuni sadducei, i quali negano che vi sia la risurrezione, e gli posero questa domanda: *[28]* "Maestro, Mosè ci ha prescritto: Se a qualcuno muore un fratello che ha moglie, ma senza figli, suo fratello si prenda la vedova e dia una discendenza al proprio fratello. *[29]* C'erano dunque sette fratelli: il primo, dopo aver preso moglie, morì senza figli. *[30]* Allora la prese il secondo *[31]* e poi il terzo e così tutti e sette; e morirono tutti senza lasciare figli. *[32]* Da ultimo anche la donna morì. *[33]* Questa donna dunque, nella risurrezione, di chi sarà moglie? Poiché tutti e sette l'hanno avuta in moglie". *[34]* Gesù rispose: "I figli di questo mondo prendono moglie e prendono marito; *[35]* ma quelli che sono giudicati degni dell'altro mondo e della risurrezione dai morti, non prendono moglie né marito; *[36]* e nemmeno possono più morire, perché sono uguali agli angeli e, essendo figli della risurrezione, sono figli di Dio. *[37]* Che poi i morti risorgono, lo ha indicato anche Mosè a proposito del roveto, quando chiama il Signore: *Dio di Abramo, Dio di Isacco e Dio di Giacobbe*. *[38]* Dio non è Dio dei morti, ma dei vivi; perché tutti vivono per lui". *[39]* Dissero allora alcuni scribi: "Maestro, hai parlato bene". *[40]* E non osavano più fargli alcuna domanda.

[41] Egli poi disse loro: "Come mai dicono che il Cristo è figlio di Davide, *[42]* se Davide stesso nel libro dei Salmi dice:

Ha detto il Signore al mio Signore:
siedi alla mia destra,
[43] finché io ponga i tuoi nemici
come sgabello ai tuoi piedi?

[44] Davide dunque lo chiama Signore; perciò come può essere suo figlio?".

[45] E mentre tutto il popolo ascoltava, disse ai discepoli: *[46]* "Guardatevi dagli scribi che amano passeggiare in lunghe vesti e hanno piacere di esser salutati nelle piazze, avere i primi seggi nelle sinagoghe e i primi posti nei conviti; *[47]* divorano le case delle vedove, e in apparenza fanno lunghe preghiere. Essi riceveranno una condanna più severa".

21

[1] Alzati gli occhi, vide alcuni ricchi che gettavano le loro offerte nel tesoro. *[2]* Vide anche una vedova povera che vi gettava due spiccioli *[3]* e disse: "In verità vi dico: questa vedova, povera, ha messo più di tutti. *[4]* Tutti costoro, infatti, han deposto come offerta del loro superfluo, questa invece nella sua miseria ha dato tutto quanto aveva per vivere".

[5] Mentre alcuni parlavano del tempio e delle belle pietre e dei doni votivi che lo adornavano, disse: *[6]* "Verranno giorni in cui, di tutto quello che ammirate, non resterà pietra su pietra che non venga distrutta". *[7]* Gli domandarono: "Maestro, quando accadrà questo e quale sarà il segno che ciò sta per compiersi?".

[8] Rispose: "Guardate di non lasciarvi ingannare. Molti verranno sotto il mio nome dicendo: "Sono io" e: "Il tempo è prossimo"; non seguiteli. *[9]* Quando sentirete parlare di guerre e di rivoluzioni, non vi terrorizzate. Devono infatti accadere prima queste cose, ma non sarà subito la fine".

[10] Poi disse loro: "Si solleverà popolo contro popolo e regno contro regno, *[11]* e vi saranno di luogo in luogo terremoti, carestie e pestilenze; vi saranno anche fatti terrificanti e segni grandi dal cielo. *[12]* Ma prima di tutto questo metteranno le mani su di voi e vi perseguiteranno, consegnandovi alle sinagoghe e alle prigioni, trascinandovi davanti a re e a governatori, a causa del mio nome. *[13]* Questo vi darà occasione di render testimonianza. *[14]* Mettetevi bene in mente di non preparare prima la vostra difesa; *[15]* io vi darò lingua e sapienza, a cui tutti i vostri avversari non potranno resistere, né controbattere. *[16]* Sarete traditi perfino dai genitori, dai fratelli, dai parenti e dagli amici, e metteranno a morte alcuni di voi; *[17]* sarete odiati da tutti per causa del mio nome. *[18]* Ma nemmeno un capello del vostro capo perirà. *[19]* Con la vostra perseveranza salverete le vostre anime.

[20] Ma quando vedrete Gerusalemme circondata da eserciti, sappiate allora che la sua devastazione è vicina. *[21]* Allora coloro che si trovano nella Giudea fuggano ai monti, coloro che sono dentro la città se ne allontanino, e quelli in campagna non tornino in città; *[22]* saranno infatti giorni di vendetta, perché tutto ciò che è stato scritto si compia.

[23] Guai alle donne che sono incinte e allattano in quei giorni, perché vi sarà grande calamità nel paese e ira contro questo popolo. *[24]* Cadranno a fil di spada e saranno condotti prigionieri tra tutti i popoli; Gerusalemme sarà calpestata dai pagani finché i tempi dei pagani siano compiuti.

[25] Vi saranno segni nel sole, nella luna e nelle stelle, e sulla terra angoscia di popoli in ansia per il fragore del mare e dei flutti, *[26]* mentre gli uomini moriranno per la paura e per l'attesa di ciò che dovrà accadere sulla terra. Le potenze *dei cieli* infatti saranno sconvolte.

[27] Allora vedranno *il Figlio dell'uomo venire su una nube* con potenza e gloria grande.

[28] Quando cominceranno ad accadere queste cose, alzatevi e levate il capo, perché la vostra liberazione è vicina".

[29] E disse loro una parabola: "Guardate il fico e tutte le piante; *[30]* quando già germogliano, guardandoli capite da voi stessi che ormai l'estate è vicina. *[31]* Così pure, quando voi vedrete accadere queste cose, sappiate che il regno di Dio è vicino.

[32] In verità vi dico: non passerà questa generazione finché tutto ciò sia avvenuto. *[33]* Il cielo e la terra passeranno, ma le mie parole non passeranno.

[34] State bene attenti che i vostri cuori non si appesantiscano in dissipazioni, ubriachezze e affanni della vita e che quel giorno non vi piombi addosso improvviso; *[35]* come un laccio esso si abbatterà sopra tutti coloro che abitano sulla faccia di tutta la terra. *[36]* Vegliate e pregate in ogni momento, perché abbiate la forza di sfuggire a tutto ciò che deve accadere, e di comparire davanti al Figlio dell'uomo".

[37] Durante il giorno insegnava nel tempio, la notte usciva e pernottava all'aperto sul monte detto degli Ulivi. *[38]* E tutto il popolo veniva a lui di buon mattino nel tempio per ascoltarlo.

22

[1] Si avvicinava la festa degli Azzimi, chiamata Pasqua, *[2]* e i sommi sacerdoti e gli scribi cercavano come toglierlo di mezzo, poiché temevano il popolo. *[3]* Allora satana entrò in Giuda, detto Iscariota, che era nel numero dei Dodici. *[4]* Ed egli andò a discutere con i sommi sacerdoti e i capi delle guardie sul modo di consegnarlo nelle loro mani. *[5]* Essi si rallegrarono e si accordarono di dargli del denaro. *[6]* Egli fu d'accordo e cercava l'occasione propizia per consegnarlo loro di nascosto dalla folla.

[7] Venne il giorno degli Azzimi, nel quale si doveva immolare la vittima di Pasqua. *[8]* Gesù mandò Pietro e Giovanni dicendo: "Andate a preparare per noi la Pasqua, perché possiamo mangiare". *[9]* Gli chiesero: "Dove vuoi che la prepariamo?". *[10]* Ed egli rispose: "Appena entrati in città, vi verrà incontro un uomo che porta una brocca d'acqua. Seguitelo nella casa dove entrerà *[11]* e direte al padrone di casa: Il Maestro ti dice: Dov'è la stanza in cui posso mangiare la Pasqua con i miei discepoli? *[12]* Egli vi mostrerà una sala al piano superiore, grande e addobbata; là preparate". *[13]* Essi andarono e trovarono tutto come aveva loro detto e prepararono la Pasqua.

[14] Quando fu l'ora, prese posto a tavola e gli apostoli con lui, *[15]* e disse: "Ho desiderato ardentemente di mangiare questa Pasqua con voi, prima della mia passione, *[16]* poiché vi dico: non la mangerò più, finché essa non si compia nel regno di Dio". *[17]* E preso un calice, rese grazie e disse: "Prendetelo e distribuitelo

tra voi, *[18]* poiché vi dico: da questo momento non berrò più del frutto della vite, finché non venga il regno di Dio".

[19] Poi, preso un pane, rese grazie, lo spezzò e lo diede loro dicendo: "Questo è il mio corpo che è dato per voi; fate questo in memoria di me". *[20]* Allo stesso modo dopo aver cenato, prese il calice dicendo: "Questo calice è la nuova alleanza nel mio sangue, che viene versato per voi".

[21] "Ma ecco, la mano di chi mi tradisce è con me, sulla tavola. *[22]* Il Figlio dell'uomo se ne va, secondo quanto è stabilito; ma guai a quell'uomo dal quale è tradito!". *[23]* Allora essi cominciarono a domandarsi a vicenda chi di essi avrebbe fatto ciò.

[24] Sorse anche una discussione, chi di loro poteva esser considerato il più grande. *[25]* Egli disse: "I re delle nazioni le governano, e coloro che hanno il potere su di esse si fanno chiamare benefattori. *[26]* Per voi però non sia così; ma chi è il più grande tra voi diventi come il più piccolo e chi governa come colui che serve. *[27]* Infatti chi è più grande, chi sta a tavola o chi serve? Non è forse colui che sta a tavola? Eppure io sto in mezzo a voi come colui che serve.

[28] Voi siete quelli che avete perseverato con me nelle mie prove; *[29]* e io preparo per voi un regno, come il Padre l'ha preparato per me, *[30]* perché possiate mangiare e bere alla mia mensa nel mio regno e siederete in trono a giudicare le dodici tribù di Israele.

[31] Simone, Simone, ecco satana vi ha cercato per vagliarvi come il grano; *[32]* ma io ho pregato per te, che non venga meno la tua fede; e tu, una volta ravveduto, conferma i tuoi fratelli". *[33]* E Pietro gli disse: "Signore, con te sono pronto ad andare in prigione e alla morte". *[34]* Gli rispose: "Pietro, io ti dico: non canterà oggi il gallo prima che tu per tre volte avrai negato di conoscermi".

[35] Poi disse: "Quando vi ho mandato senza borsa, né bisaccia, né sandali, vi è forse mancato qualcosa?". Risposero: "Nulla". *[36]* Ed egli soggiunse: "Ma ora, chi ha una borsa la prenda, e così una bisaccia; chi non ha spada, venda il mantello e ne compri una. *[37]* Perché vi dico: deve compiersi in me questa parola della Scrittura: *E fu annoverato tra i malfattori*. Infatti tutto quello che mi riguarda volge al suo termine". *[38]* Ed essi dissero: "Signore, ecco qui due spade". Ma egli rispose "Basta!".

[39] Uscito se ne andò, come al solito, al monte degli Ulivi; anche i discepoli lo seguirono. *[40]* Giunto sul luogo, disse loro: "Pregate, per non entrare in tentazione". *[41]* Poi si allontanò da loro quasi un tiro di sasso e, inginocchiatosi, pregava: *[42]* "Padre, se vuoi, allontana da me questo calice! Tuttavia non sia fatta la mia, ma la tua volontà". *[43]* Gli apparve allora un angelo dal cielo a confortarlo. *[44]* In preda all'angoscia, pregava più intensamente; e il suo sudore diventò come gocce di sangue che cadevano a terra. *[45]* Poi, rialzatosi dalla preghiera, andò dai discepoli e li trovò che dormivano per la tristezza. *[46]* E disse loro: "Perché dormite? Alzatevi e pregate, per non entrare in tentazione".

[47] Mentre egli ancora parlava, ecco una turba di gente; li precedeva colui che si chiamava Giuda, uno dei Dodici, e si accostò a Gesù per baciarlo. *[48]* Gesù gli disse: "Giuda, con un bacio tradisci il Figlio dell'uomo?". *[49]* Allora quelli che eran

con lui, vedendo ciò che stava per accadere, dissero: "Signore, dobbiamo colpire con la spada?". *[50]* E uno di loro colpì il servo del sommo sacerdote e gli staccò l'orecchio destro. *[51]* Ma Gesù intervenne dicendo: "Lasciate, basta così!". E toccandogli l'orecchio, lo guarì. *[52]* Poi Gesù disse a coloro che gli eran venuti contro, sommi sacerdoti, capi delle guardie del tempio e anziani: "Siete usciti con spade e bastoni come contro un brigante? *[53]* Ogni giorno ero con voi nel tempio e non avete steso le mani contro di me; ma questa è la vostra ora, è l'impero delle tenebre".

[54] Dopo averlo preso, lo condussero via e lo fecero entrare nella casa del sommo sacerdote. Pietro lo seguiva da lontano. *[55]* Siccome avevano acceso un fuoco in mezzo al cortile e si erano seduti attorno, anche Pietro si sedette in mezzo a loro. *[56]* Vedutolo seduto presso la fiamma, una serva fissandolo disse: "Anche questi era con lui". *[57]* Ma egli negò dicendo: "Donna, non lo conosco!". *[58]* Poco dopo un altro lo vide e disse: "Anche tu sei di loro!". Ma Pietro rispose: "No, non lo sono!". *[59]* Passata circa un'ora, un altro insisteva: "In verità, anche questo era con lui; è anche lui un Galileo". *[60]* Ma Pietro disse: "O uomo, non so quello che dici". E in quell'istante, mentre ancora parlava, un gallo cantò. *[61]* Allora il Signore, voltatosi, guardò Pietro, e Pietro si ricordò delle parole che il Signore gli aveva detto: "Prima che il gallo canti, oggi mi rinnegherai tre volte". *[62]* E, uscito, pianse amaramente.

[63] Frattanto gli uomini che avevano in custodia Gesù lo schernivano e lo percuotevano, *[64]* lo bendavano e gli dicevano: "Indovina: chi ti ha colpito?". *[65]* E molti altri insulti dicevano contro di lui.

[66] Appena fu giorno, si riunì il consiglio degli anziani del popolo, con i sommi sacerdoti e gli scribi; lo condussero davanti al sinedrio e gli dissero: *[67]* "Se tu sei il Cristo, diccelo". Gesù rispose: "Anche se ve lo dico, non mi crederete; *[68]* se vi interrogo, non mi risponderete. *[69]* Ma da questo momento starà *il Figlio dell'uomo seduto alla destra della potenza di Dio*". *[70]* Allora tutti esclamarono: "Tu dunque sei il Figlio di Dio?". Ed egli disse loro: "Lo dite voi stessi: io lo sono". *[71]* Risposero: "Che bisogno abbiamo ancora di testimonianza? L'abbiamo udito noi stessi dalla sua bocca".

23

[1] Tutta l'assemblea si alzò, lo condussero da Pilato *[2]* e cominciarono ad accusarlo: "Abbiamo trovato costui che sobillava il nostro popolo, impediva di dare tributi a Cesare e affermava di essere il Cristo re". *[3]* Pilato lo interrogò: "Sei tu il re dei Giudei?". Ed egli rispose: "Tu lo dici". *[4]* Pilato disse ai sommi sacerdoti e alla folla: "Non trovo nessuna colpa in quest'uomo". *[5]* Ma essi insistevano: "Costui solleva il popolo, insegnando per tutta la Giudea, dopo aver cominciato dalla Galilea fino a qui".

[6] Udito ciò, Pilato domandò se era Galileo *[7]* e, saputo che apparteneva alla giurisdizione di Erode, lo mandò da Erode che in quei giorni si trovava anch'egli a

Gerusalemme.

[8] Vedendo Gesù, Erode si rallegrò molto, perché da molto tempo desiderava vederlo per averne sentito parlare e sperava di vedere qualche miracolo fatto da lui. *[9]* Lo interrogò con molte domande, ma Gesù non gli rispose nulla. *[10]* C'erano là anche i sommi sacerdoti e gli scribi, e lo accusavano con insistenza. *[11]* Allora Erode, con i suoi soldati, lo insultò e lo schernì, poi lo rivestì di una splendida veste e lo rimandò a Pilato. *[12]* In quel giorno Erode e Pilato diventarono amici; prima infatti c'era stata inimicizia tra loro.

[13] Pilato, riuniti i sommi sacerdoti, le autorità e il popolo, *[14]* disse: "Mi avete portato quest'uomo come sobillatore del popolo; ecco, l'ho esaminato davanti a voi, ma non ho trovato in lui nessuna colpa di quelle di cui lo accusate; *[15]* e neanche Erode, infatti ce l'ha rimandato. Ecco, egli non ha fatto nulla che meriti la morte. *[16]* Perciò, dopo averlo severamente castigato, lo rilascerò". *[17]* . *[18]* Ma essi si misero a gridare tutti insieme: "A morte costui! Dacci libero Barabba!". *[19]* Questi era stato messo in carcere per una sommossa scoppiata in città e per omicidio. *[20]* Pilato parlò loro di nuovo, volendo rilasciare Gesù. *[21]* Ma essi urlavano: "Crocifiggilo, crocifiggilo!". *[22]* Ed egli, per la terza volta, disse loro: "Ma che male ha fatto costui? Non ho trovato nulla in lui che meriti la morte. Lo castigherò severamente e poi lo rilascerò". *[23]* Essi però insistevano a gran voce, chiedendo che venisse crocifisso; e le loro grida crescevano. *[24]* Pilato allora decise che la loro richiesta fosse eseguita. *[25]* Rilasciò colui che era stato messo in carcere per sommossa e omicidio e che essi richiedevano, e abbandonò Gesù alla loro volontà.

[26] Mentre lo conducevano via, presero un certo Simone di Cirène che veniva dalla campagna e gli misero addosso la croce da portare dietro a Gesù. *[27]* Lo seguiva una gran folla di popolo e di donne che si battevano il petto e facevano lamenti su di lui. *[28]* Ma Gesù, voltandosi verso le donne, disse: "Figlie di Gerusalemme, non piangete su di me, ma piangete su voi stesse e sui vostri figli. *[29]* Ecco, verranno giorni nei quali si dirà: Beate le sterili e i grembi che non hanno generato e le mammelle che non hanno allattato.

[30] Allora cominceranno a *dire ai monti*:

Cadete su di noi!
e ai colli:
Copriteci!

[31] Perché se trattano così il legno verde, che avverrà del legno secco?".

[32] Venivano condotti insieme con lui anche due malfattori per essere giustiziati.

[33] Quando giunsero al luogo detto Cranio, là crocifissero lui e i due malfattori, uno a destra e l'altro a sinistra. *[34]* Gesù diceva: "Padre, perdonali, perché non sanno quello che fanno".

Dopo essersi poi divise le sue vesti, le tirarono a sorte.

[35] Il popolo stava *a vedere*, i capi invece lo *schernivano* dicendo: "Ha salvato gli altri, salvi se stesso, se è il Cristo di Dio, il suo eletto". *[36]* Anche i soldati lo schernivano, e gli si accostavano per porgergli *dell'aceto*, e dicevano: *[37]* "Se tu sei

il re dei Giudei, salva te stesso". *[38]* C'era anche una scritta, sopra il suo capo: Questi è il re dei Giudei.

[39] Uno dei malfattori appesi alla croce lo insultava: "Non sei tu il Cristo? Salva te stesso e anche noi!". *[40]* Ma l'altro lo rimproverava: "Neanche tu hai timore di Dio e sei dannato alla stessa pena? *[41]* Noi giustamente, perché riceviamo il giusto per le nostre azioni, egli invece non ha fatto nulla di male". *[42]* E aggiunse: "Gesù, ricordati di me quando entrerai nel tuo regno". *[43]* Gli rispose: "In verità ti dico, oggi sarai con me nel paradiso".

[44] Era verso mezzogiorno, quando il sole si eclissò e si fece buio su tutta la terra fino alle tre del pomeriggio. *[45]* Il velo del tempio si squarciò nel mezzo. *[46]* Gesù, gridando a gran voce, disse: "Padre, *nelle tue mani consegno il mio spirito*". Detto questo spirò.

[47] Visto ciò che era accaduto, il centurione glorificava Dio: "Veramente quest'uomo era giusto". *[48]* Anche tutte le folle che erano accorse a questo spettacolo, ripensando a quanto era accaduto, se ne tornavano percuotendosi il petto. *[49]* Tutti i suoi conoscenti assistevano da lontano e così le donne che lo avevano seguito fin dalla Galilea, osservando questi avvenimenti.

[50] C'era un uomo di nome Giuseppe, membro del sinedrio, persona buona e giusta. *[51]* Non aveva aderito alla decisione e all'operato degli altri. Egli era di Arimatéa, una città dei Giudei, e aspettava il regno di Dio. *[52]* Si presentò a Pilato e chiese il corpo di Gesù. *[53]* Lo calò dalla croce, lo avvolse in un lenzuolo e lo depose in una tomba scavata nella roccia, nella quale nessuno era stato ancora deposto. *[54]* Era il giorno della parascève e già splendevano le luci del sabato. *[55]* Le donne che erano venute con Gesù dalla Galilea seguivano Giuseppe; esse osservarono la tomba e come era stato deposto il corpo di Gesù, *[56]* poi tornarono indietro e prepararono aromi e oli profumati. Il giorno di sabato osservarono il riposo secondo il comandamento.

24

[1] Il primo giorno dopo il sabato, di buon mattino, si recarono alla tomba, portando con sé gli aromi che avevano preparato. *[2]* Trovarono la pietra rotolata via dal sepolcro; *[3]* ma, entrate, non trovarono il corpo del Signore Gesù. *[4]* Mentre erano ancora incerte, ecco due uomini apparire vicino a loro in vesti sfolgoranti. *[5]* Essendosi le donne impaurite e avendo chinato il volto a terra, essi dissero loro: "Perché cercate tra i morti colui che è vivo? *[6]* Non è qui, è risuscitato. Ricordatevi come vi parlò quando era ancora in Galilea, *[7]* dicendo che bisognava che il Figlio dell'uomo fosse consegnato in mano ai peccatori, che fosse crocifisso e risuscitasse il terzo giorno". *[8]* Ed esse si ricordarono delle sue parole.

[9] E, tornate dal sepolcro, annunziarono tutto questo agli Undici e a tutti gli altri. *[10]* Erano Maria di Màgdala, Giovanna e Maria di Giacomo. Anche le altre che erano insieme lo raccontarono agli apostoli. *[11]* Quelle parole parvero loro come un vaneggiamento e non credettero ad esse.

[12] Pietro tuttavia corse al sepolcro e chinatosi vide solo le bende. E tornò a casa pieno di stupore per l'accaduto.

[13] Ed ecco in quello stesso giorno due di loro erano in cammino per un villaggio distante circa sette miglia da Gerusalemme, di nome Èmmaus, *[14]* e conversavano di tutto quello che era accaduto. *[15]* Mentre discorrevano e discutevano insieme, Gesù in persona si accostò e camminava con loro. *[16]* Ma i loro occhi erano incapaci di riconoscerlo. *[17]* Ed egli disse loro: "Che sono questi discorsi che state facendo fra voi durante il cammino?". Si fermarono, col volto triste; *[18]* uno di loro, di nome Clèopa, gli disse: "Tu solo sei così forestiero in Gerusalemme da non sapere ciò che vi è accaduto in questi giorni?". *[19]* Domandò: "Che cosa?". Gli risposero: "Tutto ciò che riguarda Gesù Nazareno, che fu profeta potente in opere e in parole, davanti a Dio e a tutto il popolo; *[20]* come i sommi sacerdoti e i nostri capi lo hanno consegnato per farlo condannare a morte e poi l'hanno crocifisso. *[21]* Noi speravamo che fosse lui a liberare Israele; con tutto ciò son passati tre giorni da quando queste cose sono accadute. *[22]* Ma alcune donne, delle nostre, ci hanno sconvolti; recatesi al mattino al sepolcro *[23]* e non avendo trovato il suo corpo, son venute a dirci di aver avuto anche una visione di angeli, i quali affermano che egli è vivo. *[24]* Alcuni dei nostri sono andati al sepolcro e hanno trovato come avevan detto le donne, ma lui non l'hanno visto".

[25] Ed egli disse loro: "Sciocchi e tardi di cuore nel credere alla parola dei profeti! *[26]* Non bisognava che il Cristo sopportasse queste sofferenze per entrare nella sua gloria?". *[27]* E cominciando da Mosè e da tutti i profeti spiegò loro in tutte le Scritture ciò che si riferiva a lui. *[28]* Quando furon vicini al villaggio dove erano diretti, egli fece come se dovesse andare più lontano. *[29]* Ma essi insistettero: "Resta con noi perché si fa sera e il giorno già volge al declino". Egli entrò per rimanere con loro. *[30]* Quando fu a tavola con loro, prese il pane, disse la benedizione, lo spezzò e lo diede loro. *[31]* Allora si aprirono loro gli occhi e lo riconobbero. Ma lui sparì dalla loro vista. *[32]* Ed essi si dissero l'un l'altro: "Non ci ardeva forse il cuore nel petto mentre conversava con noi lungo il cammino, quando ci spiegava le Scritture?". *[33]* E partirono senz'indugio e fecero ritorno a Gerusalemme, dove trovarono riuniti gli Undici e gli altri che erano con loro, *[34]* i quali dicevano: "Davvero il Signore è risorto ed è apparso a Simone". *[35]* Essi poi riferirono ciò che era accaduto lungo la via e come l'avevano riconosciuto nello spezzare il pane.

[36] Mentre essi parlavano di queste cose, Gesù in persona apparve in mezzo a loro e disse: "Pace a voi!". *[37]* Stupiti e spaventati credevano di vedere un fantasma. *[38]* Ma egli disse: "Perché siete turbati, e perché sorgono dubbi nel vostro cuore? *[39]* Guardate le mie mani e i miei piedi: sono proprio io! Toccatemi e guardate; un fantasma non ha carne e ossa come vedete che io ho". *[40]* Dicendo questo, mostrò loro le mani e i piedi. *[41]* Ma poiché per la grande gioia ancora non credevano ed erano stupefatti, disse: "Avete qui qualche cosa da mangiare?". *[42]* Gli offrirono una porzione di pesce arrostito; *[43]* egli lo prese e lo mangiò davanti a loro.

[44] Poi disse: "Sono queste le parole che vi dicevo quando ero ancora con voi: bisogna che si compiano tutte le cose scritte su di me nella Legge di Mosè, nei Profeti

e nei Salmi". *[45]* Allora aprì loro la mente all'intelligenza delle Scritture e disse: *[46]* "Così sta scritto: il Cristo dovrà patire e risuscitare dai morti il terzo giorno *[47]* e nel suo nome saranno predicati a tutte le genti la conversione e il perdono dei peccati, cominciando da Gerusalemme. *[48]* Di questo voi siete testimoni. *[49]* E io manderò su di voi quello che il Padre mio ha promesso; ma voi restate in città, finché non siate rivestiti di potenza dall'alto".

[50] Poi li condusse fuori verso Betània e, alzate le mani, li benedisse. *[51]* Mentre li benediceva, si staccò da loro e fu portato verso il cielo. *[52]* Ed essi, dopo averlo adorato, tornarono a Gerusalemme con grande gioia; *[53]* e stavano sempre nel tempio lodando Dio.

Vangelo secondo Giovanni

1

[1] In principio era il Verbo,
il Verbo era presso Dio
e il Verbo era Dio.
[2] Egli era in principio presso Dio:
[3] tutto è stato fatto per mezzo di lui,
e senza di lui niente è stato fatto di tutto ciò che
esiste.
[4] In lui era la vita
e la vita era la luce degli uomini;
[5] la luce splende nelle tenebre,
ma le tenebre non l'hanno accolta.
[6] Venne un uomo mandato da Dio
e il suo nome era Giovanni.
[7] Egli venne come testimone
per rendere testimonianza alla luce,
perché tutti credessero per mezzo di lui.
[8] Egli non era la luce,
ma doveva render testimonianza alla luce.
[9] Veniva nel mondo
la luce vera,
quella che illumina ogni uomo.
[10] Egli era nel mondo,
e il mondo fu fatto per mezzo di lui,
eppure il mondo non lo riconobbe.
[11] Venne fra la sua gente,
ma i suoi non l'hanno accolto.
[12] A quanti però l'hanno accolto,
ha dato potere di diventare figli di Dio:
a quelli che credono nel suo nome,
[13] i quali non da sangue,
né da volere di carne,
né da volere di uomo,
ma da Dio sono stati generati.

[14] E il Verbo si fece carne
e venne ad abitare in mezzo a noi;
e noi vedemmo la sua gloria,
gloria come di unigenito dal Padre,
pieno di grazia e di verità.
[15] Giovanni gli rende testimonianza
e grida: "Ecco l'uomo di cui io dissi:
Colui che viene dopo di me
mi è passato avanti,
perché era prima di me".
[16] Dalla sua pienezza
noi tutti abbiamo ricevuto
e grazia su grazia.
[17] Perché la legge fu data per mezzo di Mosè,
la grazia e la verità vennero per mezzo di Gesù Cristo.
[18] Dio nessuno l'ha mai visto:
proprio il Figlio unigenito,
che è nel seno del Padre,
lui lo ha rivelato.

[19] E questa è la testimonianza di Giovanni, quando i Giudei gli inviarono da Gerusalemme sacerdoti e leviti a interrogarlo: "Chi sei tu?". *[20]* Egli confessò e non negò, e confessò: "Io non sono il Cristo". *[21]* Allora gli chiesero: "Che cosa dunque? Sei Elia?". Rispose: "Non lo sono". "Sei tu il profeta?". Rispose: "No". *[22]* Gli dissero dunque: "Chi sei? Perché possiamo dare una risposta a coloro che ci hanno mandato. Che cosa dici di te stesso?". *[23]* Rispose:

"Io sono voce di uno che grida nel deserto:
Preparate la via del Signore,

come disse il profeta Isaia". *[24]* Essi erano stati mandati da parte dei farisei. *[25]* Lo interrogarono e gli dissero: "Perché dunque battezzi se tu non sei il Cristo, né Elia, né il profeta?". *[26]* Giovanni rispose loro: "Io battezzo con acqua, ma in mezzo a voi sta uno che voi non conoscete, *[27]* uno che viene dopo di me, al quale io non son degno di sciogliere il legaccio del sandalo". *[28]* Questo avvenne in Betània, al di là del Giordano, dove Giovanni stava battezzando.
[29] Il giorno dopo, Giovanni vedendo Gesù venire verso di lui disse: "Ecco l'agnello di Dio, ecco colui che toglie il peccato del mondo! *[30]* Ecco colui del quale io dissi: Dopo di me viene un uomo che mi è passato avanti, perché era prima di me. *[31]* Io non lo conoscevo, ma sono venuto a battezzare con acqua perché egli fosse fatto conoscere a Israele". *[32]* Giovanni rese testimonianza dicendo: "Ho visto lo Spirito scendere come una colomba dal cielo e posarsi su di lui. *[33]* Io non lo conoscevo, ma chi mi ha inviato a battezzare con acqua mi aveva detto: L'uomo sul quale vedrai

scendere e rimanere lo Spirito è colui che battezza in Spirito Santo. *[34]* E io ho visto e ho reso testimonianza che questi è il Figlio di Dio".

[35] Il giorno dopo Giovanni stava ancora là con due dei suoi discepoli *[36]* e, fissando lo sguardo su Gesù che passava, disse: "Ecco l'agnello di Dio!". *[37]* E i due discepoli, sentendolo parlare così, seguirono Gesù. *[38]* Gesù allora si voltò e, vedendo che lo seguivano, disse: "Che cercate?". Gli risposero: "Rabbì (che significa maestro), dove abiti?". *[39]* Disse loro: "Venite e vedrete". Andarono dunque e videro dove abitava e quel giorno si fermarono presso di lui; erano circa le quattro del pomeriggio.

[40] Uno dei due che avevano udito le parole di Giovanni e lo avevano seguito, era Andrea, fratello di Simon Pietro. *[41]* Egli incontrò per primo suo fratello Simone, e gli disse: "Abbiamo trovato il Messia (che significa il Cristo)" *[42]* e lo condusse da Gesù. Gesù, fissando lo sguardo su di lui, disse: "Tu sei Simone, il figlio di Giovanni; ti chiamerai Cefa (che vuol dire Pietro)".

[43] Il giorno dopo Gesù aveva stabilito di partire per la Galilea; incontrò Filippo e gli disse: "Seguimi". *[44]* Filippo era di Betsàida, la città di Andrea e di Pietro. *[45]* Filippo incontrò Natanaèle e gli disse: "Abbiamo trovato colui del quale hanno scritto Mosè nella Legge e i Profeti, Gesù, figlio di Giuseppe di Nàzaret". *[46]* Natanaèle esclamò: "Da Nàzaret può mai venire qualcosa di buono?". Filippo gli rispose: "Vieni e vedi". *[47]* Gesù intanto, visto Natanaèle che gli veniva incontro, disse di lui: "Ecco davvero un Israelita in cui non c'è falsità". *[48]* Natanaèle gli domandò: "Come mi conosci?". Gli rispose Gesù: "Prima che Filippo ti chiamasse, io ti ho visto quando eri sotto il fico". *[49]* Gli replicò Natanaèle: "Rabbì, tu sei il Figlio di Dio, tu sei il re d'Israele!". *[50]* Gli rispose Gesù: "Perché ti ho detto che ti avevo visto sotto il fico, credi? Vedrai cose maggiori di queste!". *[51]* Poi gli disse: "In verità, in verità vi dico: vedrete il cielo aperto e gli angeli di Dio salire e scendere sul Figlio dell'uomo".

2

[1] Tre giorni dopo, ci fu uno sposalizio a Cana di Galilea e c'era la madre di Gesù. *[2]* Fu invitato alle nozze anche Gesù con i suoi discepoli. *[3]* Nel frattempo, venuto a mancare il vino, la madre di Gesù gli disse: "Non hanno più vino". *[4]* E Gesù rispose: "Che ho da fare con te, o donna? Non è ancora giunta la mia ora". *[5]* La madre dice ai servi: "Fate quello che vi dirà".

[6] Vi erano là sei giare di pietra per la purificazione dei Giudei, contenenti ciascuna due o tre barili. *[7]* E Gesù disse loro: "Riempite d'acqua le giare"; e le riempirono fino all'orlo. *[8]* Disse loro di nuovo: "Ora attingete e portatene al maestro di tavola". Ed essi gliene portarono. *[9]* E come ebbe assaggiato l'acqua diventata vino, il maestro di tavola, che non sapeva di dove venisse (ma lo sapevano i servi che avevano attinto l'acqua), chiamò lo sposo *[10]* e gli disse: "Tutti servono da principio il vino buono e, quando sono un po' brilli, quello meno buono; tu invece hai conservato fino ad ora il vino buono". *[11]* Così Gesù diede inizio ai suoi miracoli in

Cana di Galilea, manifestò la sua gloria e i suoi discepoli credettero in lui.

[12] Dopo questo fatto, discese a Cafàrnao insieme con sua madre, i fratelli e i suoi discepoli e si fermarono colà solo pochi giorni.

[13] Si avvicinava intanto la Pasqua dei Giudei e Gesù salì a Gerusalemme. *[14]* Trovò nel tempio gente che vendeva buoi, pecore e colombe, e i cambiavalute seduti al banco. *[15]* Fatta allora una sferza di cordicelle, scacciò tutti fuori del tempio con le pecore e i buoi; gettò a terra il denaro dei cambiavalute e ne rovesciò i banchi, *[16]* e ai venditori di colombe disse: "Portate via queste cose e non fate della casa del Padre mio un luogo di mercato". *[17]* I discepoli si ricordarono che sta scritto: *Lo zelo per la tua casa mi divora.* *[18]* Allora i Giudei presero la parola e gli dissero: "Quale segno ci mostri per fare queste cose?". *[19]* Rispose loro Gesù: "Distruggete questo tempio e in tre giorni lo farò risorgere". *[20]* Gli dissero allora i Giudei: "Questo tempio è stato costruito in quarantasei anni e tu in tre giorni lo farai risorgere?". *[21]* Ma egli parlava del tempio del suo corpo. *[22]* Quando poi fu risuscitato dai morti, i suoi discepoli si ricordarono che aveva detto questo, e credettero alla Scrittura e alla parola detta da Gesù.

[23] Mentre era a Gerusalemme per la Pasqua, durante la festa molti, vedendo i segni che faceva, credettero nel suo nome. *[24]* Gesù però non si confidava con loro, perché conosceva tutti *[25]* e non aveva bisogno che qualcuno gli desse testimonianza su un altro, egli infatti sapeva quello che c'è in ogni uomo.

3

[1] C'era tra i farisei un uomo chiamato Nicodèmo, un capo dei Giudei. *[2]* Egli andò da Gesù, di notte, e gli disse: "Rabbì, sappiamo che sei un maestro venuto da Dio; nessuno infatti può fare i segni che tu fai, se Dio non è con lui". *[3]* Gli rispose Gesù: "In verità, in verità ti dico, se uno non rinasce dall'alto, non può vedere il regno di Dio". *[4]* Gli disse Nicodèmo: "Come può un uomo nascere quando è vecchio? Può forse entrare una seconda volta nel grembo di sua madre e rinascere?". *[5]* Gli rispose Gesù: "In verità, in verità ti dico, se uno non nasce da acqua e da Spirito, non può entrare nel regno di Dio. *[6]* Quel che è nato dalla carne è carne e quel che è nato dallo Spirito è Spirito. *[7]* Non ti meravigliare se t'ho detto: dovete rinascere dall'alto. *[8]* Il vento soffia dove vuole e ne senti la voce, ma non sai di dove viene e dove va: così è di chiunque è nato dallo Spirito". *[9]* Replicò Nicodèmo: "Come può accadere questo?". *[10]* Gli rispose Gesù: "Tu sei maestro in Israele e non sai queste cose? *[11]* In verità, in verità ti dico, noi parliamo di quel che sappiamo e testimoniamo quel che abbiamo veduto; ma voi non accogliete la nostra testimonianza. *[12]* Se vi ho parlato di cose della terra e non credete, come crederete se vi parlerò di cose del cielo? *[13]* Eppure nessuno è mai salito al cielo, fuorché il Figlio dell'uomo che è disceso dal cielo. *[14]* E come Mosè innalzò il serpente nel deserto, così bisogna che sia innalzato il Figlio dell'uomo, *[15]* perché chiunque crede in lui abbia la vita eterna".

[16] Dio infatti ha tanto amato il mondo da dare il suo Figlio unigenito, perché chiunque crede in lui non muoia, ma abbia la vita eterna. *[17]* Dio non ha mandato il Figlio nel mondo per giudicare il mondo, ma perché il mondo si salvi per mezzo di lui. *[18]* Chi crede in lui non è condannato; ma chi non crede è già stato condannato, perché non ha creduto nel nome dell'unigenito Figlio di Dio. *[19]* E il giudizio è questo: la luce è venuta nel mondo, ma gli uomini hanno preferito le tenebre alla luce, perché le loro opere erano malvagie. *[20]* Chiunque infatti fa il male, odia la luce e non viene alla luce perché non siano svelate le sue opere. *[21]* Ma chi opera la verità viene alla luce, perché appaia chiaramente che le sue opere sono state fatte in Dio.

[22] Dopo queste cose, Gesù andò con i suoi discepoli nella regione della Giudea; e là si trattenne con loro, e battezzava. *[23]* Anche Giovanni battezzava a Ennòn, vicino a Salìm, perché c'era là molta acqua; e la gente andava a farsi battezzare. *[24]* Giovanni, infatti, non era stato ancora imprigionato. *[25]* Nacque allora una discussione tra i discepoli di Giovanni e un Giudeo riguardo la purificazione. *[26]* Andarono perciò da Giovanni e gli dissero: "Rabbì, colui che era con te dall'altra parte del Giordano, e al quale hai reso testimonianza, ecco sta battezzando e tutti accorrono a lui". *[27]* Giovanni rispose: "Nessuno può prendersi qualcosa se non gli è stato dato dal cielo. *[28]* Voi stessi mi siete testimoni che ho detto: Non sono io il Cristo, ma io sono stato mandato innanzi a lui. *[29]* Chi possiede la sposa è lo sposo; ma l'amico dello sposo, che è presente e l'ascolta, esulta di gioia alla voce dello sposo. Ora questa mia gioia è compiuta. *[30]* Egli deve crescere e io invece diminuire.

[31] Chi viene dall'alto è al di sopra di tutti; ma chi viene dalla terra, appartiene alla terra e parla della terra. Chi viene dal cielo è al di sopra di tutti. *[32]* Egli attesta ciò che ha visto e udito, eppure nessuno accetta la sua testimonianza; *[33]* chi però ne accetta la testimonianza, certifica che Dio è veritiero. *[34]* Infatti colui che Dio ha mandato proferisce le parole di Dio e dà lo Spirito senza misura. *[35]* Il Padre ama il Figlio e gli ha dato in mano ogni cosa. *[36]* Chi crede nel Figlio ha la vita eterna; chi non obbedisce al Figlio non vedrà la vita, ma l'ira di Dio incombe su di lui".

4

[1] Quando il Signore venne a sapere che i farisei avevan sentito dire: Gesù fa più discepoli e battezza più di Giovanni *[2]* - sebbene non fosse Gesù in persona che battezzava, ma i suoi discepoli -, *[3]* lasciò la Giudea e si diresse di nuovo verso la Galilea. *[4]* Doveva perciò attraversare la Samarìa. *[5]* Giunse pertanto ad una città della Samarìa chiamata Sicàr, vicina al terreno che Giacobbe aveva dato a Giuseppe suo figlio: *[6]* qui c'era il pozzo di Giacobbe. Gesù dunque, stanco del viaggio, sedeva presso il pozzo. Era verso mezzogiorno. *[7]* Arrivò intanto una donna di Samarìa ad attingere acqua. Le disse Gesù: "Dammi da bere". *[8]* I suoi discepoli infatti erano andati in città a far provvista di cibi. *[9]* Ma la Samaritana gli disse: "Come mai tu, che sei Giudeo, chiedi da bere a me, che sono una donna

samaritana?". I Giudei infatti non mantengono buone relazioni con i Samaritani. *[10]* Gesù le rispose: "Se tu conoscessi il dono di Dio e chi è colui che ti dice: "Dammi da bere!", tu stesso gliene avresti chiesto ed egli ti avrebbe dato acqua viva". *[11]* Gli disse la donna: "Signore, tu non hai un mezzo per attingere e il pozzo è profondo; da dove hai dunque quest'acqua viva? *[12]* Sei tu forse più grande del nostro padre Giacobbe, che ci diede questo pozzo e ne bevve lui con i suoi figli e il suo gregge?". *[13]* Rispose Gesù: "Chiunque beve di quest'acqua avrà di nuovo sete; *[14]* ma chi beve dell'acqua che io gli darò, non avrà mai più sete, anzi, l'acqua che io gli darò diventerà in lui sorgente di acqua che zampilla per la vita eterna". *[15]* "Signore, gli disse la donna, dammi di quest'acqua, perché non abbia più sete e non continui a venire qui ad attingere acqua". *[16]* Le disse: "Va' a chiamare tuo marito e poi ritorna qui". *[17]* Rispose la donna: "Non ho marito". Le disse Gesù: "Hai detto bene "non ho marito"; *[18]* infatti hai avuto cinque mariti e quello che hai ora non è tuo marito; in questo hai detto il vero". *[19]* Gli replicò la donna: "Signore, vedo che tu sei un profeta. *[20]* I nostri padri hanno adorato Dio sopra questo monte e voi dite che è Gerusalemme il luogo in cui bisogna adorare". *[21]* Gesù le dice: "Credimi, donna, è giunto il momento in cui né su questo monte, né in Gerusalemme adorerete il Padre. *[22]* Voi adorate quel che non conoscete, noi adoriamo quello che conosciamo, perché la salvezza viene dai Giudei. *[23]* Ma è giunto il momento, ed è questo, in cui i veri adoratori adoreranno il Padre in spirito e verità; perché il Padre cerca tali adoratori. *[24]* Dio è spirito, e quelli che lo adorano devono adorarlo in spirito e verità". *[25]* Gli rispose la donna: "So che deve venire il Messia (cioè il Cristo): quando egli verrà, ci annunzierà ogni cosa". *[26]* Le disse Gesù: "Sono io, che ti parlo".

[27] In quel momento giunsero i suoi discepoli e si meravigliarono che stesse a discorrere con una donna. Nessuno tuttavia gli disse: "Che desideri?", o: "Perché parli con lei?". *[28]* La donna intanto lasciò la brocca, andò in città e disse alla gente: *[29]* "Venite a vedere un uomo che mi ha detto tutto quello che ho fatto. Che sia forse il Messia?". *[30]* Uscirono allora dalla città e andavano da lui.

[31] Intanto i discepoli lo pregavano: "Rabbì, mangia". *[32]* Ma egli rispose: "Ho da mangiare un cibo che voi non conoscete". *[33]* E i discepoli si domandavano l'un l'altro: "Qualcuno forse gli ha portato da mangiare?". *[34]* Gesù disse loro: "Mio cibo è fare la volontà di colui che mi ha mandato e compiere la sua opera. *[35]* Non dite voi: Ci sono ancora quattro mesi e poi viene la mietitura? Ecco, io vi dico: Levate i vostri occhi e guardate i campi che già biondeggiano per la mietitura. *[36]* E chi miete riceve salario e raccoglie frutto per la vita eterna, perché ne goda insieme chi semina e chi miete. *[37]* Qui infatti si realizza il detto: uno semina e uno miete. *[38]* Io vi ho mandati a mietere ciò che voi non avete lavorato; altri hanno lavorato e voi siete subentrati nel loro lavoro".

[39] Molti Samaritani di quella città credettero in lui per le parole della donna che dichiarava: "Mi ha detto tutto quello che ho fatto". *[40]* E quando i Samaritani giunsero da lui, lo pregarono di fermarsi con loro ed egli vi rimase due giorni. *[41]* Molti di più credettero per la sua parola *[42]* e dicevano alla donna: "Non è più per la

tua parola che noi crediamo; ma perché noi stessi abbiamo udito e sappiamo che questi è veramente il salvatore del mondo". *[43]* Trascorsi due giorni, partì di là per andare in Galilea. *[44]* Ma Gesù stesso aveva dichiarato che un profeta non riceve onore nella sua patria. *[45]* Quando però giunse in Galilea, i Galilei lo accolsero con gioia, poiché avevano visto tutto quello che aveva fatto a Gerusalemme durante la festa; anch'essi infatti erano andati alla festa. *[46]* Andò dunque di nuovo a Cana di Galilea, dove aveva cambiato l'acqua in vino. Vi era un funzionario del re, che aveva un figlio malato a Cafàrnao. *[47]* Costui, udito che Gesù era venuto dalla Giudea in Galilea, si recò da lui e lo pregò di scendere a guarire suo figlio poiché stava per morire. *[48]* Gesù gli disse: "Se non vedete segni e prodigi, voi non credete". *[49]* Ma il funzionario del re insistette: "Signore, scendi prima che il mio bambino muoia". *[50]* Gesù gli risponde: "Va', tuo figlio vive". Quell'uomo credette alla parola che gli aveva detto Gesù e si mise in cammino. *[51]* Proprio mentre scendeva, gli vennero incontro i servi a dirgli: "Tuo figlio vive!". *[52]* S'informò poi a che ora avesse cominciato a star meglio. Gli dissero: "Ieri, un'ora dopo mezzogiorno la febbre lo ha lasciato". *[53]* Il padre riconobbe che proprio in quell'ora Gesù gli aveva detto: "Tuo figlio vive" e credette lui con tutta la sua famiglia. *[54]* Questo fu il secondo miracolo che Gesù fece tornando dalla Giudea in Galilea.

5

[1] Vi fu poi una festa dei Giudei e Gesù salì a Gerusalemme. *[2]* V'è a Gerusalemme, presso la porta delle Pecore, una piscina, chiamata in ebraico Betzaetà, con cinque portici, *[3]* sotto i quali giaceva un gran numero di infermi, ciechi, zoppi e paralitici. *[4]* Un angelo infatti in certi momenti discendeva nella piscina e agitava l'acqua; il primo ad entrarvi dopo l'agitazione dell'acqua guariva da qualsiasi malattia fosse affetto. *[5]* Si trovava là un uomo che da trentotto anni era malato. *[6]* Gesù vedendolo disteso e, sapendo che da molto tempo stava così, gli disse: "Vuoi guarire?". *[7]* Gli rispose il malato: "Signore, io non ho nessuno che mi immerga nella piscina quando l'acqua si agita. Mentre infatti sto per andarvi, qualche altro scende prima di me". *[8]* Gesù gli disse: "Alzati, prendi il tuo lettuccio e cammina". *[9]* E sull'istante quell'uomo guarì e, preso il suo lettuccio, cominciò a camminare. Quel giorno però era un sabato. *[10]* Dissero dunque i Giudei all'uomo guarito: "È sabato e non ti è lecito prender su il tuo lettuccio". *[11]* Ma egli rispose loro: "Colui che mi ha guarito mi ha detto: Prendi il tuo lettuccio e cammina". *[12]* Gli chiesero allora: "Chi è stato a dirti: Prendi il tuo lettuccio e cammina?". *[13]* Ma colui che era stato guarito non sapeva chi fosse; Gesù infatti si era allontanato, essendoci folla in quel luogo. *[14]* Poco dopo Gesù lo trovò nel tempio e gli disse: "Ecco che sei guarito; non peccare più, perché non ti abbia ad accadere qualcosa di peggio". *[15]* Quell'uomo se ne andò e disse ai Giudei che era stato Gesù a guarirlo. *[16]* Per questo i Giudei cominciarono a perseguitare Gesù, perché faceva tali cose di sabato.

[17] Ma Gesù rispose loro: "Il Padre mio opera sempre e anch'io opero". *[18]* Proprio per questo i Giudei cercavano ancor più di ucciderlo: perché non soltanto violava il sabato, ma chiamava Dio suo Padre, facendosi uguale a Dio.

[19] Gesù riprese a parlare e disse: "In verità, in verità vi dico, il Figlio da sé non può fare nulla se non ciò che vede fare dal Padre; quello che egli fa, anche il Figlio lo fa. *[20]* Il Padre infatti ama il Figlio, gli manifesta tutto quello che fa e gli manifesterà opere ancora più grandi di queste, e voi ne resterete meravigliati. *[21]* Come il Padre risuscita i morti e dà la vita, così anche il Figlio dà la vita a chi vuole; *[22]* il Padre infatti non giudica nessuno ma ha rimesso ogni giudizio al Figlio, *[23]* perché tutti onorino il Figlio come onorano il Padre. Chi non onora il Figlio, non onora il Padre che lo ha mandato. *[24]* In verità, in verità vi dico: chi ascolta la mia parola e crede a colui che mi ha mandato, ha la vita eterna e non va incontro al giudizio, ma è passato dalla morte alla vita. *[25]* In verità, in verità vi dico: è venuto il momento, ed è questo, in cui i morti udranno la voce del Figlio di Dio, e quelli che l'avranno ascoltata, vivranno. *[26]* Come infatti il Padre ha la vita in se stesso, così ha concesso al Figlio di avere la vita in se stesso; *[27]* e gli ha dato il potere di giudicare, perché è Figlio dell'uomo. *[28]* Non vi meravigliate di questo, poiché verrà l'ora in cui tutti coloro che sono nei sepolcri udranno la sua voce e ne usciranno: *[29]* quanti fecero il bene per una risurrezione di vita e quanti fecero il male per una risurrezione di condanna. *[30]* Io non posso far nulla da me stesso; giudico secondo quello che ascolto e il mio giudizio è giusto, perché non cerco la mia volontà, ma la volontà di colui che mi ha mandato.

[31] Se fossi io a render testimonianza a me stesso, la mia testimonianza non sarebbe vera; *[32]* ma c'è un altro che mi rende testimonianza, e so che la testimonianza che egli mi rende è verace. *[33]* Voi avete inviato messaggeri da Giovanni ed egli ha reso testimonianza alla verità. *[34]* Io non ricevo testimonianza da un uomo; ma vi dico queste cose perché possiate salvarvi. *[35]* Egli era una lampada che arde e risplende, e voi avete voluto solo per un momento rallegrarvi alla sua luce.

[36] Io però ho una testimonianza superiore a quella di Giovanni: le opere che il Padre mi ha dato da compiere, quelle stesse opere che io sto facendo, testimoniano di me che il Padre mi ha mandato. *[37]* E anche il Padre, che mi ha mandato, ha reso testimonianza di me. Ma voi non avete mai udito la sua voce, né avete visto il suo volto, *[38]* e non avete la sua parola che dimora in voi, perché non credete a colui che egli ha mandato. *[39]* Voi scrutate le Scritture credendo di avere in esse la vita eterna; ebbene, sono proprio esse che mi rendono testimonianza. *[40]* Ma voi non volete venire a me per avere la vita.

[41] Io non ricevo gloria dagli uomini. *[42]* Ma io vi conosco e so che non avete in voi l'amore di Dio. *[43]* Io sono venuto nel nome del Padre mio e voi non mi ricevete; se un altro venisse nel proprio nome, lo ricevereste. *[44]* E come potete credere, voi che prendete gloria gli uni dagli altri, e non cercate la gloria che viene da Dio solo? *[45]* Non crediate che sia io ad accusarvi davanti al Padre; c'è già chi vi accusa, Mosè, nel quale avete riposto la vostra speranza. *[46]* Se credeste infatti a Mosè, credereste anche a me; perché di me egli ha scritto. *[47]* Ma se non credete ai

suoi scritti, come potrete credere alle mie parole?".

6

[1] Dopo questi fatti, Gesù andò all'altra riva del mare di Galilea, cioè di Tiberìade, [2] e una grande folla lo seguiva, vedendo i segni che faceva sugli infermi. [3] Gesù salì sulla montagna e là si pose a sedere con i suoi discepoli. [4] Era vicina la Pasqua, la festa dei Giudei. [5] Alzati quindi gli occhi, Gesù vide che una grande folla veniva da lui e disse a Filippo: "Dove possiamo comprare il pane perché costoro abbiano da mangiare?". [6] Diceva così per metterlo alla prova; egli infatti sapeva bene quello che stava per fare. [7] Gli rispose Filippo: "Duecento denari di pane non sono sufficienti neppure perché ognuno possa riceverne un pezzo". [8] Gli disse allora uno dei discepoli, Andrea, fratello di Simon Pietro: [9] "C'è qui un ragazzo che ha cinque pani d'orzo e due pesci; ma che cos'è questo per tanta gente?". [10] Rispose Gesù: "Fateli sedere". C'era molta erba in quel luogo. Si sedettero dunque ed erano circa cinquemila uomini. [11] Allora Gesù prese i pani e, dopo aver reso grazie, li distribuì a quelli che si erano seduti, e lo stesso fece dei pesci, finché ne vollero. [12] E quando furono saziati, disse ai discepoli: "Raccogliete i pezzi avanzati, perché nulla vada perduto". [13] Li raccolsero e riempirono dodici canestri con i pezzi dei cinque pani d'orzo, avanzati a coloro che avevano mangiato.

[14] Allora la gente, visto il segno che egli aveva compiuto, cominciò a dire: "Questi è davvero il profeta che deve venire nel mondo!". [15] Ma Gesù, sapendo che stavano per venire a prenderlo per farlo re, si ritirò di nuovo sulla montagna, tutto solo.

[16] Venuta intanto la sera, i suoi discepoli scesero al mare [17] e, saliti in una barca, si avviarono verso l'altra riva in direzione di Cafàrnao. Era ormai buio, e Gesù non era ancora venuto da loro. [18] Il mare era agitato, perché soffiava un forte vento. [19] Dopo aver remato circa tre o quattro miglia, videro Gesù che camminava sul mare e si avvicinava alla barca, ed ebbero paura. [20] Ma egli disse loro: "Sono io, non temete". [21] Allora vollero prenderlo sulla barca e rapidamente la barca toccò la riva alla quale erano diretti.

[22] Il giorno dopo, la folla, rimasta dall'altra parte del mare, notò che c'era una barca sola e che Gesù non era salito con i suoi discepoli sulla barca, ma soltanto i suoi discepoli erano partiti. [23] Altre barche erano giunte nel frattempo da Tiberìade, presso il luogo dove avevano mangiato il pane dopo che il Signore aveva reso grazie. [24] Quando dunque la folla vide che Gesù non era più là e nemmeno i suoi discepoli, salì sulle barche e si diresse alla volta di Cafàrnao alla ricerca di Gesù. [25] Trovatolo di là dal mare, gli dissero: "Rabbì, quando sei venuto qua?". [26] Gesù rispose: "In verità, in verità vi dico, voi mi cercate non perché avete visto dei segni, ma perché avete mangiato di quei pani e vi siete saziati. [27] Procuratevi non il cibo che perisce, ma quello che dura per la vita eterna, e che il Figlio dell'uomo vi darà. Perché su di lui il Padre, Dio, ha messo il suo sigillo". [28] Gli

dissero allora: "Che cosa dobbiamo fare per compiere le opere di Dio?". *[29]* Gesù rispose: "Questa è l'opera di Dio: credere in colui che egli ha mandato".

[30] Allora gli dissero: "Quale segno dunque tu fai perché vediamo e possiamo crederti? Quale opera compi? *[31]* I nostri padri hanno mangiato la manna nel deserto, come sta scritto: *Diede loro da mangiare un pane dal cielo*". *[32]* Rispose loro Gesù: "In verità, in verità vi dico: non Mosè vi ha dato il pane dal cielo, ma il Padre mio vi dà il pane dal cielo, quello vero; *[33]* il pane di Dio è colui che discende dal cielo e dà la vita al mondo". *[34]* Allora gli dissero: "Signore, dacci sempre questo pane". *[35]* Gesù rispose: "Io sono il pane della vita; chi viene a me non avrà più fame e chi crede in me non avrà più sete. *[36]* Vi ho detto però che voi mi avete visto e non credete. *[37]* Tutto ciò che il Padre mi dà, verrà a me; colui che viene a me, non lo respingerò, *[38]* perché sono disceso dal cielo non per fare la mia volontà, ma la volontà di colui che mi ha mandato. *[39]* E questa è la volontà di colui che mi ha mandato, che io non perda nulla di quanto egli mi ha dato, ma lo risusciti nell'ultimo giorno. *[40]* Questa infatti è la volontà del Padre mio, che chiunque vede il Figlio e crede in lui abbia la vita eterna; io lo risusciterò nell'ultimo giorno".

[41] Intanto i Giudei mormoravano di lui perché aveva detto: "Io sono il pane disceso dal cielo". *[42]* E dicevano: "Costui non è forse Gesù, il figlio di Giuseppe? Di lui conosciamo il padre e la madre. Come può dunque dire: Sono disceso dal cielo?".

[43] Gesù rispose: "Non mormorate tra di voi. *[44]* Nessuno può venire a me, se non lo attira il Padre che mi ha mandato; e io lo risusciterò nell'ultimo giorno. *[45]* Sta scritto nei profeti: *E tutti saranno ammaestrati da Dio*. Chiunque ha udito il Padre e ha imparato da lui, viene a me. *[46]* Non che alcuno abbia visto il Padre, ma solo colui che viene da Dio ha visto il Padre. *[47]* In verità, in verità vi dico: chi crede ha la vita eterna.

[48] Io sono il pane della vita. *[49]* I vostri padri hanno mangiato la manna nel deserto e sono morti; *[50]* questo è il pane che discende dal cielo, perché chi ne mangia non muoia. *[51]* Io sono il pane vivo, disceso dal cielo. Se uno mangia di questo pane vivrà in eterno e il pane che io darò è la mia carne per la vita del mondo". *[52]* Allora i Giudei si misero a discutere tra di loro: "Come può costui darci la sua carne da mangiare?". *[53]* Gesù disse: "In verità, in verità vi dico: se non mangiate la carne del Figlio dell'uomo e non bevete il suo sangue, non avrete in voi la vita. *[54]* Chi mangia la mia carne e beve il mio sangue ha la vita eterna e io lo risusciterò nell'ultimo giorno. *[55]* Perché la mia carne è vero cibo e il mio sangue vera bevanda. *[56]* Chi mangia la mia carne e beve il mio sangue dimora in me e io in lui. *[57]* Come il Padre, che ha la vita, ha mandato me e io vivo per il Padre, così anche colui che mangia di me vivrà per me. *[58]* Questo è il pane disceso dal cielo, non come quello che mangiarono i padri vostri e morirono. Chi mangia questo pane vivrà in eterno".

[59] Queste cose disse Gesù, insegnando nella sinagoga a Cafàrnao. *[60]* Molti dei suoi discepoli, dopo aver ascoltato, dissero: "Questo linguaggio è duro; chi può intenderlo?". *[61]* Gesù, conoscendo dentro di sé che i suoi discepoli proprio di questo mormoravano, disse loro: "Questo vi scandalizza? *[62]* E se vedeste il Figlio

dell'uomo salire là dov'era prima? *[63]* È lo Spirito che dà la vita, la carne non giova a nulla; le parole che vi ho dette sono spirito e vita. *[64]* Ma vi sono alcuni tra voi che non credono". Gesù infatti sapeva fin da principio chi erano quelli che non credevano e chi era colui che lo avrebbe tradito. *[65]* E continuò: "Per questo vi ho detto che nessuno può venire a me, se non gli è concesso dal Padre mio".

[66] Da allora molti dei suoi discepoli si tirarono indietro e non andavano più con lui. *[67]* Disse allora Gesù ai Dodici: "Forse anche voi volete andarvene?". *[68]* Gli rispose Simon Pietro: "Signore, da chi andremo? Tu hai parole di vita eterna; *[69]* noi abbiamo creduto e conosciuto che tu sei il Santo di Dio". *[70]* Rispose Gesù: "Non ho forse scelto io voi, i Dodici? Eppure uno di voi è un diavolo!". Egli parlava di Giuda, figlio di Simone Iscariota: questi infatti stava per tradirlo, uno dei Dodici.

7

[1] Dopo questi fatti Gesù se ne andava per la Galilea; infatti non voleva più andare per la Giudea, perché i Giudei cercavano di ucciderlo.

[2] Si avvicinava intanto la festa dei Giudei, detta delle Capanne; *[3]* i suoi fratelli gli dissero: "Parti di qui e va' nella Giudea perché anche i tuoi discepoli vedano le opere che tu fai. *[4]* Nessuno infatti agisce di nascosto, se vuole venire riconosciuto pubblicamente. Se fai tali cose, manifèstati al mondo!". *[5]* Neppure i suoi fratelli infatti credevano in lui. *[6]* Gesù allora disse loro: "Il mio tempo non è ancora venuto, il vostro invece è sempre pronto. *[7]* Il mondo non può odiare voi, ma odia me, perché di lui io attesto che le sue opere sono cattive. *[8]* Andate voi a questa festa; io non ci vado, perché il mio tempo non è ancora compiuto". *[9]* Dette loro queste cose, restò nella Galilea.

[10] Ma andati i suoi fratelli alla festa, allora vi andò anche lui; non apertamente però: di nascosto. *[11]* I Giudei intanto lo cercavano durante la festa e dicevano: "Dov'è quel tale?". *[12]* E si faceva sommessamente un gran parlare di lui tra la folla; gli uni infatti dicevano: "È buono!". Altri invece: "No, inganna la gente!". *[13]* Nessuno però ne parlava in pubblico, per paura dei Giudei.

[14] Quando ormai si era a metà della festa, Gesù salì al tempio e vi insegnava. *[15]* I Giudei ne erano stupiti e dicevano: "Come mai costui conosce le Scritture, senza avere studiato?". *[16]* Gesù rispose: "La mia dottrina non è mia, ma di colui che mi ha mandato. *[17]* Chi vuol fare la sua volontà, conoscerà se questa dottrina viene da Dio, o se io parlo da me stesso. *[18]* Chi parla da se stesso, cerca la propria gloria; ma chi cerca la gloria di colui che l'ha mandato è veritiero, e in lui non c'è ingiustizia. *[19]* Non è stato forse Mosè a darvi la Legge? Eppure nessuno di voi osserva la Legge! Perché cercate di uccidermi?". *[20]* Rispose la folla: "Tu hai un demonio! Chi cerca di ucciderti?". *[21]* Rispose Gesù: "Un'opera sola ho compiuto, e tutti ne siete stupiti. *[22]* Mosè vi ha dato la circoncisione - non che essa venga da Mosè, ma dai patriarchi - e voi circoncidete un uomo anche di sabato. *[23]* Ora se un uomo riceve la circoncisione di sabato perché non sia trasgredita la Legge di Mosè, voi vi sdegnate

contro di me perché ho guarito interamente un uomo di sabato? *[24]* Non giudicate secondo le apparenze, ma giudicate con giusto giudizio!".

[25] Intanto alcuni di Gerusalemme dicevano: "Non è costui quello che cercano di uccidere? *[26]* Ecco, egli parla liberamente, e non gli dicono niente. Che forse i capi abbiano riconosciuto davvero che egli è il Cristo? *[27]* Ma costui sappiamo di dov'è; il Cristo invece, quando verrà, nessuno saprà di dove sia". *[28]* Gesù allora, mentre insegnava nel tempio, esclamò: "Certo, voi mi conoscete e sapete di dove sono. Eppure io non sono venuto da me e chi mi ha mandato è veritiero, e voi non lo conoscete. *[29]* Io però lo conosco, perché vengo da lui ed egli mi ha mandato". *[30]* Allora cercarono di arrestarlo, ma nessuno riuscì a mettergli le mani addosso, perché non era ancora giunta la sua ora.

[31] Molti della folla invece credettero in lui, e dicevano: "Il Cristo, quando verrà, potrà fare segni più grandi di quelli che ha fatto costui?".

[32] I farisei intanto udirono che la gente sussurrava queste cose di lui e perciò i sommi sacerdoti e i farisei mandarono delle guardie per arrestarlo. *[33]* Gesù disse: "Per poco tempo ancora rimango con voi, poi vado da colui che mi ha mandato. *[34]* Voi mi cercherete, e non mi troverete; e dove sono io, voi non potrete venire". *[35]* Dissero dunque tra loro i Giudei: "Dove mai sta per andare costui, che noi non potremo trovarlo? Andrà forse da quelli che sono dispersi fra i Greci e ammaestrerà i Greci? *[36]* Che discorso è questo che ha fatto: Mi cercherete e non mi troverete e dove sono io voi non potrete venire?".

[37] Nell'ultimo giorno, il grande giorno della festa, Gesù levatosi in piedi esclamò ad alta voce: "Chi ha sete venga a me e beva *[38]* chi crede in me; come dice la Scrittura: fiumi di acqua viva sgorgheranno dal suo seno". *[39]* Questo egli disse riferendosi allo Spirito che avrebbero ricevuto i credenti in lui: infatti non c'era ancora lo Spirito, perché Gesù non era stato ancora glorificato.

[40] All'udire queste parole, alcuni fra la gente dicevano: "Questi è davvero il profeta!". *[41]* Altri dicevano: "Questi è il Cristo!". Altri invece dicevano: "Il Cristo viene forse dalla Galilea? *[42]* Non dice forse la Scrittura che il Cristo *verrà dalla stirpe di Davide* e *da Betlemme*, il villaggio di Davide?". *[43]* E nacque dissenso tra la gente riguardo a lui.

[44] Alcuni di loro volevano arrestarlo, ma nessuno gli mise le mani addosso. *[45]* Le guardie tornarono quindi dai sommi sacerdoti e dai farisei e questi dissero loro: "Perché non lo avete condotto?". *[46]* Risposero le guardie: "Mai un uomo ha parlato come parla quest'uomo!". *[47]* Ma i farisei replicarono loro: "Forse vi siete lasciati ingannare anche voi? *[48]* Forse gli ha creduto qualcuno fra i capi, o fra i farisei? *[49]* Ma questa gente, che non conosce la Legge, è maledetta!". *[50]* Disse allora Nicodèmo, uno di loro, che era venuto precedentemente da Gesù: *[51]* "La nostra Legge giudica forse un uomo prima di averlo ascoltato e di sapere ciò che fa?". *[52]* Gli risposero: "Sei forse anche tu della Galilea? Studia e vedrai che non sorge profeta dalla Galilea".

[53] E tornarono ciascuno a casa sua.

[1] Gesù si avviò allora verso il monte degli Ulivi. *[2]* Ma all'alba si recò di nuovo nel tempio e tutto il popolo andava da lui ed egli, sedutosi, li ammaestrava. *[3]* Allora gli scribi e i farisei gli conducono una donna sorpresa in adulterio e, postala nel mezzo, *[4]* gli dicono: "Maestro, questa donna è stata sorpresa in flagrante adulterio. *[5]* Ora Mosè, nella Legge, ci ha comandato di lapidare donne come questa. Tu che ne dici?". *[6]* Questo dicevano per metterlo alla prova e per avere di che accusarlo. Ma Gesù, chinatosi, si mise a scrivere col dito per terra. *[7]* E siccome insistevano nell'interrogarlo, alzò il capo e disse loro: "Chi di voi è senza peccato, scagli per primo la pietra contro di lei". *[8]* E chinatosi di nuovo, scriveva per terra. *[9]* Ma quelli, udito ciò, se ne andarono uno per uno, cominciando dai più anziani fino agli ultimi.

Rimase solo Gesù con la donna là in mezzo. *[10]* Alzatosi allora Gesù le disse: "Donna, dove sono? Nessuno ti ha condannata?". *[11]* Ed essa rispose: "Nessuno, Signore". E Gesù le disse: "Neanch'io ti condanno; va' e d'ora in poi non peccare più".

[12] Di nuovo Gesù parlò loro: "Io sono la luce del mondo; chi segue me, non camminerà nelle tenebre, ma avrà la luce della vita".

[13] Gli dissero allora i farisei: "Tu dai testimonianza di te stesso; la tua testimonianza non è vera". *[14]* Gesù rispose: "Anche se io rendo testimonianza di me stesso, la mia testimonianza è vera, perché so da dove vengo e dove vado. Voi invece non sapete da dove vengo o dove vado. *[15]* Voi giudicate secondo la carne; io non giudico nessuno. *[16]* E anche se giudico, il mio giudizio è vero, perché non sono solo, ma io e il Padre che mi ha mandato. *[17]* Nella vostra Legge sta scritto che la testimonianza di due persone è vera: *[18]* orbene, sono io che do testimonianza di me stesso, ma anche il Padre, che mi ha mandato, mi dà testimonianza". *[19]* Gli dissero allora: "Dov'è tuo padre?". Rispose Gesù: "Voi non conoscete né me né il Padre; se conosceste me, conoscereste anche il Padre mio". *[20]* Queste parole Gesù le pronunziò nel luogo del tesoro mentre insegnava nel tempio. E nessuno lo arrestò, perché non era ancora giunta la sua ora.

[21] Di nuovo Gesù disse loro: "Io vado e voi mi cercherete, ma morirete nel vostro peccato. Dove vado io, voi non potete venire". *[22]* Dicevano allora i Giudei: "Forse si ucciderà, dal momento che dice: Dove vado io, voi non potete venire?". *[23]* E diceva loro: "Voi siete di quaggiù, io sono di lassù; voi siete di questo mondo, io non sono di questo mondo. *[24]* Vi ho detto che morirete nei vostri peccati; se infatti non credete che io sono, morirete nei vostri peccati". *[25]* Gli dissero allora: "Tu chi sei?". Gesù disse loro: "Proprio ciò che vi dico. *[26]* Avrei molte cose da dire e da giudicare sul vostro conto; ma colui che mi ha mandato è veritiero, ed io dico al mondo le cose che ho udito da lui". *[27]* Non capirono che egli parlava loro del Padre. *[28]* Disse allora Gesù: "Quando avrete innalzato il Figlio dell'uomo, allora saprete che Io Sono e non faccio nulla da me stesso, ma come mi ha insegnato il Padre, così io parlo. *[29]* Colui che mi ha mandato è con me e non mi ha lasciato solo

perché io faccio sempre le cose che gli sono gradite". *[30]* A queste sue parole, molti credettero in lui.

[31] Gesù allora disse a quei Giudei che avevano creduto in lui: "Se rimanete fedeli alla mia parola, sarete davvero miei discepoli; *[32]* conoscerete la verità e la verità vi farà liberi". *[33]* Gli risposero: "Noi siamo discendenza di Abramo e non siamo mai stati schiavi di nessuno. Come puoi tu dire: Diventerete liberi?". *[34]* Gesù rispose: "In verità, in verità vi dico: chiunque commette il peccato è schiavo del peccato. *[35]* Ora lo schiavo non resta per sempre nella casa, ma il figlio vi resta sempre; *[36]* se dunque il Figlio vi farà liberi, sarete liberi davvero. *[37]* So che siete discendenza di Abramo. Ma intanto cercate di uccidermi perché la mia parola non trova posto in voi. *[38]* Io dico quello che ho visto presso il Padre; anche voi dunque fate quello che avete ascoltato dal padre vostro!". *[39]* Gli risposero: "Il nostro padre è Abramo". Rispose Gesù: "Se siete figli di Abramo, fate le opere di Abramo! *[40]* Ora invece cercate di uccidere me, che vi ho detto la verità udita da Dio; questo, Abramo non l'ha fatto. *[41]* Voi fate le opere del padre vostro". Gli risposero: "Noi non siamo nati da prostituzione, noi abbiamo un solo Padre, Dio!". *[42]* Disse loro Gesù: "Se Dio fosse vostro Padre, certo mi amereste, perché da Dio sono uscito e vengo; non sono venuto da me stesso, ma lui mi ha mandato. *[43]* Perché non comprendete il mio linguaggio? Perché non potete dare ascolto alle mie parole, *[44]* voi che avete per padre il diavolo, e volete compiere i desideri del padre vostro. Egli è stato omicida fin da principio e non ha perseverato nella verità, perché non vi è verità in lui. Quando dice il falso, parla del suo, perché è menzognero e padre della menzogna. *[45]* A me, invece, voi non credete, perché dico la verità. *[46]* Chi di voi può convincermi di peccato? Se dico la verità, perché non mi credete? *[47]* Chi è da Dio ascolta le parole di Dio: per questo voi non le ascoltate, perché non siete da Dio".

[48] Gli risposero i Giudei: "Non diciamo con ragione noi che sei un Samaritano e hai un demonio?". *[49]* Rispose Gesù: "Io non ho un demonio, ma onoro il Padre mio e voi mi disonorate. *[50]* Io non cerco la mia gloria; vi è chi la cerca e giudica. *[51]* In verità, in verità vi dico: se uno osserva la mia parola, non vedrà mai la morte". *[52]* Gli dissero i Giudei: "Ora sappiamo che hai un demonio. Abramo è morto, come anche i profeti, e tu dici: "Chi osserva la mia parola non conoscerà mai la morte". *[53]* Sei tu più grande del nostro padre Abramo, che è morto? Anche i profeti sono morti; chi pretendi di essere?". *[54]* Rispose Gesù: "Se io glorificassi me stesso, la mia gloria non sarebbe nulla; chi mi glorifica è il Padre mio, del quale voi dite: "È nostro Dio!", *[55]* e non lo conoscete. Io invece lo conosco. E se dicessi che non lo conosco, sarei come voi, un mentitore; ma lo conosco e osservo la sua parola. *[56]* Abramo, vostro padre, esultò nella speranza di vedere il mio giorno; lo vide e se ne rallegrò". *[57]* Gli dissero allora i Giudei: "Non hai ancora cinquant'anni e hai visto Abramo?". *[58]* Rispose loro Gesù: "In verità, in verità vi dico: prima che Abramo fosse, Io Sono". *[59]* Allora raccolsero pietre per scagliarle contro di lui; ma Gesù si nascose e uscì dal tempio.

[1] Passando vide un uomo cieco dalla nascita *[2]* e i suoi discepoli lo interrogarono: "Rabbì, chi ha peccato, lui o i suoi genitori, perché egli nascesse cieco?". *[3]* Rispose Gesù: "né lui ha peccato né i suoi genitori, ma è così perché si manifestassero in lui le opere di Dio. *[4]* Dobbiamo compiere le opere di colui che mi ha mandato finché è giorno; poi viene la notte, quando nessuno può più operare. *[5]* Finché sono nel mondo, sono la luce del mondo". *[6]* Detto questo sputò per terra, fece del fango con la saliva, spalmò il fango sugli occhi del cieco *[7]* e gli disse: "Va' a lavarti nella piscina di Sìloe (che significa Inviato)". Quegli andò, si lavò e tornò che ci vedeva. *[8]* Allora i vicini e quelli che lo avevano visto prima, poiché era un mendicante, dicevano: "Non è egli quello che stava seduto a chiedere l'elemosina?". *[9]* Alcuni dicevano: "È lui"; altri dicevano: "No, ma gli assomiglia". Ed egli diceva: "Sono io!". *[10]* Allora gli chiesero: "Come dunque ti furono aperti gli occhi?". *[11]* Egli rispose: "Quell'uomo che si chiama Gesù ha fatto del fango, mi ha spalmato gli occhi e mi ha detto: Va' a Sìloe e lavati! Io sono andato e, dopo essermi lavato, ho acquistato la vista". *[12]* Gli dissero: "Dov'è questo tale?". Rispose: "Non lo so".

[13] Intanto condussero dai farisei quello che era stato cieco: *[14]* era infatti sabato il giorno in cui Gesù aveva fatto del fango e gli aveva aperto gli occhi. *[15]* Anche i farisei dunque gli chiesero di nuovo come avesse acquistato la vista. Ed egli disse loro: "Mi ha posto del fango sopra gli occhi, mi sono lavato e ci vedo". *[16]* Allora alcuni dei farisei dicevano: "Quest'uomo non viene da Dio, perché non osserva il sabato". Altri dicevano: "Come può un peccatore compiere tali prodigi?". E c'era dissenso tra di loro. *[17]* Allora dissero di nuovo al cieco: "Tu che dici di lui, dal momento che ti ha aperto gli occhi?". Egli rispose: "È un profeta!". *[18]* Ma i Giudei non vollero credere di lui che era stato cieco e aveva acquistato la vista, finché non chiamarono i genitori di colui che aveva ricuperato la vista. *[19]* E li interrogarono: "È questo il vostro figlio, che voi dite esser nato cieco? Come mai ora ci vede?". *[20]* I genitori risposero: "Sappiamo che questo è il nostro figlio e che è nato cieco; *[21]* come poi ora ci veda, non lo sappiamo, né sappiamo chi gli ha aperto gli occhi; chiedetelo a lui, ha l'età, parlerà lui di se stesso". *[22]* Questo dissero i suoi genitori, perché avevano paura dei Giudei; infatti i Giudei avevano già stabilito che, se uno lo avesse riconosciuto come il Cristo, venisse espulso dalla sinagoga. *[23]* Per questo i suoi genitori dissero: "Ha l'età, chiedetelo a lui!".

[24] Allora chiamarono di nuovo l'uomo che era stato cieco e gli dissero: "Dà gloria a Dio! Noi sappiamo che quest'uomo è un peccatore". *[25]* Quegli rispose: "Se sia un peccatore, non lo so; una cosa so: prima ero cieco e ora ci vedo". *[26]* Allora gli dissero di nuovo: "Che cosa ti ha fatto? Come ti ha aperto gli occhi?". *[27]* Rispose loro: "Ve l'ho già detto e non mi avete ascoltato; perché volete udirlo di nuovo? Volete forse diventare anche voi suoi discepoli?". *[28]* Allora lo insultarono e gli dissero: "Tu sei suo discepolo, noi siamo discepoli di Mosè! *[29]* Noi sappiamo infatti che a Mosè ha parlato Dio; ma costui non sappiamo di dove sia". *[30]* Rispose loro quell'uomo: "Proprio questo è strano, che voi non sapete di dove sia, eppure mi

ha aperto gli occhi. *[31]* Ora, noi sappiamo che Dio non ascolta i peccatori, ma se uno è timorato di Dio e fa la sua volontà, egli lo ascolta. *[32]* Da che mondo è mondo, non s'è mai sentito dire che uno abbia aperto gli occhi a un cieco nato. *[33]* Se costui non fosse da Dio, non avrebbe potuto far nulla". *[34]* Gli replicarono: "Sei nato tutto nei peccati e vuoi insegnare a noi?". E lo cacciarono fuori.

[35] Gesù seppe che l'avevano cacciato fuori, e incontratolo gli disse: "Tu credi nel Figlio dell'uomo?". *[36]* Egli rispose: "E chi è, Signore, perché io creda in lui?". *[37]* Gli disse Gesù: "Tu l'hai visto: colui che parla con te è proprio lui". *[38]* Ed egli disse: "Io credo, Signore!". E gli si prostrò innanzi. *[39]* Gesù allora disse: "Io sono venuto in questo mondo per giudicare, perché coloro che non vedono vedano e quelli che vedono diventino ciechi". *[40]* Alcuni dei farisei che erano con lui udirono queste parole e gli dissero: "Siamo forse ciechi anche noi?". *[41]* Gesù rispose loro: "Se foste ciechi, non avreste alcun peccato; ma siccome dite: Noi vediamo, il vostro peccato rimane".

10

[1] "In verità, in verità vi dico: chi non entra nel recinto delle pecore per la porta, ma vi sale da un'altra parte, è un ladro e un brigante. *[2]* Chi invece entra per la porta, è il pastore delle pecore. *[3]* Il guardiano gli apre e le pecore ascoltano la sua voce: egli chiama le sue pecore una per una e le conduce fuori. *[4]* E quando ha condotto fuori tutte le sue pecore, cammina innanzi a loro, e le pecore lo seguono, perché conoscono la sua voce. *[5]* Un estraneo invece non lo seguiranno, ma fuggiranno via da lui, perché non conoscono la voce degli estranei". *[6]* Questa similitudine disse loro Gesù; ma essi non capirono che cosa significava ciò che diceva loro.

[7] Allora Gesù disse loro di nuovo: "In verità, in verità vi dico: io sono la porta delle pecore. *[8]* Tutti coloro che sono venuti prima di me, sono ladri e briganti; ma le pecore non li hanno ascoltati. *[9]* Io sono la porta: se uno entra attraverso di me, sarà salvo; entrerà e uscirà e troverà pascolo. *[10]* Il ladro non viene se non per rubare, uccidere e distruggere; io sono venuto perché abbiano la vita e l'abbiano in abbondanza. *[11]* Io sono il buon pastore. Il buon pastore offre la vita per le pecore. *[12]* Il mercenario invece, che non è pastore e al quale le pecore non appartengono, vede venire il lupo, abbandona le pecore e fugge e il lupo le rapisce e le disperde; *[13]* egli è un mercenario e non gli importa delle pecore. *[14]* Io sono il buon pastore, conosco le mie pecore e le mie pecore conoscono me, *[15]* come il Padre conosce me e io conosco il Padre; e offro la vita per le pecore. *[16]* E ho altre pecore che non sono di quest'ovile; anche queste io devo condurre; ascolteranno la mia voce e diventeranno un solo gregge e un solo pastore. *[17]* Per questo il Padre mi ama: perché io offro la mia vita, per poi riprenderla di nuovo. *[18]* Nessuno me la toglie, ma la offro da me stesso, poiché ho il potere di offrirla e il potere di riprenderla di nuovo. Questo comando ho ricevuto dal Padre mio".

[19] Sorse di nuovo dissenso tra i Giudei per queste parole. *[20]* Molti di essi

dicevano: "Ha un demonio ed è fuori di sé; perché lo state ad ascoltare?". *[21]* Altri invece dicevano: "Queste parole non sono di un indemoniato; può forse un demonio aprire gli occhi dei ciechi?".

[22] Ricorreva in quei giorni a Gerusalemme la festa della Dedicazione. Era d'inverno. *[23]* Gesù passeggiava nel tempio, sotto il portico di Salomone. *[24]* Allora i Giudei gli si fecero attorno e gli dicevano: "Fino a quando terrai l'animo nostro sospeso? Se tu sei il Cristo, dillo a noi apertamente". *[25]* Gesù rispose loro: "Ve l'ho detto e non credete; le opere che io compio nel nome del Padre mio, queste mi danno testimonianza; *[26]* ma voi non credete, perché non siete mie pecore. *[27]* Le mie pecore ascoltano la mia voce e io le conosco ed esse mi seguono. *[28]* Io do loro la vita eterna e non andranno mai perdute e nessuno le rapirà dalla mia mano. *[29]* Il Padre mio che me le ha date è più grande di tutti e nessuno può rapirle dalla mano del Padre mio. *[30]* Io e il Padre siamo una cosa sola".

[31] I Giudei portarono di nuovo delle pietre per lapidarlo. *[32]* Gesù rispose loro: "Vi ho fatto vedere molte opere buone da parte del Padre mio; per quale di esse mi volete lapidare?". *[33]* Gli risposero i Giudei: "Non ti lapidiamo per un'opera buona, ma per la bestemmia e perché tu, che sei uomo, ti fai Dio". *[34]* Rispose loro Gesù: "Non è forse scritto nella vostra Legge: *Io ho detto: voi siete dèi?* *[35]* Ora, se essa ha chiamato dèi coloro ai quali fu rivolta la parola di Dio (e la Scrittura non può essere annullata), *[36]* a colui che il Padre ha consacrato e mandato nel mondo, voi dite: Tu bestemmi, perché ho detto: Sono Figlio di Dio? *[37]* Se non compio le opere del Padre mio, non credetemi; *[38]* ma se le compio, anche se non volete credere a me, credete almeno alle opere, perché sappiate e conosciate che il Padre è in me e io nel Padre". *[39]* Cercavano allora di prenderlo di nuovo, ma egli sfuggì dalle loro mani.

[40] Ritornò quindi al di là del Giordano, nel luogo dove prima Giovanni battezzava, e qui si fermò. *[41]* Molti andarono da lui e dicevano: "Giovanni non ha fatto nessun segno, ma tutto quello che Giovanni ha detto di costui era vero". *[42]* E in quel luogo molti credettero in lui.

11

[1] Era allora malato un certo Lazzaro di Betània, il villaggio di Maria e di Marta sua sorella. *[2]* Maria era quella che aveva cosparso di olio profumato il Signore e gli aveva asciugato i piedi con i suoi capelli; suo fratello Lazzaro era malato. *[3]* Le sorelle mandarono dunque a dirgli: "Signore, ecco, il tuo amico è malato".
[4] All'udire questo, Gesù disse: "Questa malattia non è per la morte, ma per la gloria di Dio, perché per essa il Figlio di Dio venga glorificato". *[5]* Gesù voleva molto bene a Marta, a sua sorella e a Lazzaro. *[6]* Quand'ebbe dunque sentito che era malato, si trattenne due giorni nel luogo dove si trovava. *[7]* Poi, disse ai discepoli: "Andiamo di nuovo in Giudea!". *[8]* I discepoli gli dissero: "Rabbì, poco fa i Giudei cercavano di lapidarti e tu ci vai di nuovo?". *[9]* Gesù rispose: "Non sono forse dodici le ore del giorno? Se uno cammina di giorno, non inciampa, perché vede la

luce di questo mondo; *[10]* ma se invece uno cammina di notte, inciampa, perché gli manca la luce". *[11]* Così parlò e poi soggiunse loro: "Il nostro amico Lazzaro s'è addormentato; ma io vado a svegliarlo". *[12]* Gli dissero allora i discepoli: "Signore, se s'è addormentato, guarirà". *[13]* Gesù parlava della morte di lui, essi invece pensarono che si riferisse al riposo del sonno. *[14]* Allora Gesù disse loro apertamente: "Lazzaro è morto *[15]* e io sono contento per voi di non essere stato là, perché voi crediate. Orsù, andiamo da lui!". *[16]* Allora Tommaso, chiamato Dìdimo, disse ai condiscepoli: "Andiamo anche noi a morire con lui!".

[17] Venne dunque Gesù e trovò Lazzaro che era già da quattro giorni nel sepolcro. *[18]* Betània distava da Gerusalemme meno di due miglia *[19]* e molti Giudei erano venuti da Marta e Maria per consolarle per il loro fratello. *[20]* Marta dunque, come seppe che veniva Gesù, gli andò incontro; Maria invece stava seduta in casa. *[21]* Marta disse a Gesù: "Signore, se tu fossi stato qui, mio fratello non sarebbe morto! *[22]* Ma anche ora so che qualunque cosa chiederai a Dio, egli te la concederà". *[23]* Gesù le disse: "Tuo fratello risusciterà". *[24]* Gli rispose Marta: "So che risusciterà nell'ultimo giorno". *[25]* Gesù le disse: "Io sono la risurrezione e la vita; chi crede in me, anche se muore, vivrà; *[26]* chiunque vive e crede in me, non morrà in eterno. Credi tu questo?". *[27]* Gli rispose: "Sì, o Signore, io credo che tu sei il Cristo, il Figlio di Dio che deve venire nel mondo".

[28] Dopo queste parole se ne andò a chiamare di nascosto Maria, sua sorella, dicendo: "Il Maestro è qui e ti chiama". *[29]* Quella, udito ciò, si alzò in fretta e andò da lui. *[30]* Gesù non era entrato nel villaggio, ma si trovava ancora là dove Marta gli era andata incontro. *[31]* Allora i Giudei che erano in casa con lei a consolarla, quando videro Maria alzarsi in fretta e uscire, la seguirono pensando: "Va al sepolcro per piangere là". *[32]* Maria, dunque, quando giunse dov'era Gesù, vistolo si gettò ai suoi piedi dicendo: "Signore, se tu fossi stato qui, mio fratello non sarebbe morto!". *[33]* Gesù allora quando la vide piangere e piangere anche i Giudei che erano venuti con lei, si commosse profondamente, si turbò e disse: *[34]* "Dove l'avete posto?". Gli dissero: "Signore, vieni a vedere!". *[35]* Gesù scoppiò in pianto. *[36]* Dissero allora i Giudei: "Vedi come lo amava!". *[37]* Ma alcuni di loro dissero: "Costui che ha aperto gli occhi al cieco non poteva anche far sì che questi non morisse?".

[38] Intanto Gesù, ancora profondamente commosso, si recò al sepolcro; era una grotta e contro vi era posta una pietra. *[39]* Disse Gesù: "Togliete la pietra!". Gli rispose Marta, la sorella del morto: "Signore, già manda cattivo odore, poiché è di quattro giorni". *[40]* Le disse Gesù: "Non ti ho detto che, se credi, vedrai la gloria di Dio?". *[41]* Tolsero dunque la pietra. Gesù allora alzò gli occhi e disse: "Padre, ti ringrazio che mi hai ascoltato. *[42]* Io sapevo che sempre mi dai ascolto, ma l'ho detto per la gente che mi sta attorno, perché credano che tu mi hai mandato". *[43]* E, detto questo, gridò a gran voce: "Lazzaro, vieni fuori!". *[44]* Il morto uscì, con i piedi e le mani avvolti in bende, e il volto coperto da un sudario. Gesù disse loro: "Scioglietelo e lasciatelo andare".

[45] Molti dei Giudei che erano venuti da Maria, alla vista di quel che egli aveva compiuto, credettero in lui. *[46]* Ma alcuni andarono dai farisei e riferirono loro quel

che Gesù aveva fatto. *[47]* Allora i sommi sacerdoti e i farisei riunirono il sinedrio e dicevano: "Che facciamo? Quest'uomo compie molti segni. *[48]* Se lo lasciamo fare così, tutti crederanno in lui e verranno i Romani e distruggeranno il nostro luogo santo e la nostra nazione". *[49]* Ma uno di loro, di nome Caifa, che era sommo sacerdote in quell'anno, disse loro: "Voi non capite nulla *[50]* e non considerate come sia meglio che muoia un solo uomo per il popolo e non perisca la nazione intera". *[51]* Questo però non lo disse da se stesso, ma essendo sommo sacerdote profetizzò che Gesù doveva morire per la nazione *[52]* e non per la nazione soltanto, ma anche per riunire insieme i figli di Dio che erano dispersi. *[53]* Da quel giorno dunque decisero di ucciderlo.

[54] Gesù pertanto non si faceva più vedere in pubblico tra i Giudei; egli si ritirò di là nella regione vicina al deserto, in una città chiamata Èfraim, dove si trattenne con i suoi discepoli.

[55] Era vicina la Pasqua dei Giudei e molti dalla regione andarono a Gerusalemme prima della Pasqua per purificarsi. *[56]* Essi cercavano Gesù e stando nel tempio dicevano tra di loro: "Che ve ne pare? Non verrà egli alla festa?". *[57]* Intanto i sommi sacerdoti e i farisei avevano dato ordine che chiunque sapesse dove si trovava lo denunziasse, perché essi potessero prenderlo.

12

[1] Sei giorni prima della Pasqua, Gesù andò a Betània, dove si trovava Lazzaro, che egli aveva risuscitato dai morti. *[2]* E qui gli fecero una cena: Marta serviva e Lazzaro era uno dei commensali. *[3]* Maria allora, presa una libbra di olio profumato di vero nardo, assai prezioso, cosparse i piedi di Gesù e li asciugò con i suoi capelli, e tutta la casa si riempì del profumo dell'unguento. *[4]* Allora Giuda Iscariota, uno dei suoi discepoli, che doveva poi tradirlo, disse: *[5]* "Perché quest'olio profumato non si è venduto per trecento denari per poi darli ai poveri?". *[6]* Questo egli disse non perché gl'importasse dei poveri, ma perché era ladro e, siccome teneva la cassa, prendeva quello che vi mettevano dentro. *[7]* Gesù allora disse: "Lasciala fare, perché lo conservi per il giorno della mia sepoltura. *[8]* I poveri infatti li avete sempre con voi, ma non sempre avete me".

[9] Intanto la gran folla di Giudei venne a sapere che Gesù si trovava là, e accorse non solo per Gesù, ma anche per vedere Lazzaro che egli aveva risuscitato dai morti. *[10]* I sommi sacerdoti allora deliberarono di uccidere anche Lazzaro, *[11]* perché molti Giudei se ne andavano a causa di lui e credevano in Gesù.

[12] Il giorno seguente, la gran folla che era venuta per la festa, udito che Gesù veniva a Gerusalemme, *[13]* prese dei rami di palme e uscì incontro a lui gridando:

Osanna!
Benedetto colui che viene nel nome del Signore,
il re d'Israele!

[14] Gesù, trovato un asinello, vi montò sopra, come sta scritto:

[15] Non temere, figlia di Sion!
Ecco, il tuo re viene,
seduto sopra un puledro d'asina.

[16] Sul momento i suoi discepoli non compresero queste cose; ma quando Gesù fu glorificato, si ricordarono che questo era stato scritto di lui e questo gli avevano fatto. *[17]* Intanto la gente che era stata con lui quando chiamò Lazzaro fuori dal sepolcro e lo risuscitò dai morti, gli rendeva testimonianza. *[18]* Anche per questo la folla gli andò incontro, perché aveva udito che aveva compiuto quel segno. *[19]* I farisei allora dissero tra di loro: "Vedete che non concludete nulla? Ecco che il mondo gli è andato dietro!".

[20] Tra quelli che erano saliti per il culto durante la festa, c'erano anche alcuni Greci. *[21]* Questi si avvicinarono a Filippo, che era di Betsàida di Galilea, e gli chiesero: "Signore, vogliamo vedere Gesù". *[22]* Filippo andò a dirlo ad Andrea, e poi Andrea e Filippo andarono a dirlo a Gesù. *[23]* Gesù rispose: "È giunta l'ora che sia glorificato il Figlio dell'uomo. *[24]* In verità, in verità vi dico: se il chicco di grano caduto in terra non muore, rimane solo; se invece muore, produce molto frutto. *[25]* Chi ama la sua vita la perde e chi odia la sua vita in questo mondo la conserverà per la vita eterna. *[26]* Se uno mi vuol servire mi segua, e dove sono io, là sarà anche il mio servo. Se uno mi serve, il Padre lo onorerà. *[27]* Ora l'anima mia è turbata; e che devo dire? Padre, salvami da quest'ora? Ma per questo sono giunto a quest'ora! *[28]* Padre, glorifica il tuo nome". Venne allora una voce dal cielo: "L'ho glorificato e di nuovo lo glorificherò!".

[29] La folla che era presente e aveva udito diceva che era stato un tuono. Altri dicevano: "Un angelo gli ha parlato". *[30]* Rispose Gesù: "Questa voce non è venuta per me, ma per voi. *[31]* Ora è il giudizio di questo mondo; ora il principe di questo mondo sarà gettato fuori. *[32]* Io, quando sarò elevato da terra, attirerò tutti a me". *[33]* Questo diceva per indicare di qual morte doveva morire. *[34]* Allora la folla gli rispose: "Noi abbiamo appreso dalla Legge che il Cristo rimane in eterno; come dunque tu dici che il Figlio dell'uomo deve essere elevato? Chi è questo Figlio dell'uomo?". *[35]* Gesù allora disse loro: "Ancora per poco tempo la luce è con voi. Camminate mentre avete la luce, perché non vi sorprendano le tenebre; chi cammina nelle tenebre non sa dove va. *[36]* Mentre avete la luce credete nella luce, per diventare figli della luce".

Gesù disse queste cose, poi se ne andò e si nascose da loro.

[37] Sebbene avesse compiuto tanti segni davanti a loro, non credevano in lui; *[38]* perché si adempisse la parola detta dal profeta Isaia:

Signore, chi ha creduto alla nostra parola?
E il braccio del Signore a chi è stato rivelato?

[39] E non potevano credere, per il fatto che Isaia aveva detto ancora:

[40] Ha reso ciechi i loro occhi
e ha indurito il loro cuore,
perché non vedano con gli occhi
e non comprendano con il cuore, e si convertano
e io li guarisca!

[41] Questo disse Isaia quando vide la sua gloria e parlò di lui. *[42]* Tuttavia, anche tra i capi, molti credettero in lui, ma non lo riconoscevano apertamente a causa dei farisei, per non essere espulsi dalla sinagoga; *[43]* amavano infatti la gloria degli uomini più della gloria di Dio.

[44] Gesù allora gridò a gran voce: "Chi crede in me, non crede in me, ma in colui che mi ha mandato; *[45]* chi vede me, vede colui che mi ha mandato. *[46]* Io come luce sono venuto nel mondo, perché chiunque crede in me non rimanga nelle tenebre. *[47]* Se qualcuno ascolta le mie parole e non le osserva, io non lo condanno; perché non sono venuto per condannare il mondo, ma per salvare il mondo. *[48]* Chi mi respinge e non accoglie le mie parole, ha chi lo condanna: la parola che ho annunziato lo condannerà nell'ultimo giorno. *[49]* Perché io non ho parlato da me, ma il Padre che mi ha mandato, egli stesso mi ha ordinato che cosa devo dire e annunziare. *[50]* E io so che il suo comandamento è vita eterna. Le cose dunque che io dico, le dico come il Padre le ha dette a me".

13

[1] Prima della festa di Pasqua Gesù, sapendo che era giunta la sua ora di passare da questo mondo al Padre, dopo aver amato i suoi che erano nel mondo, li amò sino alla fine. *[2]* Mentre cenavano, quando già il diavolo aveva messo in cuore a Giuda Iscariota, figlio di Simone, di tradirlo, *[3]* Gesù sapendo che il Padre gli aveva dato tutto nelle mani e che era venuto da Dio e a Dio ritornava, *[4]* si alzò da tavola, depose le vesti e, preso un asciugatoio, se lo cinse attorno alla vita. *[5]* Poi versò dell'acqua nel catino e cominciò a lavare i piedi dei discepoli e ad asciugarli con l'asciugatoio di cui si era cinto. *[6]* Venne dunque da Simon Pietro e questi gli disse: "Signore, tu lavi i piedi a me?". *[7]* Rispose Gesù: "Quello che io faccio, tu ora non lo capisci, ma lo capirai dopo". *[8]* Gli disse Simon Pietro: "Non mi laverai mai i piedi!". Gli rispose Gesù: "Se non ti laverò, non avrai parte con me". *[9]* Gli disse Simon Pietro: "Signore, non solo i piedi, ma anche le mani e il capo!". *[10]* Soggiunse Gesù: "Chi ha fatto il bagno, non ha bisogno di lavarsi se non i piedi ed è tutto mondo; e voi siete mondi, ma non tutti". *[11]* Sapeva infatti chi lo tradiva; per questo disse: "Non tutti siete mondi".

[12] Quando dunque ebbe lavato loro i piedi e riprese le vesti, sedette di nuovo e disse loro: "Sapete ciò che vi ho fatto? *[13]* Voi mi chiamate Maestro e Signore e dite bene, perché lo sono. *[14]* Se dunque io, il Signore e il Maestro, ho lavato i vostri piedi, anche voi dovete lavarvi i piedi gli uni gli altri. *[15]* Vi ho dato infatti

l'esempio, perché come ho fatto io, facciate anche voi. *[16]* In verità, in verità vi dico: un servo non è più grande del suo padrone, né un apostolo è più grande di chi lo ha mandato. *[17]* Sapendo queste cose, sarete beati se le metterete in pratica. *[18]* Non parlo di tutti voi; io conosco quelli che ho scelto; ma si deve adempiere la Scrittura: *Colui che mangia il pane con me, ha levato contro di me il suo calcagno*. *[19]* Ve lo dico fin d'ora, prima che accada, perché, quando sarà avvenuto, crediate che Io Sono. *[20]* In verità, in verità vi dico: Chi accoglie colui che io manderò, accoglie me; chi accoglie me, accoglie colui che mi ha mandato".

[21] Dette queste cose, Gesù si commosse profondamente e dichiarò: "In verità, in verità vi dico: uno di voi mi tradirà". *[22]* I discepoli si guardarono gli uni gli altri, non sapendo di chi parlasse. *[23]* Ora uno dei discepoli, quello che Gesù amava, si trovava a tavola al fianco di Gesù. *[24]* Simon Pietro gli fece un cenno e gli disse: "Di', chi è colui a cui si riferisce?". *[25]* Ed egli reclinandosi così sul petto di Gesù, gli disse: "Signore, chi è?". *[26]* Rispose allora Gesù: "È colui per il quale intingerò un boccone e glielo darò". E intinto il boccone, lo prese e lo diede a Giuda Iscariota, figlio di Simone. *[27]* E allora, dopo quel boccone, satana entrò in lui. Gesù quindi gli disse: "Quello che devi fare fallo al più presto". *[28]* Nessuno dei commensali capì perché gli aveva detto questo; *[29]* alcuni infatti pensavano che, tenendo Giuda la cassa, Gesù gli avesse detto: "Compra quello che ci occorre per la festa", oppure che dovesse dare qualche cosa ai poveri. *[30]* Preso il boccone, egli subito uscì. Ed era notte.

[31] Quand'egli fu uscito, Gesù disse: "Ora il Figlio dell'uomo è stato glorificato, e anche Dio è stato glorificato in lui. *[32]* Se Dio è stato glorificato in lui, anche Dio lo glorificherà da parte sua e lo glorificherà subito. *[33]* Figlioli, ancora per poco sono con voi; voi mi cercherete, ma come ho già detto ai Giudei, lo dico ora anche a voi: dove vado io voi non potete venire. *[34]* Vi do un comandamento nuovo: che vi amiate gli uni gli altri; come io vi ho amato, così amatevi anche voi gli uni gli altri. *[35]* Da questo tutti sapranno che siete miei discepoli, se avrete amore gli uni per gli altri".

[36] Simon Pietro gli dice: "Signore, dove vai?". Gli rispose Gesù: "Dove io vado per ora tu non puoi seguirmi; mi seguirai più tardi". *[37]* Pietro disse: "Signore, perché non posso seguirti ora? Darò la mia vita per te!". *[38]* Rispose Gesù: "Darai la tua vita per me? In verità, in verità ti dico: non canterà il gallo, prima che tu non m'abbia rinnegato tre volte".

14

[1] "Non sia turbato il vostro cuore. Abbiate fede in Dio e abbiate fede anche in me. *[2]* Nella casa del Padre mio vi sono molti posti. Se no, ve l'avrei detto. Io vado a prepararvi un posto; *[3]* quando sarò andato e vi avrò preparato un posto, ritornerò e vi prenderò con me, perché siate anche voi dove sono io. *[4]* E del luogo dove io vado, voi conoscete la via".

[5] Gli disse Tommaso: "Signore, non sappiamo dove vai e come possiamo conoscere la via?". *[6]* Gli disse Gesù: "Io sono la via, la verità e la vita. Nessuno viene al Padre se non per mezzo di me. *[7]* Se conoscete me, conoscerete anche il Padre: fin da ora lo conoscete e lo avete veduto". *[8]* Gli disse Filippo: "Signore, mostraci il Padre e ci basta". *[9]* Gli rispose Gesù: "Da tanto tempo sono con voi e tu non mi hai conosciuto, Filippo? Chi ha visto me ha visto il Padre. Come puoi dire: Mostraci il Padre? *[10]* Non credi che io sono nel Padre e il Padre è in me? Le parole che io vi dico, non le dico da me; ma il Padre che è con me compie le sue opere. *[11]* Credetemi: io sono nel Padre e il Padre è in me; se non altro, credetelo per le opere stesse.

[12] In verità, in verità vi dico: anche chi crede in me, compirà le opere che io compio e ne farà di più grandi, perché io vado al Padre. *[13]* Qualunque cosa chiederete nel nome mio, la farò, perché il Padre sia glorificato nel Figlio. *[14]* Se mi chiederete qualche cosa nel mio nome, io la farò.

[15] Se mi amate, osserverete i miei comandamenti. *[16]* Io pregherò il Padre ed egli vi darà un altro Consolatore perché rimanga con voi per sempre, *[17]* lo Spirito di verità che il mondo non può ricevere, perché non lo vede e non lo conosce. Voi lo conoscete, perché egli dimora presso di voi e sarà in voi. *[18]* Non vi lascerò orfani, ritornerò da voi. *[19]* Ancora un poco e il mondo non mi vedrà più; voi invece mi vedrete, perché io vivo e voi vivrete. *[20]* In quel giorno voi saprete che io sono nel Padre e voi in me e io in voi. *[21]* Chi accoglie i miei comandamenti e li osserva, questi mi ama. Chi mi ama sarà amato dal Padre mio e anch'io lo amerò e mi manifesterò a lui".

[22] Gli disse Giuda, non l'Iscariota: "Signore, come è accaduto che devi manifestarti a noi e non al mondo?". *[23]* Gli rispose Gesù: "Se uno mi ama, osserverà la mia parola e il Padre mio lo amerà e noi verremo a lui e prenderemo dimora presso di lui. *[24]* Chi non mi ama non osserva le mie parole; la parola che voi ascoltate non è mia, ma del Padre che mi ha mandato.

[25] Queste cose vi ho detto quando ero ancora tra voi. *[26]* Ma il Consolatore, lo Spirito Santo che il Padre manderà nel mio nome, egli v'insegnerà ogni cosa e vi ricorderà tutto ciò che io vi ho detto. *[27]* Vi lascio la pace, vi do la mia pace. Non come la dà il mondo, io la do a voi. Non sia turbato il vostro cuore e non abbia timore. *[28]* Avete udito che vi ho detto: Vado e tornerò a voi; se mi amaste, vi rallegrereste che io vado dal Padre, perché il Padre è più grande di me. *[29]* Ve l'ho detto adesso, prima che avvenga, perché quando avverrà, voi crediate. *[30]* Non parlerò più a lungo con voi, perché viene il principe del mondo; egli non ha nessun potere su di me, *[31]* ma bisogna che il mondo sappia che io amo il Padre e faccio quello che il Padre mi ha comandato. Alzatevi, andiamo via di qui".

15

[1] "Io sono la vera vite e il Padre mio è il vignaiolo. *[2]* Ogni tralcio che in me non

porta frutto, lo toglie e ogni tralcio che porta frutto, lo pota perché porti più frutto. *[3]* Voi siete già mondi, per la parola che vi ho annunziato. *[4]* Rimanete in me e io in voi. Come il tralcio non può far frutto da se stesso se non rimane nella vite, così anche voi se non rimanete in me. *[5]* Io sono la vite, voi i tralci. Chi rimane in me e io in lui, fa molto frutto, perché senza di me non potete far nulla. *[6]* Chi non rimane in me viene gettato via come il tralcio e si secca, e poi lo raccolgono e lo gettano nel fuoco e lo bruciano. *[7]* Se rimanete in me e le mie parole rimangono in voi, chiedete quel che volete e vi sarà dato. *[8]* In questo è glorificato il Padre mio: che portiate molto frutto e diventiate miei discepoli. *[9]* Come il Padre ha amato me, così anch'io ho amato voi. Rimanete nel mio amore. *[10]* Se osserverete i miei comandamenti, rimarrete nel mio amore, come io ho osservato i comandamenti del Padre mio e rimango nel suo amore. *[11]* Questo vi ho detto perché la mia gioia sia in voi e la vostra gioia sia piena.

[12] Questo è il mio comandamento: che vi amiate gli uni gli altri, come io vi ho amati. *[13]* Nessuno ha un amore più grande di questo: dare la vita per i propri amici. *[14]* Voi siete miei amici, se farete ciò che io vi comando. *[15]* Non vi chiamo più servi, perché il servo non sa quello che fa il suo padrone; ma vi ho chiamati amici, perché tutto ciò che ho udito dal Padre l'ho fatto conoscere a voi. *[16]* Non voi avete scelto me, ma io ho scelto voi e vi ho costituiti perché andiate e portiate frutto e il vostro frutto rimanga; perché tutto quello che chiederete al Padre nel mio nome, ve lo conceda. *[17]* Questo vi comando: amatevi gli uni gli altri.

[18] Se il mondo vi odia, sappiate che prima di voi ha odiato me. *[19]* Se foste del mondo, il mondo amerebbe ciò che è suo; poiché invece non siete del mondo, ma io vi ho scelti dal mondo, per questo il mondo vi odia. *[20]* Ricordatevi della parola che vi ho detto: Un servo non è più grande del suo padrone. Se hanno perseguitato me, perseguiteranno anche voi; se hanno osservato la mia parola, osserveranno anche la vostra. *[21]* Ma tutto questo vi faranno a causa del mio nome, perché non conoscono colui che mi ha mandato. *[22]* Se non fossi venuto e non avessi parlato loro, non avrebbero alcun peccato; ma ora non hanno scusa per il loro peccato. *[23]* Chi odia me, odia anche il Padre mio. *[24]* Se non avessi fatto in mezzo a loro opere che nessun altro mai ha fatto, non avrebbero alcun peccato; ora invece hanno visto e hanno odiato me e il Padre mio. *[25]* Questo perché si adempisse la parola scritta nella loro Legge: *Mi hanno odiato senza ragione.*

[26] Quando verrà il Consolatore che io vi manderò dal Padre, lo Spirito di verità che procede dal Padre, egli mi renderà testimonianza; *[27]* e anche voi mi renderete testimonianza, perché siete stati con me fin dal principio.

16

[1] Vi ho detto queste cose perché non abbiate a scandalizzarvi. *[2]* Vi scacceranno dalle sinagoghe; anzi, verrà l'ora in cui chiunque vi ucciderà crederà di rendere culto a Dio. *[3]* E faranno ciò, perché non hanno conosciuto né il Padre né me. *[4]* Ma io vi

ho detto queste cose perché, quando giungerà la loro ora, ricordiate che ve ne ho parlato.

Non ve le ho dette dal principio, perché ero con voi.

[5] Ora però vado da colui che mi ha mandato e nessuno di voi mi domanda: Dove vai? *[6]* Anzi, perché vi ho detto queste cose, la tristezza ha riempito il vostro cuore. *[7]* Ora io vi dico la verità: è bene per voi che io me ne vada, perché, se non me ne vado, non verrà a voi il Consolatore; ma quando me ne sarò andato, ve lo manderò. *[8]* E quando sarà venuto, egli convincerà il mondo quanto al peccato, alla giustizia e al giudizio. *[9]* Quanto al peccato, perché non credono in me; *[10]* quanto alla giustizia, perché vado dal Padre e non mi vedrete più; *[11]* quanto al giudizio, perché il principe di questo mondo è stato giudicato.

[12] Molte cose ho ancora da dirvi, ma per il momento non siete capaci di portarne il peso. *[13]* Quando però verrà lo Spirito di verità, egli vi guiderà alla verità tutta intera, perché non parlerà da sé, ma dirà tutto ciò che avrà udito e vi annunzierà le cose future. *[14]* Egli mi glorificherà, perché prenderà del mio e ve l'annunzierà. *[15]* Tutto quello che il Padre possiede è mio; per questo ho detto che prenderà del mio e ve l'annunzierà.

[16] Ancora un poco e non mi vedrete; un po' ancora e mi vedrete". *[17]* Dissero allora alcuni dei suoi discepoli tra loro: "Che cos'è questo che ci dice: Ancora un poco e non mi vedrete, e un po' ancora e mi vedrete, e questo: Perché vado al Padre?". *[18]* Dicevano perciò: "Che cos'è mai questo "un poco" di cui parla? Non comprendiamo quello che vuol dire". *[19]* Gesù capì che volevano interrogarlo e disse loro: "Andate indagando tra voi perché ho detto: Ancora un poco e non mi vedrete e un po' ancora e mi vedrete? *[20]* In verità, in verità vi dico: voi piangerete e vi rattristerete, ma il mondo si rallegrerà. Voi sarete afflitti, ma la vostra afflizione si cambierà in gioia.

[21] La donna, quando partorisce, è afflitta, perché è giunta la sua ora; ma quando ha dato alla luce il bambino, non si ricorda più dell'afflizione per la gioia che è venuto al mondo un uomo. *[22]* Così anche voi, ora, siete nella tristezza; ma vi vedrò di nuovo e il vostro cuore si rallegrerà e *[23]* nessuno vi potrà togliere la vostra gioia. In quel giorno non mi domanderete più nulla.

In verità, in verità vi dico: Se chiederete qualche cosa al Padre nel mio nome, egli ve la darà. *[24]* Finora non avete chiesto nulla nel mio nome. Chiedete e otterrete, perché la vostra gioia sia piena.

[25] Queste cose vi ho dette in similitudini; ma verrà l'ora in cui non vi parlerò più in similitudini, ma apertamente vi parlerò del Padre. *[26]* In quel giorno chiederete nel mio nome e io non vi dico che pregherò il Padre per voi: *[27]* il Padre stesso vi ama, poiché voi mi avete amato, e avete creduto che io sono venuto da Dio. *[28]* Sono uscito dal Padre e sono venuto nel mondo; ora lascio di nuovo il mondo, e vado al Padre". *[29]* Gli dicono i suoi discepoli: "Ecco, adesso parli chiaramente e non fai più uso di similitudini. *[30]* Ora conosciamo che sai tutto e non hai bisogno che alcuno t'interroghi. Per questo crediamo che sei uscito da Dio". *[31]* Rispose loro Gesù: "Adesso credete? *[32]* Ecco, verrà l'ora, anzi è già venuta, in cui vi disperderete

ciascuno per conto proprio e mi lascerete solo; ma io non sono solo, perché il Padre è con me.

[33] Vi ho detto queste cose perché abbiate pace in me. Voi avrete tribolazione nel mondo, ma abbiate fiducia; io ho vinto il mondo!".

17

[1] Così parlò Gesù. Quindi, alzati gli occhi al cielo, disse: "Padre, è giunta l'ora, glorifica il Figlio tuo, perché il Figlio glorifichi te. *[2]* Poiché tu gli hai dato potere sopra ogni essere umano, perché egli dia la vita eterna a tutti coloro che gli hai dato. *[3]* Questa è la vita eterna: che conoscano te, l'unico vero Dio, e colui che hai mandato, Gesù Cristo. *[4]* Io ti ho glorificato sopra la terra, compiendo l'opera che mi hai dato da fare. *[5]* E ora, Padre, glorificami davanti a te, con quella gloria che avevo presso di te prima che il mondo fosse.

[6] Ho fatto conoscere il tuo nome agli uomini che mi hai dato dal mondo. Erano tuoi e li hai dati a me ed essi hanno osservato la tua parola. *[7]* Ora essi sanno che tutte le cose che mi hai dato vengono da te, *[8]* perché le parole che hai dato a me io le ho date a loro; essi le hanno accolte e sanno veramente che sono uscito da te e hanno creduto che tu mi hai mandato. *[9]* Io prego per loro; non prego per il mondo, ma per coloro che mi hai dato, perché sono tuoi. *[10]* Tutte le cose mie sono tue e tutte le cose tue sono mie, e io sono glorificato in loro. *[11]* Io non sono più nel mondo; essi invece sono nel mondo, e io vengo a te. Padre santo, custodisci nel tuo nome coloro che mi hai dato, perché siano una cosa sola, come noi.

[12] Quand'ero con loro, io conservavo nel tuo nome coloro che mi hai dato e li ho custoditi; nessuno di loro è andato perduto, tranne il figlio della perdizione, perché si adempisse la Scrittura. *[13]* Ma ora io vengo a te e dico queste cose mentre sono ancora nel mondo, perché abbiano in se stessi la pienezza della mia gioia. *[14]* Io ho dato a loro la tua parola e il mondo li ha odiati perché essi non sono del mondo, come io non sono del mondo.

[15] Non chiedo che tu li tolga dal mondo, ma che li custodisca dal maligno. *[16]* Essi non sono del mondo, come io non sono del mondo. *[17]* Consacrali nella verità. La tua parola è verità. *[18]* Come tu mi hai mandato nel mondo, anch'io li ho mandati nel mondo; *[19]* per loro io consacro me stesso, perché siano anch'essi consacrati nella verità.

[20] Non prego solo per questi, ma anche per quelli che per la loro parola crederanno in me; *[21]* perché tutti siano una sola cosa. Come tu, Padre, sei in me e io in te, siano anch'essi in noi una cosa sola, perché il mondo creda che tu mi hai mandato.

[22] E la gloria che tu hai dato a me, io l'ho data a loro, perché siano come noi una cosa sola. *[23]* Io in loro e tu in me, perché siano perfetti nell'unità e il mondo sappia che tu mi hai mandato e li hai amati come hai amato me.

[24] Padre, voglio che anche quelli che mi hai dato siano con me dove sono io, perché contemplino la mia gloria, quella che mi hai dato; poiché tu mi hai amato

prima della creazione del mondo.

[25] Padre giusto, il mondo non ti ha conosciuto, ma io ti ho conosciuto; questi sanno che tu mi hai mandato. [26] E io ho fatto conoscere loro il tuo nome e lo farò conoscere, perché l'amore con il quale mi hai amato sia in essi e io in loro".

18

[1] Detto questo, Gesù uscì con i suoi discepoli e andò di là dal torrente Cèdron, dove c'era un giardino nel quale entrò con i suoi discepoli. [2] Anche Giuda, il traditore, conosceva quel posto, perché Gesù vi si ritirava spesso con i suoi discepoli. [3] Giuda dunque, preso un distaccamento di soldati e delle guardie fornite dai sommi sacerdoti e dai farisei, si recò là con lanterne, torce e armi. [4] Gesù allora, conoscendo tutto quello che gli doveva accadere, si fece innanzi e disse loro: "Chi cercate?". [5] Gli risposero: "Gesù, il Nazareno". Disse loro Gesù: "Sono io!". Vi era là con loro anche Giuda, il traditore. [6] Appena disse "Sono io", indietreggiarono e caddero a terra. [7] Domandò loro di nuovo: "Chi cercate?". Risposero: "Gesù, il Nazareno". [8] Gesù replicò: "Vi ho detto che sono io. Se dunque cercate me, lasciate che questi se ne vadano". [9] Perché s'adempisse la parola che egli aveva detto: "*Non ho perduto nessuno di quelli che mi hai dato*". [10] Allora Simon Pietro, che aveva una spada, la trasse fuori e colpì il servo del sommo sacerdote e gli tagliò l'orecchio destro. Quel servo si chiamava Malco. [11] Gesù allora disse a Pietro: "Rimetti la tua spada nel fodero; non devo forse bere il calice che il Padre mi ha dato?".

[12] Allora il distaccamento con il comandante e le guardie dei Giudei afferrarono Gesù, lo legarono [13] e lo condussero prima da Anna: egli era infatti suocero di Caifa, che era sommo sacerdote in quell'anno. [14] Caifa poi era quello che aveva consigliato ai Giudei: "È meglio che un uomo solo muoia per il popolo".

[15] Intanto Simon Pietro seguiva Gesù insieme con un altro discepolo. Questo discepolo era conosciuto dal sommo sacerdote e perciò entrò con Gesù nel cortile del sommo sacerdote; [16] Pietro invece si fermò fuori, vicino alla porta. Allora quell'altro discepolo, noto al sommo sacerdote, tornò fuori, parlò alla portinaia e fece entrare anche Pietro. [17] E la giovane portinaia disse a Pietro: "Forse anche tu sei dei discepoli di quest'uomo?". Egli rispose: "Non lo sono". [18] Intanto i servi e le guardie avevano acceso un fuoco, perché faceva freddo, e si scaldavano; anche Pietro stava con loro e si scaldava.

[19] Allora il sommo sacerdote interrogò Gesù riguardo ai suoi discepoli e alla sua dottrina. [20] Gesù gli rispose: "Io ho parlato al mondo apertamente; ho sempre insegnato nella sinagoga e nel tempio, dove tutti i Giudei si riuniscono, e non ho mai detto nulla di nascosto. [21] Perché interroghi me? Interroga quelli che hanno udito ciò che ho detto loro; ecco, essi sanno che cosa ho detto". [22] Aveva appena detto questo, che una delle guardie presenti diede uno schiaffo a Gesù, dicendo: "Così rispondi al sommo sacerdote?". [23] Gli rispose Gesù: "Se ho parlato male, dimostrami dov'è il male; ma se ho parlato bene, perché mi percuoti?". [24] Allora

Anna lo mandò legato a Caifa, sommo sacerdote.

[25] Intanto Simon Pietro stava là a scaldarsi. Gli dissero: "Non sei anche tu dei suoi discepoli?". Egli lo negò e disse: "Non lo sono". [26] Ma uno dei servi del sommo sacerdote, parente di quello a cui Pietro aveva tagliato l'orecchio, disse: "Non ti ho forse visto con lui nel giardino?". [27] Pietro negò di nuovo, e subito un gallo cantò.

[28] Allora condussero Gesù dalla casa di Caifa nel pretorio. Era l'alba ed essi non vollero entrare nel pretorio per non contaminarsi e poter mangiare la Pasqua. [29] Uscì dunque Pilato verso di loro e domandò: "Che accusa portate contro quest'uomo?". [30] Gli risposero: "Se non fosse un malfattore, non te l'avremmo consegnato". [31] Allora Pilato disse loro: "Prendetelo voi e giudicatelo secondo la vostra legge!". Gli risposero i Giudei: "A noi non è consentito mettere a morte nessuno". [32] Così si adempivano le parole che Gesù aveva detto indicando di quale morte doveva morire.

[33] Pilato allora rientrò nel pretorio, fece chiamare Gesù e gli disse: "Tu sei il re dei Giudei?". [34] Gesù rispose: "Dici questo da te oppure altri te l'hanno detto sul mio conto?". [35] Pilato rispose: "Sono io forse Giudeo? La tua gente e i sommi sacerdoti ti hanno consegnato a me; che cosa hai fatto?". [36] Rispose Gesù: "Il mio regno non è di questo mondo; se il mio regno fosse di questo mondo, i miei servitori avrebbero combattuto perché non fossi consegnato ai Giudei; ma il mio regno non è di quaggiù". [37] Allora Pilato gli disse: "Dunque tu sei re?". Rispose Gesù: "Tu lo dici; io sono re. Per questo io sono nato e per questo sono venuto nel mondo: per rendere testimonianza alla verità. Chiunque è dalla verità, ascolta la mia voce". [38] Gli dice Pilato: "Che cos'è la verità?". E detto questo uscì di nuovo verso i Giudei e disse loro: "Io non trovo in lui nessuna colpa. [39] Vi è tra voi l'usanza che io vi liberi uno per la Pasqua: volete dunque che io vi liberi il re dei Giudei?". [40] Allora essi gridarono di nuovo: "Non costui, ma Barabba!". Barabba era un brigante.

19

[1] Allora Pilato fece prendere Gesù e lo fece flagellare. [2] E i soldati, intrecciata una corona di spine, gliela posero sul capo e gli misero addosso un mantello di porpora; quindi gli venivano davanti e gli dicevano: [3] "Salve, re dei Giudei!". E gli davano schiaffi. [4] Pilato intanto uscì di nuovo e disse loro: "Ecco, io ve lo conduco fuori, perché sappiate che non trovo in lui nessuna colpa". [5] Allora Gesù uscì, portando la corona di spine e il mantello di porpora. E Pilato disse loro: "Ecco l'uomo!". [6] Al vederlo i sommi sacerdoti e le guardie gridarono: "Crocifiggilo, crocifiggilo!". Disse loro Pilato: "Prendetelo voi e crocifiggetelo; io non trovo in lui nessuna colpa". [7] Gli risposero i Giudei: "Noi abbiamo una legge e secondo questa legge deve morire, perché si è fatto Figlio di Dio".

[8] All'udire queste parole, Pilato ebbe ancor più paura [9] ed entrato di nuovo nel pretorio disse a Gesù: "Di dove sei?". Ma Gesù non gli diede risposta. [10] Gli disse allora Pilato: "Non mi parli? Non sai che ho il potere di metterti in libertà e il potere

di metterti in croce?". *[11]* Rispose Gesù: "Tu non avresti nessun potere su di me, se non ti fosse stato dato dall'alto. Per questo chi mi ha consegnato nelle tue mani ha una colpa più grande".

[12] Da quel momento Pilato cercava di liberarlo; ma i Giudei gridarono: "Se liberi costui, non sei amico di Cesare! Chiunque infatti si fa re si mette contro Cesare". *[13]* Udite queste parole, Pilato fece condurre fuori Gesù e sedette nel tribunale, nel luogo chiamato Litòstroto, in ebraico Gabbatà. *[14]* Era la Preparazione della Pasqua, verso mezzogiorno. Pilato disse ai Giudei: "Ecco il vostro re!". *[15]* Ma quelli gridarono: "Via, via, crocifiggilo!". Disse loro Pilato: "Metterò in croce il vostro re?". Risposero i sommi sacerdoti: "Non abbiamo altro re all'infuori di Cesare". *[16]* Allora lo consegnò loro perché fosse crocifisso.

[17] Essi allora presero Gesù ed egli, portando la croce, si avviò verso il luogo del Cranio, detto in ebraico Gòlgota, *[18]* dove lo crocifissero e con lui altri due, uno da una parte e uno dall'altra, e Gesù nel mezzo. *[19]* Pilato compose anche l'iscrizione e la fece porre sulla croce; vi era scritto: "Gesù il Nazareno, il re dei Giudei". *[20]* Molti Giudei lessero questa iscrizione, perché il luogo dove fu crocifisso Gesù era vicino alla città; era scritta in ebraico, in latino e in greco. *[21]* I sommi sacerdoti dei Giudei dissero allora a Pilato: "Non scrivere: il re dei Giudei, ma che egli ha detto: Io sono il re dei Giudei". *[22]* Rispose Pilato: "Ciò che ho scritto, ho scritto".

[23] I soldati poi, quando ebbero crocifisso Gesù, presero le sue vesti e ne fecero quattro parti, una per ciascun soldato, e la tunica. Ora quella tunica era senza cuciture, tessuta tutta d'un pezzo da cima a fondo. *[24]* Perciò dissero tra loro: Non stracciamola, ma tiriamo a sorte a chi tocca. Così si adempiva la Scrittura:

Si son divise tra loro le mie vesti
 e sulla mia tunica han gettato la sorte.

E i soldati fecero proprio così.

[25] Stavano presso la croce di Gesù sua madre, la sorella di sua madre, Maria di Clèofa e Maria di Màgdala. *[26]* Gesù allora, vedendo la madre e lì accanto a lei il discepolo che egli amava, disse alla madre: "Donna, ecco il tuo figlio!". *[27]* Poi disse al discepolo: "Ecco la tua madre!". E da quel momento il discepolo la prese nella sua casa.

[28] Dopo questo, Gesù, sapendo che ogni cosa era stata ormai compiuta, disse per adempiere la Scrittura: "*Ho sete*". *[29]* Vi era lì un vaso pieno d'aceto; posero perciò una spugna imbevuta di *aceto* in cima a una canna e gliela accostarono alla bocca. *[30]* E dopo aver ricevuto l'aceto, Gesù disse: "Tutto è compiuto!". E, chinato il capo, spirò.

[31] Era il giorno della Preparazione e i Giudei, perché i corpi non rimanessero in croce durante il sabato (era infatti un giorno solenne quel sabato), chiesero a Pilato che fossero loro spezzate le gambe e fossero portati via. *[32]* Vennero dunque i soldati e spezzarono le gambe al primo e poi all'altro che era stato crocifisso insieme con lui. *[33]* Venuti però da Gesù e vedendo che era già morto, non gli spezzarono le gambe, *[34]* ma uno dei soldati gli colpì il fianco con la lancia e subito ne uscì sangue

e acqua.

[35] Chi ha visto ne dà testimonianza e la sua testimonianza è vera e egli sa che dice il vero, perché anche voi crediate. *[36]* Questo infatti avvenne perché si adempisse la Scrittura: *Non gli sarà spezzato alcun osso.* *[37]* E un altro passo della Scrittura dice ancora: *Volgeranno lo sguardo a colui che hanno trafitto.*

[38] Dopo questi fatti, Giuseppe d'Arimatéa, che era discepolo di Gesù, ma di nascosto per timore dei Giudei, chiese a Pilato di prendere il corpo di Gesù. Pilato lo concesse. Allora egli andò e prese il corpo di Gesù. *[39]* Vi andò anche Nicodèmo, quello che in precedenza era andato da lui di notte, e portò una mistura di mirra e di aloe di circa cento libbre. *[40]* Essi presero allora il corpo di Gesù, e lo avvolsero in bende insieme con oli aromatici, com'è usanza seppellire per i Giudei. *[41]* Ora, nel luogo dove era stato crocifisso, vi era un giardino e nel giardino un sepolcro nuovo, nel quale nessuno era stato ancora deposto. *[42]* Là dunque deposero Gesù, a motivo della Preparazione dei Giudei, poiché quel sepolcro era vicino.

20

[1] Nel giorno dopo il sabato, Maria di Màgdala si recò al sepolcro di buon mattino, quand'era ancora buio, e vide che la pietra era stata ribaltata dal sepolcro. *[2]* Corse allora e andò da Simon Pietro e dall'altro discepolo, quello che Gesù amava, e disse loro: "Hanno portato via il Signore dal sepolcro e non sappiamo dove l'hanno posto!". *[3]* Uscì allora Simon Pietro insieme all'altro discepolo, e si recarono al sepolcro. *[4]* Correvano insieme tutti e due, ma l'altro discepolo corse più veloce di Pietro e giunse per primo al sepolcro. *[5]* Chinatosi, vide le bende per terra, ma non entrò. *[6]* Giunse intanto anche Simon Pietro che lo seguiva ed entrò nel sepolcro e vide le bende per terra, *[7]* e il sudario, che gli era stato posto sul capo, non per terra con le bende, ma piegato in un luogo a parte. *[8]* Allora entrò anche l'altro discepolo, che era giunto per primo al sepolcro, e vide e credette. *[9]* Non avevano infatti ancora compreso la Scrittura, che egli cioè doveva risuscitare dai morti. *[10]* I discepoli intanto se ne tornarono di nuovo a casa.

[11] Maria invece stava all'esterno vicino al sepolcro e piangeva. Mentre piangeva, si chinò verso il sepolcro *[12]* e vide due angeli in bianche vesti, seduti l'uno dalla parte del capo e l'altro dei piedi, dove era stato posto il corpo di Gesù. *[13]* Ed essi le dissero: "Donna, perché piangi?". Rispose loro: "Hanno portato via il mio Signore e non so dove lo hanno posto". *[14]* Detto questo, si voltò indietro e vide Gesù che stava lì in piedi; ma non sapeva che era Gesù. *[15]* Le disse Gesù: "Donna, perché piangi? Chi cerchi?". Essa, pensando che fosse il custode del giardino, gli disse: "Signore, se l'hai portato via tu, dimmi dove lo hai posto e io andrò a prenderlo". *[16]* Gesù le disse: "Maria!". Essa allora, voltatasi verso di lui, gli disse in ebraico: "Rabbunì!", che significa: Maestro! *[17]* Gesù le disse: "Non mi trattenere, perché non sono ancora salito al Padre; ma va' dai miei fratelli e di' loro: Io salgo al Padre mio e Padre vostro, Dio mio e Dio vostro". *[18]* Maria di Màgdala andò subito ad

annunziare ai discepoli: "Ho visto il Signore" e anche ciò che le aveva detto.

[19] La sera di quello stesso giorno, il primo dopo il sabato, mentre erano chiuse le porte del luogo dove si trovavano i discepoli per timore dei Giudei, venne Gesù, si fermò in mezzo a loro e disse: "Pace a voi!". *[20]* Detto questo, mostrò loro le mani e il costato. E i discepoli gioirono al vedere il Signore. *[21]* Gesù disse loro di nuovo: "Pace a voi! Come il Padre ha mandato me, anch'io mando voi". *[22]* Dopo aver detto questo, alitò su di loro e disse: "Ricevete lo Spirito Santo; *[23]* a chi rimetterete i peccati saranno rimessi e a chi non li rimetterete, resteranno non rimessi".

[24] Tommaso, uno dei Dodici, chiamato Dìdimo, non era con loro quando venne Gesù. *[25]* Gli dissero allora gli altri discepoli: "Abbiamo visto il Signore!". Ma egli disse loro: "Se non vedo nelle sue mani il segno dei chiodi e non metto il dito nel posto dei chiodi e non metto la mia mano nel suo costato, non crederò".

[26] Otto giorni dopo i discepoli erano di nuovo in casa e c'era con loro anche Tommaso. Venne Gesù, a porte chiuse, si fermò in mezzo a loro e disse: "Pace a voi!". *[27]* Poi disse a Tommaso: "Metti qua il tuo dito e guarda le mie mani; stendi la tua mano, e mettila nel mio costato; e non essere più incredulo ma credente!". *[28]* Rispose Tommaso: "Mio Signore e mio Dio!". *[29]* Gesù gli disse: "Perché mi hai veduto, hai creduto: beati quelli che pur non avendo visto crederanno!".

[30] Molti altri segni fece Gesù in presenza dei suoi discepoli, ma non sono stati scritti in questo libro. *[31]* Questi sono stati scritti, perché crediate che Gesù è il Cristo, il Figlio di Dio e perché, credendo, abbiate la vita nel suo nome.

21

[1] Dopo questi fatti, Gesù si manifestò di nuovo ai discepoli sul mare di Tiberìade. E si manifestò così: *[2]* si trovavano insieme Simon Pietro, Tommaso detto Dìdimo, Natanàèle di Cana di Galilea, i figli di Zebedèo e altri due discepoli. *[3]* Disse loro Simon Pietro: "Io vado a pescare". Gli dissero: "Veniamo anche noi con te". Allora uscirono e salirono sulla barca; ma in quella notte non presero nulla.

[4] Quando già era l'alba Gesù si presentò sulla riva, ma i discepoli non si erano accorti che era Gesù. *[5]* Gesù disse loro: "Figlioli, non avete nulla da mangiare?". Gli risposero: "No". *[6]* Allora disse loro: "Gettate la rete dalla parte destra della barca e troverete". La gettarono e non potevano più tirarla su per la gran quantità di pesci. *[7]* Allora quel discepolo che Gesù amava disse a Pietro: "È il Signore!". Simon Pietro appena udì che era il Signore, si cinse ai fianchi il camiciotto, poiché era spogliato, e si gettò in mare. *[8]* Gli altri discepoli invece vennero con la barca, trascinando la rete piena di pesci: infatti non erano lontani da terra se non un centinaio di metri.

[9] Appena scesi a terra, videro un fuoco di brace con del pesce sopra, e del pane. *[10]* Disse loro Gesù: "Portate un po' del pesce che avete preso or ora". *[11]* Allora Simon Pietro salì nella barca e trasse a terra la rete piena di centocinquantatré grossi pesci. E benché fossero tanti, la rete non si spezzò. *[12]* Gesù disse loro: "Venite a

mangiare". E nessuno dei discepoli osava domandargli: "Chi sei?", poiché sapevano bene che era il Signore.

[13] Allora Gesù si avvicinò, prese il pane e lo diede a loro, e così pure il pesce. [14] Questa era la terza volta che Gesù si manifestava ai discepoli, dopo essere risuscitato dai morti.

[15] Quand'ebbero mangiato, Gesù disse a Simon Pietro: "Simone di Giovanni, mi vuoi bene tu più di costoro?". Gli rispose: "Certo, Signore, tu lo sai che ti voglio bene". Gli disse: "Pasci i miei agnelli". [16] Gli disse di nuovo: "Simone di Giovanni, mi vuoi bene?". Gli rispose: "Certo, Signore, tu lo sai che ti voglio bene". Gli disse: "Pasci le mie pecorelle". [17] Gli disse per la terza volta: "Simone di Giovanni, mi vuoi bene?". Pietro rimase addolorato che per la terza volta gli dicesse: Mi vuoi bene?, e gli disse: "Signore, tu sai tutto; tu sai che ti voglio bene". Gli rispose Gesù: "Pasci le mie pecorelle. [18] In verità, in verità ti dico: quando eri più giovane ti cingevi la veste da solo, e andavi dove volevi; ma quando sarai vecchio tenderai le tue mani, e un altro ti cingerà la veste e ti porterà dove tu non vuoi". [19] Questo gli disse per indicare con quale morte egli avrebbe glorificato Dio. E detto questo aggiunse: "Seguimi".

[20] Pietro allora, voltatosi, vide che li seguiva quel discepolo che Gesù amava, quello che nella cena si era trovato al suo fianco e gli aveva domandato: "Signore, chi è che ti tradisce?". [21] Pietro dunque, vedutolo, disse a Gesù: "Signore, e lui?". [22] Gesù gli rispose: "Se voglio che egli rimanga finché io venga, che importa a te? Tu seguimi". [23] Si diffuse perciò tra i fratelli la voce che quel discepolo non sarebbe morto. Gesù però non gli aveva detto che non sarebbe morto, ma: "Se voglio che rimanga finché io venga, che importa a te?".

[24] Questo è il discepolo che rende testimonianza su questi fatti e li ha scritti; e noi sappiamo che la sua testimonianza è vera. [25] Vi sono ancora molte altre cose compiute da Gesù, che, se fossero scritte una per una, penso che il mondo stesso non basterebbe a contenere i libri che si dovrebbero scrivere.

Atti degli Apostoli

1

[1] Nel mio primo libro ho già trattato, o Teòfilo, di tutto quello che Gesù fece e insegnò dal principio *[2]* fino al giorno in cui, dopo aver dato istruzioni agli apostoli che si era scelti nello Spirito Santo, egli fu assunto in cielo.

[3] Egli si mostrò ad essi vivo, dopo la sua passione, con molte prove, apparendo loro per quaranta giorni e parlando del regno di Dio. *[4]* Mentre si trovava a tavola con essi, ordinò loro di non allontanarsi da Gerusalemme, ma di attendere che si adempisse la promessa del Padre "quella, disse, che voi avete udito da me: *[5]* Giovanni ha battezzato con acqua, voi invece sarete battezzati in Spirito Santo, fra non molti giorni".

[6] Così venutisi a trovare insieme gli domandarono: "Signore, è questo il tempo in cui ricostituirai il regno di Israele?". *[7]* Ma egli rispose: "Non spetta a voi conoscere i tempi e i momenti che il Padre ha riservato alla sua scelta, *[8]* ma avrete forza dallo Spirito Santo che scenderà su di voi e mi sarete testimoni a Gerusalemme, in tutta la Giudea e la Samarìa e fino agli estremi confini della terra".

[9] Detto questo, fu elevato in alto sotto i loro occhi e una nube lo sottrasse al loro sguardo. *[10]* E poiché essi stavano fissando il cielo mentre egli se n'andava, ecco due uomini in bianche vesti si presentarono a loro e dissero: *[11]* "Uomini di Galilea, perché state a guardare il cielo? Questo Gesù, che è stato di tra voi assunto fino al cielo, tornerà un giorno allo stesso modo in cui l'avete visto andare in cielo".

[12] Allora ritornarono a Gerusalemme dal monte detto degli Ulivi, che è vicino a Gerusalemme quanto il cammino permesso in un sabato. *[13]* Entrati in città salirono al piano superiore dove abitavano. C'erano Pietro e Giovanni, Giacomo e Andrea, Filippo e Tommaso, Bartolomeo e Matteo, Giacomo di Alfeo e Simone lo Zelòta e Giuda di Giacomo. *[14]* Tutti questi erano assidui e concordi nella preghiera, insieme con alcune donne e con Maria, la madre di Gesù e con i fratelli di lui.

[15] In quei giorni Pietro si alzò in mezzo ai fratelli (il numero delle persone radunate era circa centoventi) e disse: *[16]* "Fratelli, era necessario che si adempisse ciò che nella Scrittura fu predetto dallo Spirito Santo per bocca di Davide riguardo a Giuda, che fece da guida a quelli che arrestarono Gesù. *[17]* Egli era stato del nostro numero e aveva avuto in sorte lo stesso nostro ministero. *[18]* Giuda comprò un pezzo di terra con i proventi del suo delitto e poi precipitando in avanti si squarciò in mezzo e si

sparsero fuori tutte le sue viscere. *[19]* La cosa è divenuta così nota a tutti gli abitanti di Gerusalemme, che quel terreno è stato chiamato nella loro lingua Akeldamà, cioè Campo di sangue. *[20]* Infatti sta scritto nel libro dei Salmi:

La sua dimora diventi deserta, e nessuno vi abiti,

e:

il suo incarico lo prenda un altro.

[21] Bisogna dunque che tra coloro che ci furono compagni per tutto il tempo in cui il Signore Gesù ha vissuto in mezzo a noi, *[22]* incominciando dal battesimo di Giovanni fino al giorno in cui è stato di tra noi assunto in cielo, uno divenga, insieme a noi, testimone della sua risurrezione".
[23] Ne furono proposti due, Giuseppe detto Barsabba, che era soprannominato Giusto, e Mattia. *[24]* Allora essi pregarono dicendo: "Tu, Signore, che conosci il cuore di tutti, mostraci quale di questi due hai designato *[25]* a prendere il posto in questo ministero e apostolato che Giuda ha abbandonato per andarsene al posto da lui scelto". *[26]* Gettarono quindi le sorti su di loro e la sorte cadde su Mattia, che fu associato agli undici apostoli.

2

[1] Mentre il giorno di Pentecoste stava per finire, si trovavano tutti insieme nello stesso luogo. *[2]* Venne all'improvviso dal cielo un rombo, come di vento che si abbatte gagliardo, e riempì tutta la casa dove si trovavano. *[3]* Apparvero loro lingue come di fuoco che si dividevano e si posarono su ciascuno di loro; *[4]* ed essi furono tutti pieni di Spirito Santo e cominciarono a parlare in altre lingue come lo Spirito dava loro il potere d'esprimersi.
[5] Si trovavano allora in Gerusalemme Giudei osservanti di ogni nazione che è sotto il cielo. *[6]* Venuto quel fragore, la folla si radunò e rimase sbigottita perché ciascuno li sentiva parlare la propria lingua. *[7]* Erano stupefatti e fuori di sé per lo stupore dicevano: "Costoro che parlano non sono forse tutti Galilei? *[8]* E com'è che li sentiamo ciascuno parlare la nostra lingua nativa? *[9]* Siamo Parti, Medi, Elamìti e abitanti della Mesopotàmia, della Giudea, della Cappadòcia, del Ponto e dell'Asia, *[10]* della Frigia e della Panfilia, dell'Egitto e delle parti della Libia vicino a Cirène, stranieri di Roma, *[11]* Ebrei e prosèliti, Cretesi e Arabi e li udiamo annunziare nelle nostre lingue le grandi opere di Dio". *[12]* Tutti erano stupiti e perplessi, chiedendosi l'un l'altro: "Che significa questo?". *[13]* Altri invece li deridevano e dicevano: "Si sono ubriacati di mosto".
[14] Allora Pietro, levatosi in piedi con gli altri Undici, parlò a voce alta così: "Uomini di Giudea, e voi tutti che vi trovate a Gerusalemme, vi sia ben noto questo e fate attenzione alle mie parole: *[15]* Questi uomini non sono ubriachi come voi

sospettate, essendo appena le nove del mattino. *[16]* Accade invece quello che predisse il profeta Gioèle:
[17] Negli ultimi giorni, dice il Signore,

Io effonderò il mio Spirito sopra ogni persona;
i vostri figli e le vostre figlie profeteranno,
i vostri giovani avranno visioni
e i vostri anziani faranno dei sogni.
[18] E anche sui miei servi e sulle mie serve
in quei giorni effonderò il mio Spirito ed essi profeteranno.
[19] Farò prodigi in alto nel cielo
e segni in basso sulla terra,
sangue, fuoco e nuvole di fumo.
[20] Il sole si muterà in tenebra e la luna in sangue,
prima che giunga il giorno del Signore,
giorno grande e splendido.
[21] Allora chiunque invocherà il nome del Signore sarà salvato.

[22] Uomini d'Israele, ascoltate queste parole: Gesù di Nàzaret - uomo accreditato da Dio presso di voi per mezzo di miracoli, prodigi e segni, che Dio stesso operò fra di voi per opera sua, come voi ben sapete -, *[23]* dopo che, secondo il prestabilito disegno e la prescienza di Dio, fu consegnato a voi, voi l'avete inchiodato sulla croce per mano di empi e l'avete ucciso. *[24]* Ma Dio lo ha risuscitato, sciogliendolo dalle angosce della morte, perché non era possibile che questa lo tenesse in suo potere. *[25]* Dice infatti Davide a suo riguardo:

Contemplavo sempre il Signore innanzi a me;
poiché egli sta alla mia destra, perché io non vacilli.
[26] Per questo si rallegrò il mio cuore ed esultò la mia lingua;
ed anche la mia carne riposerà nella speranza,
[27] perché tu non abbandonerai l'anima mia negli inferi,
né permetterai che il tuo Santo veda la corruzione.
[28] Mi hai fatto conoscere le vie della vita,
mi colmerai di gioia con la tua presenza.

[29] Fratelli, mi sia lecito dirvi francamente, riguardo al patriarca Davide, che egli morì e fu sepolto e la sua tomba è ancora oggi fra noi. *[30]* Poiché però era profeta e sapeva che Dio *gli aveva giurato solennemente di far sedere sul suo trono un suo discendente,* *[31]* previde la risurrezione di Cristo e ne parlò:

questi non fu abbandonato negli inferi,
né la sua carne vide corruzione.

[32] Questo Gesù Dio l'ha risuscitato e noi tutti ne siamo testimoni. *[33]* Innalzato pertanto alla destra di Dio e dopo aver ricevuto dal Padre lo Spirito Santo che egli

aveva promesso, lo ha effuso, come voi stessi potete vedere e udire. *[34]* Davide infatti non salì al cielo; tuttavia egli dice:

Disse il Signore al mio Signore:
siedi alla mia destra,
[35] finché io ponga i tuoi nemici
come sgabello ai tuoi piedi.

[36] Sappia dunque con certezza tutta la casa di Israele che Dio ha costituito Signore e Cristo quel Gesù che voi avete crocifisso!".

[37] All'udir tutto questo si sentirono trafiggere il cuore e dissero a Pietro e agli altri apostoli: "Che cosa dobbiamo fare, fratelli?". *[38]* E Pietro disse: "Pentitevi e ciascuno di voi si faccia battezzare nel nome di Gesù Cristo, per la remissione dei vostri peccati; dopo riceverete il dono dello Spirito Santo. *[39]* Per voi infatti è la promessa e per i vostri figli e per tutti *quelli che sono lontani, quanti ne chiamerà il Signore* Dio nostro". *[40]* Con molte altre parole li scongiurava e li esortava: "Salvatevi da questa generazione perversa". *[41]* Allora coloro che accolsero la sua parola furono battezzati e quel giorno si unirono a loro circa tremila persone.

[42] Erano assidui nell'ascoltare l'insegnamento degli apostoli e nell'unione fraterna, nella frazione del pane e nelle preghiere. *[43]* Un senso di timore era in tutti e prodigi e segni avvenivano per opera degli apostoli. *[44]* Tutti coloro che erano diventati credenti stavano insieme e tenevano ogni cosa in comune; *[45]* chi aveva proprietà e sostanze le vendeva e ne faceva parte a tutti, secondo il bisogno di ciascuno. *[46]* Ogni giorno tutti insieme frequentavano il tempio e spezzavano il pane a casa prendendo i pasti con letizia e semplicità di cuore, *[47]* lodando Dio e godendo la simpatia di tutto il popolo. *[48]* Intanto il Signore ogni giorno aggiungeva alla comunità quelli che erano salvati.

3

[1] Un giorno Pietro e Giovanni salivano al tempio per la preghiera verso le tre del pomeriggio. *[2]* Qui di solito veniva portato un uomo, storpio fin dalla nascita e lo ponevano ogni giorno presso la porta del tempio detta "Bella" a chiedere l'elemosina a coloro che entravano nel tempio. *[3]* Questi, vedendo Pietro e Giovanni che stavano per entrare nel tempio, domandò loro l'elemosina. *[4]* Allora Pietro fissò lo sguardo su di lui insieme a Giovanni e disse: "Guarda verso di noi". *[5]* Ed egli si volse verso di loro, aspettandosi di ricevere qualche cosa. *[6]* Ma Pietro gli disse: "Non possiedo né argento né oro, ma quello che ho te lo do: nel nome di Gesù Cristo, il Nazareno, cammina!". *[7]* E, presolo per la mano destra, lo sollevò. Di colpo i suoi piedi e le caviglie si rinvigorirono *[8]* e balzato in piedi camminava; ed entrò con loro nel tempio camminando, saltando e lodando Dio. *[9]* Tutto il popolo lo vide camminare e lodare Dio *[10]* e riconoscevano che era quello che sedeva a chiedere l'elemosina alla

porta Bella del tempio ed erano meravigliati e stupiti per quello che gli era accaduto. *[11]* Mentr'egli si teneva accanto a Pietro e Giovanni, tutto il popolo fuor di sé per lo stupore accorse verso di loro al portico detto di Salomone. *[12]* Vedendo ciò, Pietro disse al popolo: "Uomini d'Israele, perché vi meravigliate di questo e continuate a fissarci come se per nostro potere e nostra pietà avessimo fatto camminare quest'uomo? *[13] Il Dio di Abramo, di Isacco e di Giacobbe, il Dio dei nostri padri ha glorificato il suo servo* Gesù, che voi avete consegnato e rinnegato di fronte a Pilato, mentre egli aveva deciso di liberarlo; *[14]* voi invece avete rinnegato il Santo e il Giusto, avete chiesto che vi fosse graziato un assassino *[15]* e avete ucciso l'autore della vita. Ma Dio l'ha risuscitato dai morti e di questo noi siamo testimoni. *[16]* Proprio per la fede riposta in lui il nome di Gesù ha dato vigore a quest'uomo che voi vedete e conoscete; la fede in lui ha dato a quest'uomo la perfetta guarigione alla presenza di tutti voi.

[17] Ora, fratelli, io so che voi avete agito per ignoranza, così come i vostri capi; *[18]* Dio però ha adempiuto così ciò che aveva annunziato per bocca di tutti i profeti, che cioè il suo Cristo sarebbe morto. *[19]* Pentitevi dunque e cambiate vita, perché siano cancellati i vostri peccati *[20]* e così possano giungere i tempi della consolazione da parte del Signore ed egli mandi quello che vi aveva destinato come Messia, cioè Gesù. *[21]* Egli dev'esser accolto in cielo fino ai tempi della restaurazione di tutte le cose, come ha detto Dio fin dall'antichità, per bocca dei suoi santi profeti. *[22]* Mosè infatti disse: *Il Signore vostro Dio vi farà sorgere un profeta come me in mezzo ai vostri fratelli; voi lo ascolterete in tutto quello che egli vi dirà. [23] E chiunque non ascolterà quel profeta, sarà estirpato di mezzo al popolo. [24]* Tutti i profeti, a cominciare da Samuele e da quanti parlarono in seguito, annunziarono questi giorni.

[25] Voi siete i figli dei profeti e dell'alleanza che Dio stabilì con i vostri padri, quando disse ad Abramo: *Nella tua discendenza saranno benedette tutte le famiglie della terra. [26]* Dio, dopo aver risuscitato il suo servo, l'ha mandato prima di tutto a voi per portarvi la benedizione e perché ciascuno si converta dalle sue iniquità".

4

[1] Stavano ancora parlando al popolo, quando sopraggiunsero i sacerdoti, il capitano del tempio e i sadducei, *[2]* irritati per il fatto che essi insegnavano al popolo e annunziavano in Gesù la risurrezione dai morti. *[3]* Li arrestarono e li portarono in prigione fino al giorno dopo, dato che era ormai sera. *[4]* Molti però di quelli che avevano ascoltato il discorso credettero e il numero degli uomini raggiunse circa i cinquemila.

[5] Il giorno dopo si radunarono in Gerusalemme i capi, gli anziani e gli scribi, *[6]* il sommo sacerdote Anna, Caifa, Giovanni, Alessandro e quanti appartenevano a famiglie di sommi sacerdoti. *[7]* Fattili comparire davanti a loro, li interrogavano: "Con quale potere o in nome di chi avete fatto questo?". *[8]* Allora Pietro, pieno di

Spirito Santo, disse loro: "Capi del popolo e anziani, *[9]* visto che oggi veniamo interrogati sul beneficio recato ad un uomo infermo e in qual modo egli abbia ottenuto la salute, *[10]* la cosa sia nota a tutti voi e a tutto il popolo d'Israele: nel nome di Gesù Cristo il Nazareno, che voi avete crocifisso e che Dio ha risuscitato dai morti, costui vi sta innanzi sano e salvo. *[11]* Questo Gesù è

la pietra che, scartata da voi, costruttori,
è diventata testata d'angolo.

[12] In nessun altro c'è salvezza; non vi è infatti altro nome dato agli uomini sotto il cielo nel quale è stabilito che possiamo essere salvati".

[13] Vedendo la franchezza di Pietro e di Giovanni e considerando che erano senza istruzione e popolani, rimanevano stupefatti riconoscendoli per coloro che erano stati con Gesù; *[14]* quando poi videro in piedi vicino a loro l'uomo che era stato guarito, non sapevano che cosa rispondere. *[15]* Li fecero uscire dal sinedrio e si misero a consultarsi fra loro dicendo: *[16]* "Che dobbiamo fare a questi uomini? Un miracolo evidente è avvenuto per opera loro; esso è diventato talmente noto a tutti gli abitanti di Gerusalemme che non possiamo negarlo. *[17]* Ma perché la cosa non si divulghi di più tra il popolo, diffidiamoli dal parlare più ad alcuno in nome di lui". *[18]* E, richiamatili, ordinarono loro di non parlare assolutamente né di insegnare nel nome di Gesù. *[19]* Ma Pietro e Giovanni replicarono: "Se sia giusto innanzi a Dio obbedire a voi più che a lui, giudicatelo voi stessi; *[20]* noi non possiamo tacere quello che abbiamo visto e ascoltato". *[21]* Quelli allora, dopo averli ulteriormente minacciati, non trovando motivi per punirli, li rilasciarono a causa del popolo, perché tutti glorificavano Dio per l'accaduto. *[22]* L'uomo infatti sul quale era avvenuto il miracolo della guarigione aveva più di quarant'anni.

[23] Appena rimessi in libertà, andarono dai loro fratelli e riferirono quanto avevano detto i sommi sacerdoti e gli anziani. *[24]* All'udire ciò, tutti insieme levarono la loro voce a Dio dicendo: "Signore, tu che *hai creato il cielo, la terra, il mare e tutto ciò che è in essi, [25]* tu che per mezzo dello Spirito Santo dicesti per bocca del nostro padre, il tuo servo Davide:

Perché si agitarono le genti
e i popoli tramarono cose vane?
[26] Si sollevarono i re della terra
e i principi si radunarono insieme,
contro il Signore e contro il suo Cristo;

[27] davvero in questa città *si radunarono* insieme contro il tuo santo servo Gesù, che hai unto come Cristo, Erode e Ponzio Pilato con le genti e i popoli d'Israele, *[28]* per compiere ciò che la tua mano e la tua volontà avevano preordinato che avvenisse. *[29]* Ed ora, Signore, volgi lo sguardo alle loro minacce e concedi ai tuoi servi di annunziare con tutta franchezza la tua parola. *[30]* Stendi la mano perché si compiano guarigioni, miracoli e prodigi nel nome del tuo santo servo Gesù".

[31] Quand'ebbero terminato la preghiera, il luogo in cui erano radunati tremò e tutti furono pieni di Spirito Santo e annunziavano la parola di Dio con franchezza.

[32] La moltitudine di coloro che eran venuti alla fede aveva un cuore solo e un'anima sola e nessuno diceva sua proprietà quello che gli apparteneva, ma ogni cosa era fra loro comune. *[33]* Con grande forza gli apostoli rendevano testimonianza della risurrezione del Signore Gesù e tutti essi godevano di grande simpatia. *[34]* Nessuno infatti tra loro era bisognoso, perché quanti possedevano campi o case li vendevano, portavano l'importo di ciò che era stato venduto *[35]* e lo deponevano ai piedi degli apostoli; e poi veniva distribuito a ciascuno secondo il bisogno.

[36] Così Giuseppe, soprannominato dagli apostoli Bàrnaba, che significa "figlio dell'esortazione", un levita originario di Cipro, *[37]* che era padrone di un campo, lo vendette e ne consegnò l'importo deponendolo ai piedi degli apostoli.

5

[1] Un uomo di nome Ananìa con la moglie Saffira vendette un suo podere *[2]* e, tenuta per sé una parte dell'importo d'accordo con la moglie, consegnò l'altra parte deponendola ai piedi degli apostoli. *[3]* Ma Pietro gli disse: "Ananìa, perché mai satana si è così impossessato del tuo cuore che tu hai mentito allo Spirito Santo e ti sei trattenuto parte del prezzo del terreno? *[4]* Prima di venderlo, non era forse tua proprietà e, anche venduto, il ricavato non era sempre a tua disposizione? Perché hai pensato in cuor tuo a quest'azione? Tu non hai mentito agli uomini, ma a Dio". *[5]* All'udire queste parole, Ananìa cadde a terra e spirò. E un timore grande prese tutti quelli che ascoltavano. *[6]* Si alzarono allora i più giovani e, avvoltolo in un lenzuolo, lo portarono fuori e lo seppellirono.

[7] Avvenne poi che, circa tre ore più tardi, entrò anche sua moglie, ignara dell'accaduto. *[8]* Pietro le chiese: "Dimmi: avete venduto il campo a tal prezzo?". Ed essa: "Sì, a tanto". *[9]* Allora Pietro le disse: "Perché vi siete accordati per tentare lo Spirito del Signore? Ecco qui alla porta i passi di coloro che hanno seppellito tuo marito e porteranno via anche te". *[10]* D'improvviso cadde ai piedi di Pietro e spirò. Quando i giovani entrarono, la trovarono morta e, portatala fuori, la seppellirono accanto a suo marito. *[11]* E un grande timore si diffuse in tutta la Chiesa e in quanti venivano a sapere queste cose.

[12] Molti miracoli e prodigi avvenivano fra il popolo per opera degli apostoli. Tutti erano soliti stare insieme nel portico di Salomone; *[13]* degli altri, nessuno osava associarsi a loro, ma il popolo li esaltava. *[14]* Intanto andava aumentando il numero degli uomini e delle donne che credevano nel Signore *[15]* fino al punto che portavano gli ammalati nelle piazze, ponendoli su lettucci e giacigli, perché, quando Pietro passava, anche solo la sua ombra coprisse qualcuno di loro. *[16]* Anche la folla delle città vicine a Gerusalemme accorreva, portando malati e persone tormentate da spiriti immondi e tutti venivano guariti.

[17] Si alzò allora il sommo sacerdote e quelli della sua parte, cioè la setta dei

sadducei, pieni di livore, *[18]* e fatti arrestare gli apostoli li fecero gettare nella prigione pubblica. *[19]* Ma durante la notte un angelo del Signore aprì le porte della prigione, li condusse fuori e disse: *[20]* "Andate, e mettetevi a predicare al popolo nel tempio tutte queste parole di vita". *[21]* Udito questo, entrarono nel tempio sul far del giorno e si misero a insegnare.

Quando arrivò il sommo sacerdote con quelli della sua parte, convocarono il sinedrio e tutti gli anziani dei figli d'Israele; mandarono quindi a prelevare gli apostoli nella prigione. *[22]* Ma gli incaricati, giunti sul posto, non li trovarono nella prigione e tornarono a riferire: *[23]* "Abbiamo trovato il carcere scrupolosamente sbarrato e le guardie ai loro posti davanti alla porta, ma, dopo aver aperto, non abbiamo trovato dentro nessuno". *[24]* Udite queste parole, il capitano del tempio e i sommi sacerdoti si domandavano perplessi che cosa mai significasse tutto questo, *[25]* quando arrivò un tale ad annunziare: "Ecco, gli uomini che avete messo in prigione si trovano nel tempio a insegnare al popolo".

[26] Allora il capitano uscì con le sue guardie e li condusse via, ma senza violenza, per timore di esser presi a sassate dal popolo. *[27]* Li condussero e li presentarono nel sinedrio; il sommo sacerdote cominciò a interrogarli dicendo: *[28]* "Vi avevamo espressamente ordinato di non insegnare più nel nome di costui, ed ecco voi avete riempito Gerusalemme della vostra dottrina e volete far ricadere su di noi il sangue di quell'uomo". *[29]* Rispose allora Pietro insieme agli apostoli: "Bisogna obbedire a Dio piuttosto che agli uomini. *[30]* Il Dio dei nostri padri ha risuscitato Gesù, che voi avevate ucciso appendendolo alla croce. *[31]* Dio lo ha innalzato con la sua destra facendolo capo e salvatore, per dare a Israele la grazia della conversione e il perdono dei peccati. *[32]* E di questi fatti siamo testimoni noi e lo Spirito Santo, che Dio ha dato a coloro che si sottomettono a lui". *[33]* All'udire queste cose essi si irritarono e volevano metterli a morte.

[34] Si alzò allora nel sinedrio un fariseo, di nome Gamalièle, dottore della legge, stimato presso tutto il popolo. Dato ordine di far uscire per un momento gli accusati, *[35]* disse: "Uomini di Israele, badate bene a ciò che state per fare contro questi uomini. *[36]* Qualche tempo fa venne téuda, dicendo di essere qualcuno, e a lui si aggregarono circa quattrocento uomini. Ma fu ucciso, e quanti s'erano lasciati persuadere da lui si dispersero e finirono nel nulla. *[37]* Dopo di lui sorse Giuda il Galileo, al tempo del censimento, e indusse molta gente a seguirlo, ma anch'egli perì e quanti s'erano lasciati persuadere da lui furono dispersi. *[38]* Per quanto riguarda il caso presente, ecco ciò che vi dico: Non occupatevi di questi uomini e lasciateli andare. Se infatti questa teoria o questa attività è di origine umana, verrà distrutta; *[39]* ma se essa viene da Dio, non riuscirete a sconfiggerli; non vi accada di trovarvi a combattere contro Dio!".

[40] Seguirono il suo parere e, richiamati gli apostoli, li fecero fustigare e ordinarono loro di non continuare a parlare nel nome di Gesù; quindi li rimisero in libertà. *[41]* Ma essi se ne andarono dal sinedrio lieti di essere stati oltraggiati per amore del nome di Gesù. *[42]* E ogni giorno, nel tempio e a casa, non cessavano di insegnare e di portare il lieto annunzio che Gesù è il Cristo.

[1] In quei giorni, mentre aumentava il numero dei discepoli, sorse un malcontento fra gli ellenisti verso gli Ebrei, perché venivano trascurate le loro vedove nella distribuzione quotidiana. *[2]* Allora i Dodici convocarono il gruppo dei discepoli e dissero: "Non è giusto che noi trascuriamo la parola di Dio per il servizio delle mense. *[3]* Cercate dunque, fratelli, tra di voi sette uomini di buona reputazione, pieni di Spirito e di saggezza, ai quali affideremo quest'incarico. *[4]* Noi, invece, ci dedicheremo alla preghiera e al ministero della parola". *[5]* Piacque questa proposta a tutto il gruppo ed elessero Stefano, uomo pieno di fede e di Spirito Santo, Filippo, Pròcoro, Nicànore, Timòne, Parmenàs e Nicola, un proselito di Antiòchia. *[6]* Li presentarono quindi agli apostoli i quali, dopo aver pregato, imposero loro le mani.

[7] Intanto la parola di Dio si diffondeva e si moltiplicava grandemente il numero dei discepoli a Gerusalemme; anche un gran numero di sacerdoti aderiva alla fede.

[8] Stefano intanto, pieno di grazia e di fortezza, faceva grandi prodigi e miracoli tra il popolo. *[9]* Sorsero allora alcuni della sinagoga detta dei "liberti" comprendente anche i Cirenei, gli Alessandrini e altri della Cilicia e dell'Asia, a disputare con Stefano, *[10]* ma non riuscivano a resistere alla sapienza ispirata con cui egli parlava. *[11]* Perciò sobillarono alcuni che dissero: "Lo abbiamo udito pronunziare espressioni blasfeme contro Mosè e contro Dio". *[12]* E così sollevarono il popolo, gli anziani e gli scribi, gli piombarono addosso, lo catturarono e lo trascinarono davanti al sinedrio. *[13]* Presentarono quindi dei falsi testimoni, che dissero: "Costui non cessa di proferire parole contro questo luogo sacro e contro la legge. *[14]* Lo abbiamo udito dichiarare che Gesù il Nazareno distruggerà questo luogo e sovvertirà i costumi tramandatici da Mosè".

[15] E tutti quelli che sedevano nel sinedrio, fissando gli occhi su di lui, videro il suo volto come quello di un angelo.

<h1 style="text-align:center">7</h1>

[1] Gli disse allora il sommo sacerdote: "Queste cose stanno proprio così?". *[2]* Ed egli rispose: "Fratelli e padri, ascoltate: il *Dio della gloria* apparve al nostro padre Abramo quando era ancora in Mesopotamia, prima che egli si stabilisse in Carran, *[3]* e gli disse: *Esci dalla tua terra e dalla tua gente e va' nella terra che io ti indicherò*. *[4]* Allora, uscito dalla terra dei Caldei, si stabilì in Carran; di là, dopo la morte del padre, Dio lo fece emigrare in questo paese dove voi ora abitate, *[5]* ma non gli diede alcuna proprietà in esso, *neppure quanto l'orma di un piede*, ma gli promise *di darlo in possesso a lui e alla sua discendenza dopo di lui*, sebbene non avesse ancora figli. *[6]* Poi Dio parlò così: *La discendenza di Abramo sarà pellegrina in terra straniera, tenuta in schiavitù e oppressione per quattrocento anni. [7] Ma del popolo di cui saranno schiavi io farò giustizia*, disse Dio: *dopo potranno uscire e mi adoreranno* in questo luogo. *[8]* E gli diede l'alleanza della circoncisione. E così

Abramo generò Isacco e *lo circoncise l'ottavo giorno* e Isacco generò Giacobbe e Giacobbe i dodici patriarchi. *[9]* Ma i patriarchi, *gelosi di Giuseppe, lo vendettero schiavo in Egitto. Dio però era con lui [10]* e lo liberò da tutte le sue afflizioni e *gli diede grazia* e saggezza *davanti al faraone re d'Egitto, il quale lo nominò amministratore dell'Egitto e di tutta la sua casa. [11] Venne una carestia su tutto l'Egitto e in Canaan* e una grande miseria, e i nostri padri non trovavano da mangiare. *[12] Avendo udito Giacobbe che in Egitto c'era del grano*, vi inviò i nostri padri una prima volta; *[13]* la seconda volta Giuseppe *si fece riconoscere dai suoi fratelli* e fu nota al faraone la sua origine. *[14]* Giuseppe allora mandò a chiamare Giacobbe suo padre e tutta la sua parentela, *settantacinque persone in tutto. [15]* E Giacobbe *si recò in Egitto, e qui egli morì* come anche i nostri padri; *[16] essi furono poi trasportati in Sichem* e posti *nel sepolcro che Abramo aveva acquistato* e pagato in denaro *dai figli di Emor, a Sichem.*

[17] Mentre si avvicinava il tempo della promessa fatta da Dio ad Abramo, il popolo *crebbe e si moltiplicò* in Egitto, *[18]* finché *salì al trono d'Egitto un altro re, che non conosceva Giuseppe. [19]* Questi, *adoperando l'astuzia contro la nostra gente, perseguitò* i nostri padri fino a costringerli a esporre i loro figli, perché non *sopravvivessero. [20]* In quel tempo nacque Mosè e piacque a Dio; *egli fu allevato per tre mesi* nella casa paterna, poi, *[21]* essendo stato esposto, *lo raccolse la figlia del faraone* e lo allevò *come figlio. [22]* Così Mosè venne istruito in tutta la sapienza degli Egiziani ed era potente nelle parole e nelle opere. *[23]* Quando stava per compiere i quarant'anni, gli venne l'idea di far visita ai *suoi fratelli, i figli di Israele, [24]* e vedendone uno trattato ingiustamente, ne prese le difese e vendicò l'oppresso, *uccidendo l'Egiziano. [25]* Egli pensava che i suoi connazionali avrebbero capito che Dio dava loro salvezza per mezzo suo, ma essi non compresero. *[26]* Il giorno dopo si presentò in mezzo a loro mentre stavano litigando e si adoperò per metterli d'accordo, dicendo: Siete fratelli; perché vi insultate l'un l'altro? *[27]* Ma *quello che maltrattava il vicino* lo respinse, dicendo: *Chi ti ha nominato capo e giudice sopra di noi? [28] Vuoi forse uccidermi, come hai ucciso ieri l'Egiziano? [29] Fuggì via Mosè a queste parole, e andò ad abitare nella terra di Madian*, dove ebbe due figli.

[30] Passati quarant'anni, *gli apparve nel deserto del monte* Sinai *un angelo, in mezzo alla fiamma di un roveto ardente. [31]* Mosè rimase stupito di questa visione; e mentre si avvicinava per veder meglio, si udì la voce del Signore: *[32] Io sono il Dio dei tuoi padri, il Dio di Abramo, di Isacco e di Giacobbe.* Esterrefatto, Mosè non osava guardare. *[33] Allora il Signore gli disse: Togliti dai piedi i calzari, perché il luogo in cui stai è terra santa. [34] Ho visto l'afflizione del mio popolo in Egitto, ho udito il loro gemito e sono sceso a liberarli; ed ora vieni, che ti mando in Egitto. [35]* Questo Mosè che avevano rinnegato dicendo: *Chi ti ha nominato capo e giudice?*, proprio lui Dio aveva mandato per esser capo e liberatore, parlando per mezzo dell'angelo che gli era apparso nel roveto. *[36]* Egli li fece uscire, compiendo *miracoli e prodigi nella terra d'Egitto*, nel Mare Rosso, e *nel deserto per quarant'anni. [37]* Egli è quel Mosè che disse ai figli d'Israele: *Dio vi farà sorgere un profeta tra i vostri fratelli, al pari di me. [38]* Egli è colui che, mentre erano

radunati nel deserto, fu mediatore tra l'angelo che gli parlava sul monte Sinai e i nostri padri; egli ricevette parole di vita da trasmettere a noi. *[39]* Ma i nostri padri non vollero dargli ascolto, lo respinsero e *si volsero* in cuor loro *verso l'Egitto*, *[40]* dicendo ad Aronne: *Fa' per noi una divinità che ci vada innanzi, perché a questo Mosè che ci condusse fuori dall'Egitto non sappiamo che cosa sia accaduto. [41]* E in quei giorni *fabbricarono un vitello e offrirono sacrifici* all'idolo e si rallegrarono per l'opera delle loro mani. *[42]* Ma Dio si ritrasse da loro e li abbandonò al culto dell'*esercito del cielo*, come è scritto nel libro dei Profeti:

[43] Mi avete forse offerto vittime e sacrifici
per quarant'anni nel deserto, o casa d'Israele?
Avete preso con voi la tenda di Mòloch,
e la stella del dio Refàn,
simulacri che vi siete fabbricati per adorarli!
Perciò vi deporterò al di là di Babilonia.

[44] I nostri padri avevano nel deserto *la tenda della testimonianza*, come aveva ordinato colui che *disse a Mosè di costruirla secondo il modello che aveva visto. [45]* E dopo averla ricevuta, i nostri padri con Giosuè se la portarono con sé nella *conquista dei popoli* che Dio scacciò davanti a loro, fino ai tempi di Davide. *[46]* Questi trovò grazia innanzi a Dio e domandò *di poter trovare una dimora per il Dio di Giacobbe; [47] Salomone* poi *gli edificò una casa. [48]* Ma l'Altissimo non abita in costruzioni fatte da mano d'uomo, come dice il Profeta:

[49] Il cielo è il mio trono
e la terra sgabello per i miei piedi.
Quale casa potrete edificarmi, dice il Signore,
o quale sarà il luogo del mio riposo?
[50] Non forse la mia mano ha creato tutte queste cose?

[51] O gente testarda e pagana nel cuore e nelle orecchie, voi sempre *opponete resistenza allo Spirito Santo*; come i vostri padri, così anche voi. *[52]* Quale dei profeti i vostri padri non hanno perseguitato? Essi uccisero quelli che preannunciavano la venuta del Giusto, del quale voi ora siete divenuti traditori e uccisori; *[53]* voi che avete ricevuto la legge per mano degli angeli e non l'avete osservata".

[54] All'udire queste cose, fremevano in cuor loro e digrignavano i denti contro di lui.

[55] Ma Stefano, pieno di Spirito Santo, fissando gli occhi al cielo, vide la gloria di Dio e Gesù che stava alla sua destra *[56]* e disse: "Ecco, io contemplo i cieli aperti e il Figlio dell'uomo che sta alla destra di Dio". *[57]* Proruppero allora in grida altissime turandosi gli orecchi; poi si scagliarono tutti insieme contro di lui, *[58]* lo trascinarono fuori della città e si misero a lapidarlo. E i testimoni deposero il loro mantello ai piedi di un giovane, chiamato Saulo. *[59]* E così lapidavano Stefano

mentre pregava e diceva: "Signore Gesù, accogli il mio spirito". *[60]* Poi piegò le ginocchia e gridò forte: "Signore, non imputar loro questo peccato". Detto questo, morì.

8

[1] Saulo era fra coloro che approvarono la sua uccisione. In quel giorno scoppiò una violenta persecuzione contro la Chiesa di Gerusalemme e tutti, ad eccezione degli apostoli, furono dispersi nelle regioni della Giudea e della Samarìa. *[2]* Persone pie seppellirono Stefano e fecero un grande lutto per lui. *[3]* Saulo intanto infuriava contro la Chiesa ed entrando nelle case prendeva uomini e donne e li faceva mettere in prigione.

[4] Quelli però che erano stati dispersi andavano per il paese e diffondevano la parola di Dio.

[5] Filippo, sceso in una città della Samarìa, cominciò a predicare loro il Cristo. *[6]* E le folle prestavano ascolto unanimi alle parole di Filippo sentendolo parlare e vedendo i miracoli che egli compiva. *[7]* Da molti indemoniati uscivano spiriti immondi, emettendo alte grida e molti paralitici e storpi furono risanati. *[8]* E vi fu grande gioia in quella città.

[9] V'era da tempo in città un tale di nome Simone, dedito alla magia, il quale mandava in visibilio la popolazione di Samarìa, spacciandosi per un gran personaggio. *[10]* A lui aderivano tutti, piccoli e grandi, esclamando: "Questi è la potenza di Dio, quella che è chiamata Grande". *[11]* Gli davano ascolto, perché per molto tempo li aveva fatti strabiliare con le sue magie. *[12]* Ma quando cominciarono a credere a Filippo, che recava la buona novella del regno di Dio e del nome di Gesù Cristo, uomini e donne si facevano battezzare. *[13]* Anche Simone credette, fu battezzato e non si staccava più da Filippo. Era fuori di sé nel vedere i segni e i grandi prodigi che avvenivano.

[14] Frattanto gli apostoli, a Gerusalemme, seppero che la Samarìa aveva accolto la parola di Dio e vi inviarono Pietro e Giovanni.

[15] Essi discesero e pregarono per loro perché ricevessero lo Spirito Santo; *[16]* non era infatti ancora sceso sopra nessuno di loro, ma erano stati soltanto battezzati nel nome del Signore Gesù. *[17]* Allora imponevano loro le mani e quelli ricevevano lo Spirito Santo.

[18] Simone, vedendo che lo Spirito veniva conferito con l'imposizione delle mani degli apostoli, offrì loro del denaro *[19]* dicendo: "Date anche a me questo potere perché a chiunque io imponga le mani, egli riceva lo Spirito Santo". *[20]* Ma Pietro gli rispose: "Il tuo denaro vada con te in perdizione, perché hai osato pensare di acquistare con denaro il dono di Dio. *[21]* Non v'è parte né sorte alcuna per te in questa cosa, perché *il tuo cuore non è retto davanti a Dio*. *[22]* Pèntiti dunque di questa tua iniquità e prega il Signore che ti sia perdonato questo pensiero. *[23]* Ti vedo infatti chiuso *in fiele amaro e in lacci d'iniquità*". *[24]* Rispose Simone:

"Pregate voi per me il Signore, perché non mi accada nulla di ciò che avete detto".
[25] Essi poi, dopo aver testimoniato e annunziato la parola di Dio, ritornavano a Gerusalemme ed evangelizzavano molti villaggi della Samarìa.
[26] Un angelo del Signore parlò intanto a Filippo: "Alzati, e va' verso il mezzogiorno, sulla strada che discende da Gerusalemme a Gaza; essa è deserta". *[27]* Egli si alzò e si mise in cammino, quand'ecco un Etìope, un eunuco, funzionario di Candàce, regina di Etiopia, sovrintendente a tutti i suoi tesori, venuto per il culto a Gerusalemme, *[28]* se ne ritornava, seduto sul suo carro da viaggio, leggendo il profeta Isaia. *[29]* Disse allora lo Spirito a Filippo: "Va' avanti, e raggiungi quel carro". *[30]* Filippo corse innanzi e, udito che leggeva il profeta Isaia, gli disse: "Capisci quello che stai leggendo?". *[31]* Quegli rispose: "E come lo potrei, se nessuno mi istruisce?". E invitò Filippo a salire e a sedere accanto a lui. *[32]* Il passo della Scrittura che stava leggendo era questo:

Come una pecora fu condotto al macello
e come un agnello senza voce innanzi a chi lo tosa,
così egli non apre la sua bocca.
[33] Nella sua umiliazione il giudìzio gli è stato negato,
ma la sua posterità chi potrà mai descriverla?
Poiché è stata recisa dalla terra la sua vita.

[34] E rivoltosi a Filippo l'eunuco disse: "Ti prego, di quale persona il profeta dice questo? Di se stesso o di qualcun altro?". *[35]* Filippo, prendendo a parlare e partendo da quel passo della Scrittura, gli annunziò la buona novella di Gesù. *[36]* Proseguendo lungo la strada, giunsero a un luogo dove c'era acqua e l'eunuco disse: "Ecco qui c'è acqua; che cosa mi impedisce di essere battezzato?". *[37]* . *[38]* Fece fermare il carro e discesero tutti e due nell'acqua, Filippo e l'eunuco, ed egli lo battezzò. *[39]* Quando furono usciti dall'acqua, lo Spirito del Signore rapì Filippo e l'eunuco non lo vide più e proseguì pieno di gioia il suo cammino. *[40]* Quanto a Filippo, si trovò ad Azoto e, proseguendo, predicava il vangelo a tutte le città, finché giunse a Cesarèa.

9

[1] Saulo frattanto, sempre fremente minaccia e strage contro i discepoli del Signore, si presentò al sommo sacerdote *[2]* e gli chiese lettere per le sinagoghe di Damasco al fine di essere autorizzato a condurre in catene a Gerusalemme uomini e donne, seguaci della dottrina di Cristo, che avesse trovati. *[3]* E avvenne che, mentre era in viaggio e stava per avvicinarsi a Damasco, all'improvviso lo avvolse una luce dal cielo *[4]* e cadendo a terra udì una voce che gli diceva: "Saulo, Saulo, perché mi perseguiti?". *[5]* Rispose: "Chi sei, o Signore?". E la voce: "Io sono Gesù, che tu perseguiti! *[6]* Orsù, alzati ed entra nella città e ti sarà detto ciò che devi fare". *[7]* Gli uomini che facevano il cammino con lui si erano fermati ammutoliti, sentendo la

voce ma non vedendo nessuno. *[8]* Saulo si alzò da terra ma, aperti gli occhi, non vedeva nulla. Così, guidandolo per mano, lo condussero a Damasco, *[9]* dove rimase tre giorni senza vedere e senza prendere né cibo né bevanda.

[10] Ora c'era a Damasco un discepolo di nome Ananìa e il Signore in una visione gli disse: "Ananìa!". Rispose: "Eccomi, Signore!". *[11]* E il Signore a lui: "Su, va' sulla strada chiamata Diritta, e cerca nella casa di Giuda un tale che ha nome Saulo, di Tarso; ecco sta pregando, *[12]* e ha visto in visione un uomo, di nome Ananìa, venire e imporgli le mani perché ricuperi la vista". *[13]* Rispose Ananìa: "Signore, riguardo a quest'uomo ho udito da molti tutto il male che ha fatto ai tuoi fedeli in Gerusalemme. *[14]* Inoltre ha l'autorizzazione dai sommi sacerdoti di arrestare tutti quelli che invocano il tuo nome". *[15]* Ma il Signore disse: "Va', perché egli è per me uno strumento eletto per portare il mio nome dinanzi ai popoli, ai re e ai figli di Israele; *[16]* e io gli mostrerò quanto dovrà soffrire per il mio nome". *[17]* Allora Ananìa andò, entrò nella casa, gli impose le mani e disse: "Saulo, fratello mio, mi ha mandato a te il Signore Gesù, che ti è apparso sulla via per la quale venivi, perché tu riacquisti la vista e sia colmo di Spirito Santo". *[18]* E improvvisamente gli caddero dagli occhi come delle squame e ricuperò la vista; fu subito battezzato, *[19]* poi prese cibo e le forze gli ritornarono.

Rimase alcuni giorni insieme ai discepoli che erano a Damasco, *[20]* e subito nelle sinagoghe proclamava Gesù Figlio di Dio. *[21]* E tutti quelli che lo ascoltavano si meravigliavano e dicevano: "Ma costui non è quel tale che a Gerusalemme infieriva contro quelli che invocano questo nome ed era venuto qua precisamente per condurli in catene dai sommi sacerdoti?". *[22]* Saulo frattanto si rinfrancava sempre più e confondeva i Giudei residenti a Damasco, dimostrando che Gesù è il Cristo. *[23]* Trascorsero così parecchi giorni e i Giudei fecero un complotto per ucciderlo; *[24]* ma i loro piani vennero a conoscenza di Saulo. Essi facevano la guardia anche alle porte della città di giorno e di notte per sopprimerlo; *[25]* ma i suoi discepoli di notte lo presero e lo fecero discendere dalle mura, calandolo in una cesta.

[26] Venuto a Gerusalemme, cercava di unirsi con i discepoli, ma tutti avevano paura di lui, non credendo ancora che fosse un discepolo. *[27]* Allora Bàrnaba lo prese con sé, lo presentò agli apostoli e raccontò loro come durante il viaggio aveva visto il Signore che gli aveva parlato, e come in Damasco aveva predicato con coraggio nel nome di Gesù. *[28]* Così egli poté stare con loro e andava e veniva a Gerusalemme, parlando apertamente nel nome del Signore *[29]* e parlava e discuteva con gli Ebrei di lingua greca; ma questi tentarono di ucciderlo. *[30]* Venutolo però a sapere i fratelli, lo condussero a Cesarèa e lo fecero partire per Tarso.

[31] La Chiesa era dunque in pace per tutta la Giudea, la Galilea e la Samarìa; essa cresceva e camminava nel timore del Signore, colma del conforto dello Spirito Santo.

[32] E avvenne che mentre Pietro andava a far visita a tutti, si recò anche dai fedeli che dimoravano a Lidda. *[33]* Qui trovò un uomo di nome Enea, che da otto anni giaceva su un lettuccio ed era paralitico. *[34]* Pietro gli disse: "Enea, Gesù Cristo ti guarisce; alzati e rifatti il letto". E subito si alzò. *[35]* Lo videro tutti gli abitanti di Lidda e del Saròn e si convertirono al Signore.

[36] A Giaffa c'era una discepola chiamata Tabità, nome che significa "Gazzella", la quale abbondava in opere buone e faceva molte elemosine. *[37]* Proprio in quei giorni si ammalò e morì. La lavarono e la deposero in una stanza al piano superiore. *[38]* E poiché Lidda era vicina a Giaffa i discepoli, udito che Pietro si trovava là, mandarono due uomini ad invitarlo: "Vieni subito da noi!". *[39]* E Pietro subito andò con loro. Appena arrivato lo condussero al piano superiore e gli si fecero incontro tutte le vedove in pianto che gli mostravano le tuniche e i mantelli che Gazzella confezionava quando era fra loro. *[40]* Pietro fece uscire tutti e si inginocchiò a pregare; poi rivolto alla salma disse: "Tabità, alzati!". Ed essa aprì gli occhi, vide Pietro e si mise a sedere. *[41]* Egli le diede la mano e la fece alzare, poi chiamò i credenti e le vedove, e la presentò loro viva.

[42] La cosa si riseppe in tutta Giaffa, e molti credettero nel Signore. *[43]* Pietro rimase a Giaffa parecchi giorni, presso un certo Simone conciatore.

10

[1] C'era in Cesarèa un uomo di nome Cornelio, centurione della coorte Italica, *[2]* uomo pio e timorato di Dio con tutta la sua famiglia; faceva molte elemosine al popolo e pregava sempre Dio. *[3]* Un giorno verso le tre del pomeriggio vide chiaramente in visione un angelo di Dio venirgli incontro e chiamarlo: "Cornelio!". *[4]* Egli lo guardò e preso da timore disse: "Che c'è, Signore?". Gli rispose: "Le tue preghiere e le tue elemosine sono salite, in tua memoria, innanzi a Dio. *[5]* E ora manda degli uomini a Giaffa e fa' venire un certo Simone detto anche Pietro. *[6]* Egli è ospite presso un tal Simone conciatore, la cui casa è sulla riva del mare". *[7]* Quando l'angelo che gli parlava se ne fu andato, Cornelio chiamò due dei suoi servitori e un pio soldato fra i suoi attendenti e, *[8]* spiegata loro ogni cosa, li mandò a Giaffa.

[9] Il giorno dopo, mentre essi erano per via e si avvicinavano alla città, Pietro salì verso mezzogiorno sulla terrazza a pregare. *[10]* Gli venne fame e voleva prendere cibo. Ma mentre glielo preparavano, fu rapito in estasi. *[11]* Vide il cielo aperto e un oggetto che discendeva come una tovaglia grande, calata a terra per i quattro capi. *[12]* In essa c'era ogni sorta di quadrupedi e rettili della terra e uccelli del cielo. *[13]* Allora risuonò una voce che gli diceva: "Alzati, Pietro, uccidi e mangia!". *[14]* Ma Pietro rispose: "No davvero, Signore, poiché io non ho mai mangiato nulla di profano e di immondo". *[15]* E la voce di nuovo a lui: "Ciò che Dio ha purificato, tu non chiamarlo più profano". *[16]* Questo accadde per tre volte; poi d'un tratto quell'oggetto fu risollevato al cielo. *[17]* Mentre Pietro si domandava perplesso tra sé e sé che cosa significasse ciò che aveva visto, gli uomini inviati da Cornelio, dopo aver domandato della casa di Simone, si fermarono all'ingresso. *[18]* Chiamarono e chiesero se Simone, detto anche Pietro, alloggiava colà. *[19]* Pietro stava ancora ripensando alla visione, quando lo Spirito gli disse: "Ecco, tre uomini ti cercano; *[20]* alzati, scendi e va' con loro senza esitazione, perché io li ho mandati". *[21]* Pietro

scese incontro agli uomini e disse: "Eccomi, sono io quello che cercate. Qual è il motivo per cui siete venuti?". *[22]* Risposero: "Il centurione Cornelio, uomo giusto e timorato di Dio, stimato da tutto il popolo dei Giudei, è stato avvertito da un angelo santo di invitarti nella sua casa, per ascoltare ciò che hai da dirgli". *[23]* Pietro allora li fece entrare e li ospitò.

Il giorno seguente si mise in viaggio con loro e alcuni fratelli di Giaffa lo accompagnarono. *[24]* Il giorno dopo arrivò a Cesarèa. Cornelio stava ad aspettarli ed aveva invitato i congiunti e gli amici intimi. *[25]* Mentre Pietro stava per entrare, Cornelio andandogli incontro si gettò ai suoi piedi per adorarlo. *[26]* Ma Pietro lo rialzò, dicendo: "Alzati: anch'io sono un uomo!". *[27]* Poi, continuando a conversare con lui, entrò e trovate riunite molte persone disse loro: *[28]* "Voi sapete che non è lecito per un Giudeo unirsi o incontrarsi con persone di altra razza; ma Dio mi ha mostrato che non si deve dire profano o immondo nessun uomo. *[29]* Per questo sono venuto senza esitare quando mi avete mandato a chiamare. Vorrei dunque chiedere: per quale ragione mi avete fatto venire?". *[30]* Cornelio allora rispose: "Quattro giorni or sono, verso quest'ora, stavo recitando la preghiera delle tre del pomeriggio nella mia casa, quando mi si presentò un uomo in splendida veste *[31]* e mi disse: Cornelio, sono state esaudite le tue preghiere e ricordate le tue elemosine davanti a Dio. *[32]* Manda dunque a Giaffa e fa' venire Simone chiamato anche Pietro; egli è ospite nella casa di Simone il conciatore, vicino al mare. *[33]* Subito ho mandato a cercarti e tu hai fatto bene a venire. Ora dunque tutti noi, al cospetto di Dio, siamo qui riuniti per ascoltare tutto ciò che dal Signore ti è stato ordinato".

[34] Pietro prese la parola e disse: "In verità sto rendendomi conto che *Dio non fa preferenze di persone*, *[35]* ma chi lo teme e pratica la giustizia, a qualunque popolo appartenga, è a lui accetto. *[36]* Questa è *la parola che egli ha inviato* ai figli d'Israele, *recando la buona novella* della pace, per mezzo di Gesù Cristo, che è il Signore di tutti. *[37]* Voi conoscete ciò che è accaduto in tutta la Giudea, incominciando dalla Galilea, dopo il battesimo predicato da Giovanni; *[38]* cioè come *Dio consacrò in Spirito Santo* e potenza Gesù di Nàzaret, il quale passò beneficando e risanando tutti coloro che stavano sotto il potere del diavolo, perché Dio era con lui. *[39]* E noi siamo testimoni di tutte le cose da lui compiute nella regione dei Giudei e in Gerusalemme. Essi lo uccisero appendendolo a una croce, *[40]* ma Dio lo ha risuscitato al terzo giorno e volle che apparisse, *[41]* non a tutto il popolo, ma a testimoni prescelti da Dio, a noi, che abbiamo mangiato e bevuto con lui dopo la sua risurrezione dai morti. *[42]* E ci ha ordinato di annunziare al popolo e di attestare che egli è il giudice dei vivi e dei morti costituito da Dio. *[43]* Tutti i profeti gli rendono questa testimonianza: chiunque crede in lui ottiene la remissione dei peccati per mezzo del suo nome".

[44] Pietro stava ancora dicendo queste cose, quando lo Spirito Santo scese sopra tutti coloro che ascoltavano il discorso. *[45]* E i fedeli circoncisi, che erano venuti con Pietro, si meravigliavano che anche sopra i pagani si effondesse il dono dello Spirito Santo; *[46]* li sentivano infatti parlare lingue e glorificare Dio. *[47]* Allora Pietro disse: "Forse che si può proibire che siano battezzati con l'acqua questi che

hanno ricevuto lo Spirito Santo al pari di noi?". *[48]* E ordinò che fossero battezzati nel nome di Gesù Cristo. Dopo tutto questo lo pregarono di fermarsi alcuni giorni.

11

[1] Gli apostoli e i fratelli che stavano nella Giudea vennero a sapere che anche i pagani avevano accolto la parola di Dio. *[2]* E quando Pietro salì a Gerusalemme, i circoncisi lo rimproveravano dicendo: *[3]* "Sei entrato in casa di uomini non circoncisi e hai mangiato insieme con loro!".

[4] Allora Pietro raccontò per ordine come erano andate le cose, dicendo: *[5]* "Io mi trovavo in preghiera nella città di Giaffa e vidi in estasi una visione: un oggetto, simile a una grande tovaglia, scendeva come calato dal cielo per i quattro capi e giunse fino a me. *[6]* Fissandolo con attenzione, vidi in esso quadrupedi, fiere e rettili della terra e uccelli del cielo. *[7]* E sentii una voce che mi diceva: Pietro, àlzati, uccidi e mangia! *[8]* Risposi: Non sia mai, Signore, poiché nulla di profano e di immondo è entrato mai nella mia bocca. *[9]* Ribatté nuovamente la voce dal cielo: Quello che Dio ha purificato, tu non considerarlo profano. *[10]* Questo avvenne per tre volte e poi tutto fu risollevato di nuovo nel cielo. *[11]* Ed ecco, in quell'istante, tre uomini giunsero alla casa dove eravamo, mandati da Cesarèa a cercarmi. *[12]* Lo Spirito mi disse di andare con loro senza esitare. Vennero con me anche questi sei fratelli ed entrammo in casa di quell'uomo. *[13]* Egli ci raccontò che aveva visto un angelo presentarsi in casa sua e dirgli: Manda a Giaffa e fa' venire Simone detto anche Pietro; *[14]* egli ti dirà parole per mezzo delle quali sarai salvato tu e tutta la tua famiglia. *[15]* Avevo appena cominciato a parlare quando lo Spirito Santo scese su di loro, come in principio era sceso su di noi. *[16]* Mi ricordai allora di quella parola del Signore che diceva: *Giovanni battezzò con acqua, voi invece sarete battezzati in Spirito Santo.* *[17]* Se dunque Dio ha dato a loro lo stesso dono che a noi per aver creduto nel Signore Gesù Cristo, chi ero io per porre impedimento a Dio?".

[18] All'udir questo si calmarono e cominciarono a glorificare Dio dicendo: "Dunque anche ai pagani Dio ha concesso che si convertano perché abbiano la vita!".

[19] Intanto quelli che erano stati dispersi dopo la persecuzione scoppiata al tempo di Stefano, erano arrivati fin nella Fenicia, a Cipro e ad Antiòchia e non predicavano la parola a nessuno fuorché ai Giudei. *[20]* Ma alcuni fra loro, cittadini di Cipro e di Cirène, giunti ad Antiòchia, cominciarono a parlare anche ai Greci, predicando la buona novella del Signore Gesù. *[21]* E la mano del Signore era con loro e così un gran numero credette e si convertì al Signore. *[22]* La notizia giunse agli orecchi della Chiesa di Gerusalemme, la quale mandò Bàrnaba ad Antiòchia.

[23] Quando questi giunse e vide la grazia del Signore, si rallegrò e, *[24]* da uomo virtuoso qual era e pieno di Spirito Santo e di fede, esortava tutti a perseverare con cuore risoluto nel Signore. E una folla considerevole fu condotta al Signore. *[25]* Bàrnaba poi partì alla volta di Tarso per cercare Saulo e trovatolo lo condusse ad Antiòchia. *[26]* Rimasero insieme un anno intero in quella comunità e istruirono

molta gente; ad Antiòchia per la prima volta i discepoli furono chiamati Cristiani.
[27] In questo tempo alcuni profeti scesero ad Antiòchia da Gerusalemme. *[28]* E uno di loro, di nome Àgabo, alzatosi in piedi, annunziò per impulso dello Spirito che sarebbe scoppiata una grave carestia su tutta la terra. Ciò che di fatto avvenne sotto l'impero di Claudio. *[29]* Allora i discepoli si accordarono, ciascuno secondo quello che possedeva, di mandare un soccorso ai fratelli abitanti nella Giudea; *[30]* questo fecero, indirizzandolo agli anziani, per mezzo di Bàrnaba e Saulo.

12

[1] In quel tempo il re Erode cominciò a perseguitare alcuni membri della Chiesa *[2]* e fece uccidere di spada Giacomo, fratello di Giovanni. *[3]* Vedendo che questo era gradito ai Giudei, decise di arrestare anche Pietro. Erano quelli i giorni degli Azzimi. *[4]* Fattolo catturare, lo gettò in prigione, consegnandolo in custodia a quattro picchetti di quattro soldati ciascuno, col proposito di farlo comparire davanti al popolo dopo la Pasqua. *[5]* Pietro dunque era tenuto in prigione, mentre una preghiera saliva incessantemente a Dio dalla Chiesa per lui. *[6]* E in quella notte, quando poi Erode stava per farlo comparire davanti al popolo, Pietro piantonato da due soldati e legato con due catene stava dormendo, mentre davanti alla porta le sentinelle custodivano il carcere. *[7]* Ed ecco gli si presentò un angelo del Signore e una luce sfolgorò nella cella. Egli toccò il fianco di Pietro, lo destò e disse: "Alzati, in fretta!". E le catene gli caddero dalle mani. *[8]* E l'angelo a lui: "Mettiti la cintura e legati i sandali". E così fece. L'angelo disse: "Avvolgiti il mantello, e seguimi!". *[9]* Pietro uscì e prese a seguirlo, ma non si era ancora accorto che era realtà ciò che stava succedendo per opera dell'angelo: credeva infatti di avere una visione.
[10] Essi oltrepassarono la prima guardia e la seconda e arrivarono alla porta di ferro che conduce in città: la porta si aprì da sé davanti a loro. Uscirono, percorsero una strada e a un tratto l'angelo si dileguò da lui. *[11]* Pietro allora, rientrato in sé, disse: "Ora sono veramente certo che il Signore ha mandato il suo angelo e mi ha strappato dalla mano di Erode e da tutto ciò che si attendeva il popolo dei Giudei". *[12]* Dopo aver riflettuto, si recò alla casa di Maria, madre di Giovanni detto anche Marco, dove si trovava un buon numero di persone raccolte in preghiera. *[13]* Appena ebbe bussato alla porta esterna, una fanciulla di nome Rode si avvicinò per sentire chi era. *[14]* Riconosciuta la voce di Pietro, per la gioia non aprì la porta, ma corse ad annunziare che fuori c'era Pietro. *[15]* "Tu vaneggi!" le dissero. Ma essa insisteva che la cosa stava così. E quelli dicevano: "È l'angelo di Pietro". *[16]* Questi intanto continuava a bussare e quando aprirono la porta e lo videro, rimasero stupefatti. *[17]* Egli allora, fatto segno con la mano di tacere, narrò come il Signore lo aveva tratto fuori del carcere, e aggiunse: "Riferite questo a Giacomo e ai fratelli". Poi uscì e s'incamminò verso un altro luogo.
[18] Fattosi giorno, c'era non poco scompiglio tra i soldati: che cosa mai era accaduto di Pietro? *[19]* Erode lo fece cercare accuratamente, ma non essendo

riuscito a trovarlo, fece processare i soldati e ordinò che fossero messi a morte; poi scese dalla Giudea e soggiornò a Cesarèa.

[20] Egli era infuriato contro i cittadini di Tiro e Sidone. Questi però si presentarono a lui di comune accordo e, dopo aver tratto alla loro causa Blasto, ciambellano del re, chiedevano pace, perché il loro paese riceveva i viveri dal paese del re. *[21]* Nel giorno fissato Erode, vestito del manto regale e seduto sul podio, tenne loro un discorso. *[22]* Il popolo acclamava: "Parola di un dio e non di un uomo!". *[23]* Ma improvvisamente un angelo del Signore lo colpì, perché non aveva dato gloria a Dio; e roso, dai vermi, spirò.

[24] Intanto la parola di Dio cresceva e si diffondeva. *[25]* Bàrnaba e Saulo poi, compiuta la loro missione, tornarono da Gerusalemme prendendo con loro Giovanni, detto anche Marco.

13

[1] C'erano nella comunità di Antiòchia profeti e dottori: Bàrnaba, Simeone soprannominato Niger, Lucio di Cirène, Manaèn, compagno d'infanzia di Erode tetrarca, e Saulo. *[2]* Mentre essi stavano celebrando il culto del Signore e digiunando, lo Spirito Santo disse: "Riservate per me Bàrnaba e Saulo per l'opera alla quale li ho chiamati". *[3]* Allora, dopo aver digiunato e pregato, imposero loro le mani e li accomiatarono.

[4] Essi dunque, inviati dallo Spirito Santo, discesero a Selèucia e di qui salparono verso Cipro. *[5]* Giunti a Salamina cominciarono ad annunziare la parola di Dio nelle sinagoghe dei Giudei, avendo con loro anche Giovanni come aiutante. *[6]* Attraversata tutta l'isola fino a Pafo, vi trovarono un tale, mago e falso profeta giudeo, di nome Bar-Iesus, *[7]* al seguito del proconsole Sergio Paolo, persona di senno, che aveva fatto chiamare a sé Bàrnaba e Saulo e desiderava ascoltare la parola di Dio. *[8]* Ma Elimas, il mago, - ciò infatti significa il suo nome - faceva loro opposizione cercando di distogliere il proconsole dalla fede. *[9]* Allora Saulo, detto anche Paolo, pieno di Spirito Santo, fissò gli occhi su di lui e disse: *[10]* "O uomo pieno di ogni frode e di ogni malizia, figlio del diavolo, nemico di ogni giustizia, quando cesserai di sconvolgere le vie diritte del Signore? *[11]* Ecco la mano del Signore è sopra di te: sarai cieco e per un certo tempo non vedrai il sole". Di colpo piombò su di lui oscurità e tenebra, e brancolando cercava chi lo guidasse per mano. *[12]* Quando vide l'accaduto, il proconsole credette, colpito dalla dottrina del Signore.

[13] Salpati da Pafo, Paolo e i suoi compagni giunsero a Perge di Panfilia. Giovanni si separò da loro e ritornò a Gerusalemme. *[14]* Essi invece proseguendo da Perge, arrivarono ad Antiòchia di Pisidia ed entrati nella sinagoga nel giorno di sabato, si sedettero. *[15]* Dopo la lettura della Legge e dei Profeti, i capi della sinagoga mandarono a dire loro: "Fratelli, se avete qualche parola di esortazione per il popolo, parlate!".

[16] Si alzò Paolo e fatto cenno con la mano disse: "Uomini di Israele e voi timorati di Dio, ascoltate. *[17]* Il Dio di questo popolo d'Israele scelse i nostri padri ed esaltò il popolo durante il suo esilio in terra d'Egitto, *e con braccio potente li condusse via di là. [18]* Quindi, *dopo essersi preso cura di loro per circa quarant'anni nel deserto, [19] distrusse sette popoli nel paese di Canaan e concesse loro in eredità* quelle terre, *[20]* per circa quattrocentocinquanta anni. Dopo questo diede loro dei Giudici, fino al profeta Samuele. *[21]* Allora essi chiesero un re e Dio diede loro Saul, figlio di Cis, della tribù di Beniamino, per quaranta anni. *[22]* E, dopo averlo rimosso dal regno, suscitò per loro come re Davide, al quale rese questa testimonianza: *Ho trovato Davide,* figlio di Iesse, *uomo secondo il mio cuore*; egli adempirà tutti i miei voleri.

[23] Dalla discendenza di lui, secondo la promessa, Dio trasse per Israele un salvatore, Gesù. *[24]* Giovanni aveva preparato la sua venuta predicando un battesimo di penitenza a tutto il popolo d'Israele. *[25]* Diceva Giovanni sul finire della sua missione: Io non sono ciò che voi pensate che io sia! Ecco, viene dopo di me uno, al quale io non sono degno di sciogliere i sandali.

[26] Fratelli, figli della stirpe di Abramo, e quanti fra voi siete timorati di Dio, a noi è stata mandata questa parola di salvezza. *[27]* Gli abitanti di Gerusalemme infatti e i loro capi non l'hanno riconosciuto e condannandolo hanno adempiuto le parole dei profeti che si leggono ogni sabato; *[28]* e, pur non avendo trovato in lui nessun motivo di condanna a morte, chiesero a Pilato che fosse ucciso. *[29]* Dopo aver compiuto tutto quanto era stato scritto di lui, lo deposero dalla croce e lo misero nel sepolcro. *[30]* Ma Dio lo ha risuscitato dai morti *[31]* ed egli è apparso per molti giorni a quelli che erano saliti con lui dalla Galilea a Gerusalemme, e questi ora sono i suoi testimoni davanti al popolo.

[32] E noi vi annunziamo la buona novella che la promessa fatta ai padri si è compiuta, *[33]* poiché Dio l'ha attuata per noi, loro figli, risuscitando Gesù, come anche sta scritto nel salmo secondo:

Mio figlio sei tu, oggi ti ho generato.

[34] E che Dio lo ha risuscitato dai morti, in modo che non abbia mai più a tornare alla corruzione, è quanto ha dichiarato:

Darò a voi le cose sante promesse a Davide, quelle sicure.

[35] Per questo anche in un altro luogo dice:

Non permetterai che il tuo santo subisca la corruzione.

[36] Ora Davide, dopo aver eseguito il volere di Dio nella sua generazione, morì e fu unito ai suoi padri e subì la corruzione. *[37]* Ma colui che Dio ha risuscitato, non ha subìto la corruzione. *[38]* Vi sia dunque noto, fratelli, che per opera di lui vi viene annunziata la remissione dei peccati *[39]* e che per lui chiunque crede riceve giustificazione da tutto ciò da cui non vi fu possibile essere giustificati mediante la legge di Mosè. *[40]* Guardate dunque che non avvenga su di voi ciò che è detto nei

Profeti:

[41] Mirate, beffardi, stupite e nascondetevi,
poiché un'opera io compio ai vostri giorni,
un'opera che non credereste, se vi fosse raccontata!".

[42] E, mentre uscivano, li pregavano di esporre ancora queste cose nel prossimo sabato. *[43]* Sciolta poi l'assemblea, molti Giudei e proseliti credenti in Dio seguirono Paolo e Bàrnaba ed essi, intrattenendosi con loro, li esortavano a perseverare nella grazia di Dio. *[44]* Il sabato seguente quasi tutta la città si radunò per ascoltare la parola di Dio. *[45]* Quando videro quella moltitudine, i Giudei furono pieni di gelosia e contraddicevano le affermazioni di Paolo, bestemmiando. *[46]* Allora Paolo e Bàrnaba con franchezza dichiararono: "Era necessario che fosse annunziata a voi per primi la parola di Dio, ma poiché la respingete e non vi giudicate degni della vita eterna, ecco noi ci rivolgiamo ai pagani. *[47]* Così infatti ci ha ordinato il Signore:

Io ti ho posto come luce per le genti,
perché tu porti la salvezza sino all'estremità della terra".

[48] Nell'udir ciò, i pagani si rallegravano e glorificavano la parola di Dio e abbracciarono la fede tutti quelli che erano destinati alla vita eterna. *[49]* La parola di Dio si diffondeva per tutta la regione. *[50]* Ma i Giudei sobillarono le donne pie di alto rango e i notabili della città e suscitarono una persecuzione contro Paolo e Bàrnaba e li scacciarono dal loro territorio. *[51]* Allora essi, scossa contro di loro la polvere dei piedi, andarono a Icònio, *[52]* mentre i discepoli erano pieni di gioia e di Spirito Santo.

14

[1] Anche ad Icònio essi entrarono nella sinagoga dei Giudei e vi parlarono in modo tale che un gran numero di Giudei e di Greci divennero credenti. *[2]* Ma i Giudei rimasti increduli eccitarono e inasprirono gli animi dei pagani contro i fratelli. *[3]* Rimasero tuttavia colà per un certo tempo e parlavano fiduciosi nel Signore, che rendeva testimonianza alla predicazione della sua grazia e concedeva che per mano loro si operassero segni e prodigi. *[4]* E la popolazione della città si divise, schierandosi gli uni dalla parte dei Giudei, gli altri dalla parte degli apostoli. *[5]* Ma quando ci fu un tentativo dei pagani e dei Giudei con i loro capi per maltrattarli e lapidarli, *[6]* essi se ne accorsero e fuggirono nelle città della Licaònia, Listra e Derbe e nei dintorni, *[7]* e là continuavano a predicare il vangelo.
[8] C'era a Listra un uomo paralizzato alle gambe, storpio sin dalla nascita, che non aveva mai camminato. *[9]* Egli ascoltava il discorso di Paolo e questi, fissandolo con lo sguardo e notando che aveva fede di esser risanato, *[10]* disse a gran voce: "Alzati

diritto in piedi!". Egli fece un balzo e si mise a camminare. *[11]* La gente allora, al vedere ciò che Paolo aveva fatto, esclamò in dialetto licaonio e disse: "Gli dèi sono scesi tra di noi in figura umana!". *[12]* E chiamavano Bàrnaba Zeus e Paolo Hermes, perché era lui il più eloquente.

[13] Intanto il sacerdote di Zeus, il cui tempio era all'ingresso della città, recando alle porte tori e corone, voleva offrire un sacrificio insieme alla folla. *[14]* Sentendo ciò, gli apostoli Bàrnaba e Paolo si strapparono le vesti e si precipitarono tra la folla, gridando: *[15]* "Cittadini, perché fate questo? Anche noi siamo esseri umani, mortali come voi, e vi predichiamo di convertirvi da queste vanità al Dio vivente *che ha fatto il cielo, la terra, il mare e tutte le cose che in essi si trovano.* *[16]* Egli, nelle generazioni passate, ha lasciato che ogni popolo seguisse la sua strada; *[17]* ma non ha cessato di dar prova di sé beneficando, concedendovi dal cielo piogge e stagioni ricche di frutti, fornendovi il cibo e riempiendo di letizia i vostri cuori". *[18]* E così dicendo, riuscirono a fatica a far desistere la folla dall'offrire loro un sacrificio.

[19] Ma giunsero da Antiòchia e da Icònio alcuni Giudei, i quali trassero dalla loro parte la folla; essi presero Paolo a sassate e quindi lo trascinarono fuori della città, credendolo morto. *[20]* Allora gli si fecero attorno i discepoli ed egli, alzatosi, entrò in città. Il giorno dopo partì con Bàrnaba alla volta di Derbe.

[21] Dopo aver predicato il vangelo in quella città e fatto un numero considerevole di discepoli, ritornarono a Listra, Icònio e Antiòchia, *[22]* rianimando i discepoli ed esortandoli a restare saldi nella fede poiché, dicevano, è necessario attraversare molte tribolazioni per entrare nel regno di Dio. *[23]* Costituirono quindi per loro in ogni comunità alcuni anziani e dopo avere pregato e digiunato li affidarono al Signore, nel quale avevano creduto. *[24]* Attraversata poi la Pisidia, raggiunsero la Panfilia *[25]* e dopo avere predicato la parola di Dio a Perge, scesero ad Attalìa; *[26]* di qui fecero vela per Antiòchia là dove erano stati affidati alla grazia del Signore per l'impresa che avevano compiuto.

[27] Non appena furono arrivati, riunirono la comunità e riferirono tutto quello che Dio aveva compiuto per mezzo loro e come aveva aperto ai pagani la porta della fede. *[28]* E si fermarono per non poco tempo insieme ai discepoli.

15

[1] Ora alcuni, venuti dalla Giudea, insegnavano ai fratelli questa dottrina: "Se non vi fate circoncidere secondo l'uso di Mosè, non potete esser salvi".

[2] Poiché Paolo e Bàrnaba si opponevano risolutamente e discutevano animatamente contro costoro, fu stabilito che Paolo e Bàrnaba e alcuni altri di loro andassero a Gerusalemme dagli apostoli e dagli anziani per tale questione. *[3]* Essi dunque, scortati per un tratto dalla comunità, attraversarono la Fenicia e la Samarìa raccontando la conversione dei pagani e suscitando grande gioia in tutti i fratelli. *[4]* Giunti poi a Gerusalemme, furono ricevuti dalla Chiesa, dagli apostoli e dagli anziani e riferirono tutto ciò che Dio aveva compiuto per mezzo loro.

[5] Ma si alzarono alcuni della setta dei farisei, che erano diventati credenti, affermando: è necessario circonciderli e ordinar loro di osservare la legge di Mosè. *[6]* Allora si riunirono gli apostoli e gli anziani per esaminare questo problema. *[7]* Dopo lunga discussione, Pietro si alzò e disse:

"Fratelli, voi sapete che già da molto tempo Dio ha fatto una scelta fra voi, perché i pagani ascoltassero per bocca mia la parola del vangelo e venissero alla fede. *[8]* E Dio, che conosce i cuori, ha reso testimonianza in loro favore concedendo anche a loro lo Spirito Santo, come a noi; *[9]* e non ha fatto nessuna discriminazione tra noi e loro, purificandone i cuori con la fede. *[10]* Or dunque, perché continuate a tentare Dio, imponendo sul collo dei discepoli un giogo che né i nostri padri, né noi siamo stati in grado di portare? *[11]* Noi crediamo che per la grazia del Signore Gesù siamo salvati e nello stesso modo anche loro".

[12] Tutta l'assemblea tacque e stettero ad ascoltare Bàrnaba e Paolo che riferivano quanti miracoli e prodigi Dio aveva compiuto tra i pagani per mezzo loro.

[13] Quand'essi ebbero finito di parlare, Giacomo aggiunse: *[14]* "Fratelli, ascoltatemi. Simone ha riferito come fin da principio Dio ha voluto scegliere tra i pagani un popolo per consacrarlo al suo nome. *[15]* Con questo si accordano le parole dei profeti, come sta scritto:

[16] Dopo queste cose ritornerò e riedificherò la tenda di
Davide che era caduta; ne riparerò le rovine e la rialzerò,
[17] perché anche gli altri uomini cerchino il Signore
e tutte le genti sulle quali è stato invocato il mio nome,
[18] dice il Signore che fa queste cose da lui conosciute
dall'eternità.

[19] Per questo io ritengo che non si debba importunare quelli che si convertono a Dio tra i pagani, *[20]* ma solo si ordini loro di astenersi dalle sozzure degli idoli, dalla impudicizia, dagli animali soffocati e dal sangue. *[21]* Mosè infatti, fin dai tempi antichi, ha chi lo predica in ogni città, poiché viene letto ogni sabato nelle sinagoghe".

[22] Allora gli apostoli, gli anziani e tutta la Chiesa decisero di eleggere alcuni di loro e di inviarli ad Antiòchia insieme a Paolo e Bàrnaba: Giuda chiamato Barsabba e Sila, uomini tenuti in grande considerazione tra i fratelli. *[23]* E consegnarono loro la seguente lettera: "Gli apostoli e gli anziani ai fratelli di Antiòchia, di Siria e di Cilicia che provengono dai pagani, salute! *[24]* Abbiamo saputo che alcuni da parte nostra, ai quali non avevamo dato nessun incarico, sono venuti a turbarvi con i loro discorsi sconvolgendo i vostri animi. *[25]* Abbiamo perciò deciso tutti d'accordo di eleggere alcune persone e inviarle a voi insieme ai nostri carissimi Bàrnaba e Paolo, *[26]* uomini che hanno votato la loro vita al nome del nostro Signore Gesù Cristo. *[27]* Abbiamo mandato dunque Giuda e Sila, che vi riferiranno anch'essi queste stesse cose a voce. *[28]* Abbiamo deciso, lo Spirito Santo e noi, di non imporvi nessun altro obbligo al di fuori di queste cose necessarie: *[29]* astenervi dalle carni offerte agli idoli, dal sangue, dagli animali soffocati e dalla impudicizia. Farete cosa buona perciò

a guardarvi da queste cose. State bene".

[30] Essi allora, congedatisi, discesero ad Antiòchia e riunita la comunità consegnarono la lettera. *[31]* Quando l'ebbero letta, si rallegrarono per l'incoraggiamento che infondeva. *[32]* Giuda e Sila, essendo anch'essi profeti, parlarono molto per incoraggiare i fratelli e li fortificarono. *[33]* Dopo un certo tempo furono congedati con auguri di pace dai fratelli, per tornare da quelli che li avevano inviati. *[34]* . *[35]* Paolo invece e Bàrnaba rimasero ad Antiòchia, insegnando e annunziando, insieme a molti altri, la parola del Signore.

[36] Dopo alcuni giorni Paolo disse a Bàrnaba: "Ritorniamo a far visita ai fratelli in tutte le città nelle quali abbiamo annunziato la parola del Signore, per vedere come stanno". *[37]* Bàrnaba voleva prendere insieme anche Giovanni, detto Marco, *[38]* ma Paolo riteneva che non si dovesse prendere uno che si era allontanato da loro nella Panfilia e non aveva voluto partecipare alla loro opera. *[39]* Il dissenso fu tale che si separarono l'uno dall'altro; Bàrnaba, prendendo con sé Marco, s'imbarcò per Cipro. *[40]* Paolo invece scelse Sila e partì, raccomandato dai fratelli alla grazia del Signore. *[41]* E attraversando la Siria e la Cilicia, dava nuova forza alle comunità.

16

[1] Paolo si recò a Derbe e a Listra. C'era qui un discepolo chiamato Timòteo, figlio di una donna giudea credente e di padre greco; *[2]* egli era assai stimato dai fratelli di Listra e di Icònio. *[3]* Paolo volle che partisse con lui, lo prese e lo fece circoncidere per riguardo ai Giudei che si trovavano in quelle regioni; tutti infatti sapevano che suo padre era greco. *[4]* Percorrendo le città, trasmettevano loro le decisioni prese dagli apostoli e dagli anziani di Gerusalemme, perché le osservassero. *[5]* Le comunità intanto si andavano fortificando nella fede e crescevano di numero ogni giorno.

[6] Attraversarono quindi la Frigia e la regione della Galazia, avendo lo Spirito Santo vietato loro di predicare la parola nella provincia di Asia. *[7]* Raggiunta la Misia, si dirigevano verso la Bitinia, ma lo Spirito di Gesù non lo permise loro; *[8]* così, attraversata la Misia, discesero a Tròade. *[9]* Durante la notte apparve a Paolo una visione: gli stava davanti un Macedone e lo supplicava: "Passa in Macedonia e aiutaci!". *[10]* Dopo che ebbe avuto questa visione", subito cercammo di partire per la Macedonia, ritenendo che Dio ci aveva chiamati ad annunziarvi la parola del Signore.

[11] Salpati da Tròade, facemmo vela verso Samotràcia e il giorno dopo verso Neàpoli e *[12]* di qui a Filippi, colonia romana e città del primo distretto della Macedonia. Restammo in questa città alcuni giorni; *[13]* il sabato uscimmo fuori della porta lungo il fiume, dove ritenevamo che si facesse la preghiera, e seduti ci rivolgevamo la parola alle donne colà riunite. *[14]* C'era ad ascoltare anche una donna di nome Lidia, commerciante di porpora, della città di Tiàtira, una credente in Dio, e il Signore le aprì il cuore per aderire alle parole di Paolo. *[15]* Dopo esser stata battezzata insieme alla sua famiglia, ci invitò: "Se avete giudicato ch'io sia fedele al

Signore, venite ad abitare nella mia casa". E ci costrinse ad accettare.

[16] Mentre andavamo alla preghiera, venne verso di noi una giovane schiava, che aveva uno spirito di divinazione e procurava molto guadagno ai suoi padroni facendo l'indovina. *[17]* Essa seguiva Paolo e noi gridando: "Questi uomini sono servi del Dio Altissimo e vi annunziano la via della salvezza". *[18]* Questo fece per molti giorni finché Paolo, mal sopportando la cosa, si volse e disse allo spirito: "In nome di Gesù Cristo ti ordino di partire da lei". E lo spirito partì all'istante. *[19]* Ma vedendo i padroni che era partita anche la speranza del loro guadagno, presero Paolo e Sila e li trascinarono nella piazza principale davanti ai capi della città; *[20]* presentandoli ai magistrati dissero: "Questi uomini gettano il disordine nella nostra città; sono Giudei *[21]* e predicano usanze che a noi Romani non è lecito accogliere né praticare". *[22]* La folla allora insorse contro di loro, mentre i magistrati, fatti strappare loro i vestiti, ordinarono di bastonarli *[23]* e dopo averli caricati di colpi, li gettarono in prigione e ordinarono al carceriere di far buona guardia. *[24]* Egli, ricevuto quest'ordine, li gettò nella cella più interna della prigione e strinse i loro piedi nei ceppi.

[25] Verso mezzanotte Paolo e Sila, in preghiera, cantavano inni a Dio, mentre i carcerati stavano ad ascoltarli. *[26]* D'improvviso venne un terremoto così forte che furono scosse le fondamenta della prigione; subito tutte le porte si aprirono e si sciolsero le catene di tutti. *[27]* Il carceriere si svegliò e vedendo aperte le porte della prigione, tirò fuori la spada per uccidersi, pensando che i prigionieri fossero fuggiti. *[28]* Ma Paolo gli gridò forte: "Non farti del male, siamo tutti qui". *[29]* Quegli allora chiese un lume, si precipitò dentro e tremando si gettò ai piedi di Paolo e Sila; *[30]* poi li condusse fuori e disse: "Signori, cosa devo fare per esser salvato?". *[31]* Risposero: "Credi nel Signore Gesù e sarai salvato tu e la tua famiglia". *[32]* E annunziarono la parola del Signore a lui e a tutti quelli della sua casa. *[33]* Egli li prese allora in disparte a quella medesima ora della notte, ne lavò le piaghe e subito si fece battezzare con tutti i suoi; *[34]* poi li fece salire in casa, apparecchiò la tavola e fu pieno di gioia insieme a tutti i suoi per avere creduto in Dio.

[35] Fattosi giorno, i magistrati inviarono le guardie a dire: "Libera quegli uomini!". *[36]* Il carceriere annunziò a Paolo questo messaggio: "I magistrati hanno ordinato di lasciarvi andare! Potete dunque uscire e andarvene in pace". *[37]* Ma Paolo disse alle guardie: "Ci hanno percosso in pubblico e senza processo, sebbene siamo cittadini romani, e ci hanno gettati in prigione; e ora ci fanno uscire di nascosto? No davvero! Vengano di persona a condurci fuori!". *[38]* E le guardie riferirono ai magistrati queste parole. All'udire che erano cittadini romani, si spaventarono; *[39]* vennero e si scusarono con loro; poi li fecero uscire e li pregarono di partire dalla città. *[40]* Usciti dalla prigione, si recarono a casa di Lidia dove, incontrati i fratelli, li esortarono e poi partirono.

17

[1] Seguendo la via di Anfipoli e Apollonia, giunsero a Tessalonica, dove c'era una

sinagoga dei Giudei. *[2]* Come era sua consuetudine Paolo vi andò e per tre sabati discusse con loro sulla base delle Scritture, *[3]* spiegandole e dimostrando che il Cristo doveva morire e risuscitare dai morti; il Cristo, diceva, è quel Gesù che io vi annunzio. *[4]* Alcuni di loro furono convinti e aderirono a Paolo e a Sila, come anche un buon numero di Greci credenti in Dio e non poche donne della nobiltà. *[5]* Ma i Giudei, ingelositi, trassero dalla loro parte alcuni pessimi individui di piazza e, radunata gente, mettevano in subbuglio la città. Presentatisi alla casa di Giàsone, cercavano Paolo e Sila per condurli davanti al popolo. *[6]* Ma non avendoli trovati, trascinarono Giàsone e alcuni fratelli dai capi della città gridando: "Quei tali che mettono il mondo in agitazione sono anche qui e Giàsone li ha ospitati. *[7]* Tutti costoro vanno contro i decreti dell'imperatore, affermando che c'è un altro re, Gesù".

[8] Così misero in agitazione la popolazione e i capi della città che udivano queste cose; *[9]* tuttavia, dopo avere ottenuto una cauzione da Giàsone e dagli altri, li rilasciarono.

[10] Ma i fratelli subito, durante la notte, fecero partire Paolo e Sila verso Berèa. Giunti colà entrarono nella sinagoga dei Giudei. *[11]* Questi erano di sentimenti più nobili di quelli di Tessalonica ed accolsero la parola con grande entusiasmo, esaminando ogni giorno le Scritture per vedere se le cose stavano davvero così. *[12]* Molti di loro credettero e anche alcune donne greche della nobiltà e non pochi uomini. *[13]* Ma quando i Giudei di Tessalonica vennero a sapere che anche a Berèa era stata annunziata da Paolo la parola di Dio, andarono anche colà ad agitare e sobillare il popolo. *[14]* Allora i fratelli fecero partire subito Paolo per la strada verso il mare, mentre Sila e Timòteo rimasero in città. *[15]* Quelli che scortavano Paolo lo accompagnarono fino ad Atene e se ne ripartirono con l'ordine per Sila e Timòteo di raggiungerlo al più presto.

[16] Mentre Paolo li attendeva ad Atene, fremeva nel suo spirito al vedere la città piena di idoli. *[17]* Discuteva frattanto nella sinagoga con i Giudei e i pagani credenti in Dio e ogni giorno sulla piazza principale con quelli che incontrava. *[18]* Anche certi filosofi epicurei e stoici discutevano con lui e alcuni dicevano: "Che cosa vorrà mai insegnare questo ciarlatano?". E altri: "Sembra essere un annnunziatore di divinità straniere"; poiché annunziava Gesù e la risurrezione. *[19]* Presolo con sé, lo condussero sull'Areòpago e dissero: "Possiamo dunque sapere qual è questa nuova dottrina predicata da te? *[20]* Cose strane per vero ci metti negli orecchi; desideriamo dunque conoscere di che cosa si tratta". *[21]* Tutti gli Ateniesi infatti e gli stranieri colà residenti non avevano passatempo più gradito che parlare e sentir parlare.

[22] Allora Paolo, alzatosi in mezzo all'Areòpago, disse:
"Cittadini ateniesi, vedo che in tutto siete molto timorati degli dèi. *[23]* Passando infatti e osservando i monumenti del vostro culto, ho trovato anche un'ara con l'iscrizione: Al Dio ignoto. Quello che voi adorate senza conoscere, io ve lo annunzio. *[24]* *Il Dio che ha fatto il mondo e tutto ciò che contiene*, che è signore del cielo e della terra, non dimora in templi costruiti dalle mani dell'uomo *[25]* né dalle mani dell'uomo si lascia servire come se avesse bisogno di qualche cosa, essendo lui che dà a tutti la vita e il respiro e ogni cosa. *[26]* Egli creò da uno solo tutte le nazioni

degli uomini, perché abitassero su tutta la faccia della terra. Per essi ha stabilito l'ordine dei tempi e i confini del loro spazio, *[27]* perché cercassero Dio, se mai arrivino a trovarlo andando come a tentoni, benché non sia lontano da ciascuno di noi. *[28]* In lui infatti viviamo, ci muoviamo ed esistiamo, come anche alcuni dei vostri poeti hanno detto: Poiché di lui stirpe noi siamo.

[29] Essendo noi dunque stirpe di Dio, non dobbiamo pensare che la divinità sia simile all'oro, all'argento e alla pietra, che porti l'impronta dell'arte e dell'immaginazione umana. *[30]* Dopo esser passato sopra ai tempi dell'ignoranza, ora Dio ordina a tutti gli uomini di tutti i luoghi di ravvedersi, *[31]* poiché egli ha stabilito un giorno nel quale dovrà giudicare la terra con giustizia per mezzo di un uomo che egli ha designato, dandone a tutti prova sicura col risuscitarlo dai morti".

[32] Quando sentirono parlare di risurrezione di morti, alcuni lo deridevano, altri dissero: "Ti sentiremo su questo un'altra volta". *[33]* Così Paolo uscì da quella riunione. *[34]* Ma alcuni aderirono a lui e divennero credenti, fra questi anche Dionìgi membro dell'Areòpago, una donna di nome Dàmaris e altri con loro.

18

[1] Dopo questi fatti Paolo lasciò Atene e si recò a Corinto. *[2]* Qui trovò un Giudeo chiamato Aquila, oriundo del Ponto, arrivato poco prima dall'Italia con la moglie Priscilla, in seguito all'ordine di Claudio che allontanava da Roma tutti i Giudei. Paolo si recò da loro *[3]* e poiché erano del medesimo mestiere, si stabilì nella loro casa e lavorava. Erano infatti di mestiere fabbricatori di tende. *[4]* Ogni sabato poi discuteva nella sinagoga e cercava di persuadere Giudei e Greci.

[5] Quando giunsero dalla Macedonia Sila e Timòteo, Paolo si dedicò tutto alla predicazione, affermando davanti ai Giudei che Gesù era il Cristo. *[6]* Ma poiché essi gli si opponevano e bestemmiavano, scuotendosi le vesti, disse: "Il vostro sangue ricada sul vostro capo: io sono innocente; da ora in poi io andrò dai pagani". *[7]* E andatosene di là, entrò nella casa di un tale chiamato Tizio Giusto, che onorava Dio, la cui abitazione era accanto alla sinagoga. *[8]* Crispo, capo della sinagoga, credette nel Signore insieme a tutta la sua famiglia; e anche molti dei Corinzi, udendo Paolo, credevano e si facevano battezzare.

[9] E una notte in visione il Signore disse a Paolo: "Non aver paura, ma continua a parlare e non tacere, *[10] perché io sono con te* e nessuno cercherà di farti del male, perché io ho un popolo numeroso in questa città". *[11]* Così Paolo si fermò un anno e mezzo, insegnando fra loro la parola di Dio.

[12] Mentre era proconsole dell'Acaia Gallione, i Giudei insorsero in massa contro Paolo e lo condussero al tribunale dicendo: *[13]* "Costui persuade la gente a rendere un culto a Dio in modo contrario alla legge". *[14]* Paolo stava per rispondere, ma Gallione disse ai Giudei: "Se si trattasse di un delitto o di un'azione malvagia, o Giudei, io vi ascolterei, come di ragione. *[15]* Ma se sono questioni di parole o di nomi o della vostra legge, vedetevela voi; io non voglio essere giudice di queste

faccende". *[16]* E li fece cacciare dal tribunale. *[17]* Allora tutti afferrarono Sòstene, capo della sinagoga, e lo percossero davanti al tribunale ma Gallione non si curava affatto di tutto ciò.

[18] Paolo si trattenne ancora parecchi giorni, poi prese congedo dai fratelli e s'imbarcò diretto in Siria, in compagnia di Priscilla e Aquila. A Cencre si era fatto tagliare i capelli a causa di un voto che aveva fatto. *[19]* Giunsero a Èfeso, dove lasciò i due coniugi, ed entrato nella sinagoga si mise a discutere con i Giudei. *[20]* Questi lo pregavano di fermarsi più a lungo, ma non acconsentì. *[21]* Tuttavia prese congedo dicendo: "Ritornerò di nuovo da voi, se Dio lo vorrà", quindi partì da Èfeso. *[22]* Giunto a Cesarèa, si recò a salutare la Chiesa di Gerusalemme e poi scese ad Antiòchia.

[23] Trascorso colà un po' di tempo, partì di nuovo percorrendo di seguito le regioni della Galazia e della Frigia, confermando nella fede tutti i discepoli.

[24] Arrivò a Èfeso un Giudeo, chiamato Apollo, nativo di Alessandria, uomo colto, versato nelle Scritture. *[25]* Questi era stato ammaestrato nella via del Signore e pieno di fervore parlava e insegnava esattamente ciò che si riferiva a Gesù, sebbene conoscesse soltanto il battesimo di Giovanni. *[26]* Egli intanto cominciò a parlare francamente nella sinagoga. Priscilla e Aquila lo ascoltarono, poi lo presero con sé e gli esposero con maggiore accuratezza la via di Dio. *[27]* Poiché egli desiderava passare nell'Acaia, i fratelli lo incoraggiarono e scrissero ai discepoli di fargli buona accoglienza. Giunto colà, fu molto utile a quelli che per opera della grazia erano divenuti credenti; *[28]* confutava infatti vigorosamente i Giudei, dimostrando pubblicamente attraverso le Scritture che Gesù è il Cristo.

19

[1] Mentre Apollo era a Corinto, Paolo, attraversate le regioni dell'altopiano, giunse a Èfeso. Qui trovò alcuni discepoli *[2]* e disse loro: "Avete ricevuto lo Spirito Santo quando siete venuti alla fede?". Gli risposero: "Non abbiamo nemmeno sentito dire che ci sia uno Spirito Santo". *[3]* Ed egli disse: "Quale battesimo avete ricevuto?". "Il battesimo di Giovanni", risposero. *[4]* Disse allora Paolo: "Giovanni ha amministrato un battesimo di penitenza, dicendo al popolo di credere in colui che sarebbe venuto dopo di lui, cioè in Gesù". *[5]* Dopo aver udito questo, si fecero battezzare nel nome del Signore Gesù *[6]* e, non appena Paolo ebbe imposto loro le mani, scese su di loro lo Spirito Santo e parlavano in lingue e profetavano. *[7]* Erano in tutto circa dodici uomini.

[8] Entrato poi nella sinagoga, vi poté parlare liberamente per tre mesi, discutendo e cercando di persuadere gli ascoltatori circa il regno di Dio. *[9]* Ma poiché alcuni si ostinavano e si rifiutavano di credere dicendo male in pubblico di questa nuova dottrina, si staccò da loro separando i discepoli e continuò a discutere ogni giorno nella scuola di un certo Tiranno. *[10]* Questo durò due anni, col risultato che tutti gli abitanti della provincia d'Asia, Giudei e Greci, poterono ascoltare la parola del

Signore.

[11] Dio intanto operava prodigi non comuni per opera di Paolo, [12] al punto che si mettevano sopra i malati fazzoletti o grembiuli che erano stati a contatto con lui e le malattie cessavano e gli spiriti cattivi fuggivano.

[13] Alcuni esorcisti ambulanti giudei si provarono a invocare anch'essi il nome del Signore Gesù sopra quanti avevano spiriti cattivi, dicendo: "Vi scongiuro per quel Gesù che Paolo predica". [14] Facevano questo sette figli di un certo Sceva, un sommo sacerdote giudeo. [15] Ma lo spirito cattivo rispose loro: "Conosco Gesù e so chi è Paolo, ma voi chi siete?". [16] E l'uomo che aveva lo spirito cattivo, slanciatosi su di loro, li afferrò e li trattò con tale violenza che essi fuggirono da quella casa nudi e coperti di ferite. [17] Il fatto fu risaputo da tutti i Giudei e dai Greci che abitavano a Èfeso e tutti furono presi da timore e si magnificava il nome del Signore Gesù. [18] Molti di quelli che avevano abbracciato la fede venivano a confessare in pubblico le loro pratiche magiche [19] e un numero considerevole di persone che avevano esercitato le arti magiche portavano i propri libri e li bruciavano alla vista di tutti. Ne fu calcolato il valore complessivo e trovarono che era di cinquantamila dramme d'argento. [20] Così la parola del Signore cresceva e si rafforzava.

[21] Dopo questi fatti, Paolo si mise in animo di attraversare la Macedonia e l'Acaia e di recarsi a Gerusalemme dicendo: "Dopo essere stato là devo vedere anche Roma".

[22] Inviati allora in Macedonia due dei suoi aiutanti, Timòteo ed Erasto, si trattenne ancora un po' di tempo nella provincia di Asia.

[23] Verso quel tempo scoppiò un gran tumulto riguardo alla nuova dottrina. [24] Un tale, chiamato Demetrio, argentiere, che fabbricava tempietti di Artémide in argento e procurava in tal modo non poco guadagno agli artigiani, [25] li radunò insieme agli altri che si occupavano di cose del genere e disse: "Cittadini, voi sapete che da questa industria proviene il nostro benessere; [26] ora potete osservare e sentire come questo Paolo ha convinto e sviato una massa di gente, non solo di Èfeso, ma si può dire di tutta l'Asia, affermando che non sono dèi quelli fabbricati da mani d'uomo. [27] Non soltanto c'è il pericolo che la nostra categoria cada in discredito, ma anche che il santuario della grande dea Artémide non venga stimato più nulla e venga distrutta la grandezza di colei che l'Asia e il mondo intero adorano". [28] All'udire ciò s'infiammarono d'ira e si misero a gridare: "Grande è l'Artémide degli Efesini!". [29] Tutta la città fu in subbuglio e tutti si precipitarono in massa nel teatro, trascinando con sé Gaio e Aristarco macèdoni, compagni di viaggio di Paolo. [30] Paolo voleva presentarsi alla folla, ma i discepoli non glielo permisero. [31] Anche alcuni dei capi della provincia, che gli erano amici, mandarono a pregarlo di non avventurarsi nel teatro. [32] Intanto, chi gridava una cosa, chi un'altra; l'assemblea era confusa e i più non sapevano il motivo per cui erano accorsi.

[33] Alcuni della folla fecero intervenire un certo Alessandro, che i Giudei avevano spinto avanti, ed egli, fatto cenno con la mano, voleva tenere un discorso di difesa davanti al popolo. [34] Appena s'accorsero che era Giudeo, si misero tutti a gridare in coro per quasi due ore: "Grande è l'Artémide degli Efesini!". [35] Alla fine il cancelliere riuscì a calmare la folla e disse: "Cittadini di Èfeso, chi fra gli uomini non

sa che la città di Èfeso è custode del tempio della grande Artémide e della sua statua caduta dal cielo? *[36]* Poiché questi fatti sono incontestabili, è necessario che stiate calmi e non compiate gesti inconsulti. *[37]* Voi avete condotto qui questi uomini che non hanno profanato il tempio, né hanno bestemmiato la nostra dea. *[38]* Perciò se Demetrio e gli artigiani che sono con lui hanno delle ragioni da far valere contro qualcuno, ci sono per questo i tribunali e vi sono i proconsoli: si citino in giudizio l'un l'altro. *[39]* Se poi desiderate qualche altra cosa, si deciderà nell'assemblea ordinaria. *[40]* C'è il rischio di essere accusati di sedizione per l'accaduto di oggi, non essendoci alcun motivo per cui possiamo giustificare questo assembramento". *[41]* E con queste parole sciolse l'assemblea.

20

[1] Appena cessato il tumulto, Paolo mandò a chiamare i discepoli e, dopo averli incoraggiati, li salutò e si mise in viaggio per la Macedonia. *[2]* Dopo aver attraversato quelle regioni, esortando con molti discorsi i fedeli, arrivò in Grecia.

[3] Trascorsi tre mesi, poiché ci fu un complotto dei Giudei contro di lui, mentre si apprestava a salpare per la Siria, decise di far ritorno attraverso la Macedonia. *[4]* Lo accompagnarono Sòpatro di Berèa, figlio di Pirro, Aristarco e Secondo di Tessalonica, Gaio di Derbe e Timòteo, e gli asiatici Tìchico e Tròfimo. *[5]* Questi però, partiti prima di noi ci attendevano a Tròade; *[6]* noi invece salpammo da Filippi dopo i giorni degli Azzimi e li raggiungemmo in capo a cinque giorni a Tròade dove ci trattenemmo una settimana.

[7] Il primo giorno della settimana ci eravamo riuniti a spezzare il pane e Paolo conversava con loro; e poiché doveva partire il giorno dopo, prolungò la conversazione fino a mezzanotte. *[8]* C'era un buon numero di lampade nella stanza al piano superiore, dove eravamo riuniti; *[9]* un ragazzo chiamato Èutico, che stava seduto sulla finestra, fu preso da un sonno profondo mentre Paolo continuava a conversare e, sopraffatto dal sonno, cadde dal terzo piano e venne raccolto morto. *[10]* Paolo allora scese giù, si gettò su di lui, lo abbracciò e disse: "Non vi turbate; è ancora in vita!". *[11]* Poi risalì, spezzò il pane e ne mangiò e dopo aver parlato ancora molto fino all'alba, partì. *[12]* Intanto avevano ricondotto il ragazzo vivo, e si sentirono molto consolati.

[13] Noi poi, che eravamo partiti per nave, facemmo vela per Asso, dove dovevamo prendere a bordo Paolo; così infatti egli aveva deciso, intendendo di fare il viaggio a piedi. *[14]* Quando ci ebbe raggiunti ad Asso, lo prendemmo con noi e arrivammo a Mitilène. *[15]* Salpati da qui il giorno dopo, ci trovammo di fronte a Chio; l'indomani toccammo Samo e il giorno dopo giungemmo a Milèto. *[16]* Paolo aveva deciso di passare al largo di Èfeso per evitare di subire ritardi nella provincia d'Asia: gli premeva di essere a Gerusalemme, se possibile, per il giorno della Pentecoste.

[17] Da Milèto mandò a chiamare subito ad Èfeso gli anziani della Chiesa. *[18]* Quando essi giunsero disse loro: "Voi sapete come mi sono comportato con voi fin

dal primo giorno in cui arrivai in Asia e per tutto questo tempo: *[19]* ho servito il Signore con tutta umiltà, tra le lacrime e tra le prove che mi hanno procurato le insidie dei Giudei. *[20]* Sapete come non mi sono mai sottratto a ciò che poteva essere utile, al fine di predicare a voi e di istruirvi in pubblico e nelle vostre case, *[21]* scongiurando Giudei e Greci di convertirsi a Dio e di credere nel Signore nostro Gesù. *[22]* Ed ecco ora, avvinto dallo Spirito, io vado a Gerusalemme senza sapere ciò che là mi accadrà. *[23]* So soltanto che lo Spirito Santo in ogni città mi attesta che mi attendono catene e tribolazioni. *[24]* Non ritengo tuttavia la mia vita meritevole di nulla, purché conduca a termine la mia corsa e il servizio che mi fu affidato dal Signore Gesù, di rendere testimonianza al messaggio della grazia di Dio.

[25] Ecco, ora so che non vedrete più il mio volto, voi tutti tra i quali sono passato annunziando il regno di Dio. *[26]* Per questo dichiaro solennemente oggi davanti a voi che io sono senza colpa riguardo a coloro che si perdessero, *[27]* perché non mi sono sottratto al compito di annunziarvi tutta la volontà di Dio. *[28]* Vegliate su voi stessi e su tutto il gregge, in mezzo al quale lo Spirito Santo vi ha posti come vescovi a pascere la Chiesa di Dio, che egli si è acquistata con il suo sangue. *[29]* Io so che dopo la mia partenza entreranno fra voi lupi rapaci, che non risparmieranno il gregge; *[30]* perfino di mezzo a voi sorgeranno alcuni a insegnare dottrine perverse per attirare discepoli dietro di sé. *[31]* Per questo vigilate, ricordando che per tre anni, notte e giorno, io non ho cessato di esortare fra le lacrime ciascuno di voi.

[32] Ed ora vi affido al Signore e alla parola della sua grazia che ha il potere di edificare e di concedere l'eredità con tutti i santificati. *[33]* Non ho desiderato né argento, né oro, né la veste di nessuno. *[34]* Voi sapete che alle necessità mie e di quelli che erano con me hanno provveduto queste mie mani. *[35]* In tutte le maniere vi ho dimostrato che lavorando così si devono soccorrere i deboli, ricordandoci delle parole del Signore Gesù, che disse: Vi è più gioia nel dare che nel ricevere!".

[36] Detto questo, si inginocchiò con tutti loro e pregò. *[37]* Tutti scoppiarono in un gran pianto e gettandosi al collo di Paolo lo baciavano, *[38]* addolorati soprattutto perché aveva detto che non avrebbero più rivisto il suo volto. E lo accompagnarono fino alla nave.

21

[1] Appena ci fummo separati da loro, salpammo e per la via diretta giungemmo a Cos, il giorno seguente a Rodi e di qui a Pàtara. *[2]* Trovata qui una nave che faceva la traversata per la Fenicia, vi salimmo e prendemmo il largo. *[3]* Giunti in vista di Cipro, ce la lasciammo a sinistra e, continuando a navigare verso la Siria, giungemmo a Tiro, dove la nave doveva scaricare. *[4]* Avendo ritrovati i discepoli, rimanemmo colà una settimana, ed essi, mossi dallo Spirito, dicevano a Paolo di non andare a Gerusalemme. *[5]* Ma quando furon passati quei giorni, uscimmo e ci mettemmo in viaggio, accompagnati da tutti loro con le mogli e i figli sin fuori della città. Inginocchiati sulla spiaggia pregammo, poi ci salutammo a vicenda; *[6]* noi salimmo

sulla nave ed essi tornarono alle loro case. *[7]* Terminata la navigazione, da Tiro approdammo a Tolemàide, dove andammo a salutare i fratelli e restammo un giorno con loro.

[8] Ripartiti il giorno seguente, giungemmo a Cesarèa; ed entrati nella casa dell'evangelista Filippo, che era uno dei Sette, sostammo presso di lui. *[9]* Egli aveva quattro figlie nubili, che avevano il dono della profezia. *[10]* Eravamo qui da alcuni giorni, quando giunse dalla Giudea un profeta di nome Àgabo. *[11]* Egli venne da noi e, presa la cintura di Paolo, si legò i piedi e le mani e disse: "Questo dice lo Spirito Santo: l'uomo a cui appartiene questa cintura sarà legato così dai Giudei a Gerusalemme e verrà quindi consegnato nelle mani dei pagani". *[12]* All'udir queste cose, noi e quelli del luogo pregammo Paolo di non andare più a Gerusalemme. *[13]* Ma Paolo rispose: "Perché fate così, continuando a piangere e a spezzarmi il cuore? Io sono pronto non soltanto a esser legato, ma a morire a Gerusalemme per il nome del Signore Gesù". *[14]* E poiché non si lasciava persuadere, smettemmo di insistere dicendo: "Sia fatta la volontà del Signore!".

[15] Dopo questi giorni, fatti i preparativi, salimmo verso Gerusalemme. *[16]* Vennero con noi anche alcuni discepoli da Cesarèa, i quali ci condussero da un certo Mnasóne di Cipro, discepolo della prima ora, dal quale ricevemmo ospitalità.

[17] Arrivati a Gerusalemme, i fratelli ci accolsero festosamente. *[18]* L'indomani Paolo fece visita a Giacomo insieme con noi: c'erano anche tutti gli anziani. *[19]* Dopo aver rivolto loro il saluto, egli cominciò a esporre nei particolari quello che Dio aveva fatto tra i pagani per mezzo suo. *[20]* Quand'ebbero ascoltato, essi davano gloria a Dio; quindi dissero a Paolo: "Tu vedi, o fratello, quante migliaia di Giudei sono venuti alla fede e tutti sono gelosamente attaccati alla legge. *[21]* Ora hanno sentito dire di te che vai insegnando a tutti i Giudei sparsi tra i pagani che abbandonino Mosè, dicendo di non circoncidere più i loro figli e di non seguire più le nostre consuetudini. *[22]* Che facciamo? Senza dubbio verranno a sapere che sei arrivato. *[23]* Fa' dunque quanto ti diciamo: vi sono fra noi quattro uomini che hanno un voto da sciogliere. *[24]* Prendili con te, compi la purificazione insieme con loro e paga tu la spesa per loro perché possano radersi il capo. Così tutti verranno a sapere che non c'è nulla di vero in ciò di cui sono stati informati, ma che invece anche tu ti comporti bene osservando la legge. *[25]* Quanto ai pagani che sono venuti alla fede, noi abbiamo deciso ed abbiamo loro scritto che si astengano dalle carni offerte agli idoli, dal sangue, da ogni animale soffocato e dalla impudicizia".

[26] Allora Paolo prese con sé quegli uomini e il giorno seguente, fatta insieme con loro la purificazione, entrò nel tempio per comunicare il compimento dei giorni della purificazione, quando sarebbe stata presentata l'offerta per ciascuno di loro.

[27] Stavano ormai per finire i sette giorni, quando i Giudei della provincia d'Asia, vistolo nel tempio, aizzarono tutta la folla e misero le mani su di lui gridando: *[28]* "Uomini d'Israele, aiuto! Questo è l'uomo che va insegnando a tutti e dovunque contro il popolo, contro la legge e contro questo luogo; ora ha introdotto perfino dei Greci nel tempio e ha profanato il luogo santo!". *[29]* Avevano infatti veduto poco prima Tròfimo di Èfeso in sua compagnia per la città, e pensavano che Paolo lo

avesse fatto entrare nel tempio. *[30]* Allora tutta la città fu in subbuglio e il popolo accorse da ogni parte. Impadronitisi di Paolo, lo trascinarono fuori del tempio e subito furono chiuse le porte. *[31]* Stavano già cercando di ucciderlo, quando fu riferito al tribuno della coorte che tutta Gerusalemme era in rivolta. *[32]* Immediatamente egli prese con sé dei soldati e dei centurioni e si precipitò verso i rivoltosi. Alla vista del tribuno e dei soldati, cessarono di percuotere Paolo. *[33]* Allora il tribuno si avvicinò, lo arrestò e ordinò che fosse legato con due catene; intanto s'informava chi fosse e che cosa avesse fatto. *[34]* Tra la folla però chi diceva una cosa, chi un'altra. Nell'impossibilità di accertare la realtà dei fatti a causa della confusione, ordinò di condurlo nella fortezza. *[35]* Quando fu alla gradinata, dovette essere portato a spalla dai soldati a causa della violenza della folla. *[36]* La massa della gente infatti veniva dietro, urlando: "A morte!".

[37] Sul punto di esser condotto nella fortezza, Paolo disse al tribuno: "Posso dirti una parola?". "Conosci il greco?, disse quello, *[38]* Allora non sei quell'Egiziano che in questi ultimi tempi ha sobillato e condotto nel deserto i quattromila ribelli?". *[39]* Rispose Paolo: "Io sono un Giudeo di Tarso di Cilicia, cittadino di una città non certo senza importanza. Ma ti prego, lascia che rivolga la parola a questa gente". *[40]* Avendo egli acconsentito, Paolo, stando in piedi sui gradini, fece cenno con la mano al popolo e, fattosi un grande silenzio, rivolse loro la parola in ebraico dicendo:

22

[1] "Fratelli e padri, ascoltate la mia difesa davanti a voi". *[2]* Quando sentirono che parlava loro in lingua ebraica, fecero silenzio ancora di più. *[3]* Ed egli continuò: "Io sono un Giudeo, nato a Tarso di Cilicia, ma cresciuto in questa città, formato alla scuola di Gamalièle nelle più rigide norme della legge paterna, pieno di zelo per Dio, come oggi siete tutti voi. *[4]* Io perseguitai a morte questa nuova dottrina, arrestando e gettando in prigione uomini e donne, *[5]* come può darmi testimonianza il sommo sacerdote e tutto il collegio degli anziani. Da loro ricevetti lettere per i nostri fratelli di Damasco e partii per condurre anche quelli di là come prigionieri a Gerusalemme, per essere puniti.

[6] Mentre ero in viaggio e mi avvicinavo a Damasco, verso mezzogiorno, all'improvviso una gran luce dal cielo rifulse attorno a me; *[7]* caddi a terra e sentii una voce che mi diceva: Saulo, Saulo, perché mi perseguiti? *[8]* Risposi: Chi sei, o Signore? Mi disse: Io sono Gesù il Nazareno, che tu perseguiti. *[9]* Quelli che erano con me videro la luce, ma non udirono colui che mi parlava. *[10]* Io dissi allora: Che devo fare, Signore? E il Signore mi disse: Alzati e prosegui verso Damasco; là sarai informato di tutto ciò che è stabilito che tu faccia. *[11]* E poiché non ci vedevo più, a causa del fulgore di quella luce, guidato per mano dai miei compagni, giunsi a Damasco.

[12] Un certo Anania, un devoto osservante della legge e in buona reputazione presso tutti i Giudei colà residenti, *[13]* venne da me, mi si accostò e disse: Saulo, fratello,

torna a vedere! E in quell'istante io guardai verso di lui e riebbi la vista. *[14]* Egli soggiunse: Il Dio dei nostri padri ti ha predestinato a conoscere la sua volontà, a vedere il Giusto e ad ascoltare una parola dalla sua stessa bocca, *[15]* perché gli sarai testimone davanti a tutti gli uomini delle cose che hai visto e udito. *[16]* E ora perché aspetti? Alzati, ricevi il battesimo e lavati dai tuoi peccati, invocando il suo nome.

[17] Dopo il mio ritorno a Gerusalemme, mentre pregavo nel tempio, fui rapito in estasi *[18]* e vidi Lui che mi diceva: Affrettati ed esci presto da Gerusalemme, perché non accetteranno la tua testimonianza su di me. *[19]* E io dissi: Signore, essi sanno che facevo imprigionare e percuotere nella sinagoga quelli che credevano in te; *[20]* quando si versava il sangue di Stefano, tuo testimone, anch'io ero presente e approvavo e custodivo i vestiti di quelli che lo uccidevano. *[21]* Allora mi disse: Va', perché io ti manderò lontano, tra i pagani".

[22] Fino a queste parole erano stati ad ascoltarlo, ma allora alzarono la voce gridando: "Toglilo di mezzo; non deve più vivere!". *[23]* E poiché continuavano a urlare, a gettar via i mantelli e a lanciar polvere in aria, *[24]* il tribuno ordinò di portarlo nella fortezza, prescrivendo di interrogarlo a colpi di flagello al fine di sapere per quale motivo gli gridavano contro in tal modo.

[25] Ma quando l'ebbero legato con le cinghie, Paolo disse al centurione che gli stava accanto: "Potete voi flagellare un cittadino romano, non ancora giudicato?". *[26]* Udito ciò, il centurione corse a riferire al tribuno: "Che cosa stai per fare? Quell'uomo è un romano!". *[27]* Allora il tribuno si recò da Paolo e gli domandò: "Dimmi, tu sei cittadino romano?". Rispose: "Sì". *[28]* Replicò il tribuno: "Io questa cittadinanza l'ho acquistata a caro prezzo". Paolo disse: "Io, invece, lo sono di nascita!". *[29]* E subito si allontanarono da lui quelli che dovevano interrogarlo. Anche il tribuno ebbe paura, rendendosi conto che Paolo era cittadino romano e che lui lo aveva messo in catene.

[30] Il giorno seguente, volendo conoscere la realtà dei fatti, cioè il motivo per cui veniva accusato dai Giudei, gli fece togliere le catene e ordinò che si riunissero i sommi sacerdoti e tutto il sinedrio; vi fece condurre Paolo e lo presentò davanti a loro.

23

[1] Con lo sguardo fisso al sinedrio Paolo disse: "Fratelli, io ho agito fino ad oggi davanti a Dio in perfetta rettitudine di coscienza". *[2]* Ma il sommo sacerdote Ananìa ordinò ai suoi assistenti di percuoterlo sulla bocca. *[3]* Paolo allora gli disse: "Dio percuoterà te, muro imbiancato! Tu siedi a giudicarmi secondo la legge e contro la legge comandi di percuotermi?". *[4]* E i presenti dissero: "Osi insultare il sommo sacerdote di Dio?". *[5]* Rispose Paolo: "Non sapevo, fratelli, che è il sommo sacerdote; sta scritto infatti: *Non insulterai il capo del tuo popolo*".

[6] Paolo sapeva che nel sinedrio una parte era di sadducei e una parte di farisei; disse a gran voce: "Fratelli, io sono un fariseo, figlio di farisei; io sono chiamato in

giudizio a motivo della speranza nella risurrezione dei morti". *[7]* Appena egli ebbe detto ciò, scoppiò una disputa tra i farisei e i sadducei e l'assemblea si divise. *[8]* I sadducei infatti affermano che non c'è risurrezione, né angeli, né spiriti; i farisei invece professano tutte queste cose. *[9]* Ne nacque allora un grande clamore e alcuni scribi del partito dei farisei, alzatisi in piedi, protestavano dicendo: "Non troviamo nulla di male in quest'uomo. E se uno spirito o un angelo gli avesse parlato davvero?". *[10]* La disputa si accese a tal punto che il tribuno, temendo che Paolo venisse linciato da costoro, ordinò che scendesse la truppa a portarlo via di mezzo a loro e ricondurlo nella fortezza. *[11]* La notte seguente gli venne accanto il Signore e gli disse: "Coraggio! Come hai testimoniato per me a Gerusalemme, così è necessario che tu mi renda testimonianza anche a Roma".

[12] Fattosi giorno, i Giudei ordirono una congiura e fecero voto con giuramento esecratorio di non toccare né cibo né bevanda, sino a che non avessero ucciso Paolo. *[13]* Erano più di quaranta quelli che fecero questa congiura. *[14]* Si presentarono ai sommi sacerdoti e agli anziani e dissero: "Ci siamo obbligati con giuramento esecratorio di non assaggiare nulla sino a che non avremo ucciso Paolo. *[15]* Voi dunque ora, insieme al sinedrio, fate dire al tribuno che ve lo riporti, col pretesto di esaminare più attentamente il suo caso; noi intanto ci teniamo pronti a ucciderlo prima che arrivi".

[16] Ma il figlio della sorella di Paolo venne a sapere del complotto; si recò alla fortezza, entrò e ne informò Paolo. *[17]* Questi allora chiamò uno dei centurioni e gli disse: "Conduci questo giovane dal tribuno, perché ha qualche cosa da riferirgli". *[18]* Il centurione lo prese e lo condusse dal tribuno dicendo: "Il prigioniero Paolo mi ha fatto chiamare e mi ha detto di condurre da te questo giovanetto, perché ha da dirti qualche cosa". *[19]* Il tribuno lo prese per mano, lo condusse in disparte e gli chiese: "Che cosa è quello che hai da riferirmi?". *[20]* Rispose: "I Giudei si sono messi d'accordo per chiederti di condurre domani Paolo nel sinedrio, col pretesto di informarsi più accuratamente nei suoi riguardi. *[21]* Tu però non lasciarti convincere da loro, poiché più di quaranta dei loro uomini hanno ordito un complotto, facendo voto con giuramento esecratorio di non prendere cibo né bevanda finché non l'abbiano ucciso; e ora stanno pronti, aspettando che tu dia il tuo consenso".

[22] Il tribuno congedò il giovanetto con questa raccomandazione: "Non dire a nessuno che mi hai dato queste informazioni".

[23] Fece poi chiamare due dei centurioni e disse: "Preparate duecento soldati per andare a Cesarèa insieme con settanta cavalieri e duecento lancieri, tre ore dopo il tramonto. *[24]* Siano pronte anche delle cavalcature e fatevi montare Paolo, perché sia condotto sano e salvo dal governatore Felice". *[25]* Scrisse anche una lettera in questi termini: *[26]* "Claudio Lisia all'eccellentissimo governatore Felice, salute. *[27]* Quest'uomo è stato assalito dai Giudei e stava per essere ucciso da loro; ma sono intervenuto con i soldati e l'ho liberato, perché ho saputo che è cittadino romano. *[28]* Desideroso di conoscere il motivo per cui lo accusavano, lo condussi nel loro sinedrio. *[29]* Ho trovato che lo si accusava per questioni relative alla loro legge, ma che in realtà non c'erano a suo carico imputazioni meritevoli di morte o di

prigionia. *[30]* Sono stato però informato di un complotto contro quest'uomo da parte loro, e così l'ho mandato da te, avvertendo gli accusatori di deporre davanti a te quello che hanno contro di lui. Sta' bene".

[31] Secondo gli ordini ricevuti, i soldati presero Paolo e lo condussero di notte ad Antipàtride. *[32]* Il mattino dopo, lasciato ai cavalieri il compito di proseguire con lui, se ne tornarono alla fortezza. *[33]* I cavalieri, giunti a Cesarèa, consegnarono la lettera al governatore e gli presentarono Paolo. *[34]* Dopo averla letta, domandò a Paolo di quale provincia fosse e, saputo che era della Cilicia, disse: *[35]* "Ti ascolterò quando saranno qui anche i tuoi accusatori". E diede ordine di custodirlo nel pretorio di Erode.

24

[1] Cinque giorni dopo arrivò il sommo sacerdote Ananìa insieme con alcuni anziani e a un avvocato di nome Tertullo e si presentarono al governatore per accusare Paolo. *[2]* Quando questi fu fatto venire, Tertullo cominciò l'accusa dicendo: *[3]* "La lunga pace di cui godiamo grazie a te e le riforme che ci sono state in favore di questo popolo grazie alla tua provvidenza, le accogliamo in tutto e per tutto, eccellentissimo Felice, con profonda gratitudine. *[4]* Ma per non trattenerti troppo a lungo, ti prego di darci ascolto brevemente nella tua benevolenza. *[5]* Abbiamo scoperto che quest'uomo è una peste, fomenta continue rivolte tra tutti i Giudei che sono nel mondo ed è capo della setta dei Nazorei. *[6]* Ha perfino tentato di profanare il tempio e noi l'abbiamo arrestato.*[7]* . *[8]* Interrogandolo personalmente, potrai renderti conto da lui di tutte queste cose delle quali lo accusiamo". *[9]* Si associarono nell'accusa anche i Giudei, affermando che i fatti stavano così.

[10] Quando il governatore fece cenno a Paolo di parlare, egli rispose: "So che da molti anni sei giudice di questo popolo e parlo in mia difesa con fiducia. *[11]* Tu stesso puoi accertare che non sono più di dodici giorni da quando mi sono recato a Gerusalemme per il culto. *[12]* Essi non mi hanno mai trovato nel tempio a discutere con qualcuno o a incitare il popolo alla sommossa, né nelle sinagoghe, né per la città *[13]* e non possono provare nessuna delle cose delle quali ora mi accusano. *[14]* Ammetto invece che adoro il Dio dei miei padri, secondo quella dottrina che essi chiamano setta, credendo in tutto ciò che è conforme alla Legge e sta scritto nei Profeti, *[15]* nutrendo in Dio la speranza, condivisa pure da costoro, che ci sarà una risurrezione dei giusti e degli ingiusti. *[16]* Per questo mi sforzo di conservare in ogni momento una coscienza irreprensibile davanti a Dio e davanti agli uomini. *[17]* Ora, dopo molti anni, sono venuto a portare elemosine al mio popolo e per offrire sacrifici; *[18]* in occasione di questi essi mi hanno trovato nel tempio dopo che avevo compiuto le purificazioni. Non c'era folla né tumulto. *[19]* Furono dei Giudei della provincia d'Asia a trovarmi, e loro dovrebbero comparire qui davanti a te ad accusarmi, se hanno qualche cosa contro di me; *[20]* oppure dicano i presenti stessi quale colpa han trovato in me quando sono comparso davanti al sinedrio, *[21]* se non

questa sola frase che gridai stando in mezzo a loro: A motivo della risurrezione dei morti io vengo giudicato oggi davanti a voi!".

[22] Allora Felice, che era assai bene informato circa la nuova dottrina, li rimandò dicendo: "Quando verrà il tribuno Lisia, esaminerò il vostro caso". *[23]* E ordinò al centurione di tenere Paolo sotto custodia, concedendogli però una certa libertà e senza impedire a nessuno dei suoi amici di dargli assistenza.

[24] Dopo alcuni giorni Felice arrivò in compagnia della moglie Drusilla, che era giudea; fatto chiamare Paolo, lo ascoltava intorno alla fede in Cristo Gesù. *[25]* Ma quando egli si mise a parlare di giustizia, di continenza e del giudizio futuro, Felice si spaventò e disse: "Per il momento puoi andare; ti farò chiamare di nuovo quando ne avrò il tempo". *[26]* Sperava frattanto che Paolo gli avrebbe dato del denaro; per questo abbastanza spesso lo faceva chiamare e conversava con lui.

[27] Trascorsi due anni, Felice ebbe come successore Porcio Festo; ma Felice, volendo dimostrare benevolenza verso i Giudei, lasciò Paolo in prigione.

25

[1] Festo dunque, raggiunta la provincia, tre giorni dopo salì da Cesarèa a Gerusalemme. *[2]* I sommi sacerdoti e i capi dei Giudei gli si presentarono per accusare Paolo e cercavano di persuaderlo, *[3]* chiedendo come un favore, in odio a Paolo, che lo facesse venire a Gerusalemme; e intanto disponevano un tranello per ucciderlo lungo il percorso. *[4]* Festo rispose che Paolo stava sotto custodia a Cesarèa e che egli stesso sarebbe partito fra breve. *[5]* "Quelli dunque che hanno autorità tra voi, disse, vengano con me e se vi è qualche colpa in quell'uomo, lo denuncino".

[6] Dopo essersi trattenuto fra loro non più di otto o dieci giorni, discese a Cesarèa e il giorno seguente, sedendo in tribunale, ordinò che gli si conducesse Paolo. *[7]* Appena giunse, lo attorniarono i Giudei discesi da Gerusalemme, imputandogli numerose e gravi colpe, senza però riuscire a provarle. *[8]* Paolo a sua difesa disse: "Non ho commesso alcuna colpa, né contro la legge dei Giudei, né contro il tempio, né contro Cesare". *[9]* Ma Festo volendo fare un favore ai Giudei, si volse a Paolo e disse: "Vuoi andare a Gerusalemme per essere là giudicato di queste cose, davanti a me?". *[10]* Paolo rispose: "Mi trovo davanti al tribunale di Cesare, qui mi si deve giudicare. Ai Giudei non ho fatto alcun torto, come anche tu sai perfettamente. *[11]* Se dunque sono in colpa e ho commesso qualche cosa che meriti la morte, non rifiuto di morire; ma se nelle accuse di costoro non c'è nulla di vero, nessuno ha il potere di consegnarmi a loro. Io mi appello a Cesare". *[12]* Allora Festo, dopo aver conferito con il consiglio, rispose: "Ti sei appellato a Cesare, a Cesare andrai".

[13] Erano trascorsi alcuni giorni, quando arrivarono a Cesarèa il re Agrippa e Berenìce, per salutare Festo. *[14]* E poiché si trattennero parecchi giorni, Festo espose al re il caso di Paolo: "C'è un uomo, lasciato qui prigioniero da Felice, contro il quale, *[15]* durante la mia visita a Gerusalemme, si presentarono con accuse i sommi sacerdoti e gli anziani dei Giudei per reclamarne la condanna. *[16]* Risposi

che i Romani non usano consegnare una persona, prima che l'accusato sia stato messo a confronto con i suoi accusatori e possa aver modo di difendersi dall'accusa. *[17]* Allora essi convennero qui e io senza indugi il giorno seguente sedetti in tribunale e ordinai che vi fosse condotto quell'uomo. *[18]* Gli accusatori gli si misero attorno, ma non addussero nessuna delle imputazioni criminose che io immaginavo; *[19]* avevano solo con lui alcune questioni relative la loro particolare religione e riguardanti un certo Gesù, morto, che Paolo sosteneva essere ancora in vita. *[20]* Perplesso di fronte a simili controversie, gli chiesi se voleva andare a Gerusalemme ed esser giudicato là di queste cose. *[21]* Ma Paolo si appellò perché la sua causa fosse riservata al giudizio dell'imperatore, e così ordinai che fosse tenuto sotto custodia fino a quando potrò inviarlo a Cesare". *[22]* E Agrippa a Festo: "Vorrei anch'io ascoltare quell'uomo!". "Domani, rispose, lo potrai ascoltare".

[23] Il giorno dopo, Agrippa e Berenìce vennero con gran pompa ed entrarono nella sala dell'udienza, accompagnati dai tribuni e dai cittadini più in vista; per ordine di Festo fu fatto entrare anche Paolo. *[24]* Allora Festo disse: "Re Agrippa e cittadini tutti qui presenti con noi, voi avete davanti agli occhi colui sul conto del quale tutto il popolo dei Giudei si è appellato a me, in Gerusalemme e qui, per chiedere a gran voce che non resti più in vita. *[25]* Io però mi sono convinto che egli non ha commesso alcuna cosa meritevole di morte ed essendosi appellato all'imperatore ho deciso di farlo partire. *[26]* Ma sul suo conto non ho nulla di preciso da scrivere al sovrano; per questo l'ho condotto davanti a voi e soprattutto davanti a te, o re Agrippa, per avere, dopo questa udienza, qualcosa da scrivere. *[27]* Mi sembra assurdo infatti mandare un prigioniero, senza indicare le accuse che si muovono contro di lui".

26

[1] Agrippa disse a Paolo: "Ti è concesso di parlare a tua difesa". Allora Paolo, stesa la mano, si difese così: *[2]* "Mi considero fortunato, o re Agrippa, di potermi discolpare da tutte le accuse di cui sono incriminato dai Giudei, oggi qui davanti a te, *[3]* che conosci a perfezione tutte le usanze e questioni riguardanti i Giudei. Perciò ti prego di ascoltarmi con pazienza. *[4]* La mia vita fin dalla mia giovinezza, vissuta tra il mio popolo e a Gerusalemme, la conoscono tutti i Giudei; *[5]* essi sanno pure da tempo, se vogliono renderne testimonianza, che, come fariseo, sono vissuto nella setta più rigida della nostra religione. *[6]* Ed ora mi trovo sotto processo a causa della speranza nella promessa fatta da Dio ai nostri padri, *[7]* e che le nostre dodici tribù sperano di vedere compiuta, servendo Dio notte e giorno con perseveranza. Di questa speranza, o re, sono ora incolpato dai Giudei! *[8]* Perché è considerato inconcepibile fra di voi che Dio risusciti i morti?

[9] Anch'io credevo un tempo mio dovere di lavorare attivamente contro il nome di Gesù il Nazareno, *[10]* come in realtà feci a Gerusalemme; molti dei fedeli li rinchiusi in prigione con l'autorizzazione avuta dai sommi sacerdoti e, quando

venivano condannati a morte, anch'io ho votato contro di loro. *[11]* In tutte le sinagoghe cercavo di costringerli con le torture a bestemmiare e, infuriando all'eccesso contro di loro, davo loro la caccia fin nelle città straniere.

[12] In tali circostanze, mentre stavo andando a Damasco con autorizzazione e pieni poteri da parte dei sommi sacerdoti, verso mezzogiorno *[13]* vidi sulla strada, o re, una luce dal cielo, più splendente del sole, che avvolse me e i miei compagni di viaggio. *[14]* Tutti cademmo a terra e io udii dal cielo una voce che mi diceva in ebraico: Saulo, Saulo, perché mi perseguiti? Duro è per te ricalcitrare contro il pungolo. *[15]* E io dissi: Chi sei, o Signore? E il Signore rispose: Io sono Gesù, che tu perseguiti. *[16]* Su, alzati e rimettiti in piedi; ti sono apparso infatti per costituirti ministro e testimone di quelle cose che hai visto e di quelle per cui ti apparirò ancora. *[17]* Per questo ti *libererò* dal popolo e *dai pagani, ai quali ti mando [18] ad aprir* loro *gli occhi*, perché passino *dalle tenebre alla luce* e dal potere di satana a Dio e ottengano la remissione dei peccati e l'eredità in mezzo a coloro che sono stati santificati per la fede in me.

[19] Pertanto, o re Agrippa, io non ho disobbedito alla visione celeste; *[20]* ma prima a quelli di Damasco, poi a quelli di Gerusalemme e in tutta la regione della Giudea e infine ai pagani, predicavo di convertirsi e di rivolgersi a Dio, comportandosi in maniera degna della conversione. *[21]* Per queste cose i Giudei mi assalirono nel tempio e tentarono di uccidermi. *[22]* Ma l'aiuto di Dio mi ha assistito fino a questo giorno, e posso ancora rendere testimonianza agli umili e ai grandi. Null'altro io affermo se non quello che i profeti e Mosè dichiararono che doveva accadere, *[23]* che cioè il Cristo sarebbe morto, e che, primo tra i risorti da morte, avrebbe annunziato la luce al popolo e ai pagani".

[24] Mentr'egli parlava così in sua difesa, Festo a gran voce disse: "Sei pazzo, Paolo; la troppa scienza ti ha dato al cervello!". *[25]* E Paolo: "Non sono pazzo, disse, eccellentissimo Festo, ma sto dicendo parole vere e sagge. *[26]* Il re è al corrente di queste cose e davanti a lui parlo con franchezza. Penso che niente di questo gli sia sconosciuto, poiché non sono fatti accaduti in segreto. *[27]* Credi, o re Agrippa, nei profeti? So che ci credi". *[28]* E Agrippa a Paolo: "Per poco non mi convinci a farmi cristiano!". *[29]* E Paolo: "Per poco o per molto, io vorrei supplicare Dio che non soltanto tu, ma quanti oggi mi ascoltano diventassero così come sono io, eccetto queste catene!".

[30] Si alzò allora il re e con lui il governatore, Berenìce, e quelli che avevano preso parte alla seduta *[31]* e avviandosi conversavano insieme e dicevano: "Quest'uomo non ha fatto nulla che meriti la morte o le catene". *[32]* E Agrippa disse a Festo: "Costui poteva essere rimesso in libertà, se non si fosse appellato a Cesare".

27

[1] Quando fu deciso che ci imbarcassimo per l'Italia, consegnarono Paolo, insieme ad alcuni altri prigionieri, a un centurione di nome Giulio della coorte Augusta. *[2]*

Salimmo su una nave di Adramitto, che stava per partire verso i porti della provincia d'Asia e salpammo, avendo con noi Aristarco, un Macèdone di Tessalonica. *[3]* Il giorno dopo facemmo scalo a Sidone e Giulio, con gesto cortese verso Paolo, gli permise di recarsi dagli amici e di riceverne le cure. *[4]* Salpati di là, navigammo al riparo di Cipro a motivo dei venti contrari *[5]* e, attraversato il mare della Cilicia e della Panfilia, giungemmo a Mira di Licia. *[6]* Qui il centurione trovò una nave di Alessandria in partenza per l'Italia e ci fece salire a bordo. *[7]* Navigammo lentamente parecchi giorni, giungendo a fatica all'altezza di Cnido. Poi, siccome il vento non ci permetteva di approdare, prendemmo a navigare al riparo di Creta, dalle parti di Salmóne, *[8]* e costeggiandola a fatica giungemmo in una località chiamata Buoni Porti, vicino alla quale era la città di Lasèa.

[9] Essendo trascorso molto tempo ed essendo ormai pericolosa la navigazione poiché era già passata la festa dell'Espiazione, Paolo li ammoniva dicendo: *[10]* "Vedo, o uomini, che la navigazione comincia a essere di gran rischio e di molto danno non solo per il carico e per la nave, ma anche per le nostre vite". *[11]* Il centurione però dava più ascolto al pilota e al capitano della nave che alle parole di Paolo. *[12]* E poiché quel porto era poco adatto a trascorrervi l'inverno, i più furono del parere di salpare di là nella speranza di andare a svernare a Fenice, un porto di Creta esposto a libeccio e a maestrale.

[13] Appena cominciò a soffiare un leggero scirocco, convinti di potere ormai realizzare il progetto, levarono le ancore e costeggiavano da vicino Creta. *[14]* Ma dopo non molto tempo si scatenò contro l'isola un vento d'uragano, detto allora "Euroaquilone". *[15]* La nave fu travolta nel turbine e, non potendo più resistere al vento, abbandonati in sua balìa, andavamo alla deriva. *[16]* Mentre passavamo sotto un isolotto chiamato Càudas, a fatica riuscimmo a padroneggiare la scialuppa; *[17]* la tirarono a bordo e adoperarono gli attrezzi per fasciare di gòmene la nave. Quindi, per timore di finire incagliati nelle Sirti, calarono il galleggiante e si andava così alla deriva. *[18]* Sbattuti violentemente dalla tempesta, il giorno seguente cominciarono a gettare a mare il carico; *[19]* il terzo giorno con le proprie mani buttarono via l'attrezzatura della nave. *[20]* Da vari giorni non comparivano più né sole, né stelle e la violenta tempesta continuava a infuriare, per cui ogni speranza di salvarci sembrava ormai perduta.

[21] Da molto tempo non si mangiava, quando Paolo, alzatosi in mezzo a loro, disse: "Sarebbe stato bene, o uomini, dar retta a me e non salpare da Creta; avreste evitato questo pericolo e questo danno. *[22]* Tuttavia ora vi esorto a non perdervi di coraggio, perché non ci sarà alcuna perdita di vite in mezzo a voi, ma solo della nave. *[23]* Mi è apparso infatti questa notte un angelo del Dio al quale appartengo e che servo, *[24]* dicendomi: Non temere, Paolo; tu devi comparire davanti a Cesare ed ecco, Dio ti ha fatto grazia di tutti i tuoi compagni di navigazione. *[25]* Perciò non perdetevi di coraggio, uomini; ho fiducia in Dio che avverrà come mi è stato annunziato. *[26]* Ma è inevitabile che andiamo a finire su qualche isola".

[27] Come giunse la quattordicesima notte da quando andavamo alla deriva nell'Adriatico, verso mezzanotte i marinai ebbero l'impressione che una qualche terra

si avvicinava. *[28]* Gettato lo scandaglio, trovarono venti braccia; dopo un breve intervallo, scandagliando di nuovo, trovarono quindici braccia. *[29]* Nel timore di finire contro gli scogli, gettarono da poppa quattro ancore, aspettando con ansia che spuntasse il giorno. *[30]* Ma poiché i marinai cercavano di fuggire dalla nave e già stavano calando la scialuppa in mare, col pretesto di gettare le ancore da prora, Paolo disse al centurione e ai soldati: *[31]* "Se costoro non rimangono sulla nave, voi non potrete mettervi in salvo". *[32]* Allora i soldati recisero le gòmene della scialuppa e la lasciarono cadere in mare.

[33] Finché non spuntò il giorno, Paolo esortava tutti a prendere cibo: "Oggi è il quattordicesimo giorno che passate digiuni nell'attesa, senza prender nulla. *[34]* Per questo vi esorto a prender cibo; è necessario per la vostra salvezza. Neanche un capello del vostro capo andrà perduto". *[35]* Ciò detto, prese il pane, rese grazie a Dio davanti a tutti, lo spezzò e cominciò a mangiare. *[36]* Tutti si sentirono rianimati, e anch'essi presero cibo. *[37]* Eravamo complessivamente sulla nave duecentosettantasei persone. *[38]* Quando si furono rifocillati, alleggerirono la nave, gettando il frumento in mare.

[39] Fattosi giorno non riuscivano a riconoscere quella terra, ma notarono un'insenatura con spiaggia e decisero, se possibile, di spingere la nave verso di essa. *[40]* Levarono le ancore e le lasciarono andare in mare; al tempo stesso allentarono i legami dei timoni e spiegata al vento la vela maestra, mossero verso la spiaggia. *[41]* Ma incapparono in una secca e la nave vi si incagliò; mentre la prua arenata rimaneva immobile, la poppa minacciava di sfasciarsi sotto la violenza delle onde. *[42]* I soldati pensarono allora di uccidere i prigionieri, perché nessuno sfuggisse gettandosi a nuoto, *[43]* ma il centurione, volendo salvare Paolo, impedì loro di attuare questo progetto; diede ordine che si gettassero per primi quelli che sapevano nuotare e raggiunsero la terra; *[44]* poi gli altri, chi su tavole, chi su altri rottami della nave. E così tutti poterono mettersi in salvo a terra.

28

[1] Una volta in salvo, venimmo a sapere che l'isola si chiamava Malta. *[2]* Gli indigeni ci trattarono con rara umanità; ci accolsero tutti attorno a un gran fuoco, che avevano acceso perché era sopraggiunta la pioggia ed era freddo. *[3]* Mentre Paolo raccoglieva un fascio di sarmenti e lo gettava sul fuoco, una vipera, risvegliata dal calore, lo morse a una mano. *[4]* Al vedere la serpe pendergli dalla mano, gli indigeni dicevano tra loro: "Certamente costui è un assassino, se, anche scampato dal mare, la Giustizia non lo lascia vivere". *[5]* Ma egli scosse la serpe nel fuoco e non ne patì alcun male. *[6]* Quella gente si aspettava di vederlo gonfiare e cadere morto sul colpo, ma, dopo avere molto atteso senza vedere succedergli nulla di straordinario, cambiò parere e diceva che era un dio.

[7] Nelle vicinanze di quel luogo c'era un terreno appartenente al "primo" dell'isola, chiamato Publio; questi ci accolse e ci ospitò con benevolenza per tre giorni. *[8]*

Avvenne che il padre di Publio dovette mettersi a letto colpito da febbri e da dissenteria; Paolo l'andò a visitare e dopo aver pregato gli impose le mani e lo guarì. *[9]* Dopo questo fatto, anche gli altri isolani che avevano malattie accorrevano e venivano sanati; *[10]* ci colmarono di onori e al momento della partenza ci rifornirono di tutto il necessario.

[11] Dopo tre mesi salpammo su una nave di Alessandria che aveva svernato nell'isola, recante l'insegna dei Diòscuri. *[12]* Approdammo a Siracusa, dove rimanemmo tre giorni *[13]* e di qui, costeggiando, giungemmo a Reggio. Il giorno seguente si levò lo scirocco e così l'indomani arrivammo a Pozzuoli. *[14]* Qui trovammo alcuni fratelli, i quali ci invitarono a restare con loro una settimana. Partimmo quindi alla volta di Roma. *[15]* I fratelli di là, avendo avuto notizie di noi, ci vennero incontro fino al Foro di Appio e alle Tre Taverne. Paolo, al vederli, rese grazie a Dio e prese coraggio.

[16] Arrivati a Roma, fu concesso a Paolo di abitare per suo conto con un soldato di guardia.

[17] Dopo tre giorni, egli convocò a sé i più in vista tra i Giudei e venuti che furono, disse loro: "Fratelli, senza aver fatto nulla contro il mio popolo e contro le usanze dei padri, sono stato arrestato a Gerusalemme e consegnato in mano dei Romani. *[18]* Questi, dopo avermi interrogato, volevano rilasciarmi, non avendo trovato in me alcuna colpa degna di morte. *[19]* Ma continuando i Giudei ad opporsi, sono stato costretto ad appellarmi a Cesare, senza intendere con questo muovere accuse contro il mio popolo. *[20]* Ecco perché vi ho chiamati, per vedervi e parlarvi, poiché è a causa della speranza d'Israele che io sono legato da questa catena". *[21]* Essi gli risposero: "Noi non abbiamo ricevuto nessuna lettera sul tuo conto dalla Giudea né alcuno dei fratelli è venuto a riferire o a parlar male di te. *[22]* Ci sembra bene tuttavia ascoltare da te quello che pensi; di questa setta infatti sappiamo che trova dovunque opposizione".

[23] E fissatogli un giorno, vennero in molti da lui nel suo alloggio; egli dal mattino alla sera espose loro accuratamente, rendendo la sua testimonianza, il regno di Dio, cercando di convincerli riguardo a Gesù, in base alla Legge di Mosè e ai Profeti. *[24]* Alcuni aderirono alle cose da lui dette, ma altri non vollero credere *[25]* e se ne andavano discordi tra loro, mentre Paolo diceva questa sola frase: "Ha detto bene lo Spirito Santo, per bocca del profeta Isaia, ai nostri padri:

[26] Va' da questo popolo e di' loro:
Udrete con i vostri orecchi, ma non comprenderete;
guarderete con i vostri occhi, ma non vedrete.
[27] Perché il cuore di questo popolo si è indurito:
e hanno ascoltato di mala voglia con gli orecchi;
hanno chiuso i loro occhi
per non vedere con gli occhi
non ascoltare con gli orecchi,
non comprendere nel loro cuore e non convertirsi,
perché io li risani.

[28] Sia dunque noto a voi che questa salvezza di Dio viene ora rivolta ai pagani ed essi l'ascolteranno!". *[29]*

[30] Paolo trascorse due anni interi nella casa che aveva preso a pigione e accoglieva tutti quelli che venivano a lui, *[31]* annunziando il regno di Dio e insegnando le cose riguardanti il Signore Gesù Cristo, con tutta franchezza e senza impedimento.

Lettere di San Paolo

Lettera ai Romani

1

[1] Paolo, servo di Cristo Gesù, apostolo per vocazione, prescelto per annunziare il vangelo di Dio, [2] che egli aveva promesso per mezzo dei suoi profeti nelle sacre Scritture, [3] riguardo al Figlio suo, nato dalla stirpe di Davide secondo la carne, [4] costituito Figlio di Dio con potenza secondo lo Spirito di santificazione mediante la risurrezione dai morti, Gesù Cristo, nostro Signore. [5] Per mezzo di lui abbiamo ricevuto la grazia dell'apostolato per ottenere l'obbedienza alla fede da parte di tutte le genti, a gloria del suo nome; [6] e tra queste siete anche voi, chiamati da Gesù Cristo. [7] A quanti sono in Roma diletti da Dio e santi per vocazione, grazia a voi e pace da Dio, Padre nostro, e dal Signore Gesù Cristo.

[8] Anzitutto rendo grazie al mio Dio per mezzo di Gesù Cristo riguardo a tutti voi, perché la fama della vostra fede si espande in tutto il mondo. [9] Quel Dio, al quale rendo culto nel mio spirito annunziando il vangelo del Figlio suo, mi è testimone che io mi ricordo sempre di voi, [10] chiedendo sempre nelle mie preghiere che per volontà di Dio mi si apra una strada per venire fino a voi. [11] Ho infatti un vivo desiderio di vedervi per comunicarvi qualche dono spirituale perché ne siate fortificati, [12] o meglio, per rinfrancarmi con voi e tra voi mediante la fede che abbiamo in comune, voi e io. [13] Non voglio pertanto che ignoriate, fratelli, che più volte mi sono proposto di venire fino a voi - ma finora ne sono stato impedito - per raccogliere qualche frutto anche tra voi, come tra gli altri Gentili. [14] Poiché sono in debito verso i Greci come verso i barbari, verso i dotti come verso gli ignoranti: [15] sono quindi pronto, per quanto sta in me, a predicare il vangelo anche a voi di Roma.

[16] Io infatti non mi vergogno del vangelo, poiché è potenza di Dio per la salvezza di chiunque crede, del Giudeo prima e poi del Greco. [17] È in esso che si rivela la giustizia di Dio di fede in fede, come sta scritto: *Il giusto vivrà mediante la fede*.

[18] In realtà l'ira di Dio si rivela dal cielo contro ogni empietà e ogni ingiustizia di uomini che soffocano la verità nell'ingiustizia, [19] poiché ciò che di Dio si può conoscere è loro manifesto; Dio stesso lo ha loro manifestato. [20] Infatti, dalla creazione del mondo in poi, le sue perfezioni invisibili possono essere contemplate

con l'intelletto nelle opere da lui compiute, come la sua eterna potenza e divinità; *[21]* essi sono dunque inescusabili, perché, pur conoscendo Dio, non gli hanno dato gloria né gli hanno reso grazie come a Dio, ma hanno vaneggiato nei loro ragionamenti e si è ottenebrata la loro mente ottusa. *[22]* Mentre si dichiaravano sapienti, sono diventati stolti *[23]* e hanno cambiato la gloria dell'incorruttibile Dio con l'immagine e la figura dell'uomo corruttibile, di uccelli, di quadrupedi e di rettili. *[24]* Perciò Dio li ha abbandonati all'impurità secondo i desideri del loro cuore, sì da disonorare fra di loro i propri corpi, *[25]* poiché essi hanno cambiato la verità di Dio con la menzogna e hanno venerato e adorato la creatura al posto del creatore, che è benedetto nei secoli. Amen.

[26] Per questo Dio li ha abbandonati a passioni infami; le loro donne hanno cambiato i rapporti naturali in rapporti contro natura. *[27]* Egualmente anche gli uomini, lasciando il rapporto naturale con la donna, si sono accesi di passione gli uni per gli altri, commettendo atti ignominiosi uomini con uomini, ricevendo così in se stessi la punizione che s'addiceva al loro traviamento. *[28]* E poiché hanno disprezzato la conoscenza di Dio, Dio li ha abbandonati in balìa d'una intelligenza depravata, sicché commettono ciò che è indegno, *[29]* colmi come sono di ogni sorta di ingiustizia, di malvagità, di cupidigia, di malizia; pieni d'invidia, di omicidio, di rivalità, di frodi, di malignità; diffamatori, *[30]* maldicenti, nemici di Dio, oltraggiosi, superbi, fanfaroni, ingegnosi nel male, ribelli ai genitori, *[31]* insensati, sleali, senza cuore, senza misericordia. *[32]* E pur conoscendo il giudizio di Dio, che cioè gli autori di tali cose meritano la morte, non solo continuano a farle, ma anche approvano chi le fa.

2

[1] Sei dunque inescusabile, chiunque tu sia, o uomo che giudichi; perché mentre giudichi gli altri, condanni te stesso; infatti, tu che giudichi, fai le medesime cose. *[2]* Eppure noi sappiamo che il giudizio di Dio è secondo verità contro quelli che commettono tali cose. *[3]* Pensi forse, o uomo che giudichi quelli che commettono tali azioni e intanto le fai tu stesso, di sfuggire al giudizio di Dio? *[4]* O ti prendi gioco della ricchezza della sua bontà, della sua tolleranza e della sua pazienza, senza riconoscere che la bontà di Dio ti spinge alla conversione? *[5]* Tu, però, con la tua durezza e il tuo cuore impenitente accumuli collera su di te per il giorno dell'ira e della rivelazione del giusto giudizio di Dio, *[6]* il quale renderà a ciascuno secondo le sue opere: *[7]* la vita eterna a coloro che perseverando nelle opere di bene cercano gloria, onore e incorruttibilità; *[8]* sdegno ed ira contro coloro che per ribellione resistono alla verità e obbediscono all'ingiustizia. *[9]* Tribolazione e angoscia per ogni uomo che opera il male, per il Giudeo prima e poi per il Greco; *[10]* gloria invece, onore e pace per chi opera il bene, per il Giudeo prima e poi per il Greco, *[11]* perché presso Dio non c'è parzialità.
[12] Tutti quelli che hanno peccato senza la legge, periranno anche senza la legge;

quanti invece hanno peccato sotto la legge, saranno giudicati con la legge. *[13]* Perché non coloro che ascoltano la legge sono giusti davanti a Dio, ma quelli che mettono in pratica la legge saranno giustificati. *[14]* Quando i pagani, che non hanno la legge, per natura agiscono secondo la legge, essi, pur non avendo legge, sono legge a se stessi; *[15]* essi dimostrano che quanto la legge esige è scritto nei loro cuori come risulta dalla testimonianza della loro coscienza e dai loro stessi ragionamenti, che ora li accusano ora li difendono. *[16]* Così avverrà nel giorno in cui Dio giudicherà i segreti degli uomini per mezzo di Gesù Cristo, secondo il mio vangelo.

[17] Ora, se tu ti vanti di portare il nome di Giudeo e ti riposi sicuro sulla legge, e ti glori di Dio, *[18]* del quale conosci la volontà e, istruito come sei dalla legge, sai discernere ciò che è meglio, *[19]* e sei convinto di esser guida dei ciechi, luce di coloro che sono nelle tenebre, *[20]* educatore degli ignoranti, maestro dei semplici, perché possiedi nella legge l'espressione della sapienza e della verità... *[21]* ebbene, come mai tu, che insegni agli altri, non insegni a te stesso? Tu che predichi di non rubare, rubi? *[22]* Tu che proibisci l'adulterio, sei adùltero? Tu che detesti gli idoli, ne derubi i templi? *[23]* Tu che ti glori della legge, offendi Dio trasgredendo la legge? *[24]* Infatti *il nome di Dio è bestemmiato per causa vostra tra i pagani*, come sta scritto.

[25] La circoncisione è utile, sì, se osservi la legge; ma se trasgredisci la legge, con la tua circoncisione sei come uno non circonciso. *[26]* Se dunque chi non è circonciso osserva le prescrizioni della legge, la sua non circoncisione non gli verrà forse contata come circoncisione? *[27]* E così, chi non è circonciso fisicamente, ma osserva la legge, giudicherà te che, nonostante la lettera della legge e la circoncisione, sei un trasgressore della legge. *[28]* Infatti, Giudeo non è chi appare tale all'esterno, e la circoncisione non è quella visibile nella carne; *[29]* ma Giudeo è colui che lo è interiormente e la circoncisione è quella del cuore, nello spirito e non nella lettera; la sua gloria non viene dagli uomini ma da Dio.

3

-*[1]* Qual è dunque la superiorità del Giudeo? O quale l'utilità della circoncisione?

-*[2]* Grande, sotto ogni aspetto. Anzitutto perché a loro sono state affidate le rivelazioni di Dio.

-*[3]* Che dunque? Se alcuni non hanno creduto, la loro incredulità può forse annullare la fedeltà di Dio?

-*[4]* Impossibile! Resti invece fermo che Dio è verace e *ogni uomo mentitore*, come sta scritto:

Perché tu sia riconosciuto giusto nelle tue parole
 e trionfi quando sei giudicato.

-*[5]* Se però la nostra ingiustizia mette in risalto la giustizia di Dio, che diremo? Forse è ingiusto Dio quando riversa su di noi la sua ira? Parlo alla maniera umana.

-*[6]* Impossibile! Altrimenti, come potrà Dio giudicare il mondo?

-*[7]* Ma se per la mia menzogna la verità di Dio risplende per sua gloria, perché dunque sono ancora giudicato come peccatore? *[8]* Perché non dovremmo fare il male affinché venga il bene, come alcuni - la cui condanna è ben giusta - ci calunniano, dicendo che noi lo affermiamo?

[9] Che dunque? Dobbiamo noi ritenerci superiori? Niente affatto! Abbiamo infatti dimostrato precedentemente che Giudei e Greci, tutti, sono sotto il dominio del peccato, *[10]* come sta scritto:

Non c'è nessun giusto, nemmeno uno,

[11] non c'è sapiente, non c'è chi cerchi Dio!

[12] Tutti hanno traviato e si son pervertiti;

non c'è chi compia il bene, non ce n'è neppure uno.

[13] La loro gola è un sepolcro spalancato,

tramano inganni con la loro lingua,

veleno di serpenti è sotto le loro labbra,

[14] la loro bocca è piena di maledizione e di amarezza.

[15] I loro piedi corrono a versare il sangue;

[16] strage e rovina è sul loro cammino

[17] e la via della pace non conoscono.

[18] Non c'è timore di Dio davanti ai loro occhi.

[19] Ora, noi sappiamo che tutto ciò che dice la legge lo dice per quelli che sono sotto la legge, perché sia chiusa ogni bocca e tutto il mondo sia riconosciuto colpevole di fronte a Dio. *[20]* Infatti in virtù delle opere della legge *nessun uomo sarà giustificato davanti a lui*, perché per mezzo della legge si ha solo la conoscenza del peccato.

[21] Ora invece, indipendentemente dalla legge, si è manifestata la giustizia di Dio, testimoniata dalla legge e dai profeti; *[22]* giustizia di Dio per mezzo della fede in Gesù Cristo, per tutti quelli che credono. E non c'è distinzione: *[23]* tutti hanno peccato e sono privi della gloria di Dio, *[24]* ma sono giustificati gratuitamente per la sua grazia, in virtù della redenzione realizzata da Cristo Gesù. *[25]* Dio lo ha prestabilito a servire come strumento di espiazione per mezzo della fede, nel suo sangue, al fine di manifestare la sua giustizia, dopo la tolleranza usata verso i peccati passati, *[26]* nel tempo della divina pazienza. Egli manifesta la sua giustizia nel tempo presente, per essere giusto e giustificare chi ha fede in Gesù.

[27] Dove sta dunque il vanto? Esso è stato escluso! Da quale legge? Da quella delle opere? No, ma dalla legge della fede. *[28]* Noi riteniamo infatti che l'uomo è giustificato per la fede indipendentemente dalle opere della legge. *[29]* Forse Dio è Dio soltanto dei Giudei? Non lo è anche dei pagani? Certo, anche dei pagani! *[30]* Poiché non c'è che un solo Dio, il quale giustificherà per la fede i circoncisi, e per mezzo della fede anche i non circoncisi. *[31]* Togliamo dunque ogni valore alla legge mediante la fede? Nient'affatto, anzi confermiamo la legge.

[1] Che diremo dunque di Abramo, nostro antenato secondo la carne? *[2]* Se infatti Abramo è stato giustificato per le opere, certo ha di che gloriarsi, ma non davanti a Dio. *[3]* Ora, che cosa dice la Scrittura? *Abramo ebbe fede in Dio e ciò gli fu accreditato come giustizia.* *[4]* A chi lavora, il salario non viene calcolato come un dono, ma come debito; *[5]* a chi invece non lavora, ma crede in colui che giustifica l'empio, la sua fede gli viene accreditata come giustizia. *[6]* Così anche Davide proclama beato l'uomo a cui Dio accredita la giustizia indipendentemente dalle opere:

[7] Beati quelli le cui iniquità sono state perdonate
e i peccati sono stati ricoperti;
[8] beato l'uomo al quale il Signore non mette in conto il peccato!

[9] Orbene, questa beatitudine riguarda chi è circonciso o anche chi non è circonciso? Noi diciamo infatti che *la fede fu accreditata ad Abramo come giustizia.* *[10]* Come dunque gli fu accreditata? Quando era circonciso o quando non lo era? Non certo dopo la circoncisione, ma prima. *[11]* Infatti egli ricevette *il segno della circoncisione* quale sigillo della giustizia derivante dalla fede che aveva già ottenuta quando non era ancora circonciso; questo perché fosse padre di tutti i non circoncisi che credono e perché anche a loro venisse accreditata la giustizia *[12]* e fosse padre anche dei circoncisi, di quelli che non solo hanno la circoncisione, ma camminano anche sulle orme della fede del nostro padre Abramo prima della sua circoncisione.
[13] Non infatti in virtù della legge fu data ad Abramo o alla sua discendenza la promessa di diventare erede del mondo, ma in virtù della giustizia che viene dalla fede; *[14]* poiché se diventassero eredi coloro che provengono dalla legge, sarebbe resa vana la fede e nulla la promessa. *[15]* La legge infatti provoca l'ira; al contrario, dove non c'è legge, non c'è nemmeno trasgressione. *[16]* Eredi quindi si diventa per la fede, perché ciò sia per grazia e così la promessa sia sicura per tutta la discendenza, non soltanto per quella che deriva dalla legge, ma anche per quella che deriva dalla fede di Abramo, il quale è padre di tutti noi. *[17]* Infatti sta scritto: *Ti ho costituito padre di molti popoli*; è nostro padre davanti al Dio nel quale credette, che dà vita ai morti e chiama all'esistenza le cose che ancora non esistono.
[18] Egli ebbe fede sperando contro ogni speranza e così divenne *padre di molti popoli*, come gli era stato detto: *Così sarà la tua discendenza.* *[19]* Egli non vacillò nella fede, pur vedendo già come morto il proprio corpo - aveva circa cento anni - e morto il seno di Sara. *[20]* Per la promessa di Dio non esitò con incredulità, ma si rafforzò nella fede e diede gloria a Dio, *[21]* pienamente convinto che quanto egli aveva promesso era anche capace di portarlo a compimento. *[22]* Ecco perché *gli fu accreditato come giustizia.*
[23] E non soltanto per lui è stato scritto che gli fu accreditato come giustizia, *[24]* ma anche per noi, ai quali sarà egualmente accreditato: a noi che crediamo in colui

che ha risuscitato dai morti Gesù nostro Signore, *[25]* il quale è stato messo a morte per i nostri peccati ed è stato risuscitato per la nostra giustificazione.

<h1 style="text-align:center">5</h1>

[1] Giustificati dunque per la fede, noi siamo in pace con Dio per mezzo del Signore nostro Gesù Cristo; *[2]* per suo mezzo abbiamo anche ottenuto, mediante la fede, di accedere a questa grazia nella quale ci troviamo e ci vantiamo nella speranza della gloria di Dio. *[3]* E non soltanto questo: noi ci vantiamo anche nelle tribolazioni, ben sapendo che la tribolazione produce pazienza, la pazienza una virtù provata *[4]* e la virtù provata la speranza. *[5]* La speranza poi non delude, perché l'amore di Dio è stato riversato nei nostri cuori per mezzo dello Spirito Santo che ci è stato dato.

[6] Infatti, mentre noi eravamo ancora peccatori, Cristo morì per gli empi nel tempo stabilito. *[7]* Ora, a stento si trova chi sia disposto a morire per un giusto; forse ci può essere chi ha il coraggio di morire per una persona dabbene. *[8]* Ma Dio dimostra il suo amore verso di noi perché, mentre eravamo ancora peccatori, Cristo è morto per noi. *[9]* A maggior ragione ora, giustificati per il suo sangue, saremo salvati dall'ira per mezzo di lui. *[10]* Se infatti, quand'eravamo nemici, siamo stati riconciliati con Dio per mezzo della morte del Figlio suo, molto più ora che siamo riconciliati, saremo salvati mediante la sua vita. *[11]* Non solo, ma ci gloriamo pure in Dio, per mezzo del Signore nostro Gesù Cristo, dal quale ora abbiamo ottenuto la riconciliazione.

[12] Quindi, come a causa di un solo uomo il peccato è entrato nel mondo e con il peccato la morte, così anche la morte ha raggiunto tutti gli uomini, perché tutti hanno peccato. *[13]* Fino alla legge infatti c'era peccato nel mondo e, anche se il peccato non può essere imputato quando manca la legge, *[14]* la morte regnò da Adamo fino a Mosè anche su quelli che non avevano peccato con una trasgressione simile a quella di Adamo, il quale è figura di colui che doveva venire.

[15] Ma il dono di grazia non è come la caduta: se infatti per la caduta di uno solo morirono tutti, molto di più la grazia di Dio e il dono concesso in grazia di un solo uomo, Gesù Cristo, si sono riversati in abbondanza su tutti gli uomini. *[16]* E non è accaduto per il dono di grazia come per il peccato di uno solo: il giudizio partì da un solo atto per la condanna, il dono di grazia invece da molte cadute per la giustificazione. *[17]* Infatti se per la caduta di uno solo la morte ha regnato a causa di quel solo uomo, molto di più quelli che ricevono l'abbondanza della grazia e del dono della giustizia regneranno nella vita per mezzo del solo Gesù Cristo.

[18] Come dunque per la colpa di uno solo si è riversata su tutti gli uomini la condanna, così anche per l'opera di giustizia di uno solo si riversa su tutti gli uomini la giustificazione che dà vita. *[19]* Similmente, come per la disobbedienza di uno solo tutti sono stati costituiti peccatori, così anche per l'obbedienza di uno solo tutti saranno costituiti giusti.

[20] La legge poi sopraggiunse a dare piena coscienza della caduta, ma laddove è

abbondato il peccato, ha sovrabbondato la grazia, *[21]* perché come il peccato aveva regnato con la morte, così regni anche la grazia con la giustizia per la vita eterna, per mezzo di Gesù Cristo nostro Signore.

6

[1] Che diremo dunque? Continuiamo a restare nel peccato perché abbondi la grazia? *[2]* È assurdo! Noi che già siamo morti al peccato, come potremo ancora vivere nel peccato? *[3]* O non sapete che quanti siamo stati battezzati in Cristo Gesù, siamo stati battezzati nella sua morte? *[4]* Per mezzo del battesimo siamo dunque stati sepolti insieme a lui nella morte, perché come Cristo fu risuscitato dai morti per mezzo della gloria del Padre, così anche noi possiamo camminare in una vita nuova. *[5]* Se infatti siamo stati completamente uniti a lui con una morte simile alla sua, lo saremo anche con la sua risurrezione. *[6]* Sappiamo bene che il nostro uomo vecchio è stato crocifisso con lui, perché fosse distrutto il corpo del peccato, e noi non fossimo più schiavi del peccato. *[7]* Infatti chi è morto, è ormai libero dal peccato.

[8] Ma se siamo morti con Cristo, crediamo che anche vivremo con lui, *[9]* sapendo che Cristo risuscitato dai morti non muore più; la morte non ha più potere su di lui. *[10]* Per quanto riguarda la sua morte, egli morì al peccato una volta per tutte; ora invece per il fatto che egli vive, vive per Dio. *[11]* Così anche voi consideratevi morti al peccato, ma viventi per Dio, in Cristo Gesù.

[12] Non regni più dunque il peccato nel vostro corpo mortale, sì da sottomettervi ai suoi desideri; *[13]* non offrite le vostre membra come strumenti di ingiustizia al peccato, ma offrite voi stessi a Dio come vivi tornati dai morti e le vostre membra come strumenti di giustizia per Dio. *[14]* Il peccato infatti non dominerà più su di voi poiché non siete più sotto la legge, ma sotto la grazia.

[15] Che dunque? Dobbiamo commettere peccati perché non siamo più sotto la legge, ma sotto la grazia? È assurdo! *[16]* Non sapete voi che, se vi mettete a servizio di qualcuno come schiavi per obbedirgli, siete schiavi di colui al quale servite: sia del peccato che porta alla morte, sia dell'obbedienza che conduce alla giustizia? *[17]* Rendiamo grazie a Dio, perché voi eravate schiavi del peccato, ma avete obbedito di cuore a quell'insegnamento che vi è stato trasmesso *[18]* e così, liberati dal peccato, siete diventati servi della giustizia.

[19] Parlo con esempi umani, a causa della debolezza della vostra carne. Come avete messo le vostre membra a servizio dell'impurità e dell'iniquità a pro dell'iniquità, così ora mettete le vostre membra a servizio della giustizia per la vostra santificazione.

[20] Quando infatti eravate sotto la schiavitù del peccato, eravate liberi nei riguardi della giustizia. *[21]* Ma quale frutto raccoglievate allora da cose di cui ora vi vergognate? Infatti il loro destino è la morte. *[22]* Ora invece, liberati dal peccato e fatti servi di Dio, voi raccogliete il frutto che vi porta alla santificazione e come destino avete la vita eterna. *[23]* Perché il salario del peccato è la morte; ma il dono

di Dio è la vita eterna in Cristo Gesù nostro Signore.

7

[1] O forse ignorate, fratelli - parlo a gente esperta di legge - che la legge ha potere sull'uomo solo per il tempo in cui egli vive? *[2]* La donna sposata, infatti, è legata dalla legge al marito finché egli vive; ma se il marito muore, è libera dalla legge che la lega al marito. *[3]* Essa sarà dunque chiamata adultera se, mentre vive il marito, passa a un altro uomo, ma se il marito muore, essa è libera dalla legge e non è più adultera se passa a un altro uomo. *[4]* Alla stessa maniera, fratelli miei, anche voi, mediante il corpo di Cristo, siete stati messi a morte quanto alla legge, per appartenere ad un altro, cioè a colui che fu risuscitato dai morti, affinché noi portiamo frutti per Dio. *[5]* Quando infatti eravamo nella carne, le passioni peccaminose, stimolate dalla legge, si scatenavano nelle nostre membra al fine di portare frutti per la morte. *[6]* Ora però siamo stati liberati dalla legge, essendo morti a ciò che ci teneva prigionieri, per servire nel regime nuovo dello Spirito e non nel regime vecchio della lettera.

[7] Che diremo dunque? Che la legge è peccato? No certamente! Però io non ho conosciuto il peccato se non per la legge, né avrei conosciuto la concupiscenza, se la legge non avesse detto: *Non desiderare*. *[8]* Prendendo pertanto occasione da questo comandamento, il peccato scatenò in me ogni sorta di desideri. Senza la legge infatti il peccato è morto *[9]* e io un tempo vivevo senza la legge. Ma, sopraggiunto quel comandamento, il peccato ha preso vita *[10]* e io sono morto; la legge, che doveva servire per la vita, è divenuta per me motivo di morte. *[11]* Il peccato infatti, prendendo occasione dal comandamento, mi ha sedotto e per mezzo di esso mi ha dato la morte. *[12]* Così la legge è santa e santo e giusto e buono è il comandamento. *[13]* Ciò che è bene è allora diventato morte per me? No davvero! È invece il peccato: esso per rivelarsi peccato mi ha dato la morte servendosi di ciò che è bene, perché il peccato apparisse oltre misura peccaminoso per mezzo del comandamento. *[14]* Sappiamo infatti che la legge è spirituale, mentre io sono di carne, venduto come schiavo del peccato. *[15]* Io non riesco a capire neppure ciò che faccio: infatti non quello che voglio io faccio, ma quello che detesto. *[16]* Ora, se faccio quello che non voglio, io riconosco che la legge è buona; *[17]* quindi non sono più io a farlo, ma il peccato che abita in me. *[18]* Io so infatti che in me, cioè nella mia carne, non abita il bene; c'è in me il desiderio del bene, ma non la capacità di attuarlo; *[19]* infatti io non compio il bene che voglio, ma il male che non voglio. *[20]* Ora, se faccio quello che non voglio, non sono più io a farlo, ma il peccato che abita in me. *[21]* Io trovo dunque in me questa legge: quando voglio fare il bene, il male è accanto a me. *[22]* Infatti acconsento nel mio intimo alla legge di Dio, *[23]* ma nelle mie membra vedo un'altra legge, che muove guerra alla legge della mia mente e mi rende schiavo della legge del peccato che è nelle mie membra. *[24]* Sono uno sventurato! Chi mi libererà da questo corpo votato alla morte? *[25]* Siano rese grazie a Dio per mezzo di Gesù

Cristo nostro Signore! Io dunque, con la mente, servo la legge di Dio, con la carne invece la legge del peccato.

8

[1] Non c'è dunque più nessuna condanna per quelli che sono in Cristo Gesù. *[2]* Poiché la legge dello Spirito che dà vita in Cristo Gesù ti ha liberato dalla legge del peccato e della morte. *[3]* Infatti ciò che era impossibile alla legge, perché la carne la rendeva impotente, Dio lo ha reso possibile: mandando il proprio Figlio in una carne simile a quella del peccato e in vista del peccato, egli ha condannato il peccato nella carne, *[4]* perché la giustizia della legge si adempisse in noi, che non camminiamo secondo la carne ma secondo lo Spirito.

[5] Quelli infatti che vivono secondo la carne, pensano alle cose della carne; quelli invece che vivono secondo lo Spirito, alle cose dello Spirito. *[6]* Ma i desideri della carne portano alla morte, mentre i desideri dello Spirito portano alla vita e alla pace. *[7]* Infatti i desideri della carne sono in rivolta contro Dio, perché non si sottomettono alla sua legge e neanche lo potrebbero. *[8]* Quelli che vivono secondo la carne non possono piacere a Dio.

[9] Voi però non siete sotto il dominio della carne, ma dello Spirito, dal momento che lo Spirito di Dio abita in voi. Se qualcuno non ha lo Spirito di Cristo, non gli appartiene. *[10]* E se Cristo è in voi, il vostro corpo è morto a causa del peccato, ma lo spirito è vita a causa della giustificazione. *[11]* E se lo Spirito di colui che ha risuscitato Gesù dai morti abita in voi, colui che ha risuscitato Cristo dai morti darà la vita anche ai vostri corpi mortali per mezzo del suo Spirito che abita in voi.

[12] Così dunque fratelli, noi siamo debitori, ma non verso la carne per vivere secondo la carne; *[13]* poiché se vivete secondo la carne, voi morirete; se invece con l'aiuto dello Spirito voi fate morire le opere del corpo, vivrete.

[14] Tutti quelli infatti che sono guidati dallo Spirito di Dio, costoro sono figli di Dio. *[15]* E voi non avete ricevuto uno spirito da schiavi per ricadere nella paura, ma avete ricevuto uno spirito da figli adottivi per mezzo del quale gridiamo: "Abbà, Padre!". *[16]* Lo Spirito stesso attesta al nostro spirito che siamo figli di Dio. *[17]* E se siamo figli, siamo anche eredi: eredi di Dio, coeredi di Cristo, se veramente partecipiamo alle sue sofferenze per partecipare anche alla sua gloria.

[18] Io ritengo, infatti, che le sofferenze del momento presente non sono paragonabili alla gloria futura che dovrà essere rivelata in noi.

[19] La creazione stessa attende con impazienza la rivelazione dei figli di Dio; *[20]* essa infatti è stata sottomessa alla caducità - non per suo volere, ma per volere di colui che l'ha sottomessa - e nutre la speranza *[21]* di essere lei pure liberata dalla schiavitù della corruzione, per entrare nella libertà della gloria dei figli di Dio. *[22]* Sappiamo bene infatti che tutta la creazione geme e soffre fino ad oggi nelle doglie del parto; *[23]* essa non è la sola, ma anche noi, che possediamo le primizie dello Spirito, gemiamo interiormente aspettando l'adozione a figli, la redenzione del nostro

corpo. *[24]* Poiché nella speranza noi siamo stati salvati. Ora, ciò che si spera, se visto, non è più speranza; infatti, ciò che uno già vede, come potrebbe ancora sperarlo? *[25]* Ma se speriamo quello che non vediamo, lo attendiamo con perseveranza.

[26] Allo stesso modo anche lo Spirito viene in aiuto alla nostra debolezza, perché nemmeno sappiamo che cosa sia conveniente domandare, ma lo Spirito stesso intercede con insistenza per noi, con gemiti inesprimibili; *[27]* e colui che scruta i cuori sa quali sono i desideri dello Spirito, poiché egli intercede per i credenti secondo i disegni di Dio.

[28] Del resto, noi sappiamo che tutto concorre al bene di coloro che amano Dio, che sono stati chiamati secondo il suo disegno. *[29]* Poiché quelli che egli da sempre ha conosciuto li ha anche predestinati ad essere conformi all'immagine del Figlio suo, perché egli sia il primogenito tra molti fratelli; *[30]* quelli poi che ha predestinati li ha anche chiamati; quelli che ha chiamati li ha anche giustificati; quelli che ha giustificati li ha anche glorificati.

[31] Che diremo dunque in proposito? Se Dio è per noi, chi sarà contro di noi? *[32]* Egli che non ha risparmiato il proprio Figlio, ma lo ha dato per tutti noi, come non ci donerà ogni cosa insieme con lui? *[33]* Chi accuserà gli eletti di Dio? Dio giustifica. *[34]* Chi condannerà? Cristo Gesù, che è morto, anzi, che è risuscitato, sta alla destra di Dio e intercede per noi? *[35]* Chi ci separerà dunque dall'amore di Cristo? Forse la tribolazione, l'angoscia, la persecuzione, la fame, la nudità, il pericolo, la spada? *[36]* Proprio come sta scritto:

Per causa tua siamo messi a morte tutto il giorno,
siamo trattati come pecore da macello.

[37] Ma in tutte queste cose noi siamo più che vincitori per virtù di colui che ci ha amati. *[38]* Io sono infatti persuaso che né morte né vita, né angeli né principati, né presente né avvenire, *[39]* né potenze, né altezza né profondità, né alcun'altra creatura potrà mai separarci dall'amore di Dio, in Cristo Gesù, nostro Signore.

9

[1] Dico la verità in Cristo, non mentisco, e la mia coscienza me ne dà testimonianza nello Spirito Santo: *[2]* ho nel cuore un grande dolore e una sofferenza continua. *[3]* Vorrei infatti essere io stesso anàtema, separato da Cristo a vantaggio dei miei fratelli, miei consanguinei secondo la carne. *[4]* Essi sono Israeliti e possiedono l'adozione a figli, la gloria, le alleanze, la legislazione, il culto, le promesse, *[5]* i patriarchi; da essi proviene Cristo secondo la carne, egli che è sopra ogni cosa, Dio benedetto nei secoli. Amen.

[6] Tuttavia la parola di Dio non è venuta meno. Infatti non tutti i discendenti di Israele sono Israele, *[7]* né per il fatto di essere discendenza di Abramo sono tutti suoi figli. No, ma: *in Isacco ti sarà data una discendenza*, *[8]* cioè: non sono considerati

figli di Dio i figli della carne, ma come discendenza sono considerati solo i figli della promessa. *[9]* Queste infatti sono le parole della promessa: *Io verrò in questo tempo e Sara avrà un figlio*. *[10]* E non è tutto; c'è anche Rebecca che ebbe figli da un solo uomo, Isacco nostro padre: *[11]* quando essi ancora non eran nati e nulla avevano fatto di bene o di male - perché rimanesse fermo il disegno divino fondato sull'elezione non in base alle opere, ma alla volontà di colui che chiama - *[12]* le fu dichiarato: *Il maggiore sarà sottomesso al minore, [13]* come sta scritto:

Ho amato Giacobbe
e ho odiato Esaù.

[14] Che diremo dunque? C'è forse ingiustizia da parte di Dio? No certamente! *[15]* Egli infatti dice a Mosè:

Userò misericordia con chi vorrò,
e avrò pietà di chi vorrò averla.

[16] Quindi non dipende dalla volontà né dagli sforzi dell'uomo, ma da Dio che usa misericordia. *[17]* Dice infatti la Scrittura al faraone: *Ti ho fatto sorgere per manifestare in te la mia potenza e perché il mio nome sia proclamato in tutta la terra*. *[18]* Dio quindi usa misericordia con chi vuole e indurisce chi vuole
[19] Mi potrai però dire: "Ma allora perché ancora rimprovera? Chi può infatti resistere al suo volere?". *[20]* O uomo, tu chi sei per disputare con Dio? *Oserà forse dire il vaso plasmato a colui che lo plasmò*: "Perché mi hai fatto così?". *[21]* Forse il vasaio non è padrone dell'argilla, per fare con la medesima pasta un vaso per uso nobile e uno per uso volgare? *[22]* Se pertanto Dio, volendo manifestare la sua ira e far conoscere la sua potenza, ha sopportato con grande pazienza vasi di collera, già pronti per la perdizione, *[23]* e questo per far conoscere la ricchezza della sua gloria verso vasi di misericordia, da lui predisposti alla gloria, *[24]* cioè verso di noi, che egli ha chiamati non solo tra i Giudei ma anche tra i pagani, che potremmo dire?
[25] Esattamente come dice Osea:

Chiamerò mio popolo quello che non era mio popolo
e mia diletta quella che non era la diletta.
[26] E avverrà che nel luogo stesso dove fu detto loro:
"Voi non siete mio popolo",
là saranno chiamati figli del Dio vivente.

[27] E quanto a Israele, Isaia esclama:

Se anche il numero dei figli d'Israele
fosse come la sabbia del mare,
sarà salvato solo il resto;
[28] perché con pienezza e rapidità
il Signore compirà la sua parola sopra la terra.

[29] E ancora secondo ciò che predisse Isaia:

Se il Signore degli eserciti
non ci avesse lasciato una discendenza,
saremmo divenuti come Sòdoma
e resi simili a Gomorra.

[30] Che diremo dunque? Che i pagani, che non ricercavano la giustizia, hanno raggiunto la giustizia: la giustizia però che deriva dalla fede; *[31]* mentre Israele, che ricercava una legge che gli desse la giustizia, non è giunto alla pratica della legge. *[32]* E perché mai? Perché non la ricercava dalla fede, ma come se derivasse dalle opere. Hanno urtato così contro la *pietra d'inciampo, [33]* come sta scritto:

Ecco che io pongo in Sion una pietra di scandalo
e un sasso d'inciampo;
ma chi crede in lui non sarà deluso.

10

[1] Fratelli, il desiderio del mio cuore e la mia preghiera sale a Dio per la loro salvezza. *[2]* Rendo infatti loro testimonianza che hanno zelo per Dio, ma non secondo una retta conoscenza; *[3]* poiché, ignorando la giustizia di Dio e cercando di stabilire la propria, non si sono sottomessi alla giustizia di Dio. *[4]* Ora, il termine della legge è Cristo, perché sia data la giustizia a chiunque crede.
[5] Mosè infatti descrive la giustizia che viene dalla legge così: *L'uomo che la pratica vivrà per essa.* *[6]* Invece la giustizia che viene dalla fede parla così: *Non dire nel tuo cuore: Chi salirà al cielo?* Questo significa farne discendere Cristo; *[7]* oppure: *Chi discenderà nell'abisso?* Questo significa far risalire Cristo dai morti. *[8]* Che dice dunque? *Vicino a te è la parola, sulla tua bocca e nel tuo cuore*: cioè la parola della fede che noi predichiamo. *[9]* Poiché se confesserai con la tua bocca che Gesù è il Signore, e crederai con il tuo cuore che Dio lo ha risuscitato dai morti, sarai salvo. *[10]* Con cuore infatti si crede per ottenere la giustizia e con la bocca si fa la professione di fede per avere la salvezza. *[11]* Dice infatti la Scrittura: *Chiunque crede in lui non sarà deluso.* *[12]* Poiché non c'è distinzione fra Giudeo e Greco, dato che lui stesso è il Signore di tutti, ricco verso tutti quelli che l'invocano. *[13]* Infatti: *Chiunque invocherà il nome del Signore sarà salvato.*
[14] Ora, come potranno invocarlo senza aver prima creduto in lui? E come potranno credere, senza averne sentito parlare? E come potranno sentirne parlare senza uno che lo annunzi? *[15]* E come lo annunzieranno, senza essere prima inviati? Come sta scritto: *Quanto son belli i piedi di coloro che recano un lieto annunzio di bene!*
[16] Ma non tutti hanno obbedito al vangelo. Lo dice Isaia: Signore, *chi ha creduto alla nostra predicazione?* *[17]* La fede dipende dunque dalla predicazione e la

predicazione a sua volta si attua per la parola di Cristo. *[18]* Ora io dico: Non hanno forse udito? Tutt'altro:

per tutta la terra è corsa la loro voce,
  e fino ai confini del mondo le loro parole.

[19] E dico ancora: Forse Israele non ha compreso? Già per primo Mosè dice:

Io vi renderò gelosi di un popolo che non è popolo;
  contro una nazione senza intelligenza
  susciterò il vostro sdegno.

[20] Isaia poi arriva fino ad affermare:

Sono stato trovato da quelli che non mi cercavano,
  mi sono manifestato a quelli che non si rivolgevano a me,

[21] mentre di Israele dice: Tutto il giorno ho steso le mani verso un popolo disobbediente e ribelle!

11

[1] Io domando dunque: *Dio avrebbe forse ripudiato il suo popolo?* Impossibile! Anch'io infatti sono Israelita, della discendenza di Abramo, della tribù di Beniamino. *[2]* Dio non ha ripudiato il suo popolo, che egli ha scelto fin da principio. O non sapete forse ciò che dice la Scrittura, nel passo in cui Elia ricorre a Dio contro Israele?

[3] Signore, hanno ucciso i tuoi profeti,
  hanno rovesciato i tuoi altari
  e io sono rimasto solo e ora vogliono la mia vita.

[4] Cosa gli risponde però la voce divina?

Mi sono riservato settemila uomini, quelli che non hanno piegato il ginocchio davanti a Baal.
[5] Così anche al presente c'è un resto, conforme a un'elezione per grazia. *[6]* E se lo è per grazia, non lo è per le opere; altrimenti la grazia non sarebbe più grazia.
[7] Che dire dunque? Israele non ha ottenuto quello che cercava; lo hanno ottenuto invece gli eletti; gli altri sono stati induriti, *[8]* come sta scritto:

Dio ha dato loro uno spirito di torpore,
  occhi per non vedere e orecchi per non sentire,
  fino al giorno d'oggi.

[9] E Davide dice:

Diventi la lor mensa un laccio, un tranello
e un inciampo e serva loro di giusto castigo!
[10] Siano oscurati i loro occhi sì da non vedere,
e fa' loro curvare la schiena per sempre!

[11] Ora io domando: Forse inciamparono per cadere per sempre? Certamente no. Ma a causa della loro caduta la salvezza è giunta ai pagani, per suscitare la loro gelosia. *[12]* Se pertanto la loro caduta è stata ricchezza del mondo e il loro fallimento ricchezza dei pagani, che cosa non sarà la loro partecipazione totale!
[13] Pertanto, ecco che cosa dico a voi, Gentili: come apostolo dei Gentili, io faccio onore al mio ministero, *[14]* nella speranza di suscitare la gelosia di quelli del mio sangue e di salvarne alcuni. *[15]* Se infatti il loro rifiuto ha segnato la riconciliazione del mondo, quale potrà mai essere la loro riammissione, se non una risurrezione dai morti?
[16] Se le primizie sono sante, lo sarà anche tutta la pasta; se è santa la radice, lo saranno anche i rami. *[17]* Se però alcuni rami sono stati tagliati e tu, essendo oleastro, sei stato innestato al loro posto, diventando così partecipe della radice e della linfa dell'olivo, *[18]* non menar tanto vanto contro i rami! Se ti vuoi proprio vantare, sappi che non sei tu che porti la radice, ma è la radice che porta te.
[19] Dirai certamente: Ma i rami sono stati tagliati perché vi fossi innestato io! *[20]* Bene; essi però sono stati tagliati a causa dell'infedeltà, mentre tu resti lì in ragione della fede. Non montare dunque in superbia, ma temi! *[21]* Se infatti Dio non ha risparmiato quelli che erano rami naturali, tanto meno risparmierà te!
[22] Considera dunque la bontà e la severità di Dio: severità verso quelli che sono caduti; bontà di Dio invece verso di te, a condizione però che tu sia fedele a questa bontà. Altrimenti anche tu verrai reciso. *[23]* Quanto a loro, se non persevereranno nell'infedeltà, saranno anch'essi innestati; Dio infatti ha la potenza di innestarli di nuovo! *[24]* Se tu infatti sei stato reciso dall'oleastro che eri secondo la tua natura e contro natura sei stato innestato su un olivo buono, quanto più essi, che sono della medesima natura, potranno venire di nuovo innestati sul proprio olivo!
[25] Non voglio infatti che ignoriate, fratelli, questo mistero, perché non siate presuntuosi: l'indurimento di una parte di Israele è in atto fino a che saranno entrate tutte le genti. *[26]* Allora tutto Israele sarà salvato come sta scritto:

Da Sion uscirà il liberatore,
egli toglierà le empietà da Giacobbe.
[27] Sarà questa la mia alleanza con loro
quando distruggerò i loro peccati.

[28] Quanto al vangelo, essi sono nemici, per vostro vantaggio; ma quanto alla elezione, sono amati, a causa dei padri, *[29]* perché i doni e la chiamata di Dio sono irrevocabili! *[30]* Come voi un tempo siete stati disobbedienti a Dio e ora avete ottenuto misericordia per la loro disobbedienza, *[31]* così anch'essi ora sono diventati

disobbedienti in vista della misericordia usata verso di voi, perché anch'essi ottengano misericordia. *[32]* Dio infatti ha rinchiuso tutti nella disobbedienza, per usare a tutti misericordia!

[33] O profondità della ricchezza, della sapienza e della scienza di Dio! Quanto sono imperscrutabili i suoi giudizi e inaccessibili le sue vie!

[34] Infatti, chi mai ha potuto conoscere il pensiero del Signore?
O chi mai è stato suo consigliere?
[35] O chi gli ha dato qualcosa per primo,
sì che abbia a riceverne il contraccambio?

[36] Poiché da lui, grazie a lui e per lui sono tutte le cose. A lui la gloria nei secoli. Amen.

12

[1] Vi esorto dunque, fratelli, per la misericordia di Dio, ad offrire i vostri corpi come sacrificio vivente, santo e gradito a Dio; è questo il vostro culto spirituale. *[2]* Non conformatevi alla mentalità di questo secolo, ma trasformatevi rinnovando la vostra mente, per poter discernere la volontà di Dio, ciò che è buono, a lui gradito e perfetto. *[3]* Per la grazia che mi è stata concessa, io dico a ciascuno di voi: non valutatevi più di quanto è conveniente valutarsi, ma valutatevi in maniera da avere di voi una giusta valutazione, ciascuno secondo la misura di fede che Dio gli ha dato. *[4]* Poiché, come in un solo corpo abbiamo molte membra e queste membra non hanno tutte la medesima funzione, *[5]* così anche noi, pur essendo molti, siamo un solo corpo in Cristo e ciascuno per la sua parte siamo membra gli uni degli altri. *[6]* Abbiamo pertanto doni diversi secondo la grazia data a ciascuno di noi. Chi ha il dono della profezia la eserciti secondo la misura della fede; *[7]* chi ha un ministero attenda al ministero; chi l'insegnamento, all'insegnamento; *[8]* chi l'esortazione, all'esortazione. Chi dà, lo faccia con semplicità; chi presiede, lo faccia con diligenza; chi fa opere di misericordia, le compia con gioia.

[9] La carità non abbia finzioni: fuggite il male con orrore, attaccatevi al bene; *[10]* amatevi gli uni gli altri con affetto fraterno, gareggiate nello stimarvi a vicenda. *[11]* Non siate pigri nello zelo; siate invece ferventi nello spirito, servite il Signore. *[12]* Siate lieti nella speranza, forti nella tribolazione, perseveranti nella preghiera, *[13]* solleciti per le necessità dei fratelli, premurosi nell'ospitalità.

[14] Benedite coloro che vi perseguitano, benedite e non maledite. *[15]* Rallegratevi con quelli che sono nella gioia, piangete con quelli che sono nel pianto. *[16]* Abbiate i medesimi sentimenti gli uni verso gli altri; non aspirate a cose troppo alte, piegatevi invece a quelle umili. Non fatevi un'idea troppo alta di voi stessi.

[17] Non rendete a nessuno male per male. *Cercate di compiere il bene davanti a* tutti *gli uomini.* *[18]* Se possibile, per quanto questo dipende da voi, vivete in pace con tutti. *[19]* Non fatevi giustizia da voi stessi, carissimi, ma lasciate fare all'ira divina.

Sta scritto infatti: *A me la vendetta, sono io che ricambierò*, dice il Signore. *[20]* Al contrario, *se il tuo nemico ha fame, dagli da mangiare; se ha sete, dagli da bere: facendo questo, infatti, ammasserai carboni ardenti sopra il suo capo.* *[21]* Non lasciarti vincere dal male, ma vinci con il bene il male.

13

[1] Ciascuno stia sottomesso alle autorità costituite; poiché non c'è autorità se non da Dio e quelle che esistono sono stabilite da Dio. *[2]* Quindi chi si oppone all'autorità, si oppone all'ordine stabilito da Dio. E quelli che si oppongono si attireranno addosso la condanna. *[3]* I governanti infatti non sono da temere quando si fa il bene, ma quando si fa il male. Vuoi non aver da temere l'autorità? Fa' il bene e ne avrai lode, *[4]* poiché essa è al servizio di Dio per il tuo bene. Ma se fai il male, allora temi, perché non invano essa porta la spada; è infatti al servizio di Dio per la giusta condanna di chi opera il male. *[5]* Perciò è necessario stare sottomessi, non solo per timore della punizione, ma anche per ragioni di coscienza. *[6]* Per questo dunque dovete pagare i tributi, perché quelli che sono dediti a questo compito sono funzionari di Dio. *[7]* Rendete a ciascuno ciò che gli è dovuto: a chi il tributo, il tributo; a chi le tasse le tasse; a chi il timore il timore; a chi il rispetto, il rispetto.
[8] Non abbiate alcun debito con nessuno, se non quello di un amore vicendevole; perché chi ama il suo simile ha adempiuto la legge. *[9]* Infatti il precetto: *Non commettere adulterio, non uccidere, non rubare, non desiderare* e qualsiasi altro comandamento, si riassume in queste parole: *Amerai il prossimo tuo come te stesso.* *[10]* L'amore non fa nessun male al prossimo: pieno compimento della legge è l'amore.
[11] Questo voi farete, consapevoli del momento: è ormai tempo di svegliarvi dal sonno, perché la nostra salvezza è più vicina ora di quando diventammo credenti. *[12]* La notte è avanzata, il giorno è vicino. Gettiamo via perciò le opere delle tenebre e indossiamo le armi della luce. *[13]* Comportiamoci onestamente, come in pieno giorno: non in mezzo a gozzoviglie e ubriachezze, non fra impurità e licenze, non in contese e gelosie. *[14]* Rivestitevi invece del Signore Gesù Cristo e non seguite la carne nei suoi desideri.

14

[1] Accogliete tra voi chi è debole nella fede, senza discuterne le esitazioni. *[2]* Uno crede di poter mangiare di tutto, l'altro invece, che è debole, mangia solo legumi. *[3]* Colui che mangia non disprezzi chi non mangia; chi non mangia, non giudichi male chi mangia, perché Dio lo ha accolto. *[4]* Chi sei tu per giudicare un servo che non è tuo? Stia in piedi o cada, ciò riguarda il suo padrone; ma starà in piedi, perché il Signore ha il potere di farcelo stare.

[5] C'è chi distingue giorno da giorno, chi invece li giudica tutti uguali; ciascuno però cerchi di approfondire le sue convinzioni personali. *[6]* Chi si preoccupa del giorno, se ne preoccupa per il Signore; chi mangia, mangia per il Signore, dal momento che rende grazie a Dio; anche chi non mangia, se ne astiene per il Signore e rende grazie a Dio. *[7]* Nessuno di noi, infatti, vive per se stesso e nessuno muore per se stesso, *[8]* perché se noi viviamo, viviamo per il Signore, se noi moriamo, moriamo per il Signore. Sia che viviamo, sia che moriamo, siamo dunque del Signore. *[9]* Per questo infatti Cristo è morto ed è ritornato alla vita: per essere il Signore dei morti e dei vivi.

[10] Ma tu, perché giudichi il tuo fratello? E anche tu, perché disprezzi il tuo fratello? Tutti infatti ci presenteremo al tribunale di Dio, *[11]* poiché sta scritto:

Come è vero che io vivo, dice il Signore,
ogni ginocchio si piegherà davanti a me
e ogni lingua renderà gloria a Dio.

[12] Quindi ciascuno di noi renderà conto a Dio di se stesso. *[13]* Cessiamo dunque di giudicarci gli uni gli altri; pensate invece a non esser causa di inciampo o di scandalo al fratello.

[14] Io so, e ne sono persuaso nel Signore Gesù, che nulla è immondo in se stesso; ma se uno ritiene qualcosa come immondo, per lui è immondo. *[15]* Ora se per il tuo cibo il tuo fratello resta turbato, tu non ti comporti più secondo carità. Guardati perciò dal rovinare con il tuo cibo uno per il quale Cristo è morto! *[16]* Non divenga motivo di biasimo il bene di cui godete! *[17]* Il regno di Dio infatti non è questione di cibo o di bevanda, ma è giustizia, pace e gioia nello Spirito Santo: *[18]* chi serve il Cristo in queste cose, è bene accetto a Dio e stimato dagli uomini. *[19]* Diamoci dunque alle opere della pace e alla edificazione vicendevole. *[20]* Non distruggere l'opera di Dio per una questione di cibo! Tutto è mondo, d'accordo; ma è male per un uomo mangiare dando scandalo. *[21]* Perciò è bene non mangiare carne, né bere vino, né altra cosa per la quale il tuo fratello possa scandalizzarsi.

[22] La fede che possiedi, conservala per te stesso davanti a Dio. Beato chi non si condanna per ciò che egli approva. *[23]* Ma chi è nel dubbio, mangiando si condanna, perché non agisce per fede; tutto quello, infatti, che non viene dalla fede è peccato.

15

[1] Noi che siamo i forti abbiamo il dovere di sopportare l'infermità dei deboli, senza compiacere noi stessi. *[2]* Ciascuno di noi cerchi di compiacere il prossimo nel bene, per edificarlo. *[3]* Cristo infatti non cercò di piacere a se stesso, ma come sta scritto: *gli insulti di coloro che ti insultano sono caduti sopra di me. [4]* Ora, tutto ciò che è stato scritto prima di noi, è stato scritto per nostra istruzione, perché in virtù della perseveranza e della consolazione che ci vengono dalle Scritture teniamo viva la nostra speranza. *[5]* E il Dio della perseveranza e della consolazione vi conceda di

avere gli uni verso gli altri gli stessi sentimenti ad esempio di Cristo Gesù, *[6]* perché con un solo animo e una voce sola rendiate gloria a Dio, Padre del Signore nostro Gesù Cristo.

[7] Accoglietevi perciò gli uni gli altri come Cristo accolse voi, per la gloria di Dio. *[8]* Dico infatti che Cristo si è fatto servitore dei circoncisi in favore della veracità di Dio, per compiere le promesse dei padri; *[9]* le nazioni pagane invece glorificano Dio per la sua misericordia, come sta scritto:

Per questo ti celebrerò tra le nazioni pagane,
 e canterò inni al tuo nome.

[10] E ancora:
Rallegratevi, o nazioni, insieme al suo popolo.

[11] E di nuovo:
Lodate, nazioni tutte, il Signore;
 i popoli tutti lo esaltino.

[12] E a sua volta Isaia dice:
Spunterà il rampollo di Iesse,
 colui che sorgerà a giudicare le nazioni:
 in lui le nazioni spereranno.

[13] Il Dio della speranza vi riempia di ogni gioia e pace nella fede, perché abbondiate nella speranza per la virtù dello Spirito Santo.
[14] Fratelli miei, sono anch'io convinto, per quel che vi riguarda, che voi pure siete pieni di bontà, colmi di ogni conoscenza e capaci di correggervi l'un l'altro. *[15]* Tuttavia vi ho scritto con un po' di audacia, in qualche parte, come per ricordarvi quello che già sapete, a causa della grazia che mi è stata concessa da parte di Dio *[16]* di essere un ministro di Gesù Cristo tra i pagani, esercitando l'ufficio sacro del vangelo di Dio perché i pagani divengano una oblazione gradita, santificata dallo Spirito Santo. *[17]* Questo è in realtà il mio vanto in Gesù Cristo di fronte a Dio; *[18]* non oserei infatti parlare di ciò che Cristo non avesse operato per mezzo mio per condurre i pagani all'obbedienza, con parole e opere, *[19]* con la potenza di segni e di prodigi, con la potenza dello Spirito. Così da Gerusalemme e dintorni fino all'Illiria, ho portato a termine la predicazione del vangelo di Cristo. *[20]* Ma mi sono fatto un punto di onore di non annunziare il vangelo se non dove ancora non era giunto il nome di Cristo, per non costruire su un fondamento altrui, *[21]* ma come sta scritto:

Lo vedranno coloro ai quali non era stato annunziato
 e coloro che non ne avevano udito parlare, comprenderanno.

[22] Per questo appunto fui impedito più volte di venire da voi. *[23]* Ora però, non

trovando più un campo d'azione in queste regioni e avendo già da parecchi anni un vivo desiderio di venire da voi, [24] quando andrò in Spagna spero, passando, di vedervi, e di esser da voi aiutato per recarmi in quella regione, dopo avere goduto un poco della vostra presenza.

[25] Per il momento vado a Gerusalemme, a rendere un servizio a quella comunità; [26] la Macedonia e l'Acaia infatti hanno voluto fare una colletta a favore dei poveri che sono nella comunità di Gerusalemme. [27] L'hanno voluto perché sono ad essi debitori: infatti, avendo i pagani partecipato ai loro beni spirituali, sono in debito di rendere un servizio sacro nelle loro necessità materiali. [28] Fatto questo e presentato ufficialmente ad essi questo frutto, andrò in Spagna passando da voi. [29] E so che, giungendo presso di voi, verrò con la pienezza della benedizione di Cristo. [30] Vi esorto perciò, fratelli, per il Signore nostro Gesù Cristo e l'amore dello Spirito, a lottare con me nelle preghiere che rivolgete per me a Dio, [31] perché io sia liberato dagli infedeli della Giudea e il mio servizio a Gerusalemme torni gradito a quella comunità, [32] sicché io possa venire da voi nella gioia, se così vuole Dio, e riposarmi in mezzo a voi. Il Dio della pace sia con tutti voi. Amen.

16

[1] Vi raccomando Febe, nostra sorella, diaconessa della Chiesa di Cencre: [2] ricevetela nel Signore, come si conviene ai credenti, e assistetela in qualunque cosa abbia bisogno; anch'essa infatti ha protetto molti, e anche me stesso.

[3] Salutate Prisca e Aquila, miei collaboratori in Cristo Gesù; per salvarmi la vita essi hanno rischiato la loro testa, [4] e ad essi non io soltanto sono grato, ma tutte le Chiese dei Gentili; [5] salutate anche la comunità che si riunisce nella loro casa. Salutate il mio caro Epèneto, primizia dell'Asia per Cristo. [6] Salutate Maria, che ha faticato molto per voi. [7] Salutate Andronìco e Giunia, miei parenti e compagni di prigionia; sono degli apostoli insigni che erano in Cristo già prima di me. [8] Salutate Ampliato, mio diletto nel Signore. [9] Salutate Urbano, nostro collaboratore in Cristo, e il mio caro Stachi. [10] Salutate Apelle che ha dato buona prova in Cristo. Salutate i familiari di Aristòbulo. [11] Salutate Erodìone, mio parente. Salutate quelli della casa di Narcìso che sono nel Signore. [12] Salutate Trifèna e Trifòsa che hanno lavorato per il Signore. Salutate la carissima Pèrside che ha lavorato per il Signore. [13] Salutate Rufo, questo eletto nel Signore, e la madre sua che è anche mia. [14] Salutate Asìncrito, Flegónte, Erme, Pàtroba, Erma e i fratelli che sono con loro. [15] Salutate Filòlogo e Giulia, Nèreo e sua sorella e Olimpas e tutti i credenti che sono con loro. [16] Salutatevi gli uni gli altri con il bacio santo. Vi salutano tutte le chiese di Cristo.

[17] Mi raccomando poi, fratelli, di ben guardarvi da coloro che provocano divisioni e ostacoli contro la dottrina che avete appreso: tenetevi lontani da loro. [18] Costoro, infatti, non servono Cristo nostro Signore, ma il proprio ventre e con un parlare solenne e lusinghiero ingannano il cuore dei semplici.

[19] La fama della vostra obbedienza è giunta dovunque; mentre quindi mi rallegro di voi, voglio che siate saggi nel bene e immuni dal male. *[20]* Il Dio della pace stritolerà ben presto satana sotto i vostri piedi. La grazia del Signor nostro Gesù Cristo sia con voi.

[21] Vi saluta Timòteo mio collaboratore, e con lui Lucio, Giàsone, Sosìpatro, miei parenti. *[22]* Vi saluto nel Signore anch'io, Terzo, che ho scritto la lettera. *[23]* Vi saluta Gaio, che ospita me e tutta la comunità. Vi salutano Erasto, tesoriere della città, e il fratello Quarto.

[25] A colui che ha il potere di confermarvi
secondo il vangelo che io annunzio
e il messaggio di Gesù Cristo,
secondo la rivelazione del mistero
taciuto per secoli eterni,
[26] ma rivelato ora
e annunziato mediante le scritture profetiche,
per ordine dell'eterno Dio, a tutte le genti
perché obbediscano alla fede,
[27] a Dio che solo è sapiente,
per mezzo di Gesù Cristo,
la gloria nei secoli dei secoli. Amen.

Prima lettera ai Corinzi

1

[1] Paolo, chiamato ad essere apostolo di Gesù Cristo per volontà di Dio, e il fratello Sòstene, *[2]* alla Chiesa di Dio che è in Corinto, a coloro che sono stati santificati in Cristo Gesù, chiamati ad essere santi insieme a tutti quelli che in ogni luogo invocano il nome del Signore nostro Gesù Cristo, Signore nostro e loro: *[3]* grazia a voi e pace da Dio Padre nostro e dal Signore Gesù Cristo.

[4] Ringrazio continuamente il mio Dio per voi, a motivo della grazia di Dio che vi è stata data in Cristo Gesù, *[5]* perché in lui siete stati arricchiti di tutti i doni, quelli della parola e quelli della scienza. *[6]* La testimonianza di Cristo si è infatti stabilita tra voi così saldamente, *[7]* che nessun dono di grazia più vi manca, mentre aspettate la manifestazione del Signore nostro Gesù Cristo. *[8]* Egli vi confermerà sino alla fine, irreprensibili nel giorno del Signore nostro Gesù Cristo: *[9]* fedele è Dio, dal quale siete stati chiamati alla comunione del Figlio suo Gesù Cristo, Signore nostro!

[10] Vi esorto pertanto, fratelli, per il nome del Signore nostro Gesù Cristo, ad essere tutti unanimi nel parlare, perché non vi siano divisioni tra voi, ma siate in perfetta unione di pensiero e d'intenti. *[11]* Mi è stato segnalato infatti a vostro riguardo, fratelli, dalla gente di Cloe, che vi sono discordie tra voi. *[12]* Mi riferisco al fatto che ciascuno di voi dice: "Io sono di Paolo", "Io invece sono di Apollo", "E io di Cefa", "E io di Cristo!".

[13] Cristo è stato forse diviso? Forse Paolo è stato crocifisso per voi, o è nel nome di Paolo che siete stati battezzati? *[14]* Ringrazio Dio di non aver battezzato nessuno di voi, se non Crispo e Gaio, *[15]* perché nessuno possa dire che siete stati battezzati nel mio nome. *[16]* Ho battezzato, è vero, anche la famiglia di Stefana, ma degli altri non so se abbia battezzato alcuno.

[17] Cristo infatti non mi ha mandato a battezzare, ma a predicare il vangelo; non però con un discorso sapiente, perché non venga resa vana la croce di Cristo. *[18]* La parola della croce infatti è stoltezza per quelli cha vanno in perdizione, ma per quelli che si salvano, per noi, è potenza di Dio. *[19]* Sta scritto infatti:

Distruggerò la sapienza dei sapienti
 e annullerò l'intelligenza degli intelligenti.

[20] Dov'è il sapiente? Dov'è il dotto? Dove mai il sottile ragionatore di questo mondo? Non ha forse Dio dimostrato stolta la sapienza di questo mondo? *[21]*

Poiché, infatti, nel disegno sapiente di Dio il mondo, con tutta la sua sapienza, non ha conosciuto Dio, è piaciuto a Dio di salvare i credenti con la stoltezza della predicazione. *[22]* E mentre i Giudei chiedono i miracoli e i Greci cercano la sapienza, *[23]* noi predichiamo Cristo crocifisso, scandalo per i Giudei, stoltezza per i pagani; *[24]* ma per coloro che sono chiamati, sia Giudei che Greci, predichiamo Cristo potenza di Dio e sapienza di Dio. *[25]* Perché ciò che è stoltezza di Dio è più sapiente degli uomini, e ciò che è debolezza di Dio è più forte degli uomini.

[26] Considerate infatti la vostra chiamata, fratelli: non ci sono tra voi molti sapienti secondo la carne, non molti potenti, non molti nobili. *[27]* Ma Dio ha scelto ciò che nel mondo è stolto per confondere i sapienti, Dio ha scelto ciò che nel mondo è debole per confondere i forti, *[28]* Dio ha scelto ciò che nel mondo è ignobile e disprezzato e ciò che è nulla per ridurre a nulla le cose che sono, *[29]* perché nessun uomo possa gloriarsi davanti a Dio. *[30]* Ed è per lui che voi siete in Cristo Gesù, il quale per opera di Dio è diventato per noi sapienza, giustizia, santificazione e redenzione, *[31]* perché, come sta scritto:

Chi si vanta si vanti nel Signore.

2

[1] Anch'io, o fratelli, quando sono venuto tra voi, non mi sono presentato ad annunziarvi la testimonianza di Dio con sublimità di parola o di sapienza. *[2]* Io ritenni infatti di non sapere altro in mezzo a voi se non Gesù Cristo, e questi crocifisso. *[3]* Io venni in mezzo a voi in debolezza e con molto timore e trepidazione; *[4]* e la mia parola e il mio messaggio non si basarono su discorsi persuasivi di sapienza, ma sulla manifestazione dello Spirito e della sua potenza, *[5]* perché la vostra fede non fosse fondata sulla sapienza umana, ma sulla potenza di Dio.

[6] Tra i perfetti parliamo, sì, di sapienza, ma di una sapienza che non è di questo mondo, né dei dominatori di questo mondo che vengono ridotti al nulla; *[7]* parliamo di una sapienza divina, misteriosa, che è rimasta nascosta, e che Dio ha preordinato prima dei secoli per la nostra gloria. *[8]* Nessuno dei dominatori di questo mondo ha potuto conoscerla; se l'avessero conosciuta, non avrebbero crocifisso il Signore della gloria. *[9]* Sta scritto infatti:

Quelle cose che occhio non vide, né orecchio udì,
né mai entrarono in cuore di uomo,
queste ha preparato Dio per coloro che lo amano.

[10] Ma a noi Dio le ha rivelate per mezzo dello Spirito; lo Spirito infatti scruta ogni cosa, anche le profondità di Dio. *[11]* Chi conosce i segreti dell'uomo se non lo spirito dell'uomo che è in lui? Così anche i segreti di Dio nessuno li ha mai potuti conoscere se non lo Spirito di Dio. *[12]* Ora, noi non abbiamo ricevuto lo spirito del mondo, ma lo Spirito di Dio per conoscere tutto ciò che Dio ci ha donato. *[13]* Di

queste cose noi parliamo, non con un linguaggio suggerito dalla sapienza umana, ma insegnato dallo Spirito, esprimendo cose spirituali in termini spirituali. *[14]* L'uomo naturale però non comprende le cose dello Spirito di Dio; esse sono follia per lui, e non è capace di intenderle, perché se ne può giudicare solo per mezzo dello Spirito. *[15]* L'uomo spirituale invece giudica ogni cosa, senza poter essere giudicato da nessuno.

[16] Chi infatti ha conosciuto il pensiero del Signore
in modo da poterlo dirigere?

Ora, noi abbiamo il pensiero di Cristo.

3

[1] Io, fratelli, sinora non ho potuto parlare a voi come a uomini spirituali, ma come ad esseri carnali, come a neonati in Cristo. *[2]* Vi ho dato da bere latte, non un nutrimento solido, perché non ne eravate capaci. E neanche ora lo siete; *[3]* perché siete ancora carnali: dal momento che c'è tra voi invidia e discordia, non siete forse carnali e non vi comportate in maniera tutta umana?
[4] Quando uno dice: "Io sono di Paolo", e un altro: "Io sono di Apollo", non vi dimostrate semplicemente uomini?
[5] Ma che cosa è mai Apollo? Cosa è Paolo? Ministri attraverso i quali siete venuti alla fede e ciascuno secondo che il Signore gli ha concesso. *[6]* Io ho piantato, Apollo ha irrigato, ma è Dio che ha fatto crescere. *[7]* Ora né chi pianta, né chi irriga è qualche cosa, ma Dio che fa crescere. *[8]* Non c'è differenza tra chi pianta e chi irriga, ma ciascuno riceverà la sua mercede secondo il proprio lavoro. *[9]* Siamo infatti collaboratori di Dio, e voi siete il campo di Dio, l'edificio di Dio.
[10] Secondo la grazia di Dio che mi è stata data, come un sapiente architetto io ho posto il fondamento; un altro poi vi costruisce sopra. Ma ciascuno stia attento come costruisce. *[11]* Infatti nessuno può porre un fondamento diverso da quello che già vi si trova, che è Gesù Cristo. *[12]* E se, sopra questo fondamento, si costruisce con oro, argento, pietre preziose, legno, fieno, paglia, *[13]* l'opera di ciascuno sarà ben visibile: la farà conoscere quel giorno che si manifesterà col fuoco, e il fuoco proverà la qualità dell'opera di ciascuno. *[14]* Se l'opera che uno costruì sul fondamento resisterà, costui ne riceverà una ricompensa; *[15]* ma se l'opera finirà bruciata, sarà punito: tuttavia egli si salverà, però come attraverso il fuoco. *[16]* Non sapete che siete tempio di Dio e che lo Spirito di Dio abita in voi? *[17]* Se uno distrugge il tempio di Dio, Dio distruggerà lui. Perché santo è il tempio di Dio, che siete voi.
[18] Nessuno si illuda. Se qualcuno tra voi si crede un sapiente in questo mondo, si faccia stolto per diventare sapiente; *[19]* perché la sapienza di questo mondo è stoltezza davanti a Dio. Sta scritto infatti:

Egli prende i sapienti per mezzo della loro astuzia.

[20] E ancora:

Il Signore sa che i disegni dei sapienti sono vani.

[21] Quindi nessuno ponga la sua gloria negli uomini, perché tutto è vostro: *[22]* Paolo, Apollo, Cefa, il mondo, la vita, la morte, il presente, il futuro: tutto è vostro! *[23]* Ma voi siete di Cristo e Cristo è di Dio.

4

[1] Ognuno ci consideri come ministri di Cristo e amministratori dei misteri di Dio. *[2]* Ora, quanto si richiede negli amministratori è che ognuno risulti fedele. *[3]* A me però, poco importa di venir giudicato da voi o da un consesso umano; anzi, io neppure giudico me stesso, *[4]* perché anche se non sono consapevole di colpa alcuna non per questo sono giustificato. Il mio giudice è il Signore! *[5]* Non vogliate perciò giudicare nulla prima del tempo, finché venga il Signore. Egli metterà in luce i segreti delle tenebre e manifesterà le intenzioni dei cuori; allora ciascuno avrà la sua lode da Dio.

[6] Queste cose, fratelli, le ho applicate a modo di esempio a me e ad Apollo per vostro profitto perché impariate nelle nostre persone a stare a ciò che è scritto e non vi gonfiate d'orgoglio a favore di uno contro un altro. *[7]* Chi dunque ti ha dato questo privilegio? Che cosa mai possiedi che tu non abbia ricevuto? E se l'hai ricevuto, perché te ne vanti come non l'avessi ricevuto?

[8] Già siete sazi, già siete diventati ricchi; senza di noi già siete diventati re. Magari foste diventati re! Così anche noi potremmo regnare con voi. *[9]* Ritengo infatti che Dio abbia messo noi, gli apostoli, all'ultimo posto, come condannati a morte, poiché siamo diventati spettacolo al mondo, agli angeli e agli uomini. *[10]* Noi stolti a causa di Cristo, voi sapienti in Cristo; noi deboli, voi forti; voi onorati, noi disprezzati. *[11]* Fino a questo momento soffriamo la fame, la sete, la nudità, veniamo schiaffeggiati, andiamo vagando di luogo in luogo, *[12]* ci affatichiamo lavorando con le nostre mani. Insultati, benediciamo; perseguitati, sopportiamo; *[13]* calunniati, confortiamo; siamo diventati come la spazzatura del mondo, il rifiuto di tutti, fino ad oggi.

[14] Non per farvi vergognare vi scrivo queste cose, ma per ammonirvi, come figli miei carissimi. *[15]* Potreste infatti avere anche diecimila pedagoghi in Cristo, ma non certo molti padri, perché sono io che vi ho generato in Cristo Gesù, mediante il vangelo. *[16]* Vi esorto dunque, fatevi miei imitatori! *[17]* Per questo appunto vi ho mandato Timòteo, mio figlio diletto e fedele nel Signore: egli vi richiamerà alla memoria le vie che vi ho indicato in Cristo, come insegno dappertutto in ogni Chiesa. *[18]* Come se io non dovessi più venire da voi, alcuni hanno preso a gonfiarsi d'orgoglio. *[19]* Ma verrò presto, se piacerà al Signore, e mi renderò conto allora non già delle parole di quelli, gonfi di orgoglio, ma di ciò che veramente sanno fare, *[20]* perché il regno di Dio non consiste in parole, ma in potenza. *[21]* Che volete? Debbo

venire a voi con il bastone, o con amore e con spirito di dolcezza?

5

[1] Si sente da per tutto parlare di immoralità tra voi, e di una immoralità tale che non si riscontra neanche tra i pagani, al punto che uno convive con la moglie di suo padre. *[2]* E voi vi gonfiate di orgoglio, piuttosto che esserne afflitti, in modo che si tolga di mezzo a voi chi ha compiuto una tale azione! *[3]* Orbene, io, assente col corpo ma presente con lo spirito, ho già giudicato come se fossi presente colui che ha compiuto tale azione: *[4]* nel nome del Signore nostro Gesù, essendo radunati insieme voi e il mio spirito, con il potere del Signore nostro Gesù, *[5]* questo individuo sia dato in balìa di satana per la rovina della sua carne, affinché il suo spirito possa ottenere la salvezza nel giorno del Signore.

[6] Non è una bella cosa il vostro vanto. Non sapete che un po' di lievito fa fermentare tutta la pasta? *[7]* Togliete via il lievito vecchio, per essere pasta nuova, poiché siete azzimi. E infatti Cristo, nostra Pasqua, è stato immolato! *[8]* Celebriamo dunque la festa non con il lievito vecchio, né con lievito di malizia e di perversità, ma con azzimi di sincerità e di verità.

[9] Vi ho scritto nella lettera precedente di non mescolarvi con gli impudichi. *[10]* Non mi riferivo però agli impudichi di questo mondo o agli avari, ai ladri o agli idolàtri: altrimenti dovreste uscire dal mondo! *[11]* Vi ho scritto di non mescolarvi con chi si dice fratello, ed è impudico o avaro o idolàtra o maldicente o ubriacone o ladro; con questi tali non dovete neanche mangiare insieme. *[12]* Spetta forse a me giudicare quelli di fuori? Non sono quelli di dentro che voi giudicate? *[13]* Quelli di fuori li giudicherà Dio. *Togliete il malvagio di mezzo a voi!*

6

[1] V'è tra voi chi, avendo una questione con un altro, osa farsi giudicare dagli ingiusti anziché dai santi? *[2]* O non sapete che i santi giudicheranno il mondo? E se è da voi che verrà giudicato il mondo, siete dunque indegni di giudizi di minima importanza? *[3]* Non sapete che giudicheremo gli angeli? Quanto più le cose di questa vita!

[4] Se dunque avete liti per cose di questo mondo, voi prendete a giudici gente senza autorità nella Chiesa? *[5]* Lo dico per vostra vergogna! Cosicché non vi sarebbe proprio nessuna persona saggia tra di voi che possa far da arbitro tra fratello e fratello? *[6]* No, anzi, un fratello viene chiamato in giudizio dal fratello e per di più davanti a infedeli! *[7]* E dire che è già per voi una sconfitta avere liti vicendevoli! Perché non subire piuttosto l'ingiustizia? Perché non lasciarvi piuttosto privare di ciò che vi appartiene? *[8]* Siete voi invece che commettete ingiustizia e rubate, e ciò ai fratelli! *[9]* O non sapete che gli ingiusti non erediteranno il regno di Dio? Non

illudetevi: né immorali, né idolàtri, né adùlteri, *[10]* né effeminati, né sodomiti, né ladri, né avari, né ubriaconi, né maldicenti, né rapaci erediteranno il regno di Dio. *[11]* E tali eravate alcuni di voi; ma siete stati lavati, siete stati santificati, siete stati giustificati nel nome del Signore Gesù Cristo e nello Spirito del nostro Dio!

[12] "Tutto mi è lecito!". Ma non tutto giova. "Tutto mi è lecito!". Ma io non mi lascerò dominare da nulla. *[13]* "I cibi sono per il ventre e il ventre per i cibi!". Ma Dio distruggerà questo e quelli; il corpo poi non è per l'impudicizia, ma per il Signore, e il Signore è per il corpo. *[14]* Dio poi, che ha risuscitato il Signore, risusciterà anche noi con la sua potenza.

[15] Non sapete che i vostri corpi sono membra di Cristo? Prenderò dunque le membra di Cristo e ne farò membra di una prostituta? Non sia mai! *[16]* O non sapete voi che chi si unisce alla prostituta forma con essa un corpo solo? *I due saranno*, è detto, *un corpo solo*. *[17]* Ma chi si unisce al Signore forma con lui un solo spirito. *[18]* Fuggite la fornicazione! Qualsiasi peccato l'uomo commetta, è fuori del suo corpo; ma chi si dà alla fornicazione, pecca contro il proprio corpo. *[19]* O non sapete che il vostro corpo è tempio dello Spirito Santo che è in voi e che avete da Dio, e che non appartenete a voi stessi? *[20]* Infatti siete stati comprati a caro prezzo. Glorificate dunque Dio nel vostro corpo!

7

[1] Quanto poi alle cose di cui mi avete scritto, è cosa buona per l'uomo non toccare donna; *[2]* tuttavia, per il pericolo dell'incontinenza, ciascuno abbia la propria moglie e ogni donna il proprio marito.

[3] Il marito compia il suo dovere verso la moglie; ugualmente anche la moglie verso il marito. *[4]* La moglie non è arbitra del proprio corpo, ma lo è il marito; allo stesso modo anche il marito non è arbitro del proprio corpo, ma lo è la moglie. *[5]* Non astenetevi tra voi se non di comune accordo e temporaneamente, per dedicarvi alla preghiera, e poi ritornate a stare insieme, perché satana non vi tenti nei momenti di passione. *[6]* Questo però vi dico per concessione, non per comando. *[7]* Vorrei che tutti fossero come me; ma ciascuno ha il proprio dono da Dio, chi in un modo, chi in un altro.

[8] Ai non sposati e alle vedove dico: è cosa buona per loro rimanere come sono io; *[9]* ma se non sanno vivere in continenza, si sposino; è meglio sposarsi che ardere. *[10]* Agli sposati poi ordino, non io, ma il Signore: la moglie non si separi dal marito - *[11]* e qualora si separi, rimanga senza sposarsi o si riconcili con il marito - e il marito non ripudi la moglie.

[12] Agli altri dico io, non il Signore: se un nostro fratello ha la moglie non credente e questa consente a rimanere con lui, non la ripudi; *[13]* e una donna che abbia il marito non credente, se questi consente a rimanere con lei, non lo ripudi: *[14]* perché il marito non credente viene reso santo dalla moglie credente e la moglie non credente viene resa santa dal marito credente; altrimenti i vostri figli sarebbero impuri, mentre

invece sono santi. *[15]* Ma se il non credente vuol separarsi, si separi; in queste circostanze il fratello o la sorella non sono soggetti a servitù; Dio vi ha chiamati alla pace! *[16]* E che sai tu, donna, se salverai il marito? O che ne sai tu, uomo, se salverai la moglie?

[17] Fuori di questi casi, ciascuno continui a vivere secondo la condizione che gli ha assegnato il Signore, così come Dio lo ha chiamato; così dispongo in tutte le chiese. *[18]* Qualcuno è stato chiamato quando era circonciso? Non lo nasconda! È stato chiamato quando non era ancora circonciso? Non si faccia circoncidere! *[19]* La circoncisione non conta nulla, e la non circoncisione non conta nulla; conta invece l'osservanza dei comandamenti di Dio. *[20]* Ciascuno rimanga nella condizione in cui era quando fu chiamato. *[21]* Sei stato chiamato da schiavo? Non ti preoccupare; ma anche se puoi diventare libero, profitta piuttosto della tua condizione! *[22]* Perché lo schiavo che è stato chiamato nel Signore, è un liberto affrancato del Signore! Similmente chi è stato chiamato da libero, è schiavo di Cristo. *[23]* Siete stati comprati a caro prezzo: non fatevi schiavi degli uomini! *[24]* Ciascuno, fratelli, rimanga davanti a Dio in quella condizione in cui era quando è stato chiamato.

[25] Quanto alle vergini, non ho alcun comando dal Signore, ma do un consiglio, come uno che ha ottenuto misericordia dal Signore e merita fiducia. *[26]* Penso dunque che sia bene per l'uomo, a causa della presente necessità, di rimanere così. *[27]* Ti trovi legato a una donna? Non cercare di scioglierti. Sei sciolto da donna? Non andare a cercarla. *[28]* Però se ti sposi non fai peccato; e se la giovane prende marito, non fa peccato. Tuttavia costoro avranno tribolazioni nella carne, e io vorrei risparmiarvele.

[29] Questo vi dico, fratelli: il tempo ormai si è fatto breve; d'ora innanzi, quelli che hanno moglie, vivano come se non l'avessero; *[30]* coloro che piangono, come se non piangessero e quelli che godono come se non godessero; quelli che comprano, come se non possedessero; *[31]* quelli che usano del mondo, come se non ne usassero appieno: perché passa la scena di questo mondo! *[32]* Io vorrei vedervi senza preoccupazioni: chi non è sposato si preoccupa delle cose del Signore, come possa piacere al Signore; *[33]* chi è sposato invece si preoccupa delle cose del mondo, come possa piacere alla moglie, *[34]* e si trova diviso! Così la donna non sposata, come la vergine, si preoccupa delle cose del Signore, per essere santa nel corpo e nello spirito; la donna sposata invece si preoccupa delle cose del mondo, come possa piacere al marito. *[35]* Questo poi lo dico per il vostro bene, non per gettarvi un laccio, ma per indirizzarvi a ciò che è degno e vi tiene uniti al Signore senza distrazioni.

[36] Se però qualcuno ritiene di non regolarsi convenientemente nei riguardi della sua vergine, qualora essa sia oltre il fiore dell'età, e conviene che accada così, faccia ciò che vuole: non pecca. Si sposino pure! *[37]* Chi invece è fermamente deciso in cuor suo, non avendo nessuna necessità, ma è arbitro della propria volontà, ed ha deliberato in cuor suo di conservare la sua vergine, fa bene. *[38]* In conclusione, colui che sposa la sua vergine fa bene e chi non la sposa fa meglio.

[39] La moglie è vincolata per tutto il tempo in cui vive il marito; ma se il marito

muore è libera di sposare chi vuole, purché ciò avvenga nel Signore. *[40]* Ma se rimane così, a mio parere è meglio; credo infatti di avere anch'io lo Spirito di Dio.

8

[1] Quanto poi alle carni immolate agli idoli, sappiamo di averne tutti scienza. *[2]* Ma la scienza gonfia, mentre la carità edifica. Se alcuno crede di sapere qualche cosa, non ha ancora imparato come bisogna sapere. *[3]* Chi invece ama Dio, è da lui conosciuto. *[4]* Quanto dunque al mangiare le carni immolate agli idoli, noi sappiamo che non esiste alcun idolo al mondo e che non c'è che un Dio solo. *[5]* E in realtà, anche se vi sono cosiddetti dèi sia nel cielo sia sulla terra, e difatti ci sono molti dèi e molti signori, *[6]* per noi c'è un solo Dio, il Padre, dal quale tutto proviene e noi siamo per lui; e un solo Signore Gesù Cristo, in virtù del quale esistono tutte le cose e noi esistiamo per lui.

[7] Ma non tutti hanno questa scienza; alcuni, per la consuetudine avuta fino al presente con gli idoli, mangiano le carni come se fossero davvero immolate agli idoli, e così la loro coscienza, debole com'è, resta contaminata. *[8]* Non sarà certo un alimento ad avvicinarci a Dio; né, se non ne mangiamo, veniamo a mancare di qualche cosa, né mangiandone ne abbiamo un vantaggio. *[9]* Badate però che questa vostra libertà non divenga occasione di caduta per i deboli. *[10]* Se uno infatti vede te, che hai la scienza, stare a convito in un tempio di idoli, la coscienza di quest'uomo debole non sarà forse spinta a mangiare le carni immolate agli idoli? *[11]* Ed ecco, per la tua scienza, va in rovina il debole, un fratello per il quale Cristo è morto! *[12]* Peccando così contro i fratelli e ferendo la loro coscienza debole, voi peccate contro Cristo. *[13]* Per questo, se un cibo scandalizza il mio fratello, non mangerò mai più carne, per non dare scandalo al mio fratello.

9

[1] Non sono forse libero, io? Non sono un apostolo? Non ho veduto Gesù, Signore nostro? E non siete voi la mia opera nel Signore? *[2]* Anche se per altri non sono apostolo, per voi almeno lo sono; voi siete il sigillo del mio apostolato nel Signore. *[3]* Questa è la mia difesa contro quelli che mi accusano. *[4]* Non abbiamo forse noi il diritto di mangiare e di bere? *[5]* Non abbiamo il diritto di portare con noi una donna credente, come fanno anche gli altri apostoli e i fratelli del Signore e Cefa? *[6]* Ovvero solo io e Bàrnaba non abbiamo il diritto di non lavorare?

[7] E chi mai presta servizio militare a proprie spese? Chi pianta una vigna senza mangiarne il frutto? O chi fa pascolare un gregge senza cibarsi del latte del gregge? *[8]* Io non dico questo da un punto di vista umano; è la Legge che dice così. *[9]* Sta scritto infatti nella legge di Mosè: *Non metterai la museruola al bue che trebbia.* Forse Dio si dà pensiero dei buoi? *[10]* Oppure lo dice proprio per noi? Certamente

fu scritto per noi. Poiché colui che ara deve arare nella speranza di avere la sua parte, come il trebbiatore trebbiare nella stessa speranza. *[11]* Se noi abbiamo seminato in voi le cose spirituali, è forse gran cosa se raccoglieremo beni materiali? *[12]* Se gli altri hanno tale diritto su di voi, non l'avremmo noi di più? Noi però non abbiamo voluto servirci di questo diritto, ma tutto sopportiamo per non recare intralcio al vangelo di Cristo. *[13]* Non sapete che coloro che celebrano il culto traggono il vitto dal culto, e coloro che attendono all'altare hanno parte dell'altare? *[14]* Così anche il Signore ha disposto che quelli che annunziano il vangelo vivano del vangelo.

[15] Ma io non mi sono avvalso di nessuno di questi diritti, né ve ne scrivo perché ci si regoli in tal modo con me; preferirei piuttosto morire. Nessuno mi toglierà questo vanto! *[16]* Non è infatti per me un vanto predicare il vangelo; è un dovere per me: guai a me se non predicassi il vangelo! *[17]* Se lo faccio di mia iniziativa, ho diritto alla ricompensa; ma se non lo faccio di mia iniziativa, è un incarico che mi è stato affidato. *[18]* Quale è dunque la mia ricompensa? Quella di predicare gratuitamente il vangelo senza usare del diritto conferitomi dal vangelo.

[19] Infatti, pur essendo libero da tutti, mi sono fatto servo di tutti per guadagnarne il maggior numero: *[20]* mi sono fatto Giudeo con i Giudei, per guadagnare i Giudei; con coloro che sono sotto la legge sono diventato come uno che è sotto la legge, pur non essendo sotto la legge, allo scopo di guadagnare coloro che sono sotto la legge. *[21]* Con coloro che non hanno legge sono diventato come uno che è senza legge, pur non essendo senza la legge di Dio, anzi essendo nella legge di Cristo, per guadagnare coloro che sono senza legge. *[22]* Mi sono fatto debole con i deboli, per guadagnare i deboli; mi sono fatto tutto a tutti, per salvare ad ogni costo qualcuno. *[23]* Tutto io faccio per il vangelo, per diventarne partecipe con loro.

[24] Non sapete che nelle corse allo stadio tutti corrono, ma uno solo conquista il premio? Correte anche voi in modo da conquistarlo! *[25]* Però ogni atleta è temperante in tutto; essi lo fanno per ottenere una corona corruttibile, noi invece una incorruttibile. *[26]* Io dunque corro, ma non come chi è senza mèta; faccio il pugilato, ma non come chi batte l'aria, *[27]* anzi tratto duramente il mio corpo e lo trascino in schiavitù perché non succeda che dopo avere predicato agli altri, venga io stesso squalificato.

10

[1] Non voglio infatti che ignoriate, o fratelli, che i nostri padri furono tutti sotto la nuvola, tutti attraversarono il mare, *[2]* tutti furono battezzati in rapporto a Mosè nella nuvola e nel mare, *[3]* tutti mangiarono lo stesso cibo spirituale, *[4]* tutti bevvero la stessa bevanda spirituale: bevevano infatti da una roccia spirituale che li accompagnava, e quella roccia era il Cristo. *[5]* Ma della maggior parte di loro Dio non si compiacque e perciò furono abbattuti nel deserto.

[6] Ora ciò avvenne come esempio per noi, perché non desiderassimo cose cattive, come essi le desiderarono. *[7]* Non diventate idolàtri come alcuni di loro, secondo

quanto sta scritto: *Il popolo sedette a mangiare e a bere e poi si alzò per divertirsi.* *[8]* Non abbandoniamoci alla fornicazione, come vi si abbandonarono alcuni di essi e ne caddero in un solo giorno ventitremila. *[9]* Non mettiamo alla prova il Signore, come fecero alcuni di essi, e caddero vittime dei serpenti. *[10]* Non mormorate, come mormorarono alcuni di essi, e caddero vittime dello sterminatore. *[11]* Tutte queste cose però accaddero a loro come esempio, e sono state scritte per ammonimento nostro, di noi per i quali è arrivata la fine dei tempi. *[12]* Quindi, chi crede di stare in piedi, guardi di non cadere. *[13]* Nessuna tentazione vi ha finora sorpresi se non umana; infatti Dio è fedele e non permetterà che siate tentati oltre le vostre forze, ma con la tentazione vi darà anche la via d'uscita e la forza per sopportarla.

[14] Perciò, o miei cari, fuggite l'idolatria. *[15]* Parlo come a persone intelligenti; giudicate voi stessi quello che dico: *[16]* il calice della benedizione che noi benediciamo, non è forse comunione con il sangue di Cristo? E il pane che noi spezziamo, non è forse comunione con il corpo di Cristo? *[17]* Poiché c'è un solo pane, noi, pur essendo molti, siamo un corpo solo: tutti infatti partecipiamo dell'unico pane. *[18]* Guardate Israele secondo la carne: quelli che mangiano le vittime sacrificali non sono forse in comunione con l'altare?

[19] Che cosa dunque intendo dire? Che la carne immolata agli idoli è qualche cosa? O che un idolo è qualche cosa? *[20]* No, ma dico che i sacrifici dei pagani sono fatti a demòni e non a Dio. Ora, io non voglio che voi entriate in comunione con i demòni; *[21]* non potete bere il calice del Signore e il calice dei demòni; non potete partecipare alla mensa del Signore e alla mensa dei demòni. *[22]* O vogliamo provocare la gelosia del Signore? Siamo forse più forti di lui?

[23] "Tutto è lecito!". Ma non tutto è utile! "Tutto è lecito!". Ma non tutto edifica. *[24]* Nessuno cerchi l'utile proprio, ma quello altrui. *[25]* Tutto ciò che è in vendita sul mercato, mangiatelo pure senza indagare per motivo di coscienza, *[26]* perché *del Signore è la terra e tutto ciò che essa contiene.*

[27] Se qualcuno non credente vi invita e volete andare, mangiate tutto quello che vi viene posto davanti, senza fare questioni per motivo di coscienza. *[28]* Ma se qualcuno vi dicesse: "È carne immolata in sacrificio", astenetevi dal mangiarne, per riguardo a colui che vi ha avvertito e per motivo di coscienza; *[29]* della coscienza, dico, non tua, ma dell'altro. Per qual motivo, infatti, questa mia libertà dovrebbe esser sottoposta al giudizio della coscienza altrui? *[30]* Se io con rendimento di grazie partecipo alla mensa, perché dovrei essere biasimato per quello di cui rendo grazie?

[31] Sia dunque che mangiate sia che beviate sia che facciate qualsiasi altra cosa, fate tutto per la gloria di Dio. *[32]* Non date motivo di scandalo né ai Giudei, né ai Greci, né alla Chiesa di Dio; *[33]* così come io mi sforzo di piacere a tutti in tutto, senza cercare l'utile mio ma quello di molti, perché giungano alla salvezza.

11

[1] Fatevi miei imitatori, come io lo sono di Cristo.

[2] Vi lodo poi perché in ogni cosa vi ricordate di me e conservate le tradizioni così come ve le ho trasmesse. *[3]* Voglio però che sappiate che di ogni uomo il capo è Cristo, e capo della donna è l'uomo, e capo di Cristo è Dio. *[4]* Ogni uomo che prega o profetizza con il capo coperto, manca di riguardo al proprio capo. *[5]* Ma ogni donna che prega o profetizza senza velo sul capo, manca di riguardo al proprio capo, poiché è lo stesso che se fosse rasata. *[6]* Se dunque una donna non vuol mettersi il velo, si tagli anche i capelli! Ma se è vergogna per una donna tagliarsi i capelli o radersi, allora si copra.

[7] L'uomo non deve coprirsi il capo, poiché egli è immagine e gloria di Dio; la donna invece è gloria dell'uomo. *[8]* E infatti non l'uomo deriva dalla donna, ma la donna dall'uomo; *[9]* né l'uomo fu creato per la donna, ma la donna per l'uomo. *[10]* Per questo la donna deve portare sul capo un segno della sua dipendenza a motivo degli angeli. *[11]* Tuttavia, nel Signore, né la donna è senza l'uomo, né l'uomo è senza la donna; *[12]* come infatti la donna deriva dall'uomo, così l'uomo ha vita dalla donna; tutto poi proviene da Dio. *[13]* Giudicate voi stessi: è conveniente che una donna faccia preghiera a Dio col capo scoperto? *[14]* Non è forse la natura stessa a insegnarci che è indecoroso per l'uomo lasciarsi crescere i capelli, *[15]* mentre è una gloria per la donna lasciarseli crescere? La chioma le è stata data a guisa di velo. *[16]* Se poi qualcuno ha il gusto della contestazione, noi non abbiamo questa consuetudine e neanche le Chiese di Dio.

[17] E mentre vi do queste istruzioni, non posso lodarvi per il fatto che le vostre riunioni non si svolgono per il meglio, ma per il peggio. *[18]* Innanzi tutto sento dire che, quando vi radunate in assemblea, vi sono divisioni tra voi, e in parte lo credo. *[19]* È necessario infatti che avvengano divisioni tra voi, perché si manifestino quelli che sono i veri credenti in mezzo a voi. *[20]* Quando dunque vi radunate insieme, il vostro non è più un mangiare la cena del Signore. *[21]* Ciascuno infatti, quando partecipa alla cena, prende prima il proprio pasto e così uno ha fame, l'altro è ubriaco. *[22]* Non avete forse le vostre case per mangiare e per bere? O volete gettare il disprezzo sulla chiesa di Dio e far vergognare chi non ha niente? Che devo dirvi? Lodarvi? In questo non vi lodo!

[23] Io, infatti, ho ricevuto dal Signore quello che a mia volta vi ho trasmesso: il Signore Gesù, nella notte in cui veniva tradito, prese del pane *[24]* e, dopo aver reso grazie, lo spezzò e disse: "Questo è il mio corpo, che è per voi; fate questo in memoria di me". *[25]* Allo stesso modo, dopo aver cenato, prese anche il calice, dicendo: "Questo calice è la nuova alleanza nel mio sangue; fate questo, ogni volta che ne bevete, in memoria di me". *[26]* Ogni volta infatti che mangiate di questo pane e bevete di questo calice, voi annunziate la morte del Signore finché egli venga. *[27]* Perciò chiunque in modo indegno mangia il pane o beve il calice del Signore, sarà reo del corpo e del sangue del Signore. *[28]* Ciascuno, pertanto, esamini se stesso e poi mangi di questo pane e beva di questo calice; *[29]* perché chi mangia e beve senza riconoscere il corpo del Signore, mangia e beve la propria condanna. *[30]* È per questo che tra voi ci sono molti ammalati e infermi, e un buon numero sono morti. *[31]* Se però ci esaminassimo attentamente da noi stessi, non saremmo

giudicati; *[32]* quando poi siamo giudicati dal Signore, veniamo ammoniti per non esser condannati insieme con questo mondo.

[33] Perciò, fratelli miei, quando vi radunate per la cena, aspettatevi gli uni gli altri. *[34]* E se qualcuno ha fame, mangi a casa, perché non vi raduniate a vostra condanna. Quanto alle altre cose, le sistemerò alla mia venuta.

12

[1] Riguardo ai doni dello Spirito, fratelli, non voglio che restiate nell'ignoranza. *[2]* Voi sapete infatti che, quando eravate pagani, vi lasciavate trascinare verso gli idoli muti secondo l'impulso del momento. *[3]* Ebbene, io vi dichiaro: come nessuno che parli sotto l'azione dello Spirito di Dio può dire "Gesù è anàtema", così nessuno può dire "Gesù è Signore" se non sotto l'azione dello Spirito Santo.

[4] Vi sono poi diversità di carismi, ma uno solo è lo Spirito; *[5]* vi sono diversità di ministeri, ma uno solo è il Signore; *[6]* vi sono diversità di operazioni, ma uno solo è Dio, che opera tutto in tutti. *[7]* E a ciascuno è data una manifestazione particolare dello Spirito per l'utilità comune: *[8]* a uno viene concesso dallo Spirito il linguaggio della sapienza; a un altro invece, per mezzo dello stesso Spirito, il linguaggio di scienza; *[9]* a uno la fede per mezzo dello stesso Spirito; a un altro il dono di far guarigioni per mezzo dell'unico Spirito; *[10]* a uno il potere dei miracoli; a un altro il dono della profezia; a un altro il dono di distinguere gli spiriti; a un altro le varietà delle lingue; a un altro infine l'interpretazione delle lingue. *[11]* Ma tutte queste cose è l'unico e il medesimo Spirito che le opera, distribuendole a ciascuno come vuole.

[12] Come infatti il corpo, pur essendo uno, ha molte membra e tutte le membra, pur essendo molte, sono un corpo solo, così anche Cristo. *[13]* E in realtà noi tutti siamo stati battezzati in un solo Spirito per formare un solo corpo, Giudei o Greci, schiavi o liberi; e tutti ci siamo abbeverati a un solo Spirito. *[14]* Ora il corpo non risulta di un membro solo, ma di molte membra. *[15]* Se il piede dicesse: "Poiché io non sono mano, non appartengo al corpo", non per questo non farebbe più parte del corpo. *[16]* E se l'orecchio dicesse: "Poiché io non sono occhio, non appartengo al corpo", non per questo non farebbe più parte del corpo. *[17]* Se il corpo fosse tutto occhio, dove sarebbe l'udito? Se fosse tutto udito, dove l'odorato? *[18]* Ora, invece, Dio ha disposto le membra in modo distinto nel corpo, come egli ha voluto. *[19]* Se poi tutto fosse un membro solo, dove sarebbe il corpo? *[20]* Invece molte sono le membra, ma uno solo è il corpo. *[21]* Non può l'occhio dire alla mano: "Non ho bisogno di te"; né la testa ai piedi: "Non ho bisogno di voi". *[22]* Anzi quelle membra del corpo che sembrano più deboli sono più necessarie; *[23]* e quelle parti del corpo che riteniamo meno onorevoli le circondiamo di maggior rispetto, e quelle indecorose sono trattate con maggior decenza, *[24]* mentre quelle decenti non ne hanno bisogno. Ma Dio ha composto il corpo, conferendo maggior onore a ciò che ne mancava, *[25]* perché non vi fosse disunione nel corpo, ma anzi le varie membra avessero cura le une delle altre. *[26]* Quindi se un membro soffre, tutte le membra soffrono insieme; e se un membro

è onorato, tutte le membra gioiscono con lui. *[27]* Ora voi siete corpo di Cristo e sue membra, ciascuno per la sua parte.

[28] Alcuni perciò Dio li ha posti nella Chiesa in primo luogo come apostoli, in secondo luogo come profeti, in terzo luogo come maestri; poi vengono i miracoli, poi i doni di far guarigioni, i doni di assistenza, di governare, delle lingue. *[29]* Sono forse tutti apostoli? Tutti profeti? Tutti maestri? Tutti operatori di miracoli? *[30]* Tutti possiedono doni di far guarigioni? Tutti parlano lingue? Tutti le interpretano?

[31] Aspirate ai carismi più grandi! E io vi mostrerò una via migliore di tutte.

13

[1] Se anche parlassi le lingue degli uomini e degli angeli, ma non avessi la carità, sono come un bronzo che risuona o un cembalo che tintinna.

[2] E se avessi il dono della profezia e conoscessi tutti i misteri e tutta la scienza, e possedessi la pienezza della fede così da trasportare le montagne, ma non avessi la carità, non sono nulla.

[3] E se anche distribuissi tutte le mie sostanze e dessi il mio corpo per esser bruciato, ma non avessi la carità, niente mi giova.

[4] La carità è paziente, è benigna la carità; non è invidiosa la carità, non si vanta, non si gonfia, *[5]* non manca di rispetto, non cerca il suo interesse, non si adira, non tiene conto del male ricevuto, *[6]* non gode dell'ingiustizia, ma si compiace della verità. *[7]* Tutto copre, tutto crede, tutto spera, tutto sopporta. *[8]* La carità non avrà mai fine. Le profezie scompariranno; il dono delle lingue cesserà e la scienza svanirà. *[9]* La nostra conoscenza è imperfetta e imperfetta la nostra profezia. *[10]* Ma quando verrà ciò che è perfetto, quello che è imperfetto scomparirà. *[11]* Quand'ero bambino, parlavo da bambino, pensavo da bambino, ragionavo da bambino. Ma, divenuto uomo, ciò che era da bambino l'ho abbandonato. *[12]* Ora vediamo come in uno specchio, in maniera confusa; ma allora vedremo a faccia a faccia. Ora conosco in modo imperfetto, ma allora conoscerò perfettamente, come anch'io sono conosciuto.

[13] Queste dunque le tre cose che rimangono: la fede, la speranza e la carità; ma di tutte più grande è la carità!

14

[1] Ricercate la carità. Aspirate pure anche ai doni dello Spirito, soprattutto alla profezia. *[2]* Chi infatti parla con il dono delle lingue non parla agli uomini, ma a Dio, giacché nessuno comprende, mentre egli dice per ispirazione cose misteriose. *[3]* Chi profetizza, invece, parla agli uomini per loro edificazione, esortazione e conforto. *[4]* Chi parla con il dono delle lingue edifica se stesso, chi profetizza edifica l'assemblea. *[5]* Vorrei vedervi tutti parlare con il dono delle lingue, ma preferisco

che abbiate il dono della profezia; in realtà è più grande colui che profetizza di colui che parla con il dono delle lingue, a meno che egli anche non interpreti, perché l'assemblea ne riceva edificazione.

[6] E ora, fratelli, supponiamo che io venga da voi parlando con il dono delle lingue; in che cosa potrei esservi utile, se non vi parlassi in rivelazione o in scienza o in profezia o in dottrina? [7] È quanto accade per gli oggetti inanimati che emettono un suono, come il flauto o la cetra; se non si distinguono con chiarezza i suoni, come si potrà distinguere ciò che si suona col flauto da ciò che si suona con la cetra? [8] E se la tromba emette un suono confuso, chi si preparerà al combattimento? [9] Così anche voi, se non pronunziate parole chiare con la lingua, come si potrà comprendere ciò che andate dicendo? Parlerete al vento! [10] Nel mondo vi sono chissà quante varietà di lingue e nulla è senza un proprio linguaggio; [11] ma se io non conosco il valore del suono, sono come uno straniero per colui che mi parla, e chi mi parla sarà uno straniero per me.

[12] Quindi anche voi, poiché desiderate i doni dello Spirito, cercate di averne in abbondanza, per l'edificazione della comunità. [13] Perciò chi parla con il dono delle lingue, preghi di poterle interpretare. [14] Quando infatti prego con il dono delle lingue, il mio spirito prega, ma la mia intelligenza rimane senza frutto. [15] Che fare dunque? Pregherò con lo spirito, ma pregherò anche con l'intelligenza; canterò con lo spirito, ma canterò anche con l'intelligenza. [16] Altrimenti se tu benedici soltanto con lo spirito, colui che assiste come non iniziato come potrebbe dire l'Amen al tuo ringraziamento, dal momento che non capisce quello che dici? [17] Tu puoi fare un bel ringraziamento, ma l'altro non viene edificato. [18] Grazie a Dio, io parlo con il dono delle lingue molto più di tutti voi; [19] ma in assemblea preferisco dire cinque parole con la mia intelligenza per istruire anche gli altri, piuttosto che diecimila parole con il dono delle lingue.

[20] Fratelli, non comportatevi da bambini nei giudizi; siate come bambini quanto a malizia, ma uomini maturi quanto ai giudizi. [21] Sta scritto nella Legge:

Parlerò a questo popolo in altre lingue
e con labbra di stranieri,
ma neanche così mi ascolteranno,

dice il Signore. [22] Quindi le lingue non sono un segno per i credenti ma per i non credenti, mentre la profezia non è per i non credenti ma per i credenti. [23] Se, per esempio, quando si raduna tutta la comunità, tutti parlassero con il dono delle lingue e sopraggiungessero dei non iniziati o non credenti, non direbbero forse che siete pazzi? [24] Se invece tutti profetassero e sopraggiungesse qualche non credente o un non iniziato, verrebbe convinto del suo errore da tutti, giudicato da tutti; [25] sarebbero manifestati i segreti del suo cuore, e così prostrandosi a terra adorerebbe Dio, proclamando che veramente Dio è fra voi.

[26] Che fare dunque, fratelli? Quando vi radunate ognuno può avere un salmo, un insegnamento, una rivelazione, un discorso in lingue, il dono di interpretarle. Ma tutto si faccia per l'edificazione.[27] Quando si parla con il dono delle lingue, siano in due

o al massimo in tre a parlare, e per ordine; uno poi faccia da interprete. *[28]* Se non vi è chi interpreta, ciascuno di essi taccia nell'assemblea e parli solo a se stesso e a Dio. *[29]* I profeti parlino in due o tre e gli altri giudichino. *[30]* Se uno di quelli che sono seduti riceve una rivelazione, il primo taccia: *[31]* tutti infatti potete profetare, uno alla volta, perché tutti possano imparare ed essere esortati. *[32]* Ma le ispirazioni dei profeti devono essere sottomesse ai profeti, *[33]* perché Dio non è un Dio di disordine, ma di pace.

[34] Come in tutte le comunità dei fedeli, le donne nelle assemblee tacciano perché non è loro permesso parlare; stiano invece sottomesse, come dice anche la legge. *[35]* Se vogliono imparare qualche cosa, interroghino a casa i loro mariti, perché è sconveniente per una donna parlare in assemblea.

[36] Forse la parola di Dio è partita da voi? O è giunta soltanto a voi? *[37]* Chi ritiene di essere profeta o dotato di doni dello Spirito, deve riconoscere che quanto scrivo è comando del Signore; *[38]* se qualcuno non lo riconosce, neppure lui è riconosciuto. *[39]* Dunque, fratelli miei, aspirate alla profezia e, quanto al parlare con il dono delle lingue, non impeditelo. *[40]* Ma tutto avvenga decorosamente e con ordine.

15

[1] Vi rendo noto, fratelli, il vangelo che vi ho annunziato e che voi avete ricevuto, nel quale restate saldi, *[2]* e dal quale anche ricevete la salvezza, se lo mantenete in quella forma in cui ve l'ho annunziato. Altrimenti, avreste creduto invano!

[3] Vi ho trasmesso dunque, anzitutto, quello che anch'io ho ricevuto: che cioè Cristo morì per i nostri peccati secondo le Scritture, *[4]* fu sepolto ed è risuscitato il terzo giorno secondo le Scritture, *[5]* e che apparve a Cefa e quindi ai Dodici. *[6]* In seguito apparve a più di cinquecento fratelli in una sola volta: la maggior parte di essi vive ancora, mentre alcuni sono morti. *[7]* Inoltre apparve a Giacomo, e quindi a tutti gli apostoli. *[8]* Ultimo fra tutti apparve anche a me come a un aborto. *[9]* Io infatti sono l'infimo degli apostoli, e non sono degno neppure di essere chiamato apostolo, perché ho perseguitato la Chiesa di Dio. *[10]* Per grazia di Dio però sono quello che sono, e la sua grazia in me non è stata vana; anzi ho faticato più di tutti loro, non io però, ma la grazia di Dio che è con me. *[11]* Pertanto, sia io che loro, così predichiamo e così avete creduto.

[12] Ora, se si predica che Cristo è risuscitato dai morti, come possono dire alcuni tra voi che non esiste risurrezione dei morti? *[13]* Se non esiste risurrezione dai morti, neanche Cristo è risuscitato! *[14]* Ma se Cristo non è risuscitato, allora è vana la nostra predicazione ed è vana anche la vostra fede. *[15]* Noi, poi, risultiamo falsi testimoni di Dio, perché contro Dio abbiamo testimoniato che egli ha risuscitato Cristo, mentre non lo ha risuscitato, se è vero che i morti non risorgono. *[16]* Se infatti i morti non risorgono, neanche Cristo è risorto; *[17]* ma se Cristo non è risorto, è vana la vostra fede e voi siete ancora nei vostri peccati. *[18]* E anche quelli che sono morti in Cristo sono perduti. *[19]* Se poi noi abbiamo avuto speranza in Cristo

soltanto in questa vita, siamo da compiangere più di tutti gli uomini. *[20]* Ora, invece, Cristo è risuscitato dai morti, primizia di coloro che sono morti. *[21]* Poiché se a causa di un uomo venne la morte, a causa di un uomo verrà anche la risurrezione dei morti; *[22]* e come tutti muoiono in Adamo, così tutti riceveranno la vita in Cristo. *[23]* Ciascuno però nel suo ordine: prima Cristo, che è la primizia; poi, alla sua venuta, quelli che sono di Cristo; *[24]* poi sarà la fine, quando egli consegnerà il regno a Dio Padre, dopo aver ridotto al nulla ogni principato e ogni potestà e potenza. *[25]* Bisogna infatti che egli regni finché non abbia posto tutti i nemici sotto i suoi piedi. *[26]* L'ultimo nemico ad essere annientato sarà la morte, *[27]* perché *ogni cosa ha posto sotto i suoi piedi*. Però quando dice che ogni cosa è stata sottoposta, è chiaro che si deve eccettuare Colui che gli ha sottomesso ogni cosa. *[28]* E quando tutto gli sarà stato sottomesso, anche lui, il Figlio, sarà sottomesso a Colui che gli ha sottomesso ogni cosa, perché Dio sia tutto in tutti.

[29] Altrimenti, che cosa farebbero quelli che vengono battezzati per i morti? Se davvero i morti non risorgono, perché si fanno battezzare per loro? *[30]* E perché noi ci esponiamo al pericolo continuamente? *[31]* Ogni giorno io affronto la morte, come è vero che voi siete il mio vanto, fratelli, in Cristo Gesù nostro Signore! *[32]* Se soltanto per ragioni umane io avessi combattuto a Èfeso contro le belve, a che mi gioverebbe? Se i morti non risorgono, *mangiamo e beviamo, perché domani moriremo*. *[33]* Non lasciatevi ingannare: "Le cattive compagnie corrompono i buoni costumi". *[34]* Ritornate in voi, come conviene, e non peccate! Alcuni infatti dimostrano di non conoscere Dio; ve lo dico a vostra vergogna.

[35] Ma qualcuno dirà: "Come risuscitano i morti? Con quale corpo verranno?". *[36]* Stolto! Ciò che tu semini non prende vita, se prima non muore; *[37]* e quello che semini non è il corpo che nascerà, ma un semplice chicco, di grano per esempio o di altro genere. *[38]* E Dio gli dà un corpo come ha stabilito, e a ciascun seme il proprio corpo. *[39]* Non ogni carne è la medesima carne; altra è la carne di uomini e altra quella di animali; altra quella di uccelli e altra quella di pesci. *[40]* Vi sono corpi celesti e corpi terrestri, ma altro è lo splendore dei corpi celesti, e altro quello dei corpi terrestri. *[41]* Altro è lo splendore del sole, altro lo splendore della luna e altro lo splendore delle stelle: ogni stella infatti differisce da un'altra nello splendore. *[42]* Così anche la risurrezione dei morti: si semina corruttibile e risorge incorruttibile; *[43]* si semina ignobile e risorge glorioso, si semina debole e risorge pieno di forza; *[44]* si semina un corpo animale, risorge un corpo spirituale.

Se c'è un corpo animale, vi è anche un corpo spirituale, poiché sta scritto che *[45]* il primo *uomo*, Adamo, *divenne un essere vivente*, ma l'ultimo Adamo divenne spirito datore di vita. *[46]* Non vi fu prima il corpo spirituale, ma quello animale, e poi lo spirituale. *[47]* Il primo uomo tratto dalla terra è di terra, il secondo uomo viene dal cielo. *[48]* Quale è l'uomo fatto di terra, così sono quelli di terra; ma quale il celeste, così anche i celesti. *[49]* E come abbiamo portato l'immagine dell'uomo di terra, così porteremo l'immagine dell'uomo celeste. *[50]* Questo vi dico, o fratelli: la carne e il sangue non possono ereditare il regno di Dio, né ciò che è corruttibile può ereditare l'incorruttibilità.

[51] Ecco io vi annunzio un mistero: non tutti, certo, moriremo, ma tutti saremo trasformati, *[52]* in un istante, in un batter d'occhio, al suono dell'ultima tromba; suonerà infatti la tromba e i morti risorgeranno incorrotti e noi saremo trasformati. *[53]* È necessario infatti che questo corpo corruttibile si vesta di incorruttibilità e questo corpo mortale si vesta di immortalità.

[54] Quando poi questo corpo corruttibile si sarà vestito d'incorruttibilità e questo corpo mortale d'immortalità, si compirà la parola della Scrittura:

La morte è stata ingoiata per la vittoria.
[55] Dov'è, o morte, la tua vittoria?
Dov'è, o morte, il tuo pungiglione?

[56] Il pungiglione della morte è il peccato e la forza del peccato è la legge. *[57]* Siano rese grazie a Dio che ci dà la vittoria per mezzo del Signore nostro Gesù Cristo! *[58]* Perciò, fratelli miei carissimi, rimanete saldi e irremovibili, prodigandovi sempre nell'opera del Signore, sapendo che la vostra fatica non è vana nel Signore.

16

[1] Quanto poi alla colletta in favore dei fratelli, fate anche voi come ho ordinato alle Chiese della Galazia. *[2]* Ogni primo giorno della settimana ciascuno metta da parte ciò che gli è riuscito di risparmiare, perché non si facciano le collette proprio quando verrò io. *[3]* Quando poi giungerò, manderò con una mia lettera quelli che voi avrete scelto per portare il dono della vostra liberalità a Gerusalemme. *[4]* E se converrà che vada anch'io, essi partiranno con me.

[5] Verrò da voi dopo aver attraversato la Macedonia, poiché la Macedonia intendo solo attraversarla; *[6]* ma forse mi fermerò da voi o anche passerò l'inverno, perché siate voi a predisporre il necessario per dove andrò. *[7]* Non voglio vedervi solo di passaggio, ma spero di trascorrere un po' di tempo con voi, se il Signore lo permetterà. *[8]* Mi fermerò tuttavia a Èfeso fino a Pentecoste, *[9]* perché mi si è aperta una porta grande e propizia, anche se gli avversari sono molti. *[10]* Quando verrà Timòteo, fate che non si trovi in soggezione presso di voi, giacché anche lui lavora come me per l'opera del Signore. *[11]* Nessuno dunque gli manchi di riguardo; al contrario, accomiatatelo in pace, perché ritorni presso di me: io lo aspetto con i fratelli. *[12]* Quanto poi al fratello Apollo, l'ho pregato vivamente di venire da voi con i fratelli, ma non ha voluto assolutamente saperne di partire ora; verrà tuttavia quando gli si presenterà l'occasione.

[13] Vigilate, state saldi nella fede, comportatevi da uomini, siate forti. *[14]* Tutto si faccia tra voi nella carità. *[15]* Una raccomandazione ancora, o fratelli: conoscete la famiglia di Stefana, che è primizia dell'Acaia; hanno dedicato se stessi a servizio dei fedeli; *[16]* siate anche voi deferenti verso di loro e verso quanti collaborano e si affaticano con loro. *[17]* Io mi rallegro della visita di Stefana, di Fortunato e di Acàico, i quali hanno supplito alla vostra assenza; *[18]* essi hanno allietato il mio

spirito e allieteranno anche il vostro. Sappiate apprezzare siffatte persone.
[19] Le comunità dell'Asia vi salutano. Vi salutano molto nel Signore Àquila e Prisca, con la comunità che si raduna nella loro casa. *[20]* Vi salutano i fratelli tutti. Salutatevi a vicenda con il bacio santo.
[21] Il saluto è di mia mano, di Paolo. *[22]* Se qualcuno non ama il Signore sia anàtema. *Maranà tha*: vieni, o Signore! *[23]* La grazia del Signore Gesù sia con voi. *[24]* Il mio amore con tutti voi in Cristo Gesù!

Seconda lettera ai Corinzi

1

[1] Paolo, apostolo di Gesù Cristo per volontà di Dio, e il fratello Timòteo, alla chiesa di Dio che è in Corinto e a tutti i santi dell'intera Acaia: *[2]* grazia a voi e pace da Dio Padre nostro e dal Signore Gesù Cristo.

[3] Sia benedetto Dio, Padre del Signore nostro Gesù Cristo, Padre misericordioso e Dio di ogni consolazione, *[4]* il quale ci consola in ogni nostra tribolazione perché possiamo anche noi consolare quelli che si trovano in qualsiasi genere di afflizione con la consolazione con cui siamo consolati noi stessi da Dio. *[5]* Infatti, come abbondano le sofferenze di Cristo in noi, così, per mezzo di Cristo, abbonda anche la nostra consolazione. *[6]* Quando siamo tribolati, è per la vostra consolazione e salvezza; quando siamo confortati, è per la vostra consolazione, la quale si dimostra nel sopportare con forza le medesime sofferenze che anche noi sopportiamo. *[7]* La nostra speranza nei vostri riguardi è ben salda, convinti che come siete partecipi delle sofferenze così lo siete anche della consolazione.

[8] Non vogliamo infatti che ignoriate, fratelli, come la tribolazione che ci è capitata in Asia ci ha colpiti oltre misura, al di là delle nostre forze, sì da dubitare anche della vita. *[9]* Abbiamo addirittura ricevuto su di noi la sentenza di morte per imparare a non riporre fiducia in noi stessi, ma nel Dio che risuscita i morti. *[10]* Da quella morte però egli ci ha liberato e ci libererà, per la speranza che abbiamo riposto in lui, che ci libererà ancora, *[11]* grazie alla vostra cooperazione nella preghiera per noi, affinché, per il favore divino ottenutoci da molte persone, siano rese grazie per noi da parte di molti.

[12] Questo infatti è il nostro vanto: la testimonianza della coscienza di esserci comportati nel mondo, e particolarmente verso di voi, con la santità e sincerità che vengono da Dio, non con la sapienza della carne ma con la grazia di Dio. *[13]* Non vi scriviamo in maniera diversa da quello che potete leggere o comprendere; spero che comprenderete sino alla fine, *[14]* come ci avete già compresi in parte, che noi siamo il vostro vanto, come voi sarete il nostro, nel giorno del Signore nostro Gesù.

[15] Con questa convinzione avevo deciso in un primo tempo di venire da voi, perché riceveste una seconda grazia, *[16]* e da voi passare in Macedonia, per ritornare nuovamente dalla Macedonia in mezzo a voi ed avere da voi il commiato per la Giudea. *[17]* Forse in questo progetto mi sono comportato con leggerezza? O quello che decido lo decido secondo la carne, in maniera da dire allo stesso tempo "sì, sì" e "no, no"? *[18]* Dio è testimone che la nostra parola verso di voi non è "sì" e "no".

[19] Il Figlio di Dio, Gesù Cristo che abbiamo predicato tra voi, io, Silvano e Timoteo, non fu "sì" e "no", ma in lui c'è stato il "sì". *[20]* E in realtà tutte le promesse di Dio in lui sono divenute "sì". Per questo sempre attraverso lui sale a Dio il nostro "Amen" per la sua gloria. *[21]* È Dio stesso che ci conferma, insieme a voi, in Cristo, e ci ha conferito l'unzione, *[22]* ci ha impresso il sigillo e ci ha dato la caparra dello Spirito nei nostri cuori.

[23] Io chiamo Dio a testimone sulla mia vita, che solo per risparmiarvi non sono più venuto a Corinto. *[24]* Noi non intendiamo far da padroni sulla vostra fede; siamo invece i collaboratori della vostra gioia, perché nella fede voi siete già saldi.

2

[1] Ritenni pertanto opportuno non venire di nuovo fra voi con tristezza. *[2]* Perché se io rattristo voi, chi mi rallegrerà se non colui che è stato da me rattristato? *[3]* Perciò vi ho scritto in quei termini che voi sapete, per non dovere poi essere rattristato alla mia venuta da quelli che dovrebbero rendermi lieto, persuaso come sono riguardo a voi tutti che la mia gioia è quella di tutti voi. *[4]* Vi ho scritto in un momento di grande afflizione e col cuore angosciato, tra molte lacrime, però non per rattristarvi, ma per farvi conoscere l'affetto immenso che ho per voi.

[5] Se qualcuno mi ha rattristato, non ha rattristato me soltanto, ma in parte almeno, senza voler esagerare, tutti voi. *[6]* Per quel tale però è già sufficiente il castigo che gli è venuto dai più, *[7]* cosicché voi dovreste piuttosto usargli benevolenza e confortarlo, perché egli non soccomba sotto un dolore troppo forte. *[8]* Vi esorto quindi a far prevalere nei suoi riguardi la carità; *[9]* e anche per questo vi ho scritto, per vedere alla prova se siete effettivamente obbedienti in tutto. *[10]* A chi voi perdonate, perdono anch'io; perché quello che io ho perdonato, se pure ebbi qualcosa da perdonare, l'ho fatto per voi, davanti a Cristo, *[11]* per non cadere in balìa di satana, di cui non ignoriamo le macchinazioni.

[12] Giunto pertanto a Tròade per annunziare il vangelo di Cristo, sebbene la porta mi fosse aperta nel Signore, *[13]* non ebbi pace nello spirito perché non vi trovai Tito, mio fratello; perciò, congedatomi da loro, partii per la Macedonia.

[14] Siano rese grazie a Dio, il quale ci fa partecipare al suo trionfo in Cristo e diffonde per mezzo nostro il profumo della sua conoscenza nel mondo intero! *[15]* Noi siamo infatti dinanzi a Dio il profumo di Cristo fra quelli che si salvano e fra quelli che si perdono; *[16]* per gli uni odore di morte per la morte e per gli altri odore di vita per la vita.

E chi è mai all'altezza di questi compiti? *[17]* Noi non siamo infatti come quei molti che mercanteggiano la parola di Dio, ma con sincerità e come mossi da Dio, sotto il suo sguardo, noi parliamo in Cristo.

[1] Cominciamo forse di nuovo a raccomandare noi stessi? O forse abbiamo bisogno, come altri, di lettere di raccomandazione per voi o da parte vostra? *[2]* La nostra lettera siete voi, lettera scritta nei nostri cuori, conosciuta e letta da tutti gli uomini. *[3]* È noto infatti che voi siete una lettera di Cristo composta da noi, scritta non con inchiostro, ma con lo Spirito del Dio vivente, non su tavole di pietra, ma sulle tavole di carne dei vostri cuori.

[4] Questa è la fiducia che abbiamo per mezzo di Cristo, davanti a Dio. *[5]* Non però che da noi stessi siamo capaci di pensare qualcosa come proveniente da noi, ma la nostra capacità viene da Dio, *[6]* che ci ha resi ministri adatti di una Nuova Alleanza, non della lettera ma dello Spirito; perché la lettera uccide, lo Spirito da' vita.

[7] Se il ministero della morte, inciso in lettere su pietre, fu circonfuso di gloria, al punto che i figli d'Israele non potevano fissare il volto di Mosè a causa dello splendore pure effimero del suo volto, *[8]* quanto più sarà glorioso il ministero dello Spirito? *[9]* Se già il ministero della condanna fu glorioso, molto di più abbonda di gloria il ministero della giustizia. *[10]* Anzi sotto quest'aspetto, quello che era glorioso non lo è più a confronto della sovraeminente gloria della Nuova Alleanza. *[11]* Se dunque ciò che era effimero fu glorioso, molto più lo sarà ciò che è duraturo. *[12]* Forti di tale speranza, ci comportiamo con molta franchezza *[13]* e non facciamo come Mosè che poneva un velo sul suo volto, perché i figli di Israele non vedessero la fine di ciò che era solo effimero. *[14]* Ma le loro menti furono accecate; infatti fino ad oggi quel medesimo velo rimane, non rimosso, alla lettura dell'Antico Testamento, perché è in Cristo che esso viene eliminato. *[15]* Fino ad oggi, quando si legge Mosè, un velo è steso sul loro cuore; *[16]* *ma quando ci sarà la conversione al Signore, quel velo sarà tolto.* *[17]* Il Signore è lo Spirito e dove c'è lo Spirito del Signore c'è libertà. *[18]* E noi tutti, a viso scoperto, riflettendo come in uno specchio la gloria del Signore, veniamo trasformati in quella medesima immagine, di gloria in gloria, secondo l'azione dello Spirito del Signore.

4

[1] Perciò, investiti di questo ministero per la misericordia che ci è stata usata, non ci perdiamo d'animo; *[2]* al contrario, rifiutando le dissimulazioni vergognose, senza comportarci con astuzia né falsificando la parola di Dio, ma annunziando apertamente la verità, ci presentiamo davanti a ogni coscienza, al cospetto di Dio.

[3] E se il nostro vangelo rimane velato, lo è per coloro che si perdono, *[4]* ai quali il dio di questo mondo ha accecato la mente incredula, perché non vedano lo splendore del glorioso vangelo di Cristo che è immagine di Dio. *[5]* Noi infatti non predichiamo noi stessi, ma Cristo Gesù Signore; quanto a noi, siamo i vostri servitori per amore di Gesù. *[6]* E Dio che disse: *Rifulga la luce dalle tenebre*, rifulse nei nostri cuori, per far risplendere la conoscenza della gloria divina che rifulge sul volto di Cristo.

[7] Però noi abbiamo questo tesoro in vasi di creta, perché appaia che questa potenza straordinaria viene da Dio e non da noi. *[8]* Siamo infatti tribolati da ogni parte, ma non schiacciati; siamo sconvolti, ma non disperati; *[9]* perseguitati, ma non abbandonati; colpiti, ma non uccisi, *[10]* portando sempre e dovunque nel nostro corpo la morte di Gesù, perché anche la vita di Gesù si manifesti nel nostro corpo. *[11]* Sempre infatti, noi che siamo vivi, veniamo esposti alla morte a causa di Gesù, perché anche la vita di Gesù sia manifesta nella nostra carne mortale. *[12]* Di modo che in noi opera la morte, ma in voi la vita.

[13] Animati tuttavia da quello stesso spirito di fede di cui sta scritto: *Ho creduto, perciò ho parlato*, anche noi crediamo e perciò parliamo, *[14]* convinti che colui che ha risuscitato il Signore Gesù, risusciterà anche noi con Gesù e ci porrà accanto a lui insieme con voi. *[15]* Tutto infatti è per voi, perché la grazia, ancora più abbondante ad opera di un maggior numero, moltiplichi l'inno di lode alla gloria di Dio. *[16]* Per questo non ci scoraggiamo, ma se anche il nostro uomo esteriore si va disfacendo, quello interiore si rinnova di giorno in giorno. *[17]* Infatti il momentaneo, leggero peso della nostra tribolazione, ci procura una quantità smisurata ed eterna di gloria, *[18]* perché noi non fissiamo lo sguardo sulle cose visibili, ma su quelle invisibili. Le cose visibili sono d'un momento, quelle invisibili sono eterne.

5

[1] Sappiamo infatti che quando verrà disfatto questo corpo, nostra abitazione sulla terra, riceveremo un'abitazione da Dio, una dimora eterna, non costruita da mani di uomo, nei cieli. *[2]* Perciò sospiriamo in questo nostro stato, desiderosi di rivestirci del nostro corpo celeste: *[3]* a condizione però di esser trovati già vestiti, non nudi. *[4]* In realtà quanti siamo in questo corpo, sospiriamo come sotto un peso, non volendo venire spogliati ma sopravvestiti, perché ciò che è mortale venga assorbito dalla vita. *[5]* È Dio che ci ha fatti per questo e ci ha dato la caparra dello Spirito.

[6] Così, dunque, siamo sempre pieni di fiducia e sapendo che finché abitiamo nel corpo siamo in esilio lontano dal Signore, *[7]* camminiamo nella fede e non ancora in visione. *[8]* Siamo pieni di fiducia e preferiamo andare in esilio dal corpo ed abitare presso il Signore. *[9]* Perciò ci sforziamo, sia dimorando nel corpo sia esulando da esso, di essere a lui graditi. *[10]* Tutti infatti dobbiamo comparire davanti al tribunale di Cristo, ciascuno per ricevere la ricompensa delle opere compiute finché era nel corpo, sia in bene che in male.

[11] Consapevoli dunque del timore del Signore, noi cerchiamo di convincere gli uomini; per quanto invece riguarda Dio, gli siamo ben noti. E spero di esserlo anche davanti alle vostre coscienze. *[12]* Non ricominciamo a raccomandarci a voi, ma è solo per darvi occasione di vanto a nostro riguardo, perché abbiate di che rispondere a coloro il cui vanto è esteriore e non nel cuore. *[13]* Se infatti siamo stati fuori di senno, era per Dio; se siamo assennati, è per voi.

[14] Poiché l'amore del Cristo ci spinge, al pensiero che uno è morto per tutti e

quindi tutti sono morti. *[15]* Ed egli è morto per tutti, perché quelli che vivono non vivano più per se stessi, ma per colui che è morto e risuscitato per loro. *[16]* Cosicché ormai noi non conosciamo più nessuno secondo la carne; e anche se abbiamo conosciuto Cristo secondo la carne, ora non lo conosciamo più così. *[17]* Quindi se uno è in Cristo, è una creatura nuova; le cose vecchie sono passate, ecco ne sono nate di nuove.

[18] Tutto questo però viene da Dio, che ci ha riconciliati con sé mediante Cristo e ha affidato a noi il ministero della riconciliazione. *[19]* È stato Dio infatti a riconciliare a sé il mondo in Cristo, non imputando agli uomini le loro colpe e affidando a noi la parola della riconciliazione. *[20]* Noi fungiamo quindi da ambasciatori per Cristo, come se Dio esortasse per mezzo nostro. Vi supplichiamo in nome di Cristo: lasciatevi riconciliare con Dio. *[21]* Colui che non aveva conosciuto peccato, Dio lo trattò da peccato in nostro favore, perché noi potessimo diventare per mezzo di lui giustizia di Dio.

6

[1] E poiché siamo suoi collaboratori, vi esortiamo a non accogliere invano la grazia di Dio. *[2]* Egli dice infatti:

Al momento favorevole ti ho esaudito
e nel giorno della salvezza ti ho soccorso.

Ecco ora il momento favorevole, ecco ora il giorno della salvezza!
[3] Da parte nostra non diamo motivo di scandalo a nessuno, perché non venga biasimato il nostro ministero; *[4]* ma in ogni cosa ci presentiamo come ministri di Dio, con molta fermezza nelle tribolazioni, nelle necessità, nelle angosce, *[5]* nelle percosse, nelle prigioni, nei tumulti, nelle fatiche, nelle veglie, nei digiuni; *[6]* con purezza, sapienza, pazienza, benevolenza, spirito di santità, amore sincero; *[7]* con parole di verità, con la potenza di Dio; con le armi della giustizia a destra e a sinistra; *[8]* nella gloria e nel disonore, nella cattiva e nella buona fama. Siamo ritenuti impostori, eppure siamo veritieri; *[9]* sconosciuti, eppure siamo notissimi; moribondi, ed ecco viviamo; puniti, ma non messi a morte; *[10]* afflitti, ma sempre lieti; poveri, ma facciamo ricchi molti; gente che non ha nulla e invece possediamo tutto!
[11] La nostra bocca vi ha parlato francamente, Corinzi, e il nostro cuore si è tutto aperto per voi. *[12]* Non siete davvero allo stretto in noi; è nei vostri cuori invece che siete allo stretto. *[13]* Io parlo come a figli: rendeteci il contraccambio, aprite anche voi il vostro cuore!
[14] Non lasciatevi legare al giogo estraneo degli infedeli. Quale rapporto infatti ci può essere tra la giustizia e l'iniquità, o quale unione tra la luce e le tenebre? *[15]* Quale intesa tra Cristo e Beliar, o quale collaborazione tra un fedele e un infedele? *[16]* Quale accordo tra il tempio di Dio e gli idoli? Noi siamo infatti il tempio del Dio vivente, come Dio stesso ha detto:

Abiterò in mezzo a loro e con loro camminerò
e sarò il loro Dio,
ed essi saranno il mio popolo.
[17] Perciò uscite di mezzo a loro
e riparatevi, dice il Signore,
non toccate nulla d'impuro.
E io vi accoglierò,
[18] e sarò per voi come un padre,
e voi mi sarete come figli e figlie,
dice il Signore onnipotente.

7

[1] In possesso dunque di queste promesse, carissimi, purifichiamoci da ogni macchia della carne e dello spirito, portando a compimento la nostra santificazione, nel timore di Dio.
[2] Fateci posto nei vostri cuori! A nessuno abbiamo fatto ingiustizia, nessuno abbiamo danneggiato, nessuno abbiamo sfruttato. *[3]* Non dico questo per condannare qualcuno; infatti vi ho già detto sopra che siete nel nostro cuore, per morire insieme e insieme vivere. *[4]* Sono molto franco con voi e ho molto da vantarmi di voi. Sono pieno di consolazione, pervaso di gioia in ogni nostra tribolazione.
[5] Infatti, da quando siamo giunti in Macedonia, la nostra carne non ha avuto sollievo alcuno, ma da ogni parte siamo tribolati: battaglie all'esterno, timori al di dentro.
[6] Ma Dio che consola gli afflitti ci ha consolati con la venuta di Tito, *[7]* e non solo con la sua venuta, ma con la consolazione che ha ricevuto da voi. Egli ci ha annunziato infatti il vostro desiderio, il vostro dolore, il vostro affetto per me; cosicché la mia gioia si è ancora accresciuta.
[8] Se anche vi ho rattristati con la mia lettera, non me ne dispiace. E se me ne è dispiaciuto - vedo infatti che quella lettera, anche se per breve tempo soltanto, vi ha rattristati - *[9]* ora ne godo; non per la vostra tristezza, ma perché questa tristezza vi ha portato a pentirvi. Infatti vi siete rattristati secondo Dio e così non avete ricevuto alcun danno da parte nostra; *[10]* perché la tristezza secondo Dio produce un pentimento irrevocabile che porta alla salvezza, mentre la tristezza del mondo produce la morte. *[11]* Ecco, infatti, quanta sollecitudine ha prodotto in voi proprio questo rattristarvi secondo Dio; anzi quante scuse, quanta indignazione, quale timore, quale desiderio, quale affetto, quale punizione! Vi siete dimostrati innocenti sotto ogni riguardo in questa faccenda. *[12]* Così se anche vi ho scritto, non fu tanto a motivo dell'offensore o a motivo dell'offeso, ma perché apparisse chiara la vostra sollecitudine per noi davanti a Dio. *[13]* Ecco quello che ci ha consolati. A questa nostra consolazione si è aggiunta una gioia ben più grande per la letizia di

Tito, poiché il suo spirito è stato rinfrancato da tutti voi. *[14]* Cosicché se in qualche cosa mi ero vantato di voi con lui, non ho dovuto vergognarmene, ma come abbiamo detto a voi ogni cosa secondo verità, così anche il nostro vanto con Tito si è dimostrato vero. *[15]* E il suo affetto per voi è cresciuto, ricordando come tutti gli avete obbedito e come lo avete accolto con timore e trepidazione. *[16]* Mi rallegro perché posso contare totalmente su di voi.

8

[1] Vogliamo poi farvi nota, fratelli, la grazia di Dio concessa alle Chiese della Macedonia: *[2]* nonostante la lunga prova della tribolazione, la loro grande gioia e la loro estrema povertà si sono tramutate nella ricchezza della loro generosità. *[3]* Posso testimoniare infatti che hanno dato secondo i loro mezzi e anche al di là dei loro mezzi, spontaneamente, *[4]* domandandoci con insistenza la grazia di prendere parte a questo servizio a favore dei santi. *[5]* Superando anzi le nostre stesse speranze, si sono offerti prima di tutto al Signore e poi a noi, secondo la volontà di Dio; *[6]* cosicché abbiamo pregato Tito di portare a compimento fra voi quest'opera generosa, dato che lui stesso l'aveva incominciata.

[7] E come vi segnalate in ogni cosa, nella fede, nella parola, nella scienza, in ogni zelo e nella carità che vi abbiamo insegnato, così distinguetevi anche in quest'opera generosa. *[8]* Non dico questo per farvene un comando, ma solo per mettere alla prova la sincerità del vostro amore con la premura verso gli altri. *[9]* Conoscete infatti la grazia del Signore nostro Gesù Cristo: da ricco che era, si è fatto povero per voi, perché voi diventaste ricchi per mezzo della sua povertà. *[10]* E a questo riguardo vi do un consiglio: si tratta di cosa vantaggiosa per voi, che fin dall'anno passato siete stati i primi, non solo a intraprenderla ma a desiderarla. *[11]* Ora dunque realizzatela, perché come vi fu la prontezza del volere, così anche vi sia il compimento, secondo i vostri mezzi. *[12]* Se infatti c'è la buona volontà, essa riesce gradita secondo quello che uno possiede e non secondo quello che non possiede. *[13]* Qui non si tratta infatti di mettere in ristrettezza voi per sollevare gli altri, ma di fare uguaglianza. *[14]* Per il momento la vostra abbondanza supplisca alla loro indigenza, perché anche la loro abbondanza supplisca alla vostra indigenza, e vi sia uguaglianza, come sta scritto:

[15] Colui che raccolse molto non abbondò,
 e colui che raccolse poco non ebbe di meno.

[16] Siano pertanto rese grazie a Dio che infonde la medesima sollecitudine per voi nel cuore di Tito! *[17]* Egli infatti ha accolto il mio invito e ancor più pieno di zelo è partito spontaneamente per venire da voi. *[18]* Con lui abbiamo inviato pure il fratello che ha lode in tutte le Chiese a motivo del vangelo; *[19]* egli è stato designato dalle Chiese come nostro compagno in quest'opera di carità, alla quale ci dedichiamo per la gloria del Signore, e per dimostrare anche l'impulso del nostro cuore. *[20]* Con

ciò intendiamo evitare che qualcuno possa biasimarci per questa abbondanza che viene da noi amministrata. *[21] Ci preoccupiamo* infatti *di comportarci bene* non soltanto *davanti al Signore*, ma *anche* davanti *agli uomini. [22]* Con loro abbiamo inviato anche il nostro fratello, di cui abbiamo più volte sperimentato lo zelo in molte circostanze; egli è ora più zelante che mai per la grande fiducia che ha in voi.

[23] Quanto a Tito, egli è mio compagno e collaboratore presso di voi; quanto ai nostri fratelli, essi sono delegati delle Chiese e gloria di Cristo. *[24]* Date dunque a loro la prova del vostro affetto e della legittimità del nostro vanto per voi davanti a tutte le Chiese.

9

[1] Riguardo poi a questo servizio in favore dei santi, è superfluo che ve ne scriva. *[2]* Conosco infatti bene la vostra buona volontà, e ne faccio vanto con i Macèdoni dicendo che l'Acaia è pronta fin dallo scorso anno e già molti sono stati stimolati dal vostro zelo. *[3]* I fratelli poi li ho mandati perché il nostro vanto per voi su questo punto non abbia a dimostrarsi vano, ma siate realmente pronti, come vi dicevo, perché *[4]* non avvenga che, venendo con me alcuni Macèdoni, vi trovino impreparati e noi dobbiamo arrossire, per non dire anche voi, di questa nostra fiducia. *[5]* Ho quindi ritenuto necessario invitare i fratelli a recarsi da voi prima di me, per organizzare la vostra offerta già promessa, perché essa sia pronta come una vera offerta e non come una spilorceria.

[6] Tenete a mente che chi semina scarsamente, scarsamente raccoglierà e chi semina con larghezza, con larghezza raccoglierà. *[7]* Ciascuno dia secondo quanto ha deciso nel suo cuore, non con tristezza né per forza, perché *Dio* ama *chi dona con gioia. [8]* Del resto, Dio ha potere di far abbondare in voi ogni grazia perché, avendo sempre il necessario in tutto, possiate compiere generosamente tutte le opere di bene, *[9]* come sta scritto:

ha largheggiato, ha dato ai poveri;
la sua giustizia dura in eterno.

[10] Colui che somministra il seme al seminatore e il pane per il nutrimento, somministrerà e moltiplicherà anche la vostra semente e farà crescere i frutti della vostra giustizia. *[11]* Così sarete ricchi per ogni generosità, la quale poi farà salire a Dio l'inno di ringraziamento per mezzo nostro. *[12]* Perché l'adempimento di questo servizio sacro non provvede soltanto alle necessità dei santi, ma ha anche maggior valore per i molti ringraziamenti a Dio. *[13]* A causa della bella prova di questo servizio essi ringrazieranno Dio per la vostra obbedienza e accettazione del vangelo di Cristo, e per la generosità della vostra comunione con loro e con tutti; *[14]* e pregando per voi manifesteranno il loro affetto a causa della straordinaria grazia di Dio effusa sopra di voi. *[15]* Grazie a Dio per questo suo ineffabile dono!

10

[1] Ora io stesso, Paolo, vi esorto per la dolcezza e la mansuetudine di Cristo, io davanti a voi così meschino, ma di lontano così animoso con voi; *[2]* vi supplico di far in modo che non avvenga che io debba mostrare, quando sarò tra voi, quell'energia che ritengo di dover adoperare contro alcuni che pensano che noi camminiamo secondo la carne. *[3]* In realtà, noi viviamo nella carne ma non militiamo secondo la carne. Infatti le armi della nostra battaglia non sono carnali, *[4]* ma hanno da Dio la potenza di abbattere le fortezze, *[5]* distruggendo i ragionamenti e ogni baluardo che si leva contro la conoscenza di Dio, e rendendo ogni intelligenza soggetta all'obbedienza al Cristo. *[6]* Perciò siamo pronti a punire qualsiasi disobbedienza, non appena la vostra obbedienza sarà perfetta.

[7] Guardate le cose bene in faccia: se qualcuno ha in se stesso la persuasione di appartenere a Cristo, si ricordi che se lui è di Cristo lo siamo anche noi. *[8]* In realtà, anche se mi vantassi di più a causa della nostra autorità, che il Signore ci ha dato per vostra edificazione e non per vostra rovina, non avrò proprio da vergognarmene. *[9]* Non sembri che io vi voglia spaventare con le lettere! *[10]* Perché "le lettere - si dice - sono dure e forti, ma la sua presenza fisica è debole e la parola dimessa". *[11]* Questo tale rifletta però che quali noi siamo a parole per lettera, assenti, tali saremo anche con i fatti, di presenza.

[12] Certo noi non abbiamo l'audacia di uguagliarci o paragonarci ad alcuni di quelli che si raccomandano da sé; ma mentre si misurano su di sé e si paragonano con se stessi, mancano di intelligenza. *[13]* Noi invece non ci vanteremo oltre misura, ma secondo la norma della misura che Dio ci ha assegnato, sì da poter arrivare fino a voi; *[14]* né ci innalziamo in maniera indebita, come se non fossimo arrivati fino a voi, perché fino a voi siamo giunti col vangelo di Cristo. *[15]* né ci vantiamo indebitamente di fatiche altrui, ma abbiamo la speranza, col crescere della vostra fede, di crescere ancora nella vostra considerazione, secondo la nostra misura, *[16]* per evangelizzare le regioni più lontane della vostra, senza vantarci alla maniera degli altri delle cose già fatte da altri.

[17] Pertanto *chi si vanta, si vanti nel Signore*; *[18]* perché non colui che si raccomanda da sé viene approvato, ma colui che il Signore raccomanda.

11

[1] Oh se poteste sopportare un po' di follia da parte mia! Ma, certo, voi mi sopportate. *[2]* Io provo infatti per voi una specie di gelosia divina, avendovi promessi a un unico sposo, per presentarvi quale vergine casta a Cristo. *[3]* Temo però che, come il serpente nella sua malizia sedusse Eva, così i vostri pensieri vengano in qualche modo traviati dalla loro semplicità e purezza nei riguardi di Cristo. *[4]* Se infatti il primo venuto vi predica un Gesù diverso da quello che vi abbiamo predicato noi o se si tratta di ricevere uno spirito diverso da quello che avete

ricevuto o un altro vangelo che non avete ancora sentito, voi siete ben disposti ad accettarlo. *[5]* Ora io ritengo di non essere in nulla inferiore a questi "superapostoli"!
[6] E se anche sono un profano nell'arte del parlare, non lo sono però nella dottrina, come vi abbiamo dimostrato in tutto e per tutto davanti a tutti.

[7] O forse ho commesso una colpa abbassando me stesso per esaltare voi, quando vi ho annunziato gratuitamente il vangelo di Dio? *[8]* Ho spogliato altre Chiese accettando da loro il necessario per vivere, allo scopo di servire voi. *[9]* E trovandomi presso di voi e pur essendo nel bisogno, non sono stato d'aggravio a nessuno, perché alle mie necessità hanno provveduto i fratelli giunti dalla Macedonia. In ogni circostanza ho fatto il possibile per non esservi di aggravio e così farò in avvenire. *[10]* Com'è vero che c'è la verità di Cristo in me, nessuno mi toglierà questo vanto in terra di Acaia!

[11] Questo perché? Forse perché non vi amo? Lo sa Dio! *[12]* Lo faccio invece, e lo farò ancora, per troncare ogni pretesto a quelli che cercano un pretesto per apparire come noi in quello di cui si vantano. *[13]* Questi tali sono falsi apostoli, operai fraudolenti, che si mascherano da apostoli di Cristo. *[14]* Ciò non fa meraviglia, perché anche satana si maschera da angelo di luce. *[15]* Non è perciò gran cosa se anche i suoi ministri si mascherano da ministri di giustizia; ma la loro fine sarà secondo le loro opere.

[16] Lo dico di nuovo: nessuno mi consideri come un pazzo, o se no ritenetemi pure come un pazzo, perché possa anch'io vantarmi un poco. *[17]* Quello che dico, però, non lo dico secondo il Signore, ma come da stolto, nella fiducia che ho di potermi vantare. *[18]* Dal momento che molti si vantano da un punto di vista umano, mi vanterò anch'io. *[19]* Infatti voi, che pur siete saggi, sopportate facilmente gli stolti. *[20]* In realtà sopportate chi vi riduce in servitù, chi vi divora, chi vi sfrutta, chi è arrogante, chi vi colpisce in faccia. *[21]* Lo dico con vergogna; come siamo stati deboli!

Però in quello in cui qualcuno osa vantarsi, lo dico da stolto, oso vantarmi anch'io. *[22]* Sono Ebrei? Anch'io! Sono Israeliti? Anch'io! Sono stirpe di Abramo? Anch'io!
[23] Sono ministri di Cristo? Sto per dire una pazzia, io lo sono più di loro: molto di più nelle fatiche, molto di più nelle prigionie, infinitamente di più nelle percosse, spesso in pericolo di morte. *[24]* Cinque volte dai Giudei ho ricevuto i trentanove colpi; *[25]* tre volte sono stato battuto con le verghe, una volta sono stato lapidato, tre volte ho fatto naufragio, ho trascorso un giorno e una notte in balìa delle onde. *[26]* Viaggi innumerevoli, pericoli di fiumi, pericoli di briganti, pericoli dai miei connazionali, pericoli dai pagani, pericoli nella città, pericoli nel deserto, pericoli sul mare, pericoli da parte di falsi fratelli; *[27]* fatica e travaglio, veglie senza numero, fame e sete, frequenti digiuni, freddo e nudità. *[28]* E oltre a tutto questo, il mio assillo quotidiano, la preoccupazione per tutte le Chiese. *[29]* Chi è debole, che anch'io non lo sia? Chi riceve scandalo, che io non ne frema?

[30] Se è necessario vantarsi, mi vanterò di quanto si riferisce alla mia debolezza.
[31] Dio e Padre del Signore Gesù, lui che è benedetto nei secoli, sa che non mentisco. *[32]* A Damasco, il governatore del re Areta montava la guardia alla città

dei Damasceni per catturarmi, *[33]* ma da una finestra fui calato per il muro in una cesta e così sfuggii dalle sue mani.

12

[1] Bisogna vantarsi? Ma ciò non conviene! Pur tuttavia verrò alle visioni e alle rivelazioni del Signore. *[2]* Conosco un uomo in Cristo che, quattordici anni fa - se con il corpo o fuori del corpo non lo so, lo sa Dio - fu rapito fino al terzo cielo. *[3]* E so che quest'uomo - se con il corpo o senza corpo non lo so, lo sa Dio - *[4]* fu rapito in paradiso e udì parole indicibili che non è lecito ad alcuno pronunziare. *[5]* Di lui io mi vanterò! Di me stesso invece non mi vanterò fuorché delle mie debolezze. *[6]* Certo, se volessi vantarmi, non sarei insensato, perché direi solo la verità; ma evito di farlo, perché nessuno mi giudichi di più di quello che vede o sente da me.

[7] Perché non montassi in superbia per la grandezza delle rivelazioni, mi è stata messa una spina nella carne, un inviato di satana incaricato di schiaffeggiarmi, perché io non vada in superbia. *[8]* A causa di questo per ben tre volte ho pregato il Signore che l'allontanasse da me. *[9]* Ed egli mi ha detto: "Ti basta la mia grazia; la mia potenza infatti si manifesta pienamente nella debolezza". Mi vanterò quindi ben volentieri delle mie debolezze, perché dimori in me la potenza di Cristo. *[10]* Perciò mi compiaccio nelle mie infermità, negli oltraggi, nelle necessità, nelle persecuzioni, nelle angosce sofferte per Cristo: quando sono debole, è allora che sono forte.

[11] Sono diventato pazzo; ma siete voi che mi ci avete costretto. Infatti avrei dovuto essere raccomandato io da voi, perché non sono per nulla inferiore a quei "superapostoli", anche se sono un nulla. *[12]* Certo, in mezzo a voi si sono compiuti i segni del vero apostolo, in una pazienza a tutta prova, con segni, prodigi e miracoli. *[13]* In che cosa infatti siete stati inferiori alle altre Chiese, se non in questo, che io non vi sono stato d'aggravio? Perdonatemi questa ingiustizia!

[14] Ecco, è la terza volta che sto per venire da voi, e non vi sarò di peso, perché non cerco i vostri beni, ma voi. Infatti non spetta ai figli mettere da parte per i genitori, ma ai genitori per i figli. *[15]* Per conto mio mi prodigherò volentieri, anzi consumerò me stesso per le vostre anime. Se io vi amo più intensamente, dovrei essere riamato di meno?

[16] Ma sia pure che io non vi sono stato di peso; però, scaltro come sono, vi ho preso con inganno. *[17]* Vi ho forse sfruttato per mezzo di qualcuno di quelli che ho inviato tra voi? *[18]* Ho vivamente pregato Tito di venire da voi e ho mandato insieme con lui quell'altro fratello. Forse Tito vi ha sfruttato in qualche cosa? Non abbiamo forse noi due camminato con lo stesso spirito, sulle medesime tracce?

[19] Certo, da tempo vi immaginate che stiamo facendo la nostra difesa davanti a voi. Ma noi parliamo davanti a Dio, in Cristo, e tutto, carissimi, è per la vostra edificazione. *[20]* Temo infatti che, venendo, non vi trovi come desidero e che a mia volta venga trovato da voi quale non mi desiderate; che per caso non vi siano contese, invidie, animosità, dissensi, maldicenze, insinuazioni, superbie, disordini, *[21]* e che,

alla mia venuta, il mio Dio mi umilii davanti a voi e io abbia a piangere su molti che hanno peccato in passato e non si sono convertiti dalle impurità, dalla fornicazione e dalle dissolutezze che hanno commesso.

13

[1] Questa è la terza volta che vengo da voi. *Ogni questione si deciderà sulla dichiarazione di due o tre testimoni.* *[2]* L'ho detto prima e lo ripeto ora, allora presente per la seconda volta e ora assente, a tutti quelli che hanno peccato e a tutti gli altri: quando verrò di nuovo non perdonerò più, *[3]* dal momento che cercate una prova che Cristo parla in me, lui che non è debole, ma potente in mezzo a voi. *[4]* Infatti egli fu crocifisso per la sua debolezza, ma vive per la potenza di Dio. E anche noi che siamo deboli in lui, saremo vivi con lui per la potenza di Dio nei vostri riguardi.

[5] Esaminate voi stessi se siete nella fede, mettetevi alla prova. Non riconoscete forse che Gesù Cristo abita in voi? A meno che la prova non sia contro di voi! *[6]* Spero tuttavia che riconoscerete che essa non è contro di noi. *[7]* Noi preghiamo Dio che non facciate alcun male, e non per apparire noi superiori nella prova, ma perché voi facciate il bene e noi restiamo come senza prova. *[8]* Non abbiamo infatti alcun potere contro la verità, ma per la verità; *[9]* perciò ci rallegriamo quando noi siamo deboli e voi siete forti. Noi preghiamo anche per la vostra perfezione. *[10]* Per questo vi scrivo queste cose da lontano: per non dover poi, di presenza, agire severamente con il potere che il Signore mi ha dato per edificare e non per distruggere.

[11] Per il resto, fratelli, state lieti, tendete alla perfezione, fatevi coraggio a vicenda, abbiate gli stessi sentimenti, vivete in pace e il Dio dell'amore e della pace sarà con voi. *[12]* Salutatevi a vicenda con il bacio santo. Tutti i santi vi salutano.

[13] La grazia del Signore Gesù Cristo, l'amore di Dio e la comunione dello Spirito Santo siano con tutti voi.

Lettera ai Galati

1

[1] Paolo, apostolo non da parte di uomini, né per mezzo di uomo, ma per mezzo di Gesù Cristo e di Dio Padre che lo ha risuscitato dai morti, *[2]* e tutti i fratelli che sono con me, alle Chiese della Galazia. *[3]* Grazia a voi e pace da parte di Dio Padre nostro e dal Signore Gesù Cristo, *[4]* che ha dato se stesso per i nostri peccati, per strapparci da questo mondo perverso, secondo la volontà di Dio e Padre nostro, *[5]* al quale sia gloria nei secoli dei secoli. Amen.

[6] Mi meraviglio che così in fretta da colui che vi ha chiamati con la grazia di Cristo passiate ad un altro vangelo. *[7]* In realtà, però, non ce n'è un altro; solo che vi sono alcuni che vi turbano e vogliono sovvertire il vangelo di Cristo. *[8]* Orbene, se anche noi stessi o un angelo dal cielo vi predicasse un vangelo diverso da quello che vi abbiamo predicato, sia anàtema! *[9]* L'abbiamo già detto e ora lo ripeto: se qualcuno vi predica un vangelo diverso da quello che avete ricevuto, sia anàtema! *[10]* Infatti, è forse il favore degli uomini che intendo guadagnarmi, o non piuttosto quello di Dio? Oppure cerco di piacere agli uomini? Se ancora io piacessi agli uomini, non sarei più servitore di Cristo!

[11] Vi dichiaro dunque, fratelli, che il vangelo da me annunziato non è modellato sull'uomo; *[12]* infatti io non l'ho ricevuto né l'ho imparato da uomini, ma per rivelazione di Gesù Cristo. *[13]* Voi avete certamente sentito parlare della mia condotta di un tempo nel giudaismo, come io perseguitassi fieramente la Chiesa di Dio e la devastassi, *[14]* superando nel giudaismo la maggior parte dei miei coetanei e connazionali, accanito com'ero nel sostenere le tradizioni dei padri. *[15]* Ma quando colui che mi scelse fin dal seno di mia madre e mi chiamò con la sua grazia si compiacque *[16]* di rivelare a me suo Figlio perché lo annunziassi in mezzo ai pagani, subito, senza consultare nessun uomo, *[17]* senza andare a Gerusalemme da coloro che erano apostoli prima di me, mi recai in Arabia e poi ritornai a Damasco.

[18] In seguito, dopo tre anni andai a Gerusalemme per consultare Cefa, e rimasi presso di lui quindici giorni; *[19]* degli apostoli non vidi nessun altro, se non Giacomo, il fratello del Signore. *[20]* In ciò che vi scrivo, io attesto davanti a Dio che non mentisco. *[21]* Quindi andai nelle regioni della Siria e della Cilicia. *[22]* Ma ero sconosciuto personalmente alle Chiese della Giudea che sono in Cristo; *[23]* soltanto avevano sentito dire: "Colui che una volta ci perseguitava, va ora annunziando la fede che un tempo voleva distruggere". *[24]* E glorificavano Dio a causa mia.

[1] Dopo quattordici anni, andai di nuovo a Gerusalemme in compagnia di Bàrnaba, portando con me anche Tito: *[2]* vi andai però in seguito ad una rivelazione. Esposi loro il vangelo che io predico tra i pagani, ma lo esposi privatamente alle persone più ragguardevoli, per non trovarmi nel rischio di correre o di aver corso invano. *[3]* Ora neppure Tito, che era con me, sebbene fosse greco, fu obbligato a farsi circoncidere. *[4]* E questo proprio a causa dei falsi fratelli che si erano intromessi a spiare la libertà che abbiamo in Cristo Gesù, allo scopo di renderci schiavi. *[5]* Ad essi però non cedemmo, per riguardo, neppure un istante, perché la verità del vangelo continuasse a rimanere salda tra di voi.

[6] Da parte dunque delle persone più ragguardevoli - quali fossero allora non m'interessa, perché Dio non bada a persona alcuna - a me, da quelle persone ragguardevoli, non fu imposto nulla di più. *[7]* Anzi, visto che a me era stato affidato il vangelo per i non circoncisi, come a Pietro quello per i circoncisi - *[8]* poiché colui che aveva agito in Pietro per farne un apostolo dei circoncisi aveva agito anche in me per i pagani - *[9]* e riconoscendo la grazia a me conferita, Giacomo, Cefa e Giovanni, ritenuti le colonne, diedero a me e a Bàrnaba la loro destra in segno di comunione, perché noi andassimo verso i pagani ed essi verso i circoncisi. *[10]* Soltanto ci pregarono di ricordarci dei poveri: ciò che mi sono proprio preoccupato di fare.

[11] Ma quando Cefa venne ad Antiochia, mi opposi a lui a viso aperto perché evidentemente aveva torto. *[12]* Infatti, prima che giungessero alcuni da parte di Giacomo, egli prendeva cibo insieme ai pagani; ma dopo la loro venuta, cominciò a evitarli e a tenersi in disparte, per timore dei circoncisi. *[13]* E anche gli altri Giudei lo imitarono nella simulazione, al punto che anche Bàrnaba si lasciò attirare nella loro ipocrisia. *[14]* Ora quando vidi che non si comportavano rettamente secondo la verità del vangelo, dissi a Cefa in presenza di tutti: "Se tu, che sei Giudeo, vivi come i pagani e non alla maniera dei Giudei, come puoi costringere i pagani a vivere alla maniera dei Giudei?

[15] Noi che per nascita siamo Giudei e non pagani peccatori, *[16]* sapendo tuttavia che l'uomo non è giustificato dalle opere della legge ma soltanto per mezzo della fede in Gesù Cristo, abbiamo creduto anche noi in Gesù Cristo per essere giustificati dalla fede in Cristo e non dalle opere della legge; poiché dalle opere della legge *non verrà mai giustificato nessuno"*.

[17] Se pertanto noi che cerchiamo la giustificazione in Cristo siamo trovati peccatori come gli altri, forse Cristo è ministro del peccato? Impossibile! *[18]* Infatti se io riedifico quello che ho demolito, mi denuncio come trasgressore. *[19]* In realtà mediante la legge io sono morto alla legge, per vivere per Dio. *[20]* Sono stato crocifisso con Cristo e non sono più io che vivo, ma Cristo vive in me. Questa vita nella carne, io la vivo nella fede del Figlio di Dio, che mi ha amato e ha dato se stesso per me. *[21]* Non annullo dunque la grazia di Dio; infatti se la giustificazione viene dalla legge, Cristo è morto invano.

[1] O stolti Gàlati, chi mai vi ha ammaliati, proprio voi agli occhi dei quali fu rappresentato al vivo Gesù Cristo crocifisso? *[2]* Questo solo io vorrei sapere da voi: è per le opere della legge che avete ricevuto lo Spirito o per aver creduto alla predicazione? *[3]* Siete così privi d'intelligenza che, dopo aver incominciato con lo Spirito, ora volete finire con la carne? *[4]* Tante esperienze le avete fatte invano? Se almeno fosse invano! *[5]* Colui che dunque vi concede lo Spirito e opera portenti in mezzo a voi, lo fa grazie alle opere della legge o perché avete creduto alla predicazione?

[6] Fu così che Abramo *ebbe fede in Dio e gli fu accreditato come giustizia*. *[7]* Sappiate dunque che figli di Abramo sono quelli che vengono dalla fede. *[8]* E la Scrittura, prevedendo che Dio avrebbe giustificato i pagani per la fede, preannunziò ad Abramo questo lieto annunzio: *In te saranno benedette tutte le genti*. *[9]* Di conseguenza, quelli che hanno la fede vengono benedetti insieme ad Abramo che credette. *[10]* Quelli invece che si richiamano alle opere della legge, stanno sotto la maledizione, poiché sta scritto: *Maledetto chiunque non rimane fedele a tutte le cose scritte nel libro della legge per praticarle*. *[11]* E che nessuno possa giustificarsi davanti a Dio per la legge risulta dal fatto che *il giusto vivrà in virtù della fede*. *[12]* Ora la legge non si basa sulla fede; al contrario dice che *chi praticherà queste cose, vivrà per esse*. *[13]* Cristo ci ha riscattati dalla maledizione della legge, diventando lui stesso maledizione per noi, come sta scritto: *Maledetto chi pende dal legno*, *[14]* perché in Cristo Gesù la benedizione di Abramo passasse alle genti e noi ricevessimo la promessa dello Spirito mediante la fede.

[15] Fratelli, ecco, vi faccio un esempio comune: un testamento legittimo, pur essendo solo un atto umano, nessuno lo dichiara nullo o vi aggiunge qualche cosa. *[16]* Ora è appunto ad Abramo e alla sua discendenza che furon fatte le promesse. Non dice la Scrittura: "e ai tuoi discendenti", come se si trattasse di molti, ma *e alla tua discendenza*, come a uno solo, cioè Cristo. *[17]* Ora io dico: un testamento stabilito in precedenza da Dio stesso, non può dichiararlo nullo una legge che è venuta quattrocentotrenta anni dopo, annullando così la promessa. *[18]* Se infatti l'eredità si ottenesse in base alla legge, non sarebbe più in base alla promessa; Dio invece concesse il suo favore ad Abramo mediante la promessa.

[19] Perché allora la legge? Essa fu aggiunta per le trasgressioni, fino alla venuta della *discendenza* per la quale era stata fatta la promessa, e fu promulgata per mezzo di angeli attraverso un mediatore. *[20]* Ora non si dà mediatore per una sola persona e Dio è uno solo. *[21]* La legge è dunque contro le promesse di Dio? Impossibile! Se infatti fosse stata data una legge capace di conferire la vita, la giustificazione scaturirebbe davvero dalla legge; *[22]* la Scrittura invece ha rinchiuso ogni cosa sotto il peccato, perché ai credenti la promessa venisse data in virtù della fede in Gesù Cristo.

[23] Prima però che venisse la fede, noi eravamo rinchiusi sotto la custodia della legge, in attesa della fede che doveva essere rivelata. *[24]* Così la legge è per noi

come un pedagogo che ci ha condotto a Cristo, perché fossimo giustificati per la fede. [25] Ma appena è giunta la fede, noi non siamo più sotto un pedagogo. [26] Tutti voi infatti siete figli di Dio per la fede in Cristo Gesù, [27] poiché quanti siete stati battezzati in Cristo, vi siete rivestiti di Cristo. [28] Non c'è più giudeo né greco; non c'è più schiavo né libero; non c'è più uomo né donna, poiché tutti voi siete uno in Cristo Gesù. [29] E se appartenete a Cristo, allora siete discendenza di Abramo, eredi secondo la promessa.

4

[1] Ecco, io faccio un altro esempio: per tutto il tempo che l'erede è fanciullo, non è per nulla differente da uno schiavo, pure essendo padrone di tutto; [2] ma dipende da tutori e amministratori, fino al termine stabilito dal padre. [3] Così anche noi quando eravamo fanciulli, eravamo come schiavi degli elementi del mondo. [4] Ma quando venne la pienezza del tempo, Dio mandò il suo Figlio, nato da donna, nato sotto la legge, [5] per riscattare coloro che erano sotto la legge, perché ricevessimo l'adozione a figli. [6] E che voi siete figli ne è prova il fatto che Dio ha mandato nei nostri cuori lo Spirito del suo Figlio che grida: Abbà, Padre! [7] Quindi non sei più schiavo, ma figlio; e se figlio, sei anche erede per volontà di Dio.

[8] Ma un tempo, per la vostra ignoranza di Dio, eravate sottomessi a divinità, che in realtà non lo sono; [9] ora invece che avete conosciuto Dio, anzi da lui siete stati conosciuti, come potete rivolgervi di nuovo a quei deboli e miserabili elementi, ai quali di nuovo come un tempo volete servire? [10] Voi infatti osservate giorni, mesi, stagioni e anni! [11] Temo per voi che io mi sia affaticato invano a vostro riguardo.

[12] Siate come me, ve ne prego, poiché anch'io sono stato come voi, fratelli. Non mi avete offeso in nulla.[13] Sapete che fu a causa di una malattia del corpo che vi annunziai la prima volta il vangelo; [14] e quella che nella mia carne era per voi una prova non l'avete disprezzata né respinta, ma al contrario mi avete accolto come un angelo di Dio, come Cristo Gesù.

[15] Dove sono dunque le vostre felicitazioni? Vi rendo testimonianza che, se fosse stato possibile, vi sareste cavati anche gli occhi per darmeli. [16] Sono dunque diventato vostro nemico dicendovi la verità? [17] Costoro si danno premura per voi, ma non onestamente; vogliono mettervi fuori, perché mostriate zelo per loro. [18] È bello invece essere circondati di premure nel bene sempre e non solo quando io mi trovo presso di voi, [19] figlioli miei, che io di nuovo partorisco nel dolore finché non sia formato Cristo in voi! [20] Vorrei essere vicino a voi in questo momento e poter cambiare il tono della mia voce, perché non so cosa fare a vostro riguardo.

[21] Ditemi, voi che volete essere sotto la legge: non sentite forse cosa dice la legge? [22] Sta scritto infatti che Abramo ebbe due figli, uno dalla schiava e uno dalla donna libera. [23] Ma quello dalla schiava è nato secondo la carne; quello dalla donna libera, in virtù della promessa. [24] Ora, tali cose sono dette per allegoria: le due donne infatti rappresentano le due Alleanze; una, quella del monte Sinai, che genera

nella schiavitù, rappresentata da Agar *[25]* - il Sinai è un monte dell'Arabia -; essa corrisponde alla Gerusalemme attuale, che di fatto è schiava insieme ai suoi figli. *[26]* Invece la Gerusalemme di lassù è libera ed è la nostra madre. *[27]* Sta scritto infatti:

Rallègrati, sterile, che non partorisci,
grida nell'allegria tu che non conosci i dolori del parto,
perché molti sono i figli dell'abbandonata,
più di quelli della donna che ha marito.

[28] Ora voi, fratelli, siete figli della promessa, alla maniera di Isacco. *[29]* E come allora colui che era nato secondo la carne perseguitava quello nato secondo lo spirito, così accade anche ora. *[30]* Però, che cosa dice la Scrittura? *Manda via la schiava e suo figlio, perché il figlio della schiava non avrà eredità col figlio* della donna libera. *[31]* Così, fratelli, noi non siamo figli di una schiava, ma di una donna libera.

5

[1] Cristo ci ha liberati perché restassimo liberi; state dunque saldi e non lasciatevi imporre di nuovo il giogo della schiavitù. *[2]* Ecco, io Paolo vi dico: se vi fate circoncidere, Cristo non vi gioverà nulla. *[3]* E dichiaro ancora una volta a chiunque si fa circoncidere che egli è obbligato ad osservare tutta quanta la legge. *[4]* Non avete più nulla a che fare con Cristo voi che cercate la giustificazione nella legge; siete decaduti dalla grazia. *[5]* Noi infatti per virtù dello Spirito, attendiamo dalla fede la giustificazione che speriamo. *[6]* Poiché in Cristo Gesù non è la circoncisione che conta o la non circoncisione, ma la fede che opera per mezzo della carità.
[7] Correvate così bene; chi vi ha tagliato la strada che non obbedite più alla verità? *[8]* Questa persuasione non viene sicuramente da colui che vi chiama! *[9]* Un po' di lievito fa fermentare tutta la pasta. *[10]* Io sono fiducioso per voi nel Signore che non penserete diversamente; ma chi vi turba, subirà la sua condanna, chiunque egli sia. *[11]* Quanto a me, fratelli, se io predico ancora la circoncisione, perché sono tuttora perseguitato? È dunque annullato lo scandalo della croce? *[12]* Dovrebbero farsi mutilare coloro che vi turbano.
[13] Voi infatti, fratelli, siete stati chiamati a libertà. Purché questa libertà non divenga un pretesto per vivere secondo la carne, ma mediante la carità siate a servizio gli uni degli altri. *[14]* Tutta la legge infatti trova la sua pienezza in un solo precetto: *amerai il prossimo tuo come te stesso.* *[15]* Ma se vi mordete e divorate a vicenda, guardate almeno di non distruggervi del tutto gli uni gli altri!
[16] Vi dico dunque: camminate secondo lo Spirito e non sarete portati a soddisfare i desideri della carne; *[17]* la carne infatti ha desideri contrari allo Spirito e lo Spirito ha desideri contrari alla carne; queste cose si oppongono a vicenda, sicché voi non fate quello che vorreste.
[18] Ma se vi lasciate guidare dallo Spirito, non siete più sotto la legge. *[19]* Del

resto le opere della carne sono ben note: fornicazione, impurità, libertinaggio, *[20]* idolatria, stregonerie, inimicizie, discordia, gelosia, dissensi, divisioni, fazioni, *[21]* invidie, ubriachezze, orge e cose del genere; circa queste cose vi preavviso, come già ho detto, che chi le compie non erediterà il regno di Dio. *[22]* Il frutto dello Spirito invece è amore, gioia, pace, pazienza, benevolenza, bontà, fedeltà, mitezza, dominio di sé; *[23]* contro queste cose non c'è legge.

[24] Ora quelli che sono di Cristo Gesù hanno crocifisso la loro carne con le sue passioni e i suoi desideri. *[25]* Se pertanto viviamo dello Spirito, camminiamo anche secondo lo Spirito. *[26]* Non cerchiamo la vanagloria, provocandoci e invidiandoci gli uni gli altri.

6

[1] Fratelli, qualora uno venga sorpreso in qualche colpa, voi che avete lo Spirito correggetelo con dolcezza. E vigila su te stesso, per non cadere anche tu in tentazione. *[2]* Portate i pesi gli uni degli altri, così adempirete la legge di Cristo. *[3]* Se infatti uno pensa di essere qualcosa mentre non è nulla, inganna se stesso. *[4]* Ciascuno esamini invece la propria condotta e allora solo in se stesso e non negli altri troverà motivo di vanto: *[5]* ciascuno infatti porterà il proprio fardello.

[6] Chi viene istruito nella dottrina, faccia parte di quanto possiede a chi lo istruisce. *[7]* Non vi fate illusioni; non ci si può prendere gioco di Dio. Ciascuno raccoglierà quello che avrà seminato. *[8]* Chi semina nella sua carne, dalla carne raccoglierà corruzione; chi semina nello Spirito, dallo Spirito raccoglierà vita eterna. *[9]* E non stanchiamoci di fare il bene; se infatti non desistiamo, a suo tempo mieteremo. *[10]* Poiché dunque ne abbiamo l'occasione, operiamo il bene verso tutti, soprattutto verso i fratelli nella fede.

[11] Vedete con che grossi caratteri vi scrivo, ora, di mia mano. *[12]* Quelli che vogliono fare bella figura nella carne, vi costringono a farvi circoncidere, solo per non essere perseguitati a causa della croce di Cristo. *[13]* Infatti neanche gli stessi circoncisi osservano la legge, ma vogliono la vostra circoncisione per trarre vanto dalla vostra carne. *[14]* Quanto a me invece non ci sia altro vanto che nella croce del Signore nostro Gesù Cristo, per mezzo della quale il mondo per me è stato crocifisso, come io per il mondo. *[15]* Non è infatti la circoncisione che conta, né la non circoncisione, ma l'essere nuova creatura. *[16]* E su quanti seguiranno questa norma sia pace e misericordia, come su tutto l'Israele di Dio. *[17]* D'ora innanzi nessuno mi procuri fastidi: difatti io porto le stigmate di Gesù nel mio corpo.

[18] La grazia del Signore nostro Gesù Cristo sia con il vostro spirito, fratelli. Amen.

Lettera agli Efesini

1

[1] Paolo, apostolo di Gesù Cristo per volontà di Dio, ai santi che sono in Èfeso, credenti in Cristo Gesù: *[2]* grazia a voi e pace da Dio, Padre nostro, e dal Signore Gesù Cristo.

[3] Benedetto sia Dio, Padre del Signore nostro Gesù Cristo,
che ci ha benedetti con ogni benedizione spirituale nei
cieli, in Cristo.
[4] In lui ci ha scelti prima della creazione del mondo,
per essere santi e immacolati al suo cospetto nella carità,
[5] predestinandoci a essere suoi figli adottivi
per opera di Gesù Cristo,
[6] secondo il beneplacito della sua volontà.
E questo a lode e gloria della sua grazia,
che ci ha dato nel suo Figlio diletto;
[7] nel quale abbiamo la redenzione mediante il suo sangue,
la remissione dei peccati
secondo la ricchezza della sua grazia.
[8] Egli l'ha abbondantemente riversata su di noi
con ogni sapienza e intelligenza,
[9] poiché egli ci ha fatto conoscere il mistero della sua volontà,
secondo quanto nella sua benevolenza aveva in lui
prestabilito
[10] per realizzarlo nella pienezza dei tempi:
il disegno cioè di ricapitolare in Cristo tutte le cose,
quelle del cielo come quelle della terra.
[11] In lui siamo stati fatti anche eredi,
essendo stati predestinati secondo il piano di colui
che tutto opera efficacemente conforme alla sua volontà,
[12] perché noi fossimo a lode della sua gloria,
noi, che per primi abbiamo sperato in Cristo.
[13] In lui anche voi,
dopo aver ascoltato la parola della verità,
il vangelo della vostra salvezza
e avere in esso creduto, avete ricevuto il suggello dello Spirito Santo

che era stato promesso,
[14] il quale è caparra della nostra eredità,
in attesa della completa redenzione di coloro
che Dio si è acquistato, a lode della sua gloria.

[15] Perciò anch'io, avendo avuto notizia della vostra fede nel Signore Gesù e dell'amore che avete verso tutti i santi, *[16]* non cesso di render grazie per voi, ricordandovi nelle mie preghiere, *[17]* perché il Dio del Signore nostro Gesù Cristo, il Padre della gloria, vi dia uno spirito di sapienza e di rivelazione per una più profonda conoscenza di lui. *[18]* Possa egli davvero illuminare gli occhi della vostra mente per farvi comprendere a quale speranza vi ha chiamati, quale tesoro di gloria racchiude la sua eredità fra i santi *[19]* e qual è la straordinaria grandezza della sua potenza verso di noi credenti secondo l'efficacia della sua forza
[20] che egli manifestò in Cristo, quando lo risuscitò dai morti
e lo fece sedere alla sua destra nei cieli,
[21] al di sopra di ogni principato e autorità,
di ogni potenza e dominazione
e di ogni altro nome che si possa nominare
non solo nel secolo presente ma anche in quello futuro.
[22] Tutto infatti ha sottomesso ai suoi piedi
e lo ha costituito su tutte le cose a capo della Chiesa,
[23] la quale è il suo corpo,
la pienezza di colui che si realizza interamente in tutte le cose.

2

[1] Anche voi eravate morti per le vostre colpe e i vostri peccati, *[2]* nei quali un tempo viveste alla maniera di questo mondo, seguendo il principe delle potenze dell'aria, quello spirito che ora opera negli uomini ribelli. *[3]* Nel numero di quei ribelli, del resto, siamo vissuti anche tutti noi, un tempo, con i desideri della nostra carne, seguendo le voglie della carne e i desideri cattivi; ed eravamo per natura meritevoli d'ira, come gli altri. *[4]* Ma Dio, ricco di misericordia, per il grande amore con il quale ci ha amati, *[5]* da morti che eravamo per i peccati, ci ha fatti rivivere con Cristo: per grazia infatti siete stati salvati. *[6]* Con lui ci ha anche risuscitati e ci ha fatti sedere nei cieli, in Cristo Gesù, *[7]* per mostrare nei secoli futuri la straordinaria ricchezza della sua grazia mediante la sua bontà verso di noi in Cristo Gesù.
[8] Per questa grazia infatti siete salvi mediante la fede; e ciò non viene da voi, ma è dono di Dio; *[9]* né viene dalle opere, perché nessuno possa vantarsene. *[10]* Siamo infatti opera sua, creati in Cristo Gesù per le opere buone che Dio ha predisposto perché noi le praticassimo.
[11] Perciò ricordatevi che un tempo voi, pagani per nascita, chiamati incirconcisi da

quelli che si dicono circoncisi perché tali sono nella carne per mano di uomo, *[12]* ricordatevi che in quel tempo eravate senza Cristo, esclusi dalla cittadinanza d'Israele, estranei ai patti della promessa, senza speranza e senza Dio in questo mondo. *[13]* Ora invece, in Cristo Gesù, voi che un tempo eravate i lontani siete diventati i vicini grazie al sangue di Cristo.

[14] Egli infatti è la nostra pace,
colui che ha fatto dei due un popolo solo,
abbattendo il muro di separazione che era frammezzo,
cioè l'inimicizia,
[15] annullando, per mezzo della sua carne,
la legge fatta di prescrizioni e di decreti,
per creare in se stesso, dei due, un solo uomo nuovo,
facendo la pace,
[16] e per riconciliare tutti e due con Dio in un solo corpo,
per mezzo della croce,
distruggendo in se stesso l'inimicizia.
[17] Egli è venuto perciò ad *annunziare pace*
a voi *che eravate lontani e pace a coloro che erano vicini.*
[18] Per mezzo di lui possiamo presentarci, gli uni e gli altri,
al Padre in un solo Spirito.

[19] Così dunque voi non siete più stranieri né ospiti, ma siete concittadini dei santi e familiari di Dio, *[20]* edificati sopra il fondamento degli apostoli e dei profeti, e avendo come pietra angolare lo stesso Cristo Gesù. *[21]* In lui ogni costruzione cresce ben ordinata per essere tempio santo nel Signore; *[22]* in lui anche voi insieme con gli altri venite edificati per diventare dimora di Dio per mezzo dello Spirito.

3

[1] Per questo, io Paolo, il prigioniero di Cristo per voi Gentili... *[2]* penso che abbiate sentito parlare del ministero della grazia di Dio, a me affidato a vostro beneficio: *[3]* come per rivelazione mi è stato fatto conoscere il mistero di cui sopra vi ho scritto brevemente. *[4]* Dalla lettura di ciò che ho scritto potete ben capire la mia comprensione del mistero di Cristo. *[5]* Questo mistero non è stato manifestato agli uomini delle precedenti generazioni come al presente è stato rivelato ai suoi santi apostoli e profeti per mezzo dello Spirito: *[6]* che i Gentili cioè sono chiamati, in Cristo Gesù, a partecipare alla stessa eredità, a formare lo stesso corpo, e ad essere partecipi della promessa per mezzo del vangelo, *[7]* del quale sono divenuto ministro per il dono della grazia di Dio a me concessa in virtù dell'efficacia della sua potenza. *[8]* A me, che sono l'infimo fra tutti i santi, è stata concessa questa grazia di annunziare ai Gentili le imperscrutabili ricchezze di Cristo, *[9]* e di far risplendere agli occhi di tutti qual è l'adempimento del mistero nascosto da secoli nella mente di

Dio, creatore dell'universo, *[10]* perché sia manifestata ora nel cielo, per mezzo della Chiesa, ai Principati e alle Potestà la multiforme sapienza di Dio, *[11]* secondo il disegno eterno che ha attuato in Cristo Gesù nostro Signore, *[12]* il quale ci dà il coraggio di avvicinarci in piena fiducia a Dio per la fede in lui. *[13]* Vi prego quindi di non perdervi d'animo per le mie tribolazioni per voi; sono gloria vostra.

[14] Per questo, dico, io piego le ginocchia davanti al Padre, *[15]* dal quale ogni paternità nei cieli e sulla terra prende nome, *[16]* perché vi conceda, secondo la ricchezza della sua gloria, di essere potentemente rafforzati dal suo Spirito nell'uomo interiore. *[17]* Che il Cristo abiti per la fede nei vostri cuori e così, radicati e fondati nella carità, *[18]* siate in grado di comprendere con tutti i santi quale sia l'ampiezza, la lunghezza, l'altezza e la profondità, *[19]* e conoscere l'amore di Cristo che sorpassa ogni conoscenza, perché siate ricolmi di tutta la pienezza di Dio.

[20] A colui che in tutto ha potere di fare
molto più di quanto possiamo domandare o pensare,
secondo la potenza che già opera in noi,
[21] a lui la gloria nella Chiesa e in Cristo Gesù
per tutte le generazioni, nei secoli dei secoli! Amen.

4

[1] Vi esorto dunque io, il prigioniero nel Signore, a comportarvi in maniera degna della vocazione che avete ricevuto, *[2]* con ogni umiltà, mansuetudine e pazienza, sopportandovi a vicenda con amore, *[3]* cercando di conservare l'unità dello spirito per mezzo del vincolo della pace. *[4]* Un solo corpo, un solo spirito, come una sola è la speranza alla quale siete stati chiamati, quella della vostra vocazione; *[5]* un solo Signore, una sola fede, un solo battesimo. *[6]* Un solo Dio Padre di tutti, che è al di sopra di tutti, agisce per mezzo di tutti ed è presente in tutti.

[7] A ciascuno di noi, tuttavia, è stata data la grazia secondo la misura del dono di Cristo. *[8]* Per questo sta scritto:

Ascendendo in cielo ha portato con sé prigionieri,
ha distribuito doni agli uomini.

[9] Ma che significa la parola "ascese", se non che prima era disceso quaggiù sulla terra? *[10]* Colui che discese è lo stesso che anche ascese al di sopra di tutti i cieli, per riempire tutte le cose.

[11] È lui che ha stabilito alcuni come apostoli, altri come profeti, altri come evangelisti, altri come pastori e maestri, *[12]* per rendere idonei i fratelli a compiere il ministero, al fine di edificare il corpo di Cristo, *[13]* finché arriviamo tutti all'unità della fede e della conoscenza del Figlio di Dio, allo stato di uomo perfetto, nella misura che conviene alla piena maturità di Cristo. *[14]* Questo affinché non siamo più come fanciulli sballottati dalle onde e portati qua e là da qualsiasi vento di dottrina, secondo l'inganno degli uomini, con quella loro astuzia che tende a trarre nell'errore.

[15] Al contrario, vivendo secondo la verità nella carità, cerchiamo di crescere in ogni cosa verso di lui, che è il capo, Cristo, *[16]* dal quale tutto il corpo, ben compaginato e connesso, mediante la collaborazione di ogni giuntura, secondo l'energia propria di ogni membro, riceve forza per crescere in modo da edificare se stesso nella carità.

[17] Vi dico dunque e vi scongiuro nel Signore: non comportatevi più come i pagani nella vanità della loro mente, *[18]* accecati nei loro pensieri, estranei alla vita di Dio a causa dell'ignoranza che è in loro, e per la durezza del loro cuore. *[19]* Diventati così insensibili, si sono abbandonati alla dissolutezza, commettendo ogni sorta di impurità con avidità insaziabile.

[20] Ma voi non così avete imparato a conoscere Cristo, *[21]* se proprio gli avete dato ascolto e in lui siete stati istruiti, secondo la verità che è in Gesù, *[22]* per la quale dovete deporre l'uomo vecchio con la condotta di prima, l'uomo che si corrompe dietro le passioni ingannatrici *[23]* e dovete rinnovarvi nello spirito della vostra mente *[24]* e rivestire l'uomo nuovo, creato secondo Dio nella giustizia e nella santità vera. *[25]* Perciò, bando alla menzogna: *dite ciascuno la verità al proprio prossimo*; perché siamo membra gli uni degli altri. *[26]* *Nell'ira, non peccate*; non tramonti il sole sopra la vostra ira, *[27]* e non date occasione al diavolo. *[28]* Chi è avvezzo a rubare non rubi più, anzi si dia da fare lavorando onestamente con le proprie mani, per farne parte a chi si trova in necessità. *[29]* Nessuna parola cattiva esca più dalla vostra bocca; ma piuttosto, parole buone che possano servire per la necessaria edificazione, giovando a quelli che ascoltano. *[30]* E non vogliate rattristare lo Spirito Santo di Dio, col quale foste segnati per il giorno della redenzione.

[31] Scompaia da voi ogni asprezza, sdegno, ira, clamore e maldicenza con ogni sorta di malignità. *[32]* Siate invece benevoli gli uni verso gli altri, misericordiosi, perdonandovi a vicenda come Dio ha perdonato a voi in Cristo.

5

[1] Fatevi dunque imitatori di Dio, quali figli carissimi, *[2]* e camminate nella carità, nel modo che anche Cristo vi ha amato e ha dato se stesso per noi, offrendosi a Dio in sacrificio di soave odore.

[3] Quanto alla fornicazione e a ogni specie di impurità o cupidigia, neppure se ne parli tra voi, come si addice a santi; *[4]* lo stesso si dica per le volgarità, insulsaggini, trivialità: cose tutte sconvenienti. Si rendano invece azioni di grazie! *[5]* Perché, sappiatelo bene, nessun fornicatore, o impuro, o avaro - che è roba da idolàtri - avrà parte al regno di Cristo e di Dio.

[6] Nessuno vi inganni con vani ragionamenti: per queste cose infatti piomba l'ira di Dio sopra coloro che gli resistono. *[7]* Non abbiate quindi niente in comune con loro. *[8]* Se un tempo eravate tenebra, ora siete luce nel Signore. Comportatevi perciò come i figli della luce; *[9]* il frutto della luce consiste in ogni bontà, giustizia e verità.

[10] Cercate ciò che è gradito al Signore, *[11]* e non partecipate alle opere infruttuose delle tenebre, ma piuttosto condannatele apertamente, *[12]* poiché di quanto viene fatto da costoro in segreto è vergognoso perfino parlare. *[13]* Tutte queste cose che vengono apertamente condannate sono rivelate dalla luce, perché tutto quello che si manifesta è luce. *[14]* Per questo sta scritto:
"Svégliati, o tu che dormi,
 déstati dai morti
 e Cristo ti illuminerà".

[15] Vigilate dunque attentamente sulla vostra condotta, comportandovi non da stolti, ma da uomini saggi; *[16]* profittando del tempo presente, perché i giorni sono cattivi. *[17]* Non siate perciò inconsiderati, ma sappiate comprendere la volontà di Dio. *[18]* E non ubriacatevi di vino, il quale porta alla sfrenatezza, ma siate ricolmi dello Spirito, *[19]* intrattenendovi a vicenda con salmi, inni, cantici spirituali, cantando e inneggiando al Signore con tutto il vostro cuore, *[20]* rendendo continuamente grazie per ogni cosa a Dio Padre, nel nome del Signore nostro Gesù Cristo.
[21] Siate sottomessi gli uni agli altri nel timore di Cristo.
[22] Le mogli siano sottomesse ai mariti come al Signore; *[23]* il marito infatti è capo della moglie, come anche Cristo è capo della Chiesa, lui che è il salvatore del suo corpo. *[24]* E come la Chiesa sta sottomessa a Cristo, così anche le mogli siano soggette ai loro mariti in tutto.
[25] E voi, mariti, amate le vostre mogli, come Cristo ha amato la Chiesa e ha dato se stesso per lei, *[26]* per renderla santa, purificandola per mezzo del lavacro dell'acqua accompagnato dalla parola, *[27]* al fine di farsi comparire davanti la sua Chiesa tutta gloriosa, senza macchia né ruga o alcunché di simile, ma santa e immacolata. *[28]* Così anche i mariti hanno il dovere di amare le mogli come il proprio corpo, perché chi ama la propria moglie ama se stesso. *[29]* Nessuno mai infatti ha preso in odio la propria carne; al contrario la nutre e la cura, come fa Cristo con la Chiesa, *[30]* poiché siamo membra del suo corpo. *[31]* *Per questo l'uomo lascerà suo padre e sua madre e si unirà alla sua donna e i due formeranno una carne sola.* *[32]* Questo mistero è grande; lo dico in riferimento a Cristo e alla Chiesa! *[33]* Quindi anche voi, ciascuno da parte sua, ami la propria moglie come se stesso, e la donna sia rispettosa verso il marito.

6

[1] Figli, obbedite ai vostri genitori nel Signore, perché questo è giusto. *[2]* *Onora tuo padre e tua madre*: è questo il primo comandamento associato a una promessa: *[3]* *perché tu sia felice e goda di una vita lunga sopra la terra.* *[4]* E voi, padri, non inasprite i vostri figli, ma allevateli nell'educazione e nella disciplina del Signore.
[5] Schiavi, obbedite ai vostri padroni secondo la carne con timore e tremore, con semplicità di spirito, come a Cristo, *[6]* e non servendo per essere visti, come per

piacere agli uomini, ma come servi di Cristo, compiendo la volontà di Dio di cuore, *[7]* prestando servizio di buona voglia come al Signore e non come a uomini. *[8]* Voi sapete infatti che ciascuno, sia schiavo sia libero, riceverà dal Signore secondo quello che avrà fatto di bene.

[9] Anche voi, padroni, comportatevi allo stesso modo verso di loro, mettendo da parte le minacce, sapendo che per loro come per voi c'è un solo Signore nel cielo, e che non v'è preferenza di persone presso di lui.

[10] Per il resto, attingete forza nel Signore e nel vigore della sua potenza. *[11]* Rivestitevi dell'armatura di Dio, per poter resistere alle insidie del diavolo. *[12]* La nostra battaglia infatti non è contro creature fatte di sangue e di carne, ma contro i Principati e le Potestà, contro i dominatori di questo mondo di tenebra, contro gli spiriti del male che abitano nelle regioni celesti.

[13] Prendete perciò l'armatura di Dio, perché possiate resistere nel giorno malvagio e restare in piedi dopo aver superato tutte le prove. *[14]* State dunque ben fermi, *cinti i fianchi con la verità, rivestiti con la corazza della giustizia, [15]* e avendo come calzatura *ai piedi lo zelo per propagare il vangelo della pace. [16]* Tenete sempre in mano lo scudo della fede, con il quale potrete spegnere tutti i dardi infuocati del maligno; *[17]* prendete anche *l'elmo della salvezza* e *la spada dello Spirito*, cioè la *parola di Dio. [18]* Pregate inoltre incessantemente con ogni sorta di preghiere e di suppliche nello Spirito, vigilando a questo scopo con ogni perseveranza e pregando per tutti i santi, *[19]* e anche per me, perché quando apro la bocca mi sia data una parola franca, per far conoscere il mistero del vangelo, *[20]* del quale sono ambasciatore in catene, e io possa annunziarlo con franchezza come è mio dovere.

[21] Desidero che anche voi sappiate come sto e ciò che faccio; di tutto vi informerà Tìchico, fratello carissimo e fedele ministro nel Signore. *[22]* Ve lo mando proprio allo scopo di farvi conoscere mie notizie e per confortare i vostri cuori.

[23] Pace ai fratelli, e carità e fede da parte di Dio Padre e del Signore Gesù Cristo.

[24] La grazia sia con tutti quelli che amano il Signore nostro Gesù Cristo, con amore incorruttibile.

Lettera ai Filippesi

1

[1] Paolo e Timoteo, servi di Cristo Gesù, a tutti i santi in Cristo Gesù che sono a Filippi, con i vescovi e i diaconi. *[2]* Grazia a voi e pace da Dio, Padre nostro, e dal Signore Gesù Cristo.

[3] Ringrazio il mio Dio ogni volta ch'io mi ricordo di voi, *[4]* pregando sempre con gioia per voi in ogni mia preghiera, *[5]* a motivo della vostra cooperazione alla diffusione del vangelo dal primo giorno fino al presente, *[6]* e sono persuaso che colui che ha iniziato in voi quest'opera buona, la porterà a compimento fino al giorno di Cristo Gesù. *[7]* È giusto, del resto, che io pensi questo di tutti voi, perché vi porto nel cuore, voi che siete tutti partecipi della grazia che mi è stata concessa sia nelle catene, sia nella difesa e nel consolidamento del vangelo. *[8]* Infatti Dio mi è testimonio del profondo affetto che ho per tutti voi nell'amore di Cristo Gesù. *[9]* E perciò prego che la vostra carità si arricchisca sempre più in conoscenza e in ogni genere di discernimento, *[10]* perché possiate distinguere sempre il meglio ed essere integri e irreprensibili per il giorno di Cristo, *[11]* ricolmi di quei frutti di giustizia che si ottengono per mezzo di Gesù Cristo, a gloria e lode di Dio.

[12] Desidero che sappiate, fratelli, che le mie vicende si sono volte piuttosto a vantaggio del vangelo, *[13]* al punto che in tutto il pretorio e dovunque si sa che sono in catene per Cristo; *[14]* in tal modo la maggior parte dei fratelli, incoraggiati nel Signore dalle mie catene, ardiscono annunziare la parola di Dio con maggior zelo e senza timore alcuno. *[15]* Alcuni, è vero, predicano Cristo anche per invidia e spirito di contesa, ma altri con buoni sentimenti. *[16]* Questi lo fanno per amore, sapendo che sono stato posto per la difesa del vangelo; *[17]* quelli invece predicano Cristo con spirito di rivalità, con intenzioni non pure, pensando di aggiungere dolore alle mie catene. *[18]* Ma questo che importa? Purché in ogni maniera, per ipocrisia o per sincerità, Cristo venga annunziato, io me ne rallegro e continuerò a rallegrarmene. *[19]* So infatti che tutto *questo servirà alla mia salvezza*, grazie alla vostra preghiera e all'aiuto dello Spirito di Gesù Cristo, *[20]* secondo la mia ardente attesa speranza che in nulla rimarrò confuso; anzi nella piena fiducia che, come sempre, anche ora Cristo sarà glorificato nel mio corpo, sia che io viva sia che io muoia.

[21] Per me infatti il vivere è Cristo e il morire un guadagno. *[22]* Ma se il vivere nel corpo significa lavorare con frutto, non so davvero che cosa debba scegliere. *[23]* Sono messo alle strette infatti tra queste due cose: da una parte il desiderio di essere sciolto dal corpo per essere con Cristo, il che sarebbe assai meglio; *[24]* d'altra parte,

è più necessario per voi che io rimanga nella carne. *[25]* Per conto mio, sono convinto che resterò e continuerò a essere d'aiuto a voi tutti, per il progresso e la gioia della vostra fede, *[26]* perché il vostro vanto nei miei riguardi cresca sempre più in Cristo, con la mia nuova venuta tra voi.

[27] Soltanto però comportatevi da cittadini degni del vangelo, perché nel caso che io venga e vi veda o che di lontano senta parlare di voi, sappia che state saldi in un solo spirito e che combattete unanimi per la fede del vangelo, *[28]* senza lasciarvi intimidire in nulla dagli avversari. Questo è per loro un presagio di perdizione, per voi invece di salvezza, e ciò da parte di Dio; *[29]* perché a voi è stata concessa la grazia non solo di credere in Cristo; ma anche di soffrire per lui, *[30]* sostenendo la stessa lotta che mi avete veduto sostenere e che ora sentite dire che io sostengo.

2

[1] Se c'è pertanto qualche consolazione in Cristo, se c'è conforto derivante dalla carità, se c'è qualche comunanza di spirito, se ci sono sentimenti di amore e di compassione, *[2]* rendete piena la mia gioia con l'unione dei vostri spiriti, con la stessa carità, con i medesimi sentimenti. *[3]* Non fate nulla per spirito di rivalità o per vanagloria, ma ciascuno di voi, con tutta umiltà, consideri gli altri superiori a se stesso, *[4]* senza cercare il proprio interesse, ma anche quello degli altri.

[5] Abbiate in voi gli stessi sentimenti che furono in Cristo Gesù,

[6] il quale, pur essendo di natura divina,
non considerò un tesoro geloso
la sua uguaglianza con Dio;
[7] ma spogliò se stesso,
assumendo la condizione di servo
e divenendo simile agli uomini;
apparso in forma umana,
[8] umiliò se stesso
facendosi obbediente fino alla morte
e alla morte di croce.
[9] Per questo Dio l'ha esaltato
e gli ha dato il nome
che è al di sopra di ogni altro nome;
[10] perché nel nome di Gesù
ogni ginocchio si pieghi
nei cieli, sulla terra e sotto terra;
[11] e *ogni lingua proclami*
che Gesù Cristo è il Signore, a gloria di Dio Padre.

[12] Quindi, miei cari, obbedendo come sempre, non solo come quando ero presente, ma molto più ora che sono lontano, attendete alla vostra salvezza con timore e

tremore. *[13]* È Dio infatti che suscita in voi il volere e l'operare secondo i suoi benevoli disegni. *[14]* Fate tutto senza mormorazioni e senza critiche, *[15]* perché siate irreprensibili e semplici, figli di Dio immacolati in mezzo a una generazione perversa e degenere, nella quale dovete splendere come astri nel mondo, *[16]* tenendo alta la parola di vita. Allora nel giorno di Cristo, io potrò vantarmi di non aver corso invano né invano faticato. *[17]* E anche se il mio sangue deve essere versato in libagione sul sacrificio e sull'offerta della vostra fede, sono contento, e ne godo con tutti voi. *[18]* Allo stesso modo anche voi godetene e rallegratevi con me.

[19] Ho speranza nel Signore Gesù di potervi presto inviare Timòteo, per essere anch'io confortato nel ricevere vostre notizie. *[20]* Infatti, non ho nessuno d'animo uguale al suo e che sappia occuparsi così di cuore delle cose vostre, *[21]* perché tutti cercano i propri interessi, non quelli di Gesù Cristo. *[22]* Ma voi conoscete la buona prova da lui data, poiché ha servito il vangelo con me, come un figlio serve il padre. *[23]* Spero quindi di mandarvelo presto, non appena avrò visto chiaro nella mia situazione. *[24]* Ma ho la convinzione nel Signore che presto verrò anch'io di persona.

[25] Per il momento ho creduto necessario mandarvi Epafrodìto, questo nostro fratello che è anche mio compagno di lavoro e di lotta, vostro inviato per sovvenire alle mie necessità; *[26]* lo mando perché aveva grande desiderio di rivedere voi tutti e si preoccupava perché eravate a conoscenza della sua malattia. *[27]* È stato grave, infatti, e vicino alla morte. Ma Dio gli ha usato misericordia, e non a lui solo ma anche a me, perché non avessi dolore su dolore. *[28]* L'ho mandato quindi con tanta premura perché vi rallegriate al vederlo di nuovo e io non sia più preoccupato. *[29]* Accoglietelo dunque nel Signore con piena gioia e abbiate grande stima verso persone come lui; *[30]* perché ha rasentato la morte per la causa di Cristo, rischiando la vita, per sostituirvi nel servizio presso di me.

3

[1] Per il resto, fratelli mei, state lieti nel Signore. A me non pesa e a voi è utile che vi scriva le stesse cose: *[2]* guardatevi dai cani, guardatevi dai cattivi operai, guardatevi da quelli che si fanno circoncidere! *[3]* Siamo infatti noi i veri circoncisi, noi che rendiamo il culto mossi dallo Spirito di Dio e ci gloriamo in Cristo Gesù, senza avere fiducia nella carne, *[4]* sebbene io possa vantarmi anche nella carne. Se alcuno ritiene di poter confidare nella carne, io più di lui: *[5]* circonciso l'ottavo giorno, della stirpe d'Israele, della tribù di Beniamino, ebreo da Ebrei, fariseo quanto alla legge; *[6]* quanto a zelo, persecutore della Chiesa; irreprensibile quanto alla giustizia che deriva dall'osservanza della legge.

[7] Ma quello che poteva essere per me un guadagno, l'ho considerato una perdita a motivo di Cristo. *[8]* Anzi, tutto ormai io reputo una perdita di fronte alla sublimità della conoscenza di Cristo Gesù, mio Signore, per il quale ho lasciato perdere tutte queste cose e le considero come spazzatura, al fine di guadagnare Cristo *[9]* e di

essere trovato in lui, non con una mia giustizia derivante dalla legge, ma con quella che deriva dalla fede in Cristo, cioè con la giustizia che deriva da Dio, basata sulla fede. *[10]* E questo perché io possa conoscere lui, la potenza della sua risurrezione, la partecipazione alle sue sofferenze, diventandogli conforme nella morte, *[11]* con la speranza di giungere alla risurrezione dai morti. *[12]* Non però che io abbia già conquistato il premio o sia ormai arrivato alla perfezione; solo mi sforzo di correre per conquistarlo, perché anch'io sono stato conquistato da Gesù Cristo. *[13]* Fratelli, io non ritengo ancora di esservi giunto, questo soltanto so: dimentico del passato e proteso verso il futuro, *[14]* corro verso la mèta per arrivare al premio che Dio ci chiama a ricevere lassù, in Cristo Gesù.

[15] Quanti dunque siamo perfetti, dobbiamo avere questi sentimenti; se in qualche cosa pensate diversamente, Dio vi illuminerà anche su questo. *[16]* Intanto, dal punto a cui siamo arrivati continuiamo ad avanzare sulla stessa linea.

[17] Fatevi miei imitatori, fratelli, e guardate a quelli che si comportano secondo l'esempio che avete in noi. *[18]* Perché molti, ve l'ho già detto più volte e ora con le lacrime agli occhi ve lo ripeto, si comportano da nemici della croce di Cristo: *[19]* la perdizione però sarà la loro fine, perché essi, che hanno come dio il loro ventre, si vantano di ciò di cui dovrebbero vergognarsi, tutti intenti alle cose della terra. *[20]* La nostra patria invece è nei cieli e di là aspettiamo come salvatore il Signore Gesù Cristo, *[21]* il quale trasfigurerà il nostro misero corpo per conformarlo al suo corpo glorioso, in virtù del potere che ha di sottomettere a sé tutte le cose.

4

[1] Perciò, fratelli miei carissimi e tanto desiderati, mia gioia e mia corona, rimanete saldi nel Signore così come avete imparato, carissimi!

[2] Esorto Evòdia ed esorto anche Sìntiche ad andare d'accordo nel Signore. *[3]* E prego te pure, mio fedele collaboratore, di aiutarle, poiché hanno combattuto per il vangelo insieme con me, con Clemente e con gli altri miei collaboratori, i cui nomi sono nel libro della vita.

[4] Rallegratevi nel Signore, sempre; ve lo ripeto ancora, rallegratevi. *[5]* La vostra affabilità sia nota a tutti gli uomini. Il Signore è vicino! *[6]* Non angustiatevi per nulla, ma in ogni necessità esponete a Dio le vostre richieste, con preghiere, suppliche e ringraziamenti; *[7]* e la pace di Dio, che sorpassa ogni intelligenza, custodirà i vostri cuori e i vostri pensieri in Cristo Gesù.

[8] In conclusione, fratelli, tutto quello che è vero, nobile, giusto, puro, amabile, onorato, quello che è virtù e merita lode, tutto questo sia oggetto dei vostri pensieri. *[9]* Ciò che avete imparato, ricevuto, ascoltato e veduto in me, è quello che dovete fare. E il Dio della pace sarà con voi!

[10] Ho provato grande gioia nel Signore, perché finalmente avete fatto rifiorire i vostri sentimenti nei miei riguardi: in realtà li avevate anche prima, ma non ne avete avuta l'occasione. *[11]* Non dico questo per bisogno, poiché ho imparato a bastare a

me stesso in ogni occasione; *[12]* ho imparato ad essere povero e ho imparato ad essere ricco; sono iniziato a tutto, in ogni maniera: alla sazietà e alla fame, all'abbondanza e all'indigenza. *[13]* Tutto posso in colui che mi dà la forza.

[14] Avete fatto bene tuttavia a prendere parte alla mia tribolazione. *[15]* Ben sapete proprio voi, Filippesi, che all'inizio della predicazione del vangelo, quando partii dalla Macedonia, nessuna Chiesa aprì con me un conto di dare o di avere, se non voi soli; *[16]* ed anche a Tessalonica mi avete inviato per due volte il necessario. *[17]* Non è però il vostro dono che io ricerco, ma il frutto che ridonda a vostro vantaggio. *[18]* Adesso ho il necessario e anche il superfluo; sono ricolmo dei vostri doni ricevuti da Epafrodìto, che sono un profumo di soave odore, un sacrificio accetto e gradito a Dio. *[19]* Il mio Dio, a sua volta, colmerà ogni vostro bisogno secondo la sua ricchezza con magnificenza in Cristo Gesù. *[20]* Al Dio e Padre nostro sia gloria nei secoli dei secoli. Amen.

[21] Salutate ciascuno dei santi in Cristo Gesù. *[22]* Vi salutano i fratelli che sono con me. Vi salutano tutti i santi, soprattutto quelli della casa di Cesare.

[23] La grazia del Signore Gesù Cristo sia con il vostro spirito.

Lettera ai Colossesi

1

[1] Paolo, apostolo di Cristo Gesù per volontà di Dio, e il fratello Timòteo, *[2]* ai santi e fedeli fratelli in Cristo dimoranti in Colossi grazia a voi e pace da Dio, Padre nostro!

[3] Noi rendiamo continuamente grazie a Dio, Padre del Signore nostro Gesù Cristo, nelle nostre preghiere per voi, *[4]* per le notizie ricevute della vostra fede in Cristo Gesù, e della carità che avete verso tutti i santi, *[5]* in vista della speranza che vi attende nei cieli. Di questa speranza voi avete già udito l'annunzio dalla parola di verità del vangelo *[6]* che è giunto a voi, come pure in tutto il mondo fruttifica e si sviluppa; così anche fra voi dal giorno in cui avete ascoltato e conosciuto la grazia di Dio nella verità, *[7]* che avete appresa da Èpafra, nostro caro compagno nel ministero; egli ci supplisce come un fedele ministro di Cristo, *[8]* e ci ha pure manifestato il vostro amore nello Spirito.

[9] Perciò anche noi, da quando abbiamo saputo questo, non cessiamo di pregare per voi, e di chiedere che abbiate una conoscenza piena della sua volontà con ogni sapienza e intelligenza spirituale, *[10]* perché possiate comportarvi in maniera degna del Signore, per piacergli in tutto, portando frutto in ogni opera buona e crescendo nella conoscenza di Dio; *[11]* rafforzandovi con ogni energia secondo la potenza della sua gloria, per poter essere forti e pazienti in tutto; *[12]* ringraziando con gioia il Padre che ci ha messi in grado di partecipare alla sorte dei santi nella luce.

[13] È lui infatti che ci ha liberati
dal potere delle tenebre
e ci ha trasferiti
nel regno del suo Figlio diletto,
[14] per opera del quale abbiamo la redenzione,
la remissione dei peccati.

[15] Egli è immagine del Dio invisibile,
generato prima di ogni creatura;
[16] poiché per mezzo di lui
sono state create tutte le cose,
quelle nei cieli e quelle sulla terra,
quelle visibili e quelle invisibili:

Troni, Dominazioni,
Principati e Potestà.
Tutte le cose sono state create
per mezzo di lui e in vista di lui.
[17] Egli è prima di tutte le cose
e tutte sussistono in lui.
[18] Egli è anche il capo del corpo, cioè della Chiesa;
il principio, il primogenito di coloro
che risuscitano dai morti,
per ottenere il primato su tutte le cose.
[19] Perché piacque a Dio
di fare abitare in lui ogni pienezza
[20] e per mezzo di lui riconciliare a sé tutte le cose,
rappacificando con il sangue della sua croce,
cioè per mezzo di lui,
le cose che stanno sulla terra e quelle nei cieli.

[21] E anche voi, che un tempo eravate stranieri e nemici con la mente intenta alle opere cattive che facevate, *[22]* ora egli vi ha riconciliati per mezzo della morte del suo corpo di carne, per presentarvi santi, immacolati e irreprensibili al suo cospetto: *[23]* purché restiate fondati e fermi nella fede e non vi lasciate allontanare dalla speranza promessa nel vangelo che avete ascoltato, il quale è stato annunziato ad ogni creatura sotto il cielo e di cui io, Paolo, sono diventato ministro.
[24] Perciò sono lieto delle sofferenze che sopporto per voi e completo nella mia carne quello che manca ai patimenti di Cristo, a favore del suo corpo che è la Chiesa.
[25] Di essa sono diventato ministro, secondo la missione affidatami da Dio presso di voi di realizzare la sua parola, *[26]* cioè il mistero nascosto da secoli e da generazioni, ma ora manifestato ai suoi santi, *[27]* ai quali Dio volle far conoscere la gloriosa ricchezza di questo mistero in mezzo ai pagani, cioè Cristo in voi, speranza della gloria. *[28]* È lui infatti che noi annunziamo, ammonendo e istruendo ogni uomo con ogni sapienza, per rendere ciascuno perfetto in Cristo. *[29]* Per questo mi affatico e lotto, con la forza che viene da lui e che agisce in me con potenza.

2

[1] Voglio infatti che sappiate quale dura lotta io devo sostenere per voi, per quelli di Laodicèa e per tutti coloro che non mi hanno mai visto di persona, *[2]* perché i loro cuori vengano consolati e così, strettamente congiunti nell'amore, essi acquistino in tutta la sua ricchezza la piena intelligenza, e giungano a penetrare nella perfetta conoscenza del mistero di Dio, cioè Cristo, *[3]* nel quale sono nascosti tutti i tesori della sapienza e della scienza. *[4]* Dico questo perché nessuno vi inganni con argomenti seducenti, *[5]* perché, anche se sono lontano con il corpo, sono tra voi con

lo spirito e gioisco al vedere la vostra condotta ordinata e la saldezza della vostra fede in Cristo.

[6] Camminate dunque nel Signore Gesù Cristo, come l'avete ricevuto, *[7]* ben radicati e fondati in lui, saldi nella fede come vi è stato insegnato, abbondando nell'azione di grazie. *[8]* Badate che nessuno vi inganni con la sua filosofia e con vuoti raggiri ispirati alla tradizione umana, secondo gli elementi del mondo e non secondo Cristo.

[9] È in Cristo che abita corporalmente tutta la pienezza della divinità, *[10]* e voi avete in lui parte alla sua pienezza, di lui cioè che è il capo di ogni Principato e di ogni Potestà. *[11]* In lui voi siete stati anche circoncisi, di una circoncisione però non fatta da mano di uomo, mediante la spogliazione del nostro corpo di carne, ma della vera circoncisione di Cristo. *[12]* Con lui infatti siete stati sepolti insieme nel battesimo, in lui anche siete stati insieme risuscitati per la fede nella potenza di Dio, che lo ha risuscitato dai morti. *[13]* Con lui Dio ha dato vita anche a voi, che eravate morti per i vostri peccati e per l'incirconcisione della vostra carne, perdonandoci tutti i peccati, *[14]* annullando il documento scritto del nostro debito, le cui condizioni ci erano sfavorevoli. Egli lo ha tolto di mezzo inchiodandolo alla croce; *[15]* avendo privato della loro forza i Principati e le Potestà ne ha fatto pubblico spettacolo dietro al corteo trionfale di Cristo.

[16] Nessuno dunque vi condanni più in fatto di cibo o di bevanda, o riguardo a feste, a novilinui e a sabati: *[17]* tutte cose queste che sono ombra delle future; ma la realtà invece è Cristo! *[18]* Nessuno v'impedisca di conseguire il premio, compiacendosi in pratiche di poco conto e nella venerazione degli angeli, seguendo le proprie pretese visioni, gonfio di vano orgoglio nella sua mente carnale, *[19]* senza essere stretto invece al capo, dal quale tutto il corpo riceve sostentamento e coesione per mezzo di giunture e legami, realizzando così la crescita secondo il volere di Dio.

[20] Se pertanto siete morti con Cristo agli elementi del mondo, perché lasciarvi imporre, come se viveste ancora nel mondo, dei precetti quali *[21]* "Non prendere, non gustare, non toccare"? *[22]* Tutte cose destinate a scomparire con l'uso: sono infatti prescrizioni e insegnamenti di uomini! *[23]* Queste cose hanno una parvenza di sapienza, con la loro affettata religiosità e umiltà e austerità riguardo al corpo, ma in realtà non servono che per soddisfare la carne.

3

[1] Se dunque siete risorti con Cristo, cercate le cose di lassù, dove si trova Cristo assiso alla destra di Dio; *[2]* pensate alle cose di lassù, non a quelle della terra. *[3]* Voi infatti siete morti e la vostra vita è ormai nascosta con Cristo in Dio! *[4]* Quando si manifesterà Cristo, la vostra vita, allora anche voi sarete manifestati con lui nella gloria.

[5] Mortificate dunque quella parte di voi che appartiene alla terra: fornicazione, impurità, passioni, desideri cattivi e quella avarizia insaziabile che è idolatria, *[6]*

cose tutte che attirano l'ira di Dio su coloro che disobbediscono. *[7]* Anche voi un tempo eravate così, quando la vostra vita era immersa in questi vizi. *[8]* Ora invece deponete anche voi tutte queste cose: ira, passione, malizia, maldicenze e parole oscene dalla vostra bocca. *[9]* Non mentitevi gli uni gli altri. Vi siete infatti spogliati dell'uomo vecchio con le sue azioni *[10]* e avete rivestito il nuovo, che si rinnova, per una piena conoscenza, ad immagine del suo Creatore. *[11]* Qui non c'è più Greco o Giudeo, circoncisione o incirconcisione, barbaro o Scita, schiavo o libero, ma Cristo è tutto in tutti.

[12] Rivestitevi dunque, come amati di Dio, santi e diletti, di sentimenti di misericordia, di bontà, di umiltà, di mansuetudine, di pazienza; *[13]* sopportandovi a vicenda e perdonandovi scambievolmente, se qualcuno abbia di che lamentarsi nei riguardi degli altri. Come il Signore vi ha perdonato, così fate anche voi. *[14]* Al di sopra di tutto poi vi sia la carità, che è il vincolo di perfezione. *[15]* E la pace di Cristo regni nei vostri cuori, perché ad essa siete stati chiamati in un solo corpo. E siate riconoscenti!

[16] La parola di Cristo dimori tra voi abbondantemente; ammaestratevi e ammonitevi con ogni sapienza, cantando a Dio di cuore e con gratitudine salmi, inni e cantici spirituali. *[17]* E tutto quello che fate in parole ed opere, tutto si compia nel nome del Signore Gesù, rendendo per mezzo di lui grazie a Dio Padre.

[18] Voi, mogli, state sottomesse ai mariti, come si conviene nel Signore. *[19]* Voi, mariti, amate le vostre mogli e non inaspritevi con esse. *[20]* Voi, figli, obbedite ai genitori in tutto; ciò è gradito al Signore. *[21]* Voi, padri, non esasperate i vostri figli, perché non si scoraggino. *[22]* Voi, servi, siate docili in tutto con i vostri padroni terreni; non servendo solo quando vi vedono, come si fa per piacere agli uomini, ma con cuore semplice e nel timore del Signore. *[23]* Qualunque cosa facciate, fatela di cuore come per il Signore e non per gli uomini, *[24]* sapendo che come ricompensa riceverete dal Signore l'eredità. Servite a Cristo Signore. *[25]* Chi commette ingiustizia infatti subirà le conseguenze del torto commesso, e non v'è parzialità per nessuno.

4

[1] Voi, padroni, date ai vostri servi ciò che è giusto ed equo, sapendo che anche voi avete un padrone in cielo.

[2] Perseverate nella preghiera e vegliate in essa, rendendo grazie. *[3]* Pregate anche per noi, perché Dio ci apra la porta della predicazione e possiamo annunziare il mistero di Cristo, per il quale mi trovo in catene: *[4]* che possa davvero manifestarlo, parlandone come devo.

[5] Comportatevi saggiamente con quelli di fuori; approfittate di ogni occasione. *[6]* Il vostro parlare sia sempre con grazia, condito di sapienza, per sapere come rispondere a ciascuno.

[7] Tutto quanto mi riguarda ve lo riferirà Tìchico, il caro fratello e ministro fedele,

mio compagno nel servizio del Signore, *[8]* che io mando a voi, perché conosciate le nostre condizioni e perché rechi conforto ai vostri cuori. *[9]* Con lui verrà anche Onèsimo, il fedele e caro fratello, che è dei vostri. Essi vi informeranno su tutte le cose di qui.

[10] Vi salutano Aristarco, mio compagno di carcere, e Marco, il cugino di Bàrnaba, riguardo al quale avete ricevuto istruzioni - se verrà da voi, fategli buona accoglienza - *[11]* e Gesù, chiamato Giusto. Di quelli venuti dalla circoncisione questi soli hanno collaborato con me per il regno di Dio e mi sono stati di consolazione. *[12]* Vi saluta Èpafra, servo di Cristo Gesù, che è dei vostri, il quale non cessa di lottare per voi nelle sue preghiere, perché siate saldi, perfetti e aderenti a tutti i voleri di Dio. *[13]* Gli rendo testimonianza che si impegna a fondo per voi, come per quelli di Laodicèa e di Geràpoli. *[14]* Vi salutano Luca, il caro medico, e Dema.

[15] Salutate i fratelli di Laodicèa e Ninfa con la comunità che si raduna nella sua casa. *[16]* E quando questa lettera sarà stata letta da voi, fate che venga letta anche nella Chiesa dei Laodicesi e anche voi leggete quella inviata ai Laodicesi. *[17]* Dite ad Archippo: "Considera il ministero che hai ricevuto nel Signore e vedi di compierlo bene".

[18] Il saluto è di mia propria mano, di me, Paolo. Ricordatevi delle mie catene. La grazia sia con voi.

Prima lettera ai Tessalonicesi

1

[1] Paolo, Silvano e Timòteo alla Chiesa dei Tessalonicesi che è in Dio Padre e nel Signore Gesù Cristo: grazia a voi e pace! *[2]* Ringraziamo sempre Dio per tutti voi, ricordandovi nelle nostre preghiere, continuamente *[3]* memori davanti a Dio e Padre nostro del vostro impegno nella fede, della vostra operosità nella carità e della vostra costante speranza nel Signore nostro Gesù Cristo. *[4]* Noi ben sappiamo, fratelli amati da Dio, che siete stati eletti da lui. *[5]* Il nostro vangelo, infatti, non si è diffuso fra voi soltanto per mezzo della parola, ma anche con potenza e con Spirito Santo e con profonda convinzione, come ben sapete che siamo stati in mezzo a voi per il vostro bene.

[6] E voi siete diventati imitatori nostri e del Signore, avendo accolto la parola con la gioia dello Spirito Santo anche in mezzo a grande tribolazione, *[7]* così da diventare modello a tutti i credenti che sono nella Macedonia e nell'Acaia. *[8]* Infatti la parola del Signore riecheggia per mezzo vostro non soltanto in Macedonia e nell'Acaia, ma la fama della vostra fede in Dio si è diffusa dappertutto, di modo che non abbiamo più bisogno di parlarne. *[9]* Sono loro infatti a parlare di noi, dicendo come noi siamo venuti in mezzo a voi e come vi siete convertiti a Dio, allontanandovi dagli idoli, per servire al Dio vivo e vero *[10]* e attendere dai cieli il suo Figlio, che egli ha risuscitato dai morti, Gesù, che ci libera dall'ira ventura.

2

[1] Voi stessi infatti, fratelli, sapete bene che la nostra venuta in mezzo a voi non è stata vana. *[2]* Ma dopo avere prima sofferto e subìto oltraggi a Filippi, come ben sapete, abbiamo avuto il coraggio nel nostro Dio di annunziarvi il vangelo di Dio in mezzo a molte lotte. *[3]* E il nostro appello non è stato mosso da volontà di inganno, né da torbidi motivi, né abbiamo usato frode alcuna; *[4]* ma come Dio ci ha trovati degni di affidarci il vangelo così lo predichiamo, non cercando di piacere agli uomini, ma a Dio, che prova i nostri cuori. *[5]* Mai infatti abbiamo pronunziato parole di adulazione, come sapete, né avuto pensieri di cupidigia: Dio ne è testimone. *[6]* E neppure abbiamo cercato la gloria umana, né da voi né da altri, pur potendo far valere la nostra autorità di apostoli di Cristo. *[7]* Invece siamo stati amorevoli in mezzo a voi come una madre nutre e ha cura delle proprie creature. *[8]* Così affezionati a voi,

avremmo desiderato darvi non solo il vangelo di Dio, ma la nostra stessa vita, perché ci siete diventati cari.

[9] Voi ricordate infatti, fratelli, la nostra fatica e il nostro travaglio: lavorando notte e giorno per non essere di peso ad alcuno vi abbiamo annunziato il vangelo di Dio. [10] Voi siete testimoni, e Dio stesso è testimone, come è stato santo, giusto, irreprensibile il nostro comportamento verso di voi credenti; [11] e sapete anche che, come fa un padre verso i propri figli, abbiamo esortato ciascuno di voi, [12] incoraggiandovi e scongiurandovi a comportarvi in maniera degna di quel Dio che vi chiama al suo regno e alla sua gloria.

[13] Proprio per questo anche noi ringraziamo Dio continuamente, perché, avendo ricevuto da noi la parola divina della predicazione, l'avete accolta non quale parola di uomini, ma, come è veramente, quale parola di Dio, che opera in voi che credete. [14] Voi infatti, fratelli, siete diventati imitatori delle Chiese di Dio in Gesù Cristo, che sono nella Giudea, perché avete sofferto anche voi da parte dei vostri connazionali come loro da parte dei Giudei, [15] i quali hanno perfino messo a morte il Signore Gesù e i profeti e hanno perseguitato anche noi; essi non piacciono a Dio e sono nemici di tutti gli uomini, [16] impedendo a noi di predicare ai pagani perché possano essere salvati. In tal modo essi colmano la misura dei loro peccati! Ma ormai l'ira è arrivata al colmo sul loro capo.

[17] Quanto a noi, fratelli, dopo poco tempo che eravamo separati da voi, di persona ma non col cuore, eravamo nell'impazienza di rivedere il vostro volto, tanto il nostro desiderio era vivo. [18] Perciò abbiamo desiderato una volta, anzi due volte, proprio io Paolo, di venire da voi, ma satana ce lo ha impedito. [19] Chi infatti, se non proprio voi, potrebbe essere la nostra speranza, la nostra gioia e la corona di cui ci possiamo vantare, davanti al Signore nostro Gesù, nel momento della sua venuta? [20] Siete voi la nostra gloria e la nostra gioia.

3

[1] Per questo, non potendo più resistere, abbiamo deciso di restare soli ad Atene [2] e abbiamo inviato Timòteo, nostro fratello e collaboratore di Dio nel vangelo di Cristo, per confermarvi ed esortarvi nella vostra fede, [3] perché nessuno si lasci turbare in queste tribolazioni. Voi stessi, infatti, sapete che a questo siamo destinati; [4] già quando eravamo tra voi, vi preannunziavamo che avremmo dovuto subire tribolazioni, come in realtà è accaduto e voi ben sapete. [5] Per questo, non potendo più resistere, mandai a prendere notizie sulla vostra fede, per timore che il tentatore vi avesse tentati e così diventasse vana la nostra fatica.

[6] Ma ora che è tornato Timòteo, e ci ha portato il lieto annunzio della vostra fede, della vostra carità e del ricordo sempre vivo che conservate di noi, desiderosi di vederci come noi lo siamo di vedere voi, [7] ci sentiamo consolati, fratelli, a vostro riguardo, di tutta l'angoscia e tribolazione in cui eravamo per la vostra fede; [8] ora, sì, ci sentiamo rivivere, se rimanete saldi nel Signore. [9] Quale ringraziamento

possiamo rendere a Dio riguardo a voi, per tutta la gioia che proviamo a causa vostra davanti al nostro Dio, *[10]* noi che con viva insistenza, notte e giorno, chiediamo di poter vedere il vostro volto e completare ciò che ancora manca alla vostra fede? *[11]* Voglia Dio stesso, Padre nostro, e il Signore nostro Gesù dirigere il nostro cammino verso di voi! *[12]* Il Signore poi vi faccia crescere e abbondare nell'amore vicendevole e verso tutti, come anche noi lo siamo verso di voi, *[13]* per rendere saldi e irreprensibili i vostri cuori nella santità, davanti a Dio Padre nostro, al momento della venuta del Signore nostro Gesù con tutti i suoi santi.

4

[1] Per il resto, fratelli, vi preghiamo e supplichiamo nel Signore Gesù: avete appreso da noi come comportarvi in modo da piacere a Dio, e così già vi comportate; cercate di agire sempre così per distinguervi ancora di più. *[2]* Voi conoscete infatti quali norme vi abbiamo dato da parte del Signore Gesù. *[3]* Perché questa è la volontà di Dio, la vostra santificazione: che vi asteniate dalla impudicizia, *[4]* che ciascuno sappia mantenere il proprio corpo con santità e rispetto, *[5]* non come oggetto di passioni e libidine, come i pagani che non conoscono Dio; *[6]* che nessuno offenda e inganni in questa materia il proprio fratello, perché il Signore è vindice di tutte queste cose, come già vi abbiamo detto e attestato. *[7]* Dio non ci ha chiamati all'impurità, ma alla santificazione. *[8]* Perciò chi disprezza queste norme non disprezza un uomo, ma Dio stesso, che vi dona il suo Santo Spirito.

[9] Riguardo all'amore fraterno, non avete bisogno che ve ne scriva; voi stessi infatti avete imparato da Dio ad amarvi gli uni gli altri, *[10]* e questo voi fate verso tutti i fratelli dell'intera Macedonia. Ma vi esortiamo, fratelli, a farlo ancora di più *[11]* e a farvi un punto di onore: vivere in pace, attendere alle cose vostre e lavorare con le vostre mani, come vi abbiamo ordinato, *[12]* al fine di condurre una vita decorosa di fronte agli estranei e di non aver bisogno di nessuno.

[13] Non vogliamo poi lasciarvi nell'ignoranza, fratelli, circa quelli che sono morti, perché non continuiate ad affliggervi come gli altri che non hanno speranza. *[14]* Noi crediamo infatti che Gesù è morto e risuscitato; così anche quelli che sono morti, Dio li radunerà per mezzo di Gesù insieme con lui. *[15]* Questo vi diciamo sulla parola del Signore: noi che viviamo e saremo ancora in vita per la venuta del Signore, non avremo alcun vantaggio su quelli che sono morti. *[16]* Perché il Signore stesso, a un ordine, alla voce dell'arcangelo e al suono della tromba di Dio, discenderà dal cielo. E prima risorgeranno i morti in Cristo; *[17]* quindi noi, i vivi, i superstiti, saremo rapiti insieme con loro tra le nuvole, per andare incontro al Signore nell'aria, e così saremo sempre con il Signore. *[18]* Confortatevi dunque a vicenda con queste parole.

[1] Riguardo poi ai tempi e ai momenti, fratelli, non avete bisogno che ve ne scriva; *[2]* infatti voi ben sapete che come un ladro di notte, così verrà il giorno del Signore. *[3]* E quando si dirà: "Pace e sicurezza", allora d'improvviso li colpirà la rovina, come le doglie una donna incinta; e nessuno scamperà. *[4]* Ma voi, fratelli, non siete nelle tenebre, così che quel giorno possa sorprendervi come un ladro: *[5]* voi tutti infatti siete figli della luce e figli del giorno; noi non siamo della notte, né delle tenebre. *[6]* Non dormiamo dunque come gli altri, ma restiamo svegli e siamo sobrii.

[7] Quelli che dormono, infatti, dormono di notte; e quelli che si ubriacano, sono ubriachi di notte. *[8]* Noi invece, che siamo del giorno, dobbiamo essere sobrii, *rivestiti con la corazza* della fede e della carità e avendo come *elmo* la speranza *della salvezza.* *[9]* Poiché Dio non ci ha destinati alla sua collera ma all'acquisto della salvezza per mezzo del Signor nostro Gesù Cristo, *[10]* il quale è morto per noi, perché, sia che vegliamo sia che dormiamo, viviamo insieme con lui. *[11]* Perciò confortatevi a vicenda edificandovi gli uni gli altri, come già fate.

[12] Vi preghiamo poi, fratelli, di aver riguardo per quelli che faticano tra di voi, che vi sono preposti nel Signore e vi ammoniscono; *[13]* trattateli con molto rispetto e carità, a motivo del loro lavoro. Vivete in pace tra voi. *[14]* Vi esortiamo, fratelli: correggete gli indisciplinati, confortate i pusillanimi, sostenete i deboli, siate pazienti con tutti. *[15]* Guardatevi dal rendere male per male ad alcuno; ma cercate sempre il bene tra voi e con tutti. *[16]* State sempre lieti, *[17]* pregate incessantemente, *[18]* in ogni cosa rendete grazie; questa è infatti la volontà di Dio in Cristo Gesù verso di voi. *[19]* Non spegnete lo Spirito, *[20]* non disprezzate le profezie; *[21]* esaminate ogni cosa, tenete ciò che è buono. *[22]* Astenetevi da ogni specie di male.

[23] Il Dio della pace vi santifichi fino alla perfezione, e tutto quello che è vostro, spirito, anima e corpo, si conservi irreprensibile per la venuta del Signore nostro Gesù Cristo. *[24]* Colui che vi chiama è fedele e farà tutto questo!

[25] Fratelli, pregate anche per noi.

[26] Salutate tutti i fratelli con il bacio santo. *[27]* Vi scongiuro, per il Signore, che si legga questa lettera a tutti i fratelli.

[28] La grazia del Signore nostro Gesù Cristo sia con voi.

Seconda lettera ai Tessalonicesi

1

[1] Paolo, Silvano e Timòteo alla Chiesa dei Tessalonicesi che è in Dio Padre nostro e nel Signore Gesù Cristo: *[2]* grazia a voi e pace da Dio Padre e dal Signore Gesù Cristo.

[3] Dobbiamo sempre ringraziare Dio per voi, fratelli, ed è ben giusto. La vostra fede infatti cresce rigogliosamente e abbonda la vostra carità vicendevole; *[4]* così noi possiamo gloriarci di voi nelle Chiese di Dio, per la vostra fermezza e per la vostra fede in tutte le persecuzioni e tribolazioni che sopportate. *[5]* Questo è un segno del giusto giudizio di Dio, che vi proclamerà degni di quel regno di Dio, per il quale ora soffrite. *[6]* È proprio della giustizia di Dio rendere afflizione a quelli che vi affliggono *[7]* e a voi, che ora siete afflitti, sollievo insieme a noi, quando si manifesterà il Signore Gesù dal cielo con gli angeli della sua potenza *[8]* *in fuoco ardente, a far vendetta di quanti non conoscono Dio* e non obbediscono al vangelo del Signore nostro Gesù. *[9]* Costoro saranno castigati con una rovina eterna, *lontano dalla faccia del Signore e dalla gloria della sua potenza, [10]* quando egli verrà per esser glorificato nei suoi santi ed esser riconosciuto mirabile in tutti quelli che avranno creduto, perché è stata creduta la nostra testimonianza in mezzo a voi. Questo accadrà, in quel giorno.

[11] Anche per questo preghiamo di continuo per voi, perché il nostro Dio vi renda degni della sua chiamata e porti a compimento, con la sua potenza, ogni vostra volontà di bene e l'opera della vostra fede; *[12]* perché sia glorificato il nome del Signore nostro Gesù in voi e voi in lui, secondo la grazia del nostro Dio e del Signore Gesù Cristo.

2

[1] Ora vi preghiamo, fratelli, riguardo alla venuta del Signore nostro Gesù Cristo e alla nostra riunione con lui, *[2]* di non lasciarvi così facilmente confondere e turbare, né da pretese ispirazioni, né da parole, né da qualche lettera fatta passare come nostra, quasi che il giorno del Signore sia imminente. *[3]* Nessuno vi inganni in alcun modo! Prima infatti dovrà avvenire l'apostasia e dovrà esser rivelato l'uomo iniquo, il figlio della perdizione, *[4]* colui che si contrappone *e s'innalza sopra ogni* essere che viene detto *Dio* o è oggetto di culto, *fino a sedere* nel tempio di *Dio*, additando se stesso

come *Dio*.

[5] Non ricordate che, quando ancora ero tra voi, venivo dicendo queste cose? *[6]* E ora sapete ciò che impedisce la sua manifestazione, che avverrà nella sua ora. *[7]* Il mistero dell'iniquità è già in atto, ma è necessario che sia tolto di mezzo chi finora lo trattiene. *[8]* Solo allora sarà rivelato *l'empio* e il Signore Gesù lo *distruggerà con il soffio della sua bocca* e lo annienterà all'apparire della sua venuta, l'iniquo, *[9]* la cui venuta avverrà nella potenza di satana, con ogni specie di portenti, di segni e prodigi menzogneri, *[10]* e con ogni sorta di empio inganno per quelli che vanno in rovina perché non hanno accolto l'amore della verità per essere salvi. *[11]* E per questo Dio invia loro una potenza d'inganno perché essi credano alla menzogna *[12]* e così siano condannati tutti quelli che non hanno creduto alla verità, ma hanno acconsentito all'iniquità.

[13] Noi però dobbiamo rendere sempre grazie a Dio per voi, fratelli amati dal Signore, perché Dio vi ha scelti come primizia per la salvezza, attraverso l'opera santificatrice dello Spirito e la fede nella verità, *[14]* chiamandovi a questo con il nostro vangelo, per il possesso della gloria del Signore nostro Gesù Cristo.

[15] Perciò, fratelli, state saldi e mantenete le tradizioni che avete apprese così dalla nostra parola come dalla nostra lettera. *[16]* E lo stesso Signore nostro Gesù Cristo e Dio Padre nostro, che ci ha amati e ci ha dato, per sua grazia, una consolazione eterna e una buona speranza, *[17]* conforti i vostri cuori e li confermi in ogni opera e parola di bene.

3

[1] Per il resto, fratelli, pregate per noi, perché la parola del Signore si diffonda e sia glorificata come lo è anche tra voi *[2]* e veniamo liberati dagli uomini perversi e malvagi. Non di tutti infatti è la fede. *[3]* Ma il Signore è fedele; egli vi confermerà e vi custodirà dal maligno.

[4] E riguardo a voi, abbiamo questa fiducia nel Signore, che quanto vi ordiniamo già lo facciate e continuiate a farlo. *[5]* Il Signore diriga i vostri cuori nell'amore di Dio e nella pazienza di Cristo.

[6] Vi ordiniamo pertanto, fratelli, nel nome del Signore nostro Gesù Cristo, di tenervi lontani da ogni fratello che si comporta in maniera indisciplinata e non secondo la tradizione che ha ricevuto da noi. *[7]* Sapete infatti come dovete imitarci: poiché noi non abbiamo vissuto oziosamente fra voi, *[8]* né abbiamo mangiato gratuitamente il pane di alcuno, ma abbiamo lavorato con fatica e sforzo notte e giorno per non essere di peso ad alcuno di voi. *[9]* Non che non ne avessimo diritto, ma per darvi noi stessi come esempio da imitare. *[10]* E infatti quando eravamo presso di voi, vi demmo questa regola: chi non vuol lavorare neppure mangi. *[11]* Sentiamo infatti che alcuni fra di voi vivono disordinatamente, senza far nulla e in continua agitazione. *[12]* A questi tali ordiniamo, esortandoli nel Signore Gesù Cristo, di mangiare il proprio pane lavorando in pace. *[13]* Voi, fratelli, non lasciatevi

scoraggiare nel fare il bene. *[14]* Se qualcuno non obbedisce a quanto diciamo per lettera, prendete nota di lui e interrompete i rapporti, perché si vergogni; *[15]* non trattatelo però come un nemico, ma ammonitelo come un fratello.

[16] Il Signore della pace vi dia egli stesso la pace sempre e in ogni modo. Il Signore sia con tutti voi.

[17] Questo saluto è di mia mano, di Paolo; ciò serve come segno di autenticazione per ogni lettera; io scrivo così. *[18]* La grazia del Signore nostro Gesù Cristo sia con tutti voi.

Prima lettera a Timoteo

1

[1] Paolo, apostolo di Cristo Gesù, per comando di Dio nostro salvatore e di Cristo Gesù nostra speranza, *[2]* a Timòteo, mio vero figlio nella fede: grazia, misericordia e pace da Dio Padre e da Cristo Gesù Signore nostro.

[3] Partendo per la Macedonia, ti raccomandai di rimanere in Èfeso, perché tu invitassi alcuni a non insegnare dottrine diverse *[4]* e a non badare più a favole e a genealogie interminabili, che servono più a vane discussioni che al disegno divino manifestato nella fede. *[5]* Il fine di questo richiamo è però la carità, che sgorga da un cuore puro, da una buona coscienza e da una fede sincera. *[6]* Proprio deviando da questa linea, alcuni si sono volti a fatue verbosità, *[7]* pretendendo di essere dottori della legge mentre non capiscono né quello che dicono, né alcuna di quelle cose che dànno per sicure.

[8] Certo, noi sappiamo che la legge è buona, se uno ne usa legalmente; *[9]* sono convinto che la legge non è fatta per il giusto, ma per gli iniqui e i ribelli, per gli empi e i peccatori, per i sacrileghi e i profanatori, per i parricidi e i matricidi, per gli assassini, *[10]* i fornicatori, i pervertiti, i trafficanti di uomini, i falsi, gli spergiuri e per ogni altra cosa che è contraria alla sana dottrina, *[11]* secondo il vangelo della gloria del beato Dio che mi è stato affidato.

[12] Rendo grazie a colui che mi ha dato la forza, Cristo Gesù Signore nostro, perché mi ha giudicato degno di fiducia chiamandomi al mistero: *[13]* io che per l'innanzi ero stato un bestemmiatore, un persecutore e un violento. Ma mi è stata usata misericordia, perché agivo senza saperlo, lontano dalla fede; *[14]* così la grazia del Signore nostro ha sovrabbondato insieme alla fede e alla carità che è in Cristo Gesù.

[15] Questa parola è sicura e degna di essere da tutti accolta: Cristo Gesù è venuto nel mondo per salvare i peccatori e di questi il primo sono io. *[16]* Ma appunto per questo ho ottenuto misericordia, perché Gesù Cristo ha voluto dimostrare in me, per primo, tutta la sua magnanimità, a esempio di quanti avrebbero creduto in lui per avere la vita eterna.

[17] Al Re dei secoli incorruttibile, invisibile e unico Dio, onore e gloria nei secoli dei secoli. Amen.

[18] Questo è l'avvertimento che ti do, figlio mio Timòteo, in accordo con le profezie che sono state fatte a tuo riguardo, perché, fondato su di esse, tu combatta la buona battaglia *[19]* con fede e buona coscienza, poiché alcuni che l'hanno ripudiata hanno fatto naufragio nella fede; *[20]* tra essi Imenèo e Alessandro, che ho consegnato a

satana perché imparino a non più bestemmiare.

2

[1] Ti raccomando dunque, prima di tutto, che si facciano domande, suppliche, preghiere e ringraziamenti per tutti gli uomini, *[2]* per i re e per tutti quelli che stanno al potere, perché possiamo trascorrere una vita calma e tranquilla con tutta pietà e dignità. *[3]* Questa è una cosa bella e gradita al cospetto di Dio, nostro salvatore, *[4]* il quale vuole che tutti gli uomini siano salvati e arrivino alla conoscenza della verità. *[5]* Uno solo, infatti, è Dio e uno solo il mediatore fra Dio e gli uomini, l'uomo Cristo Gesù, *[6]* che ha dato se stesso in riscatto per tutti. Questa testimonianza egli l'ha data nei tempi stabiliti, *[7]* e di essa io sono stato fatto banditore e apostolo - dico la verità, non mentisco -, maestro dei pagani nella fede e nella verità.

[8] Voglio dunque che gli uomini preghino, dovunque si trovino, alzando al cielo mani pure senza ira e senza contese.

[9] Alla stessa maniera facciano le donne, con abiti decenti, adornandosi di pudore e riservatezza, non di trecce e ornamenti d'oro, di perle o di vesti sontuose, *[10]* ma di opere buone, come conviene a donne che fanno professione di pietà.

[11] La donna impari in silenzio, con tutta sottomissione. *[12]* Non concedo a nessuna donna di insegnare, né di dettare legge all'uomo; piuttosto se ne stia in atteggiamento tranquillo. *[13]* Perché prima è stato formato Adamo e poi Eva; *[14]* e non fu Adamo ad essere ingannato, ma fu la donna che, ingannata, si rese colpevole di trasgressione. *[15]* Essa potrà essere salvata partorendo figli, a condizione di perseverare nella fede, nella carità e nella santificazione, con modestia.

3

[1] È degno di fede quanto vi dico: se uno aspira all'episcopato, desidera un nobile lavoro. *[2]* Ma bisogna che il vescovo sia irreprensibile, non sposato che una sola volta, sobrio, prudente, dignitoso, ospitale, capace di insegnare, *[3]* non dedito al vino, non violento ma benevolo, non litigioso, non attaccato al denaro. *[4]* Sappia dirigere bene la propria famiglia e abbia figli sottomessi con ogni dignità, *[5]* perché se uno non sa dirigere la propria famiglia, come potrà aver cura della Chiesa di Dio? *[6]* Inoltre non sia un neofita, perché non gli accada di montare in superbia e di cadere nella stessa condanna del diavolo. *[7]* È necessario che egli goda buona reputazione presso quelli di fuori, per non cadere in discredito e in qualche laccio del diavolo.

[8] Allo stesso modo i diaconi siano dignitosi, non doppi nel parlare, non dediti al molto vino né avidi di guadagno disonesto, *[9]* e conservino il mistero della fede in una coscienza pura. *[10]* Perciò siano prima sottoposti a una prova e poi, se trovati irreprensibili, siano ammessi al loro servizio. *[11]* Allo stesso modo le donne siano

dignitose, non pettegole, sobrie, fedeli in tutto. *[12]* I diaconi non siano sposati che una sola volta, sappiano dirigere bene i propri figli e le proprie famiglie. *[13]* Coloro infatti che avranno ben servito, si acquisteranno un grado onorifico e una grande sicurezza nella fede in Cristo Gesù.

[14] Ti scrivo tutto questo, nella speranza di venire presto da te; *[15]* ma se dovessi tardare, voglio che tu sappia come comportarti nella casa di Dio, che è la Chiesa del Dio vivente, colonna e sostegno della verità. *[16]* Dobbiamo confessare che grande è il mistero della pietà:

Egli si manifestò nella carne,
fu giustificato nello Spirito,
apparve agli angeli,
fu annunziato ai pagani,
fu creduto nel mondo,
fu assunto nella gloria.

4

[1] Lo Spirito dichiara apertamente che negli ultimi tempi alcuni si allontaneranno dalla fede, dando retta a spiriti menzogneri e a dottrine diaboliche, *[2]* sedotti dall'ipocrisia di impostori, già bollati a fuoco nella loro coscienza. *[3]* Costoro vieteranno il matrimonio, imporranno di astenersi da alcuni cibi che Dio ha creato per essere mangiati con rendimento di grazie dai fedeli e da quanti conoscono la verità. *[4]* Infatti tutto ciò che è stato creato da Dio è buono e nulla è da scartarsi, quando lo si prende con rendimento di grazie, *[5]* perché esso viene santificato dalla parola di Dio e dalla preghiera.

[6] Proponendo queste cose ai fratelli sarai un buon ministro di Cristo Gesù, nutrito come sei dalle parole della fede e della buona dottrina che hai seguito. *[7]* Rifiuta invece le favole profane, roba da vecchierelle.

[8] Esèrcitati nella pietà, perché l'esercizio fisico è utile a poco, mentre la pietà è utile a tutto, portando con sé la promessa della vita presente come di quella futura. *[9]* Certo questa parola è degna di fede. *[10]* Noi infatti ci affatichiamo e combattiamo perché abbiamo posto la nostra speranza nel Dio vivente, che è il salvatore di tutti gli uomini, ma soprattutto di quelli che credono. *[11]* Questo tu devi proclamare e insegnare.

[12] Nessuno disprezzi la tua giovane età, ma sii esempio ai fedeli nelle parole, nel comportamento, nella carità, nella fede, nella purezza. *[13]* Fino al mio arrivo, dèdicati alla lettura, all'esortazione e all'insegnamento. *[14]* Non trascurare il dono spirituale che è in te e che ti è stato conferito, per indicazioni di profeti, con l'imposizione delle mani da parte del collegio dei presbiteri. *[15]* Abbi premura di queste cose, dèdicati ad esse interamente perché tutti vedano il tuo progresso. *[16]* Vigila su te stesso e sul tuo insegnamento e sii perseverante: così facendo salverai te stesso e coloro che ti ascoltano.

[1] Non essere aspro nel riprendere un anziano, ma esortalo come fosse tuo padre; i più giovani come fratelli; *[2]* le donne anziane come madri e le più giovani come sorelle, in tutta purezza.

[3] Onora le vedove, quelle che sono veramente vedove; *[4]* ma se una vedova ha figli o nipoti, questi imparino prima a praticare la pietà verso quelli della propria famiglia e a rendere il contraccambio ai loro genitori, poiché è gradito a Dio. *[5]* Quella poi veramente vedova e che sia rimasta sola, ha riposto la speranza in Dio e si consacra all'orazione e alla preghiera giorno e notte; *[6]* al contrario quella che si dà ai piaceri, anche se vive, è già morta. *[7]* Proprio questo raccomanda, perché siano irreprensibili. *[8]* Se poi qualcuno non si prende cura dei suoi cari, soprattutto di quelli della sua famiglia, costui ha rinnegato la fede ed è peggiore di un infedele.

[9] Una vedova sia iscritta nel catalogo delle vedove quando abbia non meno di sessant'anni, sia andata sposa una sola volta, *[10]* abbia la testimonianza di opere buone: abbia cioè allevato figli, praticato l'ospitalità, lavato i piedi ai santi, sia venuta in soccorso agli afflitti, abbia esercitato ogni opera di bene. *[11]* Le vedove più giovani non accettarle perché, non appena vengono prese da desideri indegni di Cristo, vogliono sposarsi di nuovo *[12]* e si attirano così un giudizio di condanna per aver trascurato la loro prima fede. *[13]* Inoltre, trovandosi senza far niente, imparano a girare qua e là per le case e sono non soltanto oziose, ma pettegole e curiose, parlando di ciò che non conviene. *[14]* Desidero quindi che le più giovani si risposino, abbiano figli, governino la loro casa, per non dare all'avversario nessun motivo di biasimo. *[15]* Già alcune purtroppo si sono sviate dietro a satana.

[16] Se qualche donna credente ha con sé delle vedove, provveda lei a loro e non ricada il peso sulla Chiesa, perché questa possa così venire incontro a quelle che sono veramente vedove.

[17] I presbiteri che esercitano bene la presidenza siano trattati con doppio onore, soprattutto quelli che si affaticano nella predicazione e nell'insegnamento. *[18]* Dice infatti la Scrittura: *Non metterai la museruola al bue che trebbia* e: *Il lavoratore ha diritto al suo salario*. *[19]* Non accettare accuse contro un presbitero senza la deposizione di *due o tre testimoni*. *[20]* Quelli poi che risultino colpevoli riprendili alla presenza di tutti, perché anche gli altri ne abbiano timore. *[21]* Ti scongiuro davanti a Dio, a Cristo Gesù e agli angeli eletti, di osservare queste norme con imparzialità e di non far mai nulla per favoritismo. *[22]* Non aver fretta di imporre le mani ad alcuno, per non farti complice dei peccati altrui. Conservati puro!

[23] Smetti di bere soltanto acqua, ma fa' uso di un po' di vino a causa dello stomaco e delle tue frequenti indisposizioni.

[24] Di alcuni uomini i peccati si manifestano prima del giudizio e di altri dopo; *[25]* così anche le opere buone vengono alla luce e quelle stesse che non sono tali non possono rimanere nascoste.

[1] Quelli che si trovano sotto il giogo della schiavitù, trattino con ogni rispetto i loro padroni, perché non vengano bestemmiati il nome di Dio e la dottrina. *[2]* Quelli poi che hanno padroni credenti, non manchino loro di riguardo perché sono fratelli, ma li servano ancora meglio, proprio perché sono credenti e amati coloro che ricevono i loro servizi.

Questo devi insegnare e raccomandare.

[3] Se qualcuno insegna diversamente e non segue le sane parole del Signore nostro Gesù Cristo e la dottrina secondo la pietà, *[4]* costui è accecato dall'orgoglio, non comprende nulla ed è preso dalla febbre di cavilli e di questioni oziose. Da ciò nascono le invidie, i litigi, le maldicenze, i sospetti cattivi, *[5]* i conflitti di uomini corrotti nella mente e privi della verità, che considerano la pietà come fonte di guadagno.

[6] Certo, la pietà è un grande guadagno, congiunta però a moderazione! *[7]* Infatti non abbiamo portato nulla in questo mondo e nulla possiamo portarne via. *[8]* Quando dunque abbiamo di che mangiare e di che coprirci, contentiamoci di questo. *[9]* Al contrario coloro che vogliono arricchire, cadono nella tentazione, nel laccio e in molte bramosie insensate e funeste, che fanno affogare gli uomini in rovina e perdizione. *[10]* L'attaccamento al denaro infatti è la radice di tutti i mali; per il suo sfrenato desiderio alcuni hanno deviato dalla fede e si sono da se stessi tormentati con molti dolori.

[11] Ma tu, uomo di Dio, fuggi queste cose; tendi alla giustizia, alla pietà, alla fede, alla carità, alla pazienza, alla mitezza. *[12]* Combatti la buona battaglia della fede, cerca di raggiungere la vita eterna alla quale sei stato chiamato e per la quale hai fatto la tua bella professione di fede davanti a molti testimoni.

[13] Al cospetto di Dio che dà vita a tutte le cose e di Gesù Cristo che ha dato la sua bella testimonianza davanti a Ponzio Pilato, *[14]* ti scongiuro di conservare senza macchia e irreprensibile il comandamento, fino alla manifestazione del Signore nostro Gesù Cristo,

[15] che al tempo stabilito sarà a noi rivelata

dal beato e unico sovrano,

il re dei regnanti e signore dei signori,

[16] il solo che possiede l'immortalità,

che abita una luce inaccessibile;

che nessuno fra gli uomini ha mai visto né può vedere.

A lui onore e potenza per sempre. Amen.

[17] Ai ricchi in questo mondo raccomanda di non essere orgogliosi, di non riporre la speranza sull'incertezza delle ricchezze, ma in Dio, che tutto ci dà con abbondanza perché ne possiamo godere; *[18]* di fare del bene, di arricchirsi di opere buone, di essere pronti a dare, di essere generosi, *[19]* mettendosi così da parte un buon capitale

per il futuro, per acquistarsi la vita vera.

[20] O Timòteo, custodisci il deposito; evita le chiacchiere profane e le obiezioni della cosiddetta scienza, *[21]* professando la quale taluni hanno deviato dalla fede. La grazia sia con voi!

Seconda lettera a Timoteo

1

[1] Paolo, apostolo di Cristo Gesù per volontà di Dio, per annunziare la promessa della vita in Cristo Gesù, *[2]* al diletto figlio Timòteo: grazia, misericordia e pace da parte di Dio Padre e di Cristo Gesù Signore nostro.

[3] Ringrazio Dio, che io servo con coscienza pura come i miei antenati, ricordandomi sempre di te nelle mie preghiere, notte e giorno; *[4]* mi tornano alla mente le tue lacrime e sento la nostalgia di rivederti per essere pieno di gioia. *[5]* Mi ricordo infatti della tua fede schietta, fede che fu prima nella tua nonna Lòide, poi in tua madre Eunìce e ora, ne sono certo, anche in te.

[6] Per questo motivo ti ricordo di ravvivare il dono di Dio che è in te per l'imposizione delle mie mani. *[7]* Dio infatti non ci ha dato uno Spirito di timidezza, ma di forza, di amore e di saggezza. *[8]* Non vergognarti dunque della testimonianza da rendere al Signore nostro, né di me, che sono in carcere per lui; ma soffri anche tu insieme con me per il vangelo, aiutato dalla forza di Dio. *[9]* Egli infatti ci ha salvati e ci ha chiamati con una vocazione santa, non già in base alle nostre opere, ma secondo il suo proposito e la sua grazia; grazia che ci è stata data in Cristo Gesù fin dall'eternità, *[10]* ma è stata rivelata solo ora con l'apparizione del salvatore nostro Cristo Gesù, che ha vinto la morte e ha fatto risplendere la vita e l'immortalità per mezzo del vangelo, *[11]* del quale io sono stato costituito araldo, apostolo e maestro.

[12] È questa la causa dei mali che soffro, ma non me ne vergogno: so infatti a chi ho creduto e son convinto che egli è capace di conservare il mio deposito fino a quel giorno. *[13]* Prendi come modello le sane parole che hai udito da me, con la fede e la carità che sono in Cristo Gesù. *[14]* Custodisci il buon deposito con l'aiuto dello Spirito santo che abita in noi.

[15] Tu sai che tutti quelli dell'Asia, tra i quali Fìgelo ed Ermègene, mi hanno abbandonato. *[16]* Il Signore conceda misericordia alla famiglia di Onesìforo, perché egli mi ha più volte confortato e non s'è vergognato delle mie catene; *[17]* anzi, venuto a Roma, mi ha cercato con premura, finché mi ha trovato. *[18]* Gli conceda il Signore di trovare misericordia presso Dio in quel giorno. E quanti servizi egli ha reso in Èfeso, lo sai meglio di me.

[1] Tu dunque, figlio mio, attingi sempre forza nella grazia che è in Cristo Gesù *[2]* e le cose che hai udito da me in presenza di molti testimoni, trasmettile a persone fidate, le quali siano in grado di ammaestrare a loro volta anche altri.
[3] Insieme con me prendi anche tu la tua parte di sofferenze, come un buon soldato di Cristo Gesù. *[4]* Nessuno però, quando presta servizio militare, s'intralcia nelle faccende della vita comune, se vuol piacere a colui che l'ha arruolato. *[5]* Anche nelle gare atletiche, non riceve la corona se non chi ha lottato secondo le regole. *[6]* L'agricoltore poi che si affatica, dev'essere il primo a cogliere i frutti della terra. *[7]* Cerca di comprendere ciò che voglio dire; il Signore certamente ti darà intelligenza per ogni cosa.

[8] Ricordati che Gesù Cristo, della stirpe di Davide, è risuscitato dai morti, secondo il mio vangelo, *[9]* a causa del quale io soffro fino a portare le catene come un malfattore; ma la parola di Dio non è incatenata! *[10]* Perciò sopporto ogni cosa per gli eletti, perché anch'essi raggiungano la salvezza che è in Cristo Gesù, insieme alla gloria eterna. *[11]* Certa è questa parola:
Se moriamo con lui, vivremo anche con lui;
[12] se con lui perseveriamo, con lui anche regneremo;
se lo rinneghiamo, anch'egli ci rinnegherà;
[13] se noi manchiamo di fede, egli però rimane fedele,
perché non può rinnegare se stesso.

[14] Richiama alla memoria queste cose, scongiurandoli davanti a Dio di evitare le vane discussioni, che non giovano a nulla, se non alla perdizione di chi le ascolta. *[15]* Sfòrzati di presentarti davanti a Dio come un uomo degno di approvazione, un lavoratore che non ha di che vergognarsi, uno scrupoloso dispensatore della parola della verità. *[16]* Evita le chiacchiere profane, perché esse tendono a far crescere sempre più nell'empietà; *[17]* la parola di costoro infatti si propagherà come una cancrena. Fra questi ci sono Imenèo e Filèto, *[18]* i quali hanno deviato dalla verità, sostenendo che la risurrezione è già avvenuta e così sconvolgono la fede di alcuni. *[19]* Tuttavia il fondamento gettato da Dio sta saldo e porta questo sigillo: *Il Signore conosce i suoi*, e ancora: *Si allontani dall'iniquità chiunque invoca il nome del Signore. [20]* In una casa grande però non vi sono soltanto vasi d'oro e d'argento, ma anche di legno e di coccio; alcuni sono destinati ad usi nobili, altri per usi più spregevoli. *[21]* Chi si manterrà puro astenendosi da tali cose, sarà un vaso nobile, santificato, utile al padrone, pronto per ogni opera buona. *[22]* Fuggi le passioni giovanili; cerca la giustizia, la fede, la carità, la pace, insieme a quelli che invocano il Signore con cuore puro. *[23]* Evita inoltre le discussioni sciocche e non educative, sapendo che generano contese. *[24]* Un servo del Signore non dev'essere litigioso, ma mite con tutti, atto a insegnare, paziente nelle offese subite, *[25]* dolce nel riprendere gli oppositori, nella speranza che Dio voglia loro concedere di convertirsi,

perché riconoscano la verità *[26]* e ritornino in sé sfuggendo al laccio del diavolo, che li ha presi nella rete perché facessero la sua volontà.

3

[1] Devi anche sapere che negli ultimi tempi verranno momenti difficili. *[2]* Gli uomini saranno egoisti, amanti del denaro, vanitosi, orgogliosi, bestemmiatori, ribelli ai genitori, ingrati, senza religione, *[3]* senza amore, sleali, maldicenti, intemperanti, intrattabili, nemici del bene, *[4]* traditori, sfrontati, accecati dall'orgoglio, attaccati ai piaceri più che a Dio, *[5]* con la parvenza della pietà, mentre ne hanno rinnegata la forza interiore. Guardati bene da costoro! *[6]* Al loro numero appartengono certi tali che entrano nelle case e accalappiano donnicciole cariche di peccati, mosse da passioni di ogni genere, *[7]* che stanno sempre lì ad imparare, senza riuscire mai a giungere alla conoscenza della verità. *[8]* Sull'esempio di Iannes e di Iambres che si opposero a Mosè, anche costoro si oppongono alla verità: uomini dalla mente corrotta e riprovati in materia di fede. *[9]* Costoro però non progrediranno oltre, perché la loro stoltezza sarà manifestata a tutti, come avvenne per quelli.

[10] Tu invece mi hai seguito da vicino nell'insegnamento, nella condotta, nei propositi, nella fede, nella magnanimità, nell'amore del prossimo, nella pazienza, *[11]* nelle persecuzioni, nelle sofferenze, come quelle che incontrai ad Antiòchia, a Icònio e a Listri. Tu sai bene quali persecuzioni ho sofferto. Eppure il Signore mi ha liberato da tutte. *[12]* Del resto, tutti quelli che vogliono vivere piamente in Cristo Gesù saranno perseguitati. *[13]* Ma i malvagi e gli impostori andranno sempre di male in peggio, ingannatori e ingannati nello stesso tempo. *[14]* Tu però rimani saldo in quello che hai imparato e di cui sei convinto, sapendo da chi l'hai appreso *[15]* e che fin dall'infanzia conosci le sacre Scritture: queste possono istruirti per la salvezza, che si ottiene per mezzo della fede in Cristo Gesù. *[16]* Tutta la Scrittura infatti è ispirata da Dio e utile per insegnare, convincere, correggere e formare alla giustizia, perché l'uomo di Dio sia completo e ben preparato per ogni opera buona.

4

[1] Ti scongiuro davanti a Dio e a Cristo Gesù che verrà a giudicare i vivi e i morti, per la sua manifestazione e il suo regno: *[2]* annunzia la parola, insisti in ogni occasione opportuna e non opportuna, ammonisci, rimprovera, esorta con ogni magnanimità e dottrina. *[3]* Verrà giorno, infatti, in cui non si sopporterà più la sana dottrina, ma, per il prurito di udire qualcosa, gli uomini si circonderanno di maestri secondo le proprie voglie, *[4]* rifiutando di dare ascolto alla verità per volgersi alle favole. *[5]* Tu però vigila attentamente, sappi sopportare le sofferenze, compi la tua opera di annunziatore del vangelo, adempi il tuo ministero.

[6] Quanto a me, il mio sangue sta per essere sparso in libagione ed è giunto il

momento di sciogliere le vele. *[7]* Ho combattuto la buona battaglia, ho terminato la mia corsa, ho conservato la fede. *[8]* Ora mi resta solo la corona di giustizia che il Signore, giusto giudice, mi consegnerà in quel giorno; e non solo a me, ma anche a tutti coloro che attendono con amore la sua manifestazione.

[9] Cerca di venire presto da me, *[10]* perché Dema mi ha abbandonato avendo preferito il secolo presente ed è partito per Tessalonica; Crescente è andato in Galazia, Tito in Dalmazia. *[11]* Solo Luca è con me. Prendi Marco e portalo con te, perché mi sarà utile per il ministero. *[12]* Ho inviato Tìchico a Èfeso. *[13]* Venendo, portami il mantello che ho lasciato a Tròade in casa di Carpo e anche i libri, soprattutto le pergamene. *[14]* Alessandro, il ramaio, mi ha procurato molti mali. *Il Signore* gli *renderà secondo le sue opere*; *[15]* guàrdatene anche tu, perché è stato un accanito avversario della nostra predicazione.

[16] Nella mia prima difesa in tribunale nessuno mi ha assistito; tutti mi hanno abbandonato. Non se ne tenga conto contro di loro. *[17]* Il Signore però mi è stato vicino e mi ha dato forza, perché per mio mezzo si compisse la proclamazione del messaggio e potessero sentirlo tutti i Gentili: e così fui liberato dalla bocca del leone. *[18]* Il Signore mi libererà da ogni male e mi salverà per il suo regno eterno; a lui la gloria nei secoli dei secoli. Amen.

[19] Saluta Prisca e Aquila e la famiglia di Onesìforo. *[20]* Eràsto è rimasto a Corinto; Tròfimo l'ho lasciato ammalato a Milèto. *[21]* Affrettati a venire prima dell'inverno.

Ti salutano Eubùlo, Pudènte, Lino, Claudia e tutti i fratelli.

[22] Il Signore Gesù sia con il tuo spirito. La grazia sia con voi!

Lettera a Tito

1

[1] Paolo, servo di Dio, apostolo di Gesù Cristo per chiamare alla fede gli eletti di Dio e per far conoscere la verità che conduce alla pietà *[2]* ed è fondata sulla speranza della vita eterna, promessa fin dai secoli eterni da quel Dio che non mentisce, *[3]* e manifestata poi con la sua parola mediante la predicazione che è stata a me affidata per ordine di Dio, nostro salvatore, *[4]* a Tito, mio vero figlio nella fede comune: grazia e pace da Dio Padre e da Cristo Gesù, nostro salvatore.

[5] Per questo ti ho lasciato a Creta perché regolassi ciò che rimane da fare e perché stabilissi presbiteri in ogni città, secondo le istruzioni che ti ho dato: *[6]* il candidato deve essere irreprensibile, sposato una sola volta, con figli credenti e che non possano essere accusati di dissolutezza o siano insubordinati. *[7]* Il vescovo infatti, come amministratore di Dio, dev'essere irreprensibile: non arrogante, non iracondo, non dedito al vino, non violento, non avido di guadagno disonesto, *[8]* ma ospitale, amante del bene, assennato, giusto, pio, padrone di sé, *[9]* attaccato alla dottrina sicura, secondo l'insegnamento trasmesso, perché sia in grado di esortare con la sua sana dottrina e di confutare coloro che contraddicono.

[10] Vi sono infatti, soprattutto fra quelli che provengono dalla circoncisione, molti spiriti insubordinati, chiacchieroni e ingannatori della gente. *[11]* A questi tali bisogna chiudere la bocca, perché mettono in scompiglio intere famiglie, insegnando per amore di un guadagno disonesto cose che non si devono insegnare. *[12]* Uno dei loro, proprio un loro profeta, già aveva detto: "I Cretesi son sempre bugiardi, male bestie, ventri pigri". *[13]* Questa testimonianza è vera. Perciò correggili con fermezza, perché rimangano nella sana dottrina *[14]* e non diano più retta a favole giudaiche e a precetti di uomini che rifiutano la verità.

[15] Tutto è puro per i puri; ma per i contaminati e gli infedeli nulla è puro; sono contaminate la loro mente e la loro coscienza. *[16]* Dichiarano di conoscere Dio, ma lo rinnegano con i fatti, abominevoli come sono, ribelli e incapaci di qualsiasi opera buona.

2

[1] Tu però insegna ciò che è secondo la sana dottrina: *[2]* i vecchi siano sobri, dignitosi, assennati, saldi nella fede, nell'amore e nella pazienza. *[3]* Ugualmente le

donne anziane si comportino in maniera degna dei credenti; non siano maldicenti né schiave di molto vino; sappiano piuttosto insegnare il bene, *[4]* per formare le giovani all'amore del marito e dei figli, *[5]* ad essere prudenti, caste, dedite alla famiglia, buone, sottomesse ai propri mariti, perché la parola di Dio non debba diventare oggetto di biasimo.

[6] Esorta ancora i più giovani a essere assennati, *[7]* offrendo te stesso come esempio in tutto di buona condotta, con purezza di dottrina, dignità, *[8]* linguaggio sano e irreprensibile, perché il nostro avversario resti confuso, non avendo nulla di male da dire sul conto nostro. *[9]* Esorta gli schiavi a esser sottomessi in tutto ai loro padroni; li accontentino e non li contraddicano, *[10]* non rubino, ma dimostrino fedeltà assoluta, per fare onore in tutto alla dottrina di Dio, nostro salvatore.

[11] È apparsa infatti la grazia di Dio, apportatrice di salvezza per tutti gli uomini, *[12]* che ci insegna a rinnegare l'empietà e i desideri mondani e a vivere con sobrietà, giustizia e pietà in questo mondo, *[13]* nell'attesa della beata speranza e della manifestazione della gloria del nostro grande Dio e salvatore Gesù Cristo; *[14]* il quale ha dato se stesso per noi, per riscattarci da ogni iniquità e formarsi un popolo puro che gli appartenga, zelante nelle opere buone.

[15] Questo devi insegnare, raccomandare e rimproverare con tutta autorità. Nessuno osi disprezzarti!

3

[1] Ricorda loro di esser sottomessi ai magistrati e alle autorità, di obbedire, di essere pronti per ogni opera buona; *[2]* di non parlar male di nessuno, di evitare le contese, di esser mansueti, mostrando ogni dolcezza verso tutti gli uomini. *[3]* Anche noi un tempo eravamo insensati, disobbedienti, traviati, schiavi di ogni sorta di passioni e di piaceri, vivendo nella malvagità e nell'invidia, degni di odio e odiandoci a vicenda. *[4]* Quando però si sono manifestati la bontà di Dio, salvatore nostro, e il suo amore per gli uomini, *[5]* egli ci ha salvati non in virtù di opere di giustizia da noi compiute, ma per sua misericordia mediante un lavacro di rigenerazione e di rinnovamento nello Spirito Santo, *[6]* effuso da lui su di noi abbondantemente per mezzo di Gesù Cristo, salvatore nostro, *[7]* perché giustificati dalla sua grazia diventassimo eredi, secondo la speranza, della vita eterna.

[8] Questa parola è degna di fede e perciò voglio che tu insista in queste cose, perché coloro che credono in Dio si sforzino di essere i primi nelle opere buone. Ciò è bello e utile per gli uomini. *[9]* Guàrdati invece dalle questioni sciocche, dalle genealogie, dalle questioni e dalle contese intorno alla legge, perché sono cose inutili e vane. *[10]* Dopo una o due ammonizioni sta' lontano da chi è fazioso, *[11]* ben sapendo che è gente ormai fuori strada e che continua a peccare condannandosi da se stessa.

[12] Quando ti avrò mandato Àrtema o Tìchico, cerca di venire subito da me a Nicòpoli, perché ho deciso di passare l'inverno colà. *[13]* Provvedi con cura al viaggio di Zena, il giureconsulto, e di Apollo, che non manchi loro nulla. *[14]*

Imparino così anche i nostri a distinguersi nelle opere di bene riguardo ai bisogni urgenti, per non vivere una vita inutile.

[15] Ti salutano tutti coloro che sono con me. Saluta quelli che ci amano nella fede. La grazia sia con tutti voi!

Lettera a Filemone

[1] Paolo, prigioniero di Cristo Gesù, e il fratello Timòteo al nostro caro collaboratore Filèmone, *[2]* alla sorella Appia, ad Archippo nostro compagno d'armi e alla comunità che si raduna nella tua casa: *[3]* grazia a voi e pace da Dio nostro Padre e dal Signore Gesù Cristo.

[4] Rendo sempre grazie a Dio ricordandomi di te nelle mie preghiere, *[5]* perché sento parlare della tua carità per gli altri e della fede che hai nel Signore Gesù e verso tutti i santi. *[6]* La tua partecipazione alla fede diventi efficace per la conoscenza di tutto il bene che si fa tra voi per Cristo. *[7]* La tua carità è stata per me motivo di grande gioia e consolazione, fratello, poiché il cuore dei credenti è stato confortato per opera tua.

[8] Per questo, pur avendo in Cristo piena libertà di comandarti ciò che devi fare, *[9]* preferisco pregarti in nome della carità, così qual io sono, Paolo, vecchio, e ora anche prigioniero per Cristo Gesù; *[10]* ti prego dunque per il mio figlio, che ho generato in catene, *[11]* Onesimo, quello che un giorno ti fu inutile, ma ora è utile a te e a me. *[12]* Te l'ho rimandato, lui, il mio cuore.

[13] Avrei voluto trattenerlo presso di me perché mi servisse in vece tua nelle catene che porto per il vangelo. *[14]* Ma non ho voluto far nulla senza il tuo parere, perché il bene che farai non sapesse di costrizione, ma fosse spontaneo. *[15]* Forse per questo è stato separato da te per un momento perché tu lo riavessi per sempre; *[16]* non più però come schiavo, ma molto più che schiavo, come un fratello carissimo in primo luogo a me, ma quanto più a te, sia come uomo, sia come fratello nel Signore.

[17] Se dunque tu mi consideri come amico, accoglilo come me stesso. *[18]* E se in qualche cosa ti ha offeso o ti è debitore, metti tutto sul mio conto. *[19]* Lo scrivo di mio pugno, io, Paolo: pagherò io stesso. Per non dirti che anche tu mi sei debitore e proprio di te stesso! *[20]* Sì, fratello! Che io possa ottenere da te questo favore nel Signore; dà questo sollievo al mio cuore in Cristo!

[21] Ti scrivo fiducioso nella tua docilità, sapendo che farai anche più di quanto ti chiedo.

[22] Al tempo stesso preparami un alloggio, perché spero, grazie alle vostre preghiere, di esservi restituito.

[23] Ti saluta Èpafra, mio compagno di prigionia per Cristo Gesù, *[24]* con Marco, Aristarco, Dema e Luca, miei collaboratori.

[25] La grazia del Signore Gesù Cristo sia con il vostro spirito.

Lettera agli Ebrei

1

[1] Dio, che aveva già parlato nei tempi antichi molte volte e in diversi modi ai padri per mezzo dei profeti, ultimamente, *[2]* in questi giorni, ha parlato a noi per mezzo del Figlio, che ha costituito erede di tutte le cose e per mezzo del quale ha fatto anche il mondo. *[3]* Questo Figlio, che è irradiazione della sua gloria e impronta della sua sostanza e sostiene tutto con la potenza della sua parola, dopo aver compiuto la purificazione dei peccati si è assiso alla destra della maestà nell'alto dei cieli, *[4]* ed è diventato tanto superiore agli angeli quanto più eccellente del loro è il nome che ha ereditato.

[5] Infatti a quale degli angeli Dio ha mai detto:

Tu sei mio figlio; oggi ti ho generato?

E ancora:

Io sarò per lui padre ed egli sarà per me figlio?

[6] E di nuovo, quando introduce il primogenito nel mondo, dice:

Lo adorino tutti gli angeli di Dio.

[7] Mentre degli angeli dice:

Egli fa i suoi angeli pari ai venti,
 e i suoi ministri come fiamma di fuoco,

[8] del Figlio invece afferma:

Il tuo trono, Dio, sta in eterno

e:

Scettro giusto è lo scettro del tuo regno;
[9] hai amato la giustizia e odiato l'iniquità,
perciò ti unse Dio, il tuo Dio,
con olio di esultanza più dei tuoi compagni.

[10] E ancora:

Tu, Signore, da principio hai fondato la terra
e opera delle tue mani sono i cieli.
[11] Essi periranno, ma tu rimani;
invecchieranno tutti come un vestito.
[12] Come un mantello li avvolgerai,
come un abito e saranno cambiati;
ma tu rimani lo stesso, e gli anni tuoi non avranno fine.

[13] A quale degli angeli poi ha mai detto:

Siedi alla mia destra,
finché io non abbia posto i tuoi nemici sotto i tuoi piedi?

[14] Non sono essi tutti spiriti incaricati di un ministero, inviati per servire coloro che devono ereditare la salvezza?

2

[1] Proprio per questo bisogna che ci applichiamo con maggiore impegno a quelle cose che abbiamo udito, per non andare fuori strada. *[2]* Se, infatti, la parola trasmessa per mezzo degli angeli si è dimostrata salda, e ogni trasgressione e disobbedienza ha ricevuto giusta punizione, *[3]* come potremo scampare noi se trascuriamo una salvezza così grande? Questa infatti, dopo essere stata promulgata all'inizio dal Signore, è stata confermata in mezzo a noi da quelli che l'avevano udita, *[4]* mentre Dio testimoniava nello stesso tempo con segni e prodigi e miracoli d'ogni genere e doni dello Spirito Santo, distribuiti secondo la sua volontà.
[5] Non certo a degli angeli egli ha assoggettato il mondo futuro, del quale parliamo.
[6] Anzi, qualcuno in un passo ha testimoniato:

Che cos'è l'uomo perché ti ricordi di lui
o il figlio dell'uomo perché tu te ne curi?
[7] Di poco l'hai fatto inferiore agli angeli,
di gloria e di onore l'hai coronato
[8] e hai posto ogni cosa sotto i suoi piedi.

Avendogli assoggettato ogni cosa, nulla ha lasciato che non gli fosse sottomesso. Tuttavia al presente non vediamo ancora che ogni cosa sia a lui sottomessa. *[9]* Però quel Gesù, che *fu fatto di poco inferiore agli angeli*, lo vediamo ora coronato di gloria e di onore a causa della morte che ha sofferto, perché per la grazia di Dio egli provasse la morte a vantaggio di tutti.
[10] Ed era ben giusto che colui, per il quale e del quale sono tutte le cose, volendo portare molti figli alla gloria, rendesse perfetto mediante la sofferenza il capo che li

ha guidati alla salvezza. *[11]* Infatti, colui che santifica e coloro che sono santificati provengono tutti da una stessa origine; per questo non si vergogna di chiamarli fratelli, *[12]* dicendo:

Annunzierò il tuo nome ai miei fratelli,
in mezzo all'assemblea canterò le tue lodi;

[13] e ancora:
Io metterò la mia fiducia in lui;

e inoltre:
Eccoci, io e i figli che Dio mi ha dato.

[14] Poiché dunque i figli hanno in comune il sangue e la carne, anch'egli ne è divenuto partecipe, per ridurre all'impotenza mediante la morte colui che della morte ha il potere, cioè il diavolo, *[15]* e liberare così quelli che per timore della morte erano soggetti a schiavitù per tutta la vita. *[16]* Egli infatti non si prende cura degli angeli, ma *della stirpe di Abramo si prende cura. [17]* Perciò doveva rendersi in tutto simile ai fratelli, per diventare un sommo sacerdote misericordioso e fedele nelle cose che riguardano Dio, allo scopo di espiare i peccati del popolo. *[18]* Infatti proprio per essere stato messo alla prova ed avere sofferto personalmente, è in grado di venire in aiuto a quelli che subiscono la prova.

3

[1] Perciò, fratelli santi, partecipi di una vocazione celeste, fissate bene lo sguardo in Gesù, l'apostolo e sommo sacerdote della fede che noi professiamo, *[2]* il quale è fedele a colui che l'ha costituito, come lo fu anche *Mosè in tutta la sua casa. [3]* Ma in confronto a Mosè, egli è stato giudicato degno di tanta maggior gloria, quanto l'onore del costruttore della casa supera quello della casa stessa. *[4]* Ogni casa infatti viene costruita da qualcuno; ma colui che ha costruito tutto è Dio. *[5]* In verità Mosè fu *fedele in tutta la sua casa* come *servitore*, per rendere testimonianza di ciò che doveva essere annunziato più tardi; *[6]* Cristo, invece, lo fu come figlio costituito sopra la sua propria casa. E la sua casa siamo noi, se conserviamo la libertà e la speranza di cui ci vantiamo.
[7] Per questo, come dice lo Spirito Santo:

Oggi, se udite la sua voce,
[8] non indurite i vostri cuori come nel giorno della ribellione,
il giorno della tentazione nel deserto,
[9] dove mi tentarono i vostri padri mettendomi alla prova,
pur avendo visto per quarant'anni le mie opere.
[10] Perciò mi disgustai di quella generazione

e dissi: Sempre hanno il cuore sviato.
Non hanno conosciuto le mie vie.
[11] Così ho giurato nella mia ira:
Non entreranno nel mio riposo.

[12] Guardate perciò, fratelli, che non si trovi in nessuno di voi un cuore perverso e senza fede che si allontani dal Dio vivente. *[13]* Esortatevi piuttosto a vicenda ogni giorno, finché dura quest'*oggi*, perché nessuno di voi si indurisca sedotto dal peccato. *[14]* Siamo diventati infatti partecipi di Cristo, a condizione di mantenere salda sino alla fine la fiducia che abbiamo avuta da principio. *[15]* Quando pertanto si dice:

Oggi, se udite la sua voce,
non indurite i vostri cuori come nel giorno della ribellione,

[16] chi furono quelli che, dopo aver udita la sua voce, si ribellarono? Non furono tutti quelli che erano usciti dall'Egitto sotto la guida di Mosè? *[17]* E chi furono coloro di cui si *è disgustato per quarant'anni*? Non furono quelli che avevano peccato e poi caddero *cadaveri nel deserto*? *[18]* E a chi *giurò che non sarebbero entrati nel suo riposo*, se non a quelli che non avevano creduto? *[19]* In realtà vediamo che non vi poterono entrare a causa della loro mancanza di fede.

4

[1] Dobbiamo dunque temere che, mentre ancora rimane in vigore la promessa di entrare nel suo riposo, qualcuno di voi ne sia giudicato escluso. *[2]* Poiché anche a noi, al pari di quelli, è stata annunziata una buona novella: purtroppo però ad essi la parola udita non giovò in nulla, non essendo rimasti uniti nella fede a quelli che avevano ascoltato. *[3]* Infatti noi che abbiamo creduto possiamo entrare in quel riposo, secondo ciò che egli ha detto:

Sicché ho giurato nella mia ira:
Non entreranno nel mio riposo!

Questo, benché le sue opere fossero compiute fin dalla fondazione del mondo. *[4]* Si dice infatti in qualche luogo a proposito del settimo giorno: *E Dio si riposò nel settimo giorno da tutte le opere sue.* *[5]* E ancora in questo passo: *Non entreranno nel mio riposo!* *[6]* Poiché dunque risulta che alcuni debbono ancora entrare in quel riposo e quelli che per primi ricevettero la buona novella non entrarono a causa della loro disobbedienza, *[7]* egli fissa di nuovo un giorno, *oggi*, dicendo in Davide dopo tanto tempo:

Oggi, se udite la sua voce,
non indurite i vostri cuori!

[8] Se Giosuè infatti li avesse introdotti in quel riposo, Dio non avrebbe parlato, in seguito, di un altro giorno. *[9]* È dunque riservato ancora un riposo sabatico per il popolo di Dio. *[10]* Chi è entrato infatti nel suo riposo, riposa anch'egli dalle sue opere, come Dio dalle proprie.

[11] Affrettiamoci dunque ad entrare in quel riposo, perché nessuno cada nello stesso tipo di disobbedienza.

[12] Infatti la parola di Dio è viva, efficace e più tagliente di ogni spada a doppio taglio; essa penetra fino al punto di divisione dell'anima e dello spirito, delle giunture e delle midolla e scruta i sentimenti e i pensieri del cuore. *[13]* Non v'è creatura che possa nascondersi davanti a lui, ma tutto è nudo e scoperto agli occhi suoi e a lui noi dobbiamo rendere conto.

[14] Poiché dunque abbiamo un grande sommo sacerdote, che ha attraversato i cieli, Gesù, Figlio di Dio, manteniamo ferma la professione della nostra fede. *[15]* Infatti non abbiamo un sommo sacerdote che non sappia compatire le nostre infermità, essendo stato lui stesso provato in ogni cosa, a somiglianza di noi, escluso il peccato.

[16] Accostiamoci dunque con piena fiducia al trono della grazia, per ricevere misericordia e trovare grazia ed essere aiutati al momento opportuno.

5

[1] Ogni sommo sacerdote, preso fra gli uomini, viene costituito per il bene degli uomini nelle cose che riguardano Dio, per offrire doni e sacrifici per i peccati. *[2]* In tal modo egli è in grado di sentire giusta compassione per quelli che sono nell'ignoranza e nell'errore, essendo anch'egli rivestito di debolezza; *[3]* proprio a causa di questa anche per se stesso deve offrire sacrifici per i peccati, come lo fa per il popolo.

[4] Nessuno può attribuire a se stesso questo onore, se non chi è chiamato da Dio, come Aronne. *[5]* Nello stesso modo Cristo non si attribuì la gloria di sommo sacerdote, ma gliela conferì colui che gli disse:

Mio figlio sei tu, oggi ti ho generato.

[6] Come in un altro passo dice:

Tu sei sacerdote per sempre, alla maniera di Melchìsedek.

[7] Proprio per questo nei giorni della sua vita terrena egli offrì preghiere e suppliche con forti grida e lacrime a colui che poteva liberarlo da morte e fu esaudito per la sua pietà; *[8]* pur essendo Figlio, imparò tuttavia l'obbedienza dalle cose che patì *[9]* e, reso perfetto, divenne causa di salvezza eterna per tutti coloro che gli obbediscono, *[10]* essendo stato proclamato da Dio sommo sacerdote *alla maniera di Melchìsedek.*
[11] Su questo argomento abbiamo molte cose da dire, difficili da spiegare perché siete diventati lenti a capire. *[12]* Infatti, voi che dovreste essere ormai maestri per

ragioni di tempo, avete di nuovo bisogno che qualcuno v'insegni i primi elementi degli oracoli di Dio e siete diventati bisognosi di latte e non di cibo solido. *[13]* Ora, chi si nutre ancora di latte è ignaro della dottrina della giustizia, perché è ancora un bambino. *[14]* Il nutrimento solido invece è per gli uomini fatti, quelli che hanno le facoltà esercitate a distinguere il buono dal cattivo.

6

[1] Perciò, lasciando da parte l'insegnamento iniziale su Cristo, passiamo a ciò che è più completo, senza gettare di nuovo le fondamenta della rinunzia alle opere morte e della fede in Dio, *[2]* della dottrina dei battesimi, dell'imposizione delle mani, della risurrezione dei morti e del giudizio eterno. *[3]* Questo noi intendiamo fare, se Dio lo permette.

[4] Quelli infatti che sono stati una volta illuminati, che hanno gustato il dono celeste, sono diventati partecipi dello Spirito Santo *[5]* e hanno gustato la buona parola di Dio e le meraviglie del mondo futuro. *[6]* Tuttavia se sono caduti, è impossibile rinnovarli una seconda volta portandoli alla conversione, dal momento che per loro conto crocifiggono di nuovo il Figlio di Dio e lo espongono all'infamia. *[7]* Infatti una terra imbevuta della pioggia che spesso cade su di essa, se produce erbe utili a quanti la coltivano, riceve benedizione da Dio; *[8]* ma se *produce pruni e spine*, non ha alcun valore ed è vicina *alla maledizione*: sarà infine arsa dal fuoco!

[9] Quanto a voi però, carissimi, anche se parliamo così, siamo certi che sono in voi cose migliori e che portano alla salvezza. *[10]* Dio infatti non è ingiusto da dimenticare il vostro lavoro e la carità che avete dimostrato verso il suo nome, con i servizi che avete reso e rendete tuttora ai santi. *[11]* Soltanto desideriamo che ciascuno di voi dimostri il medesimo zelo perché la sua speranza abbia compimento sino alla fine, *[12]* e perché non diventiate pigri, ma piuttosto imitatori di coloro che con la fede e la perseveranza divengono eredi delle promesse.

[13] Quando infatti Dio fece la promessa ad Abramo, non potendo giurare per uno superiore a sé, *giurò per se stesso*, *[14]* dicendo: *Ti benedirò e ti moltiplicherò molto*. *[15]* Così, avendo perseverato, Abramo conseguì la promessa. *[16]* Gli uomini infatti giurano per qualcuno maggiore di loro e per loro il giuramento è una garanzia che pone fine ad ogni controversia. *[17]* Perciò Dio, volendo mostrare più chiaramente agli eredi della promessa l'irrevocabilità della sua decisione, intervenne con un giuramento *[18]* perché grazie a due atti irrevocabili, nei quali è impossibile che Dio mentisca, noi che abbiamo cercato rifugio in lui avessimo un grande incoraggiamento nell'afferrarci saldamente alla speranza che ci è posta davanti. *[19]* In essa infatti noi abbiamo come un'àncora della nostra vita, sicura e salda, la quale penetra fin nell'interno del velo del santuario, *[20]* dove Gesù è entrato per noi come precursore, essendo divenuto sommo sacerdote *per sempre alla maniera di Melchìsedek*.

[1] Questo *Melchìsedek* infatti, *re di Salem, sacerdote del Dio Altissimo, andò incontro ad Abramo mentre ritornava dalla sconfitta dei re* e *lo benedisse*; *[2] a lui Abramo diede la decima di ogni cosa*; anzitutto il suo nome tradotto significa re di giustizia; è inoltre anche *re di Salem*, cioè re di pace. *[3]* Egli è senza padre, senza madre, senza genealogia, senza principio di giorni né fine di vita, fatto simile al Figlio di Dio e rimane sacerdote in eterno.

[4] Considerate pertanto quanto sia grande costui, al quale Abramo, il patriarca, diede la decima del suo bottino. *[5]* In verità anche quelli dei figli di Levi, che assumono il sacerdozio, hanno il mandato di riscuotere, secondo la legge, la decima dal popolo, cioè dai loro fratelli, essi pure discendenti da Abramo. *[6]* Egli invece, che non era della loro stirpe, prese la decima da Abramo e benedisse colui che era depositario della promessa. *[7]* Ora, senza dubbio, è l'inferiore che è benedetto dal superiore. *[8]* Inoltre, qui riscuotono le decime uomini mortali; là invece le riscuote uno di cui si attesta che vive. *[9]* Anzi si può dire che lo stesso Levi, che pur riceve le decime, ha versato la sua decima in Abramo: *[10]* egli si trovava infatti ancora nei lombi del suo antenato quando *gli venne incontro Melchìsedek*.

[11] Or dunque, se la perfezione fosse stata possibile per mezzo del sacerdozio levitico - sotto di esso il popolo ha ricevuto la legge - che bisogno c'era che sorgesse un altro sacerdote *alla maniera di Melchìsedek*, e non invece *alla maniera* di Aronne? *[12]* Infatti, mutato il sacerdozio, avviene necessariamente anche un mutamento della legge. *[13]* Questo si dice di chi è appartenuto a un'altra tribù, della quale nessuno mai fu addetto all'altare. *[14]* È noto infatti che il Signore nostro è germogliato da Giuda e di questa tribù Mosè non disse nulla riguardo al sacerdozio.

[15] Ciò risulta ancor più evidente dal momento che, *a somiglianza di Melchìsedek*, sorge un altro *sacerdote*, *[16]* che non è diventato tale per ragione di una prescrizione carnale, ma per la potenza di una vita indefettibile. *[17]* Gli è resa infatti questa testimonianza:

Tu sei sacerdote in eterno alla maniera di Melchìsedek.

[18] Si ha così l'abrogazione di un ordinamento precedente a causa della sua debolezza e inutilità - *[19]* la legge infatti non ha portato nulla alla perfezione - e si ha invece l'introduzione di una speranza migliore, grazie alla quale ci avviciniamo a Dio.

[20] Inoltre ciò non avvenne senza giuramento. Quelli infatti diventavano sacerdoti senza giuramento; *[21]* costui al contrario con un giuramento di colui che gli ha detto:

Il Signore ha giurato e non si pentirà:
tu sei sacerdote per sempre.

[22] Per questo, Gesù è diventato garante di un'alleanza migliore.

[23] Inoltre, quelli sono diventati sacerdoti in gran numero, perché la morte impediva loro di durare a lungo; *[24]* egli invece, poiché resta per sempre, possiede un sacerdozio che non tramonta. *[25]* Perciò può salvare perfettamente quelli che per mezzo di lui si accostano a Dio, essendo egli sempre vivo per intercedere a loro favore.

[26] Tale era infatti il sommo sacerdote che ci occorreva: santo, innocente, senza macchia, separato dai peccatori ed elevato sopra i cieli; *[27]* egli non ha bisogno ogni giorno, come gli altri sommi sacerdoti, di offrire sacrifici prima per i propri peccati e poi per quelli del popolo, poiché egli ha fatto questo una volta per tutte, offrendo se stesso. *[28]* La legge infatti costituisce sommi sacerdoti uomini soggetti all'umana debolezza, ma la parola del giuramento, posteriore alla legge, costituisce il Figlio che è stato reso perfetto in eterno.

8

[1] Il punto capitale delle cose che stiamo dicendo è questo: noi abbiamo un sommo sacerdote così grande che si *è assiso alla destra* del trono della maestà nei cieli, *[2]* ministro del santuario e della vera tenda che il Signore, e non un uomo, ha costruito.
[3] Ogni sommo sacerdote infatti viene costituito per offrire doni e sacrifici: di qui la necessità che anch'egli abbia qualcosa da offrire. *[4]* Se Gesù fosse sulla terra, egli non sarebbe neppure sacerdote, poiché vi sono quelli che offrono i doni secondo la legge. *[5]* Questi però attendono a un servizio che è una copia e un'ombra delle realtà celesti, secondo quanto fu detto da Dio a Mosè, quando stava per costruire la Tenda: *Guarda,* disse, *di fare ogni cosa secondo il modello che ti è stato mostrato sul monte.*
[6] Ora invece egli ha ottenuto un ministero tanto più eccellente quanto migliore è l'alleanza di cui è mediatore, essendo questa fondata su migliori promesse. *[7]* Se la prima infatti fosse stata perfetta, non sarebbe stato il caso di stabilirne un'altra. *[8]* Dio infatti, biasimando il suo popolo, dice:

Ecco vengono giorni, dice il Signore,
quando io stipulerò con la casa d'Israele
e con la casa di Giuda
un'alleanza nuova;
[9] non come l'alleanza che feci con i loro padri,
nel giorno in cui li presi per mano
per farli uscire dalla terra d'Egitto;
poiché essi non son rimasti fedeli alla mia alleanza,
anch'io non ebbi più cura di loro, dice il Signore.
[10] E questa è l'alleanza che io stipulerò con la casa d'Israele
dopo quei giorni, dice il Signore:
porrò le mie leggi nella loro mente
e le imprimerò nei loro cuori;
sarò il loro Dio

ed essi saranno il mio popolo.
[11] Né alcuno avrà più da istruire il suo concittadino,
né alcuno il proprio fratello, dicendo:
Conosci il Signore!
Tutti infatti mi conosceranno,
dal più piccolo al più grande di loro.
[12] Perché io perdonerò le loro iniquità
e non mi ricorderò più dei loro peccati.

[13] Dicendo però *alleanza nuova*, Dio ha dichiarato antiquata la prima; ora, ciò che diventa antico e invecchia, è prossimo a sparire.

9

[1] Certo, anche la prima alleanza aveva norme per il culto e un santuario terreno. *[2]* Fu costruita infatti una Tenda: la prima, nella quale vi erano il candelabro, la tavola e i pani dell'offerta: essa veniva chiamata il Santo. *[3]* Dietro il secondo velo poi c'era una Tenda, detta Santo dei Santi, con *[4]* l'altare d'oro per i profumi e l'arca dell'alleanza tutta ricoperta d'oro, nella quale si trovavano un'urna d'oro contenente la manna, la verga di Aronne che aveva fiorito e le tavole dell'alleanza. *[5]* E sopra l'arca stavano i cherubini della gloria, che facevano ombra al luogo dell'espiazione. Di tutte queste cose non è necessario ora parlare nei particolari.

[6] Disposte in tal modo le cose, nella prima Tenda entrano sempre i sacerdoti per celebrarvi il culto; *[7]* nella seconda invece solamente il sommo sacerdote, una volta all'anno, e non senza portarvi del sangue, che egli offre per se stesso e per i peccati involontari del popolo. *[8]* Lo Spirito Santo intendeva così mostrare che non era ancora aperta la via del santuario, finché sussisteva la prima Tenda. *[9]* Essa infatti è una figura per il tempo attuale, offrendosi sotto di essa doni e sacrifici che non possono rendere perfetto, nella sua coscienza, l'offerente, *[10]* trattandosi solo di cibi, di bevande e di varie abluzioni, tutte prescrizioni umane, valide fino al tempo in cui sarebbero state riformate.

[11] Cristo invece, venuto come sommo sacerdote di beni futuri, attraverso una Tenda più grande e più perfetta, non costruita da mano di uomo, cioè non appartenente a questa creazione, *[12]* non con sangue di capri e di vitelli, ma con il proprio sangue entrò una volta per sempre nel santuario, procurandoci così una redenzione eterna. *[13]* Infatti, se il sangue dei capri e dei vitelli e la cenere di una giovenca, sparsi su quelli che sono contaminati, li santificano, purificandoli nella carne, *[14]* quanto più il sangue di Cristo, che con uno Spirito eterno offrì se stesso senza macchia a Dio, purificherà la nostra coscienza dalla opere morte, per servire il Dio vivente?

[15] Per questo egli è mediatore di una nuova alleanza, perché, essendo ormai intervenuta la sua morte per la rendenzione delle colpe commesse sotto la prima alleanza, coloro che sono stati chiamati ricevano l'eredità eterna che è stata promessa.

[16] Dove infatti c'è un testamento, è necessario che sia accertata la morte del testatore, *[17]* perché un testamento ha valore solo dopo la morte e rimane senza effetto finché il testatore vive. *[18]* Per questo neanche la prima alleanza fu inaugurata senza sangue. *[19]* Infatti dopo che tutti i comandamenti furono promulgati a tutto il popolo da Mosè, secondo la legge, questi, preso il sangue dei vitelli e dei capri con acqua, lana scarlatta e issòpo, ne asperse il libro stesso e tutto il popolo, *[20]* dicendo: *Questo è il sangue dell'alleanza che Dio ha stabilito per voi.* *[21]* Alla stessa maniera asperse con il sangue anche la Tenda e tutti gli arredi del culto. *[22]* Secondo la legge, infatti, quasi tutte le cose vengono purificate con il sangue e senza spargimento di sangue non esiste perdono.

[23] Era dunque necessario che i simboli delle realtà celesti fossero purificati con tali mezzi; le realtà celesti poi dovevano esserlo con sacrifici superiori a questi. *[24]* Cristo infatti non è entrato in un santuario fatto da mani d'uomo, figura di quello vero, ma nel cielo stesso, per comparire ora al cospetto di Dio in nostro favore, *[25]* e non per offrire se stesso più volte, come il sommo sacerdote che entra nel santuario ogni anno con sangue altrui. *[26]* In questo caso, infatti, avrebbe dovuto soffrire più volte dalla fondazione del mondo. Ora invece una volta sola, alla pienezza dei tempi, è apparso per annullare il peccato mediante il sacrificio di se stesso. *[27]* E come è stabilito per gli uomini che muoiano una sola volta, dopo di che viene il giudizio, *[28]* così Cristo, dopo essersi offerto una volta per tutte allo scopo di togliere i peccati di molti, apparirà una seconda volta, senza alcuna relazione col peccato, a coloro che l'aspettano per la loro salvezza.

10

[1] Avendo infatti la legge solo un'ombra dei beni futuri e non la realtà stessa delle cose, non ha il potere di condurre alla perfezione, per mezzo di quei sacrifici che si offrono continuamente di anno in anno, coloro che si accostano a Dio. *[2]* Altrimenti non si sarebbe forse cessato di offrirli, dal momento che i fedeli, purificati una volta per tutte, non avrebbero ormai più alcuna coscienza dei peccati? *[3]* Invece per mezzo di quei sacrifici si rinnova di anno in anno il ricordo dei peccati, *[4]* poiché è impossibile eliminare i peccati con il sangue di tori e di capri. *[5]* Per questo, entrando nel mondo, Cristo dice:

Tu non hai voluto né sacrificio né offerta,
un corpo invece mi hai preparato.
[6] Non hai gradito
né olocausti né sacrifici per il peccato.
[7] Allora ho detto: Ecco, io vengo
- poiché di me sta scritto nel rotolo del libro -
per fare, o Dio, la tua volontà.

[8] Dopo aver detto prima *non hai voluto e non hai gradito né sacrifici né offerte, né*

olocausti né sacrifici per il peccato, cose tutte che vengono offerte secondo la legge, *[9]* soggiunge: *Ecco, io vengo a fare la tua volontà*. Con ciò stesso egli abolisce il primo sacrificio per stabilirne uno nuovo. *[10]* Ed è appunto per quella volontà che noi siamo stati santificati, per mezzo dell'offerta del corpo di Gesù Cristo, fatta una volta per sempre.

[11] Ogni sacerdote si presenta giorno per giorno a celebrare il culto e ad offrire molte volte gli stessi sacrifici che non possono mai eliminare i peccati. *[12]* Egli al contrario, avendo offerto un solo sacrificio per i peccati una volta per sempre *si è assiso alla destra di Dio*, *[13]* aspettando ormai solo che *i suoi nemici vengano posti sotto i suoi piedi*. *[14]* Poiché con un'unica oblazione egli ha reso perfetti per sempre quelli che vengono santificati. *[15]* Questo ce lo attesta anche lo Spirito Santo. Infatti, dopo aver detto:

[16] Questa è l'alleanza che io stipulerò con loro
dopo quei giorni, dice il Signore:
io porrò le mie leggi nei loro cuori
e le imprimerò nella loro mente,

[17] dice:
E non mi ricorderò più dei loro peccati e delle loro iniquità.

[18] Ora, dove c'è il perdono di queste cose, non c'è più bisogno di offerta per il peccato.

[19] Avendo dunque, fratelli, piena libertà di entrare nel santuario per mezzo del sangue di Gesù, *[20]* per questa via nuova e vivente che egli ha inaugurato per noi attraverso il velo, cioè la sua carne; *[21]* avendo noi un sacerdote grande sopra la casa di Dio, *[22]* accostiamoci con cuore sincero nella pienezza della fede, con i cuori purificati da ogni cattiva coscienza e il corpo lavato con acqua pura. *[23]* Manteniamo senza vacillare la professione della nostra speranza, perché è fedele colui che ha promesso.

[24] Cerchiamo anche di stimolarci a vicenda nella carità e nelle opere buone, *[25]* senza disertare le nostre riunioni, come alcuni hanno l'abitudine di fare, ma invece esortandoci a vicenda; tanto più che potete vedere come il giorno si avvicina.

[26] Infatti, se pecchiamo volontariamente dopo aver ricevuto la conoscenza della verità, non rimane più alcun sacrificio per i peccati, *[27]* ma soltanto una terribile attesa del giudizio e la vampa di un fuoco che dovrà divorare i ribelli. *[28]* Quando qualcuno ha violato la legge di Mosè, *viene messo a morte* senza pietà *sulla parola di due o tre testimoni*. *[29]* Di quanto maggior castigo allora pensate che sarà ritenuto degno chi avrà calpestato il Figlio di Dio e ritenuto profano quel sangue dell'alleanza dal quale è stato un giorno santificato e avrà disprezzato lo Spirito della grazia? *[30]* Conosciamo infatti colui che ha detto: *A me la vendetta! Io darò la retribuzione!* E ancora: *Il Signore giudicherà il suo popolo*. *[31]* È terribile cadere nelle mani del Dio vivente!

[32] Richiamate alla memoria quei primi giorni nei quali, dopo essere stati illuminati, avete dovuto sopportare una grande e penosa lotta, *[33]* ora esposti pubblicamente a insulti e tribolazioni, ora facendovi solidali con coloro che venivano trattati in questo modo. *[34]* Infatti avete preso parte alle sofferenze dei carcerati e avete accettato con gioia di esser spogliati delle vostre sostanze, sapendo di possedere beni migliori e più duraturi. *[35]* Non abbandonate dunque la vostra franchezza, alla quale è riservata una grande ricompensa. *[36]* Avete solo bisogno di costanza, perché dopo aver fatto la volontà di Dio possiate raggiungere la promessa.

[37] Ancora un poco, infatti, un poco appena,
e colui che deve venire, verrà e non tarderà.
[38] Il mio giusto vivrà mediante la fede;
ma se indietreggia, la mia anima non si compiace in lui.

[39] Noi però non siamo di quelli che indietreggiano a loro perdizione, bensì uomini di fede per la salvezza della nostra anima.

11

[1] La fede è fondamento delle cose che si sperano e prova di quelle che non si vedono. *[2]* Per mezzo di questa fede gli antichi ricevettero buona testimonianza.
[3] Per fede noi sappiamo che i mondi furono formati dalla parola di Dio, sì che da cose non visibili ha preso origine quello che si vede.
[4] Per fede Abele offrì a Dio un sacrificio migliore di quello di Caino e in base ad essa fu dichiarato giusto, attestando Dio stesso di gradire i suoi doni; per essa, benché morto, parla ancora.
[5] Per fede Enoch fu trasportato via, in modo da non vedere la morte; e *non lo si trovò più, perché Dio lo aveva portato via.* Prima infatti di essere trasportato via, ricevette la testimonianza di *essere stato gradito a Dio.* *[6]* Senza la fede però è impossibile essergli graditi; chi infatti s'accosta a Dio deve credere che egli esiste e che egli ricompensa coloro che lo cercano.
[7] Per fede Noè, avvertito divinamente di cose che ancora non si vedevano, costruì con pio timore un'arca a salvezza della sua famiglia; e per questa fede condannò il mondo e divenne erede della giustizia secondo la fede.
[8] Per fede Abramo, chiamato da Dio, obbedì partendo per un luogo che doveva ricevere in eredità, e partì senza sapere dove andava.
[9] Per fede soggiornò nella terra promessa come in una regione straniera, abitando sotto le tende, come anche Isacco e Giacobbe, coeredi della medesima promessa.
[10] Egli aspettava infatti la città dalle salde fondamenta, il cui architetto e costruttore è Dio stesso.
[11] Per fede anche Sara, sebbene fuori dell'età, ricevette la possibilità di diventare madre perché ritenne fedele colui che glielo aveva promesso. *[12]* Per questo da un uomo solo, e inoltre già segnato dalla morte, nacque una discendenza numerosa *come*

le stelle del cielo e come la sabbia innumerevole che si trova lungo la spiaggia del mare.

[13] Nella fede morirono tutti costoro, pur non avendo conseguito i beni promessi, ma avendoli solo veduti e salutati di lontano, dichiarando di essere stranieri e pellegrini sopra la terra. *[14]* Chi dice così, infatti, dimostra di essere alla ricerca di una patria. *[15]* Se avessero pensato a quella da cui erano usciti, avrebbero avuto possibilità di ritornarvi; *[16]* ora invece essi aspirano a una migliore, cioè a quella celeste. Per questo Dio non disdegna di chiamarsi loro Dio: ha preparato infatti per loro una città.

[17] Per fede Abramo, *messo alla prova, offrì Isacco* e proprio lui, che aveva ricevuto le promesse, offrì *il suo unico figlio*, *[18]* del quale era stato detto: *In Isacco avrai una discendenza che porterà il tuo nome. [19]* Egli pensava infatti che Dio è capace di far risorgere anche dai morti: per questo lo riebbe e fu come un simbolo.

[20] Per fede Isacco benedisse Giacobbe ed Esaù anche riguardo a cose future.

[21] Per fede Giacobbe, morente, benedisse ciascuno dei figli di Giuseppe e *si prostrò, appoggiandosi all'estremità del bastone.*

[22] Per fede Giuseppe, alla fine della vita, parlò dell'esodo dei figli d'Israele e diede disposizioni circa le proprie ossa.

[23] Per fede Mosè, appena nato, fu tenuto nascosto per tre mesi dai suoi genitori, perché videro che il bambino era bello; e non ebbero paura dell'editto del re.

[24] Per fede Mosè, divenuto adulto, rifiutò di esser chiamato figlio della figlia del faraone, *[25]* preferendo essere maltrattato con il popolo di Dio piuttosto che godere per breve tempo del peccato. *[26]* Questo perché stimava l'obbrobrio di Cristo ricchezza maggiore dei tesori d'Egitto; guardava infatti alla ricompensa.

[27] Per fede lasciò l'Egitto, senza temere l'ira del re; rimase infatti saldo, come se vedesse l'invisibile.

[28] Per fede celebrò la pasqua e fece l'aspersione del sangue, perché lo sterminatore dei primogeniti non toccasse quelli degli Israeliti.

[29] Per fede attraversarono il Mare Rosso come fosse terra asciutta; questo tentarono di fare anche gli Egiziani, ma furono inghiottiti.

[30] Per fede caddero le mura di Gèrico, dopo che ne avevano fatto il giro per sette giorni.

[31] Per fede Raab, la prostituta, non perì con gl'increduli, avendo accolto con benevolenza gli esploratori.

[32] E che dirò ancora? Mi mancherebbe il tempo, se volessi narrare di Gedeone, di Barak, di Sansone, di Iefte, di Davide, di Samuele e dei profeti, *[33]* i quali per fede conquistarono regni, esercitarono la giustizia, conseguirono le promesse, chiusero le fauci dei leoni, *[34]* spensero la violenza del fuoco, scamparono al taglio della spada, trovarono forza dalla loro debolezza, divennero forti in guerra, respinsero invasioni di stranieri. *[35]* Alcune donne riacquistarono per risurrezione i loro morti. Altri poi furono torturati, non accettando la liberazione loro offerta, per ottenere una migliore risurrezione. *[36]* Altri, infine, subirono scherni e flagelli, catene e prigionia. *[37]* Furono lapidati, torturati, segati, furono uccisi di spada, andarono in giro coperti di

pelli di pecora e di capra, bisognosi, tribolati, maltrattati - *[38]* di loro il mondo non era degno! -, vaganti per i deserti, sui monti, tra le caverne e le spelonche della terra. *[39]* Eppure, tutti costoro, pur avendo ricevuto per la loro fede una buona testimonianza, non conseguirono la promessa: *[40]* Dio aveva in vista qualcosa di meglio per noi, perché essi non ottenessero la perfezione senza di noi.

12

[1] Anche noi dunque, circondàti da un così gran nugolo di testimoni, deposto tutto ciò che è di peso e il peccato che ci assedia, corriamo con perseveranza nella corsa che ci sta davanti, *[2]* tenendo fisso lo sguardo su Gesù, autore e perfezionatore della fede. Egli in cambio della gioia che gli era posta innanzi, si sottopose alla croce, disprezzando l'ignominia, e *si è assiso alla destra* del trono di Dio. *[3]* Pensate attentamente a colui che ha sopportato contro di sé una così grande ostilità dei peccatori, perché non vi stanchiate perdendovi d'animo. *[4]* Non avete ancora resistito fino al sangue nella vostra lotta contro il peccato *[5]* e avete già dimenticato l'esortazione a voi rivolta come a figli:

Figlio mio, non disprezzare la correzione del Signore
e non ti perdere d'animo quando sei ripreso da lui;
[6] perché il Signore corregge colui che egli ama
e sferza chiunque riconosce come figlio.

[7] È per la vostra correzione che voi soffrite! Dio vi tratta come figli; e qual è il figlio che non è corretto dal padre? *[8]* Se siete senza correzione, mentre tutti ne hanno avuto la loro parte, siete bastardi, non figli! *[9]* Del resto, noi abbiamo avuto come correttori i nostri padri secondo la carne e li abbiamo rispettati; non ci sottometteremo perciò molto di più al Padre degli spiriti, per avere la vita? *[10]* Costoro infatti ci correggevano per pochi giorni, come sembrava loro; Dio invece lo fa per il nostro bene, allo scopo di renderci partecipi della sua santità. *[11]* Certo, ogni correzione, sul momento, non sembra causa di gioia, ma di tristezza; dopo però arreca un frutto di pace e di giustizia a quelli che per suo mezzo sono stati addestrati.
[12] Perciò *rinfrancate le mani cadenti e le ginocchia infiacchite [13]* e *raddrizzate le vie storte per i* vostri *passi*, perché il piede zoppicante non abbia a storpiarsi, ma piuttosto a guarire.
[14] Cercate la pace con tutti e la santificazione, senza la quale nessuno vedrà mai il Signore, *[15]* vigilando che nessuno venga meno alla grazia di Dio. Non spunti né cresca alcuna radice velenosa in mezzo a voi e così molti ne siano infettati; *[16]* non vi sia nessun fornicatore o nessun profanatore, come Esaù, che in cambio di una sola pietanza vendette la sua primogenitura. *[17]* E voi ben sapete che in seguito, quando volle ereditare la benedizione, fu respinto, perché non trovò possibilità che il padre mutasse sentimento, sebbene glielo richiedesse con lacrime.
[18] Voi infatti non vi siete accostati a un luogo tangibile e a un fuoco ardente, né a

oscurità, tenebra e tempesta, *[19]* né a squillo di tromba e a suono di parole, mentre quelli che lo udivano scongiuravano che Dio non rivolgesse più a loro la parola; *[20]* non potevano infatti sopportare l'intimazione: *Se anche una bestia tocca il monte sia lapidata. [21]* Lo spettacolo, in realtà, era così terrificante che Mosè disse: *Ho paura e tremo. [22]* Voi vi siete invece accostati al monte di Sion e alla città del Dio vivente, alla Gerusalemme celeste e a miriadi di angeli, all'adunanza festosa *[23]* e all'assemblea dei primogeniti iscritti nei cieli, al Dio giudice di tutti e agli spiriti dei giusti portati alla perfezione, *[24]* al Mediatore della Nuova Alleanza e al sangue dell'aspersione dalla voce più eloquente di quello di Abele.

[25] Guardatevi perciò di non rifiutare Colui che parla; perché se quelli non trovarono scampo per aver rifiutato colui che promulgava decreti sulla terra, molto meno lo troveremo noi, se volteremo le spalle a Colui che parla dai cieli. *[26]* La sua voce infatti un giorno scosse la terra; adesso invece ha fatto questa promessa: *Ancora una volta io scuoterò* non solo *la terra*, ma anche *il cielo. [27]* La parola *ancora una volta* sta a indicare che le cose che possono essere scosse son destinate a passare, in quanto cose create, perché rimangano quelle che sono incrollabili.

[28] Perciò, poiché noi riceviamo in eredità un regno incrollabile, conserviamo questa grazia e per suo mezzo rendiamo un culto gradito a Dio, con riverenza e timore; *[29]* perché il nostro *Dio è un fuoco divoratore.*

13

[1] Perseverate nell'amore fraterno. *[2]* Non dimenticate l'ospitalità; alcuni, praticandola, hanno accolto degli angeli senza saperlo. *[3]* Ricordatevi dei carcerati, come se foste loro compagni di carcere, e di quelli che soffrono, essendo anche voi in un corpo mortale. *[4]* Il matrimonio sia rispettato da tutti e il talamo sia senza macchia. I fornicatori e gli adùlteri saranno giudicati da Dio.

[5] La vostra condotta sia senza avarizia; accontentatevi di quello che avete, perché Dio stesso ha detto: *Non ti lascerò e non ti abbandonerò. [6]* Così possiamo dire con fiducia:

Il Signore è il mio aiuto, non temerò.
Che mi potrà fare l'uomo?

[7] Ricordatevi dei vostri capi, i quali vi hanno annunziato la parola di Dio; considerando attentamente l'esito del loro tenore di vita, imitatene la fede. *[8]* Gesù Cristo è lo stesso ieri, oggi e sempre! *[9]* Non lasciatevi sviare da dottrine diverse e peregrine, perché è bene che il cuore venga rinsaldato dalla grazia, non da cibi che non hanno mai recato giovamento a coloro che ne usarono. *[10]* Noi abbiamo un altare del quale non hanno alcun diritto di mangiare quelli che sono al servizio del Tabernacolo. *[11]* Infatti i corpi degli animali, il cui sangue vien portato nel santuario dal sommo sacerdote per i peccati, vengono bruciati fuori dell'accampamento. *[12]* Perciò anche Gesù, per santificare il popolo con il proprio sangue, patì fuori della

porta della città. *[13]* Usciamo dunque anche noi dall'accampamento e andiamo verso di lui, portando il suo obbrobrio, *[14]* perché non abbiamo quaggiù una città stabile, ma cerchiamo quella futura. *[15]* Per mezzo di lui dunque offriamo continuamente un sacrificio di lode a Dio, cioè il frutto di labbra che confessano il suo nome.

[16] Non scordatevi della beneficenza e di far parte dei vostri beni agli altri, perché di tali sacrifici il Signore si compiace.

[17] Obbedite ai vostri capi e state loro sottomessi, perché essi vegliano su di voi, come chi ha da renderne conto; obbedite, perché facciano questo con gioia e non gemendo: ciò non sarebbe vantaggioso per voi.

[18] Pregate per noi, poiché crediamo di avere una buona coscienza, desiderando di comportarci bene in tutto. *[19]* Con maggiore insistenza poi vi esorto a farlo, perché possa esservi restituito al più presto.

[20] Il Dio della pace che ha fatto tornare dai morti il Pastore grande delle pecore, *in virtù del sangue di un'alleanza eterna*, il Signore nostro Gesù, *[21]* vi renda perfetti in ogni bene, perché possiate compiere la sua volontà, operando in voi ciò che a lui è gradito per mezzo di Gesù Cristo, al quale sia gloria nei secoli dei secoli. Amen.

[22] Vi raccomando, fratelli, accogliete questa parola di esortazione; proprio per questo molto brevemente vi ho scritto. *[23]* Sappiate che il nostro fratello Timòteo è stato messo in libertà; se arriva presto, vi vedrò insieme con lui. *[24]* Salutate tutti i vostri capi e tutti i santi. Vi salutano quelli d'Italia. La grazia sia con tutti voi.

Lettera di Giacomo

1

[1] Giacomo, servo di Dio e del Signore Gesù Cristo, alle dodici tribù disperse nel mondo, salute.

[2] Considerate perfetta letizia, miei fratelli, quando subite ogni sorta di prove, *[3]* sapendo che la prova della vostra fede produce la pazienza. *[4]* E la pazienza completi l'opera sua in voi, perché siate perfetti e integri, senza mancare di nulla.

[5] Se qualcuno di voi manca di sapienza, la domandi a Dio, che dona a tutti generosamente e senza rinfacciare, e gli sarà data. *[6]* La domandi però con fede, senza esitare, perché chi esita somiglia all'onda del mare mossa e agitata dal vento; *[7]* e non pensi di ricevere qualcosa dal Signore *[8]* un uomo che ha l'animo oscillante e instabile in tutte le sue azioni.

[9] Il fratello di umili condizioni si rallegri della sua elevazione *[10]* e il ricco della sua umiliazione, perché passerà come fiore d'erba. *[11]* Si leva il sole col suo ardore e fa seccare l'erba e il suo fiore cade, e la bellezza del suo aspetto svanisce. Così anche il ricco appassirà nelle sue imprese.

[12] Beato l'uomo che sopporta la tentazione, perché una volta superata la prova riceverà la corona della vita che il Signore ha promesso a quelli che lo amano.

[13] Nessuno, quando è tentato, dica: "Sono tentato da Dio"; perché Dio non può essere tentato dal male e non tenta nessuno al male. *[14]* Ciascuno piuttosto è tentato dalla propria concupiscenza che lo attrae e lo seduce; *[15]* poi la concupiscenza concepisce e genera il peccato, e il peccato, quand'è consumato, produce la morte.

[16] Non andate fuori strada, fratelli miei carissimi; *[17]* ogni buon regalo e ogni dono perfetto viene dall'alto e discende dal Padre della luce, nel quale non c'è variazione né ombra di cambiamento. *[18]* Di sua volontà egli ci ha generati con una parola di verità, perché noi fossimo come una primizia delle sue creature.

[19] Lo sapete, fratelli miei carissimi: sia ognuno pronto ad ascoltare, lento a parlare, lento all'ira. *[20]* Perché l'ira dell'uomo non compie ciò che è giusto davanti a Dio.

[21] Perciò, deposta ogni impurità e ogni resto di malizia, accogliete con docilità la parola che è stata seminata in voi e che può salvare le vostre anime. *[22]* Siate di quelli che mettono in pratica la parola e non soltanto ascoltatori, illudendo voi stessi.

[23] Perché se uno ascolta soltanto e non mette in pratica la parola, somiglia a un uomo che osserva il proprio volto in uno specchio: *[24]* appena s'è osservato, se ne va, e subito dimentica com'era. *[25]* Chi invece fissa lo sguardo sulla legge perfetta, la legge della libertà, e le resta fedele, non come un ascoltatore smemorato ma come

uno che la mette in pratica, questi troverà la sua felicità nel praticarla.
[26] Se qualcuno pensa di essere religioso, ma non frena la lingua e inganna così il suo cuore, la sua religione è vana. *[27]* Una religione pura e senza macchia davanti a Dio nostro Padre è questa: soccorrere gli orfani e le vedove nelle loro afflizioni e conservarsi puri da questo mondo.

2

[1] Fratelli miei, non mescolate a favoritismi personali la vostra fede nel Signore nostro Gesù Cristo, Signore della gloria. *[2]* Supponiamo che entri in una vostra adunanza qualcuno con un anello d'oro al dito, vestito splendidamente, ed entri anche un povero con un vestito logoro. *[3]* Se voi guardate a colui che è vestito splendidamente e gli dite: "Tu siediti qui comodamente", e al povero dite: "Tu mettiti in piedi lì", oppure: "Siediti qui ai piedi del mio sgabello", *[4]* non fate in voi stessi preferenze e non siete giudici dai giudizi perversi?
[5] Ascoltate, fratelli miei carissimi: Dio non ha forse scelto i poveri nel mondo per farli ricchi con la fede ed eredi del regno che ha promesso a quelli che lo amano? *[6]* Voi invece avete disprezzato il povero! Non sono forse i ricchi che vi tiranneggiano e vi trascinano davanti ai tribunali? *[7]* Non sono essi che bestemmiano il bel nome che è stato invocato sopra di voi? *[8]* Certo, se adempite il più importante dei comandamenti secondo la Scrittura: *amerai il prossimo tuo come te stesso*, fate bene; *[9]* ma se fate distinzione di persone, commettete un peccato e siete accusati dalla legge come trasgressori. *[10]* Poiché chiunque osservi tutta la legge, ma la trasgredisca anche in un punto solo, diventa colpevole di tutto; *[11]* infatti colui che ha detto: *Non commettere adulterio*, ha detto anche: *Non uccidere*.
Ora se tu non commetti adulterio, ma uccidi, ti rendi trasgressore della legge. *[12]* Parlate e agite come persone che devono essere giudicate secondo una legge di libertà, perché *[13]* il giudizio sarà senza misericordia contro chi non avrà usato misericordia; la misericordia invece ha sempre la meglio nel giudizio.
[14] Che giova, fratelli miei, se uno dice di avere la fede ma non ha le opere? Forse che quella fede può salvarlo? *[15]* Se un fratello o una sorella sono senza vestiti e sprovvisti del cibo quotidiano *[16]* e uno di voi dice loro: "Andatevene in pace, riscaldatevi e saziatevi", ma non date loro il necessario per il corpo, che giova? *[17]* Così anche la fede: se non ha le opere, è morta in se stessa. *[18]* Al contrario uno potrebbe dire: Tu hai la fede ed io ho le opere; mostrami la tua fede senza le opere, ed io con le mie opere ti mostrerò la mia fede. *[19]* Tu credi che c'è un Dio solo? Fai bene; anche i demòni lo credono e tremano! *[20]* Ma vuoi sapere, o insensato, come la fede senza le opere è senza valore? *[21]* Abramo, nostro padre, non fu forse giustificato per le opere, quando offrì Isacco, suo figlio, sull'altare? *[22]* Vedi che la fede cooperava con le opere di lui, e che per le opere quella fede divenne perfetta *[23]* e si compì la Scrittura che dice: *E Abramo ebbe fede in Dio e gli fu accreditato a giustizia*, e fu chiamato amico di Dio. *[24]* Vedete che l'uomo viene giustificato in

base alle opere e non soltanto in base alla fede. *[25]* Così anche Raab, la meretrice, non venne forse giustificata in base alle opere per aver dato ospitalità agli esploratori e averli rimandati per altra via? *[26]* Infatti come il corpo senza lo spirito è morto, così anche la fede senza le opere è morta.

3

[1] Fratelli miei, non vi fate maestri in molti, sapendo che noi riceveremo un giudizio più severo, *[2]* poiché tutti quanti manchiamo in molte cose. Se uno non manca nel parlare, è un uomo perfetto, capace di tenere a freno anche tutto il corpo. *[3]* Quando mettiamo il morso in bocca ai cavalli perché ci obbediscano, possiamo dirigere anche tutto il loro corpo. *[4]* Ecco, anche le navi, benché siano così grandi e vengano spinte da venti gagliardi, sono guidate da un piccolissimo timone dovunque vuole chi le manovra. *[5]* Così anche la lingua: è un piccolo membro e può vantarsi di grandi cose. Vedete un piccolo fuoco quale grande foresta può incendiare! *[6]* Anche la lingua è un fuoco, è il mondo dell'iniquità, vive inserita nelle nostre membra e contamina tutto il corpo e incendia il corso della vita, traendo la sua fiamma dalla Geenna. *[7]* Infatti ogni sorta di bestie e di uccelli, di rettili e di esseri marini sono domati e sono stati domati dalla razza umana, *[8]* ma la lingua nessun uomo la può domare: è un male ribelle, è piena di veleno mortale. *[9]* Con essa benediciamo il Signore e Padre e con essa malediciamo gli uomini fatti a somiglianza di Dio. *[10]* È dalla stessa bocca che esce benedizione e maledizione. Non dev'essere così, fratelli miei! *[11]* Forse la sorgente può far sgorgare dallo stesso getto acqua dolce e amara? *[12]* Può forse, miei fratelli, un fico produrre olive o una vite produrre fichi? Neppure una sorgente salata può produrre acqua dolce.

[13] Chi è saggio e accorto tra voi? Mostri con la buona condotta le sue opere ispirate a saggia mitezza. *[14]* Ma se avete nel vostro cuore gelosia amara e spirito di contesa, non vantatevi e non mentite contro la verità. *[15]* Non è questa la sapienza che viene dall'alto: è terrena, carnale, diabolica; *[16]* poiché dove c'è gelosia e spirito di contesa, c'è disordine e ogni sorta di cattive azioni. *[17]* La sapienza che viene dall'alto invece è anzitutto pura; poi pacifica, mite, arrendevole, piena di misericordia e di buoni frutti, senza parzialità, senza ipocrisia. *[18]* Un frutto di giustizia viene seminato nella pace per coloro che fanno opera di pace.

4

[1] Da che cosa derivano le guerre e le liti che sono in mezzo a voi? Non vengono forse dalle vostre passioni che combattono nelle vostre membra? *[2]* Bramate e non riuscite a possedere e uccidete; invidiate e non riuscite ad ottenere, combattete e fate guerra! Non avete perché non chiedete; *[3]* chiedete e non ottenete perché chiedete male, per spendere per i vostri piaceri. *[4]* Gente infedele! Non sapete che amare il

mondo è odiare Dio?

Chi dunque vuole essere amico del mondo si rende nemico di Dio. *[5]* O forse pensate che la Scrittura dichiari invano: fino alla gelosia ci ama lo Spirito che egli ha fatto abitare in noi? *[6]* Ci dà anzi una grazia più grande; per questo dice:

Dio resiste ai superbi;

agli umili invece dà la sua grazia.

[7] Sottomettetevi dunque a Dio; resistete al diavolo, ed egli fuggirà da voi. *[8]* Avvicinatevi a Dio ed egli si avvicinerà a voi. Purificate le vostre mani, o peccatori, e santificate i vostri cuori, o irresoluti. *[9]* Gemete sulla vostra miseria, fate lutto e piangete; il vostro riso si muti in lutto e la vostra allegria in tristezza. *[10]* Umiliatevi davanti al Signore ed egli vi esalterà.

[11] Non sparlate gli uni degli altri, fratelli. Chi sparla del fratello o giudica il fratello, parla contro la legge e giudica la legge. E se tu giudichi la legge non sei più uno che osserva la legge, ma uno che la giudica. *[12]* Ora, uno solo è legislatore e giudice, Colui che può salvare e rovinare; ma chi sei tu che ti fai giudice del tuo prossimo?

[13] E ora a voi, che dite: "Oggi o domani andremo nella tal città e vi passeremo un anno e faremo affari e guadagni", *[14]* mentre non sapete cosa sarà domani! Ma che è mai la vostra vita? Siete come vapore che appare per un istante e poi scompare. *[15]* Dovreste dire invece: Se il Signore vorrà, vivremo e faremo questo o quello. *[16]* Ora invece vi vantate nella vostra arroganza; ogni vanto di questo genere è iniquo. *[17]* Chi dunque sa fare il bene e non lo compie, commette peccato.

5

[1] E ora a voi, ricchi: piangete e gridate per le sciagure che vi sovrastano! *[2]* Le vostre ricchezze sono imputridite, *[3]* le vostre vesti sono state divorate dalle tarme; il vostro oro e il vostro argento sono consumati dalla ruggine, la loro ruggine si leverà a testimonianza contro di voi e divorerà le vostre carni come un fuoco. Avete accumulato tesori per gli ultimi giorni! *[4]* Ecco, il salario da voi defraudato ai lavoratori che hanno mietuto le vostre terre grida; e le proteste dei mietitori sono giunte alle orecchie del Signore degli eserciti. *[5]* Avete gozzovigliato sulla terra e vi siete saziati di piaceri, vi siete ingrassati per il giorno della strage. *[6]* Avete condannato e ucciso il giusto ed egli non può opporre resistenza.

[7] Siate dunque pazienti, fratelli, fino alla venuta del Signore. Guardate l'agricoltore: egli aspetta pazientemente il prezioso frutto della terra finché abbia ricevuto le piogge d'autunno e le piogge di primavera. *[8]* Siate pazienti anche voi, rinfrancate i vostri cuori, perché la venuta del Signore è vicina. *[9]* Non lamentatevi, fratelli, gli uni degli altri, per non essere giudicati; ecco, il giudice è alle porte. *[10]* Prendete, o fratelli, a modello di sopportazione e di pazienza i profeti che parlano nel nome del Signore. *[11]* Ecco, noi chiamiamo beati quelli che hanno sopportato con

pazienza. Avete udito parlare della pazienza di Giobbe e conoscete la sorte finale che gli riserbò il Signore, perché *il Signore è ricco di misericordia e di compassione*.

[12] Soprattutto, fratelli miei, non giurate, né per il cielo, né per la terra, né per qualsiasi altra cosa; ma il vostro "sì" sia sì, e il vostro "no" no, per non incorrere nella condanna.

[13] Chi tra voi è nel dolore, preghi; chi è nella gioia salmeggi. *[14]* Chi è malato, chiami a sé i presbiteri della Chiesa e preghino su di lui, dopo averlo unto con olio, nel nome del Signore. *[15]* E la preghiera fatta con fede salverà il malato: il Signore lo rialzerà e se ha commesso peccati, gli saranno perdonati. *[16]* Confessate perciò i vostri peccati gli uni agli altri e pregate gli uni per gli altri per essere guariti. Molto vale la preghiera del giusto fatta con insistenza. *[17]* Elia era un uomo della nostra stessa natura: pregò intensamente che non piovesse e non piovve sulla terra per tre anni e sei mesi. *[18]* Poi pregò di nuovo e il cielo diede la pioggia e la terra produsse il suo frutto. *[19]* Fratelli miei, se uno di voi si allontana dalla verità e un altro ve lo riconduce, *[20]* costui sappia che chi riconduce un peccatore dalla sua via di errore, salverà la sua anima dalla morte e coprirà una moltitudine di peccati.

Prima lettera di Pietro

1

[1] Pietro, apostolo di Gesù Cristo, ai fedeli dispersi nel Ponto, nella Galazia, nella Cappadòcia, nell'Asia e nella Bitinia, eletti *[2]* secondo la prescienza di Dio Padre, mediante la santificazione dello Spirito, per obbedire a Gesù Cristo e per essere aspersi del suo sangue: grazia e pace a voi in abbondanza.

[3] Sia benedetto Dio e Padre del Signore nostro Gesù Cristo; nella sua grande misericordia egli ci ha rigenerati, mediante la risurrezione di Gesù Cristo dai morti, per una speranza viva, *[4]* per una eredità che non si corrompe, non si macchia e non marcisce. Essa è conservata nei cieli per voi, *[5]* che dalla potenza di Dio siete custoditi mediante la fede, per la vostra salvezza, prossima a rivelarsi negli ultimi tempi.

[6] Perciò siete ricolmi di gioia, anche se ora dovete essere un po' afflitti da varie prove, *[7]* perché il valore della vostra fede, molto più preziosa dell'oro, che, pur destinato a perire, tuttavia si prova col fuoco, torni a vostra lode, gloria e onore nella manifestazione di Gesù Cristo: *[8]* voi lo amate, pur senza averlo visto; e ora senza vederlo credete in lui. Perciò esultate di gioia indicibile e gloriosa, *[9]* mentre conseguite la mèta della vostra fede, cioè la salvezza delle anime.

[10] Su questa salvezza indagarono e scrutarono i profeti che profetizzarono sulla grazia a voi destinata *[11]* cercando di indagare a quale momento o a quali circostanze accennasse lo Spirito di Cristo che era in loro, quando prediceva le sofferenze destinate a Cristo e le glorie che dovevano seguirle. *[12]* E fu loro rivelato che non per se stessi, ma per voi, erano ministri di quelle cose che ora vi sono state annunziate da coloro che vi hanno predicato il vangelo nello Spirito Santo mandato dal cielo; cose nelle quali gli angeli desiderano fissare lo sguardo.

[13] Perciò, dopo aver preparato la vostra mente all'azione, siate vigilanti, fissate ogni speranza in quella grazia che vi sarà data quando Gesù Cristo si rivelerà. *[14]* Come figli obbedienti, non conformatevi ai desideri d'un tempo, quando eravate nell'ignoranza, *[15]* ma ad immagine del Santo che vi ha chiamati, diventate santi anche voi in tutta la vostra condotta; *[16]* poiché sta scritto: *Voi sarete santi, perché io sono santo.* *[17]* E se pregando chiamate Padre colui che senza riguardi personali giudica ciascuno secondo le sue opere, comportatevi con timore nel tempo del vostro pellegrinaggio. *[18]* Voi sapete che non a prezzo di cose corruttibili, come l'argento e l'oro, foste liberati dalla vostra vuota condotta ereditata dai vostri padri, *[19]* ma con il sangue prezioso di Cristo, come di agnello senza difetti e senza macchia. *[20]* Egli

fu predestinato già prima della fondazione del mondo, ma si è manifestato negli ultimi tempi per voi. *[21]* E voi per opera sua credete in Dio, che l'ha risuscitato dai morti e gli ha dato gloria e così la vostra fede e la vostra speranza sono fisse in Dio. *[22]* Dopo aver santificato le vostre anime con l'obbedienza alla verità, per amarvi sinceramente come fratelli, amatevi intensamente, di vero cuore, gli uni gli altri, *[23]* essendo stati rigenerati non da un seme corruttibile, ma immortale, cioè dalla parola di Dio viva ed eterna. *[24]* Poiché

tutti i mortali sono come l'erba
e ogni loro splendore è come fiore d'erba.
L'erba inaridisce, i fiori cadono,
[25] ma la parola del Signore rimane in eterno.

E questa è la parola del vangelo che vi è stato annunziato.

2

[1] Deposta dunque ogni malizia e ogni frode e ipocrisia, le gelosie e ogni maldicenza, *[2]* come bambini appena nati bramate il puro latte spirituale, per crescere con esso verso la salvezza: *[3]* se davvero *avete già gustato come è buono il Signore.*
[4] Stringendovi a lui, pietra viva, rigettata dagli uomini, ma scelta e preziosa davanti a Dio, *[5]* anche voi venite impiegati come pietre vive per la costruzione di un edificio spirituale, per un sacerdozio santo, per offrire sacrifici spirituali graditi a Dio, per mezzo di Gesù Cristo. *[6]* Si legge infatti nella Scrittura:

Ecco io pongo in Sion
una pietra angolare, scelta, preziosa
e chi crede in essa non resterà confuso.

[7] Onore dunque a voi che credete; ma per gli increduli
la pietra che i costruttori hanno scartato
è divenuta la pietra angolare,
[8] sasso d'inciampo e pietra di scandalo.

Loro v'inciampano perché non credono alla parola; a questo sono stati destinati.
[9] Ma voi siete la stirpe eletta, il sacerdozio regale, la nazione santa, il popolo che Dio si è acquistato perché proclami le opere meravigliose di lui che vi ha chiamato dalle tenebre alla sua ammirabile luce; [10] voi, che un tempo eravate non popolo, ora invece siete il popolo di Dio; voi, un tempo esclusi dalla misericordia, ora invece avete ottenuto misericordia.
[11] Carissimi, io vi esorto come stranieri e pellegrini ad astenervi dai desideri della carne che fanno guerra all'anima. *[12]* La vostra condotta tra i pagani sia

irreprensibile, perché mentre vi calunniano come malfattori, al vedere le vostre buone opere giungano a glorificare Dio nel giorno del giudizio.

[13] State sottomessi ad ogni istituzione umana per amore del Signore: sia al re come sovrano, *[14]* sia ai governatori come ai suoi inviati per punire i malfattori e premiare i buoni. *[15]* Perché questa è la volontà di Dio: che, operando il bene, voi chiudiate la bocca all'ignoranza degli stolti. *[16]* Comportatevi come uomini liberi, non servendovi della libertà come di un velo per coprire la malizia, ma come servitori di Dio.

[17] Onorate tutti, amate i vostri fratelli, temete Dio, onorate il re.

[18] Domestici, state soggetti con profondo rispetto ai vostri padroni, non solo a quelli buoni e miti, ma anche a quelli difficili. *[19]* È una grazia per chi conosce Dio subire afflizioni, soffrendo ingiustamente; *[20]* che gloria sarebbe infatti sopportare il castigo se avete mancato? Ma se facendo il bene sopporterete con pazienza la sofferenza, ciò sarà gradito davanti a Dio. *[21]* A questo infatti siete stati chiamati, poiché

anche Cristo patì per voi,

lasciandovi un esempio, perché ne seguiate le orme:

[22] egli *non commise peccato*

e *non si trovò inganno sulla sua bocca,*

[23] oltraggiato non rispondeva con oltraggi,

e soffrendo non minacciava vendetta,

ma rimetteva la sua causa a colui che giudica con giustizia.

[24] Egli portò i nostri *peccati* nel suo corpo

sul legno della croce,

perché, non vivendo più per il peccato,

vivessimo per la giustizia;

[25] dalle sue *piaghe siete stati guariti.*

Eravate *erranti come pecore,*

ma ora siete tornati al pastore

e guardiano delle vostre anime.

3

[1] Ugualmente voi, mogli, state sottomesse ai vostri mariti perché, anche se alcuni si rifiutano di credere alla parola, vengano dalla condotta delle mogli, senza bisogno di parole, conquistati *[2]* considerando la vostra condotta casta e rispettosa. *[3]* Il vostro ornamento non sia quello esteriore - capelli intrecciati, collane d'oro, sfoggio di vestiti -; *[4]* cercate piuttosto di adornare l'interno del vostro cuore con un'anima incorruttibile piena di mitezza e di pace: ecco ciò che è prezioso davanti a Dio. *[5]* Così una volta si ornavano le sante donne che speravano in Dio; esse stavano sottomesse ai loro mariti, *[6]* come Sara che obbediva ad Abramo, chiamandolo signore. Di essa siete diventate figlie, se operate il bene e non vi lasciate sgomentare

da alcuna minaccia.

[7] E ugualmente voi, mariti, trattate con riguardo le vostre mogli, perché il loro corpo è più debole, e rendete loro onore perché partecipano con voi della grazia della vita: così non saranno impedite le vostre preghiere.

[8] E finalmente siate tutti concordi, partecipi delle gioie e dei dolori degli altri, animati da affetto fraterno, misericordiosi, umili; *[9]* non rendete male per male, né ingiuria per ingiuria, ma, al contrario, rispondete benedicendo; poiché a questo siete stati chiamati per avere in eredità la benedizione. *[10]* Infatti:

Chi vuole amare la vita e vedere giorni felici,
trattenga la sua lingua dal male
e le sue labbra da parole d'inganno;
[11] eviti il male e faccia il bene,
cerchi la pace e la segua,
[12] perché gli occhi del Signore sono sopra i giusti
e le sue orecchie sono attente alle loro preghiere;
ma il volto del Signore è contro coloro che fanno il male.

[13] E chi vi potrà fare del male, se sarete ferventi nel bene? *[14]* E se anche doveste soffrire per la giustizia, beati voi! *Non vi sgomentate per paura di loro, né vi turbate*, *[15]* ma *adorate il Signore*, Cristo, nei vostri cuori, pronti sempre a rispondere a chiunque vi domandi ragione della speranza che è in voi. Tuttavia questo sia fatto con dolcezza e rispetto, *[16]* con una retta coscienza, perché nel momento stesso in cui si parla male di voi rimangano svergognati quelli che malignano sulla vostra buona condotta in Cristo. *[17]* È meglio infatti, se così vuole Dio, soffrire operando il bene che facendo il male.

[18] Anche Cristo è morto una volta per sempre per i peccati, giusto per gli ingiusti, per ricondurvi a Dio; messo a morte nella carne, ma reso vivo nello spirito. *[19]* E in spirito andò ad annunziare la salvezza anche agli spiriti che attendevano in prigione; *[20]* essi avevano un tempo rifiutato di credere quando la magnanimità di Dio pazientava nei giorni di Noè, mentre si fabbricava l'arca, nella quale poche persone, otto in tutto, furono salvate per mezzo dell'acqua. *[21]* Figura, questa, del battesimo, che ora salva voi; esso non è rimozione di sporcizia del corpo, ma invocazione di salvezza rivolta a Dio da parte di una buona coscienza, in virtù della risurrezione di Gesù Cristo, *[22]* il quale è alla destra di Dio, dopo essere salito al cielo e aver ottenuto la sovranità sugli angeli, i Principati e le Potenze.

4

[1] Poiché dunque Cristo soffrì nella carne, anche voi armatevi degli stessi sentimenti; chi ha sofferto nel suo corpo ha rotto definitivamente col peccato, *[2]* per non servire più alle passioni umane ma alla volontà di Dio, nel tempo che gli rimane in questa vita mortale. *[3]* Basta col tempo trascorso nel soddisfare le passioni del

paganesimo, vivendo nelle dissolutezze, nelle passioni, nelle crapule, nei bagordi, nelle ubriachezze e nel culto illecito degli idoli. *[4]* Per questo trovano strano che voi non corriate insieme con loro verso questo torrente di perdizione e vi oltraggiano. *[5]* Ma renderanno conto a colui che è pronto a giudicare i vivi e i morti; *[6]* infatti è stata annunziata la buona novella anche ai morti, perché pur avendo subìto, perdendo la vita del corpo, la condanna comune a tutti gli uomini, vivano secondo Dio nello spirito.

[7] La fine di tutte le cose è vicina. Siate dunque moderati e sobri, per dedicarvi alla preghiera. *[8]* Soprattutto conservate tra voi una grande carità, perché la carità copre una moltitudine di peccati. *[9]* Praticate l'ospitalità gli uni verso gli altri, senza mormorare. *[10]* Ciascuno viva secondo la grazia ricevuta, mettendola a servizio degli altri, come buoni amministratori di una multiforme grazia di Dio. *[11]* Chi parla, lo faccia come con parole di Dio; chi esercita un ufficio, lo compia con l'energia ricevuta da Dio, perché in tutto venga glorificato Dio per mezzo di Gesù Cristo, al quale appartiene la gloria e la potenza nei secoli dei secoli. Amen!

[12] Carissimi, non siate sorpresi per l'incendio di persecuzione che si è acceso in mezzo a voi per provarvi, come se vi accadesse qualcosa di strano. *[13]* Ma nella misura in cui partecipate alle sofferenze di Cristo, rallegratevi perché anche nella rivelazione della sua gloria possiate rallegrarvi ed esultare. *[14]* Beati voi, se venite insultati per il nome di Cristo, perché lo Spirito della gloria e lo Spirito di Dio riposa su di voi. *[15]* Nessuno di voi abbia a soffrire come omicida o ladro o malfattore o delatore. *[16]* Ma se uno soffre come cristiano, non ne arrossisca; glorifichi anzi Dio per questo nome.

[17] È giunto infatti il momento in cui inizia il giudizio dalla casa di Dio; e se inizia da noi, quale sarà la fine di coloro che rifiutano di credere al vangelo di Dio?

[18] E se il giusto a stento si salverà,
che ne sarà dell'empio e del peccatore?

[19] Perciò anche quelli che soffrono secondo il volere di Dio, si mettano nelle mani del loro Creatore fedele e continuino a fare il bene.

5

[1] Esorto gli anziani che sono tra voi, quale anziano come loro, testimone delle sofferenze di Cristo e partecipe della gloria che deve manifestarsi: *[2]* pascete il gregge di Dio che vi è affidato, sorvegliandolo non per forza ma volentieri secondo Dio; non per vile interesse, ma di buon animo; *[3]* non spadroneggiando sulle persone a voi affidate, ma facendovi modelli del gregge. *[4]* E quando apparirà il pastore supremo, riceverete la corona della gloria che non appassisce.

[5] Ugualmente, voi, giovani, siate sottomessi agli anziani. Rivestitevi tutti di umiltà gli uni verso gli altri, perché

Dio resiste ai superbi,

ma dà grazia agli umili.

[6] Umiliatevi dunque sotto la potente mano di Dio, perché vi esalti al tempo opportuno, *[7] gettando* in lui ogni *vostra preoccupazione,* perché egli ha cura di voi. *[8]* Siate temperanti, vigilate. Il vostro nemico, il diavolo, come leone ruggente va in giro, cercando chi divorare. *[9]* Resistetegli saldi nella fede, sapendo che i vostri fratelli sparsi per il mondo subiscono le stesse sofferenze di voi.

[10] E il Dio di ogni grazia, il quale vi ha chiamati alla sua gloria eterna in Cristo, egli stesso vi ristabilirà, dopo una breve sofferenza vi confermerà e vi renderà forti e saldi. *[11]* A lui la potenza nei secoli. Amen!

[12] Vi ho scritto, come io ritengo, brevemente per mezzo di Silvano, fratello fedele, per esortarvi e attestarvi che questa è la vera grazia di Dio. In essa state saldi! *[13]* Vi saluta la comunità che è stata eletta come voi e dimora in Babilonia; e anche Marco, mio figlio. *[14]* Salutatevi l'un l'altro con bacio di carità. Pace a voi tutti che siete in Cristo!

Lettere cattoliche

Seconda lettera di Pietro

1

[1] Simon Pietro, servo e apostolo di Gesù Cristo, a coloro che hanno ricevuto in sorte con noi la stessa preziosa fede per la giustizia del nostro Dio e salvatore Gesù Cristo: *[2]* grazia e pace sia concessa a voi in abbondanza nella conoscenza di Dio e di Gesù Signore nostro.

[3] La sua potenza divina ci ha fatto dono di ogni bene per quanto riguarda la vita e la pietà, mediante la conoscenza di colui che ci ha chiamati con la sua gloria e potenza. *[4]* Con queste ci ha donato i beni grandissimi e preziosi che erano stati promessi, perché diventaste per loro mezzo partecipi della natura divina, essendo sfuggiti alla corruzione che è nel mondo a causa della concupiscenza. *[5]* Per questo mettete ogni impegno per aggiungere alla vostra fede la virtù, alla virtù la conoscenza, *[6]* alla conoscenza la temperanza, alla temperanza la pazienza, alla pazienza la pietà, *[7]* alla pietà l'amore fraterno, all'amore fraterno la carità. *[8]* Se queste cose si trovano in abbondanza in voi, non vi lasceranno oziosi né senza frutto per la conoscenza del Signore nostro Gesù Cristo. *[9]* Chi invece non ha queste cose è cieco e miope, dimentico di essere stato purificato dai suoi antichi peccati. *[10]* Quindi, fratelli, cercate di render sempre più sicura la vostra vocazione e la vostra elezione. Se farete questo non inciamperete mai. *[11]* Così infatti vi sarà ampiamente aperto l'ingresso nel regno eterno del Signore nostro e salvatore Gesù Cristo.

[12] Perciò penso di rammentarvi sempre queste cose, benché le sappiate e stiate saldi nella verità che possedete. *[13]* Io credo giusto, finché sono in questa tenda del corpo, di tenervi desti con le mie esortazioni, *[14]* sapendo che presto dovrò lasciare questa mia tenda, come mi ha fatto intendere anche il Signore nostro Gesù Cristo. *[15]* E procurerò che anche dopo la mia partenza voi abbiate a ricordarvi di queste cose.

[16] Infatti, non per essere andati dietro a favole artificiosamente inventate vi abbiamo fatto conoscere la potenza e la venuta del Signore nostro Gesù Cristo, ma perché siamo stati testimoni oculari della sua grandezza. *[17]* Egli ricevette infatti onore e gloria da Dio Padre quando dalla maestosa gloria gli fu rivolta questa voce:

"Questi è il Figlio mio prediletto, nel quale mi sono compiaciuto". *[18]* Questa voce noi l'abbiamo udita scendere dal cielo mentre eravamo con lui sul santo monte. *[19]* E così abbiamo conferma migliore della parola dei profeti, alla quale fate bene a volgere l'attenzione, come a lampada che brilla in un luogo oscuro, finché non spunti il giorno e la stella del mattino si levi nei vostri cuori. *[20]* Sappiate anzitutto questo: nessuna scrittura profetica va soggetta a privata spiegazione, *[21]* poiché non da volontà umana fu recata mai una profezia, ma mossi da Spirito Santo parlarono quegli uomini da parte di Dio.

2

[1] Ci sono stati anche falsi profeti tra il popolo, come pure ci saranno in mezzo a voi falsi maestri che introdurranno eresie perniciose, rinnegando il Signore che li ha riscattati e attirandosi una pronta rovina. *[2]* Molti seguiranno le loro dissolutezze e per colpa loro la via della verità sarà coperta di impròperi. *[3]* Nella loro cupidigia vi sfrutteranno con parole false; ma la loro condanna è già da tempo all'opera e la loro rovina è in agguato.

[4] Dio infatti non risparmiò gli angeli che avevano peccato, ma li precipitò negli abissi tenebrosi dell'inferno, serbandoli per il giudizio; *[5]* non risparmiò il mondo antico, ma tuttavia con altri sette salvò Noè, banditore di giustizia, mentre faceva piombare il diluvio su un mondo di empi; *[6]* condannò alla distruzione le città di Sòdoma e Gomorra, riducendole in cenere, ponendo un esempio a quanti sarebbero vissuti empiamente. *[7]* Liberò invece il giusto Lot, angustiato dal comportamento immorale di quegli scellerati. *[8]* Quel giusto infatti, per ciò che vedeva e udiva mentre abitava in mezzo a loro, si tormentava ogni giorno nella sua anima giusta per tali ignominie. *[9]* Il Signore sa liberare i pii dalla prova e serbare gli empi per il castigo nel giorno del giudizio, *[10]* soprattutto coloro che nelle loro impure passioni vanno dietro alla carne e disprezzano il Signore.

Temerari, arroganti, non temono d'insultare gli esseri gloriosi decaduti, *[11]* mentre gli angeli, a loro superiori per forza e potenza, non portano contro di essi alcun giudizio offensivo davanti al Signore. *[12]* Ma costoro, come animali irragionevoli nati per natura a essere presi e distrutti, mentre bestemmiano quel che ignorano, saranno distrutti nella loro corruzione, *[13]* subendo il castigo come salario dell'iniquità. Essi stimano felicità il piacere d'un giorno; sono tutta sporcizia e vergogna; si dilettano dei loro inganni mentre fan festa con voi; *[14]* han gli occhi pieni di disonesti desideri e sono insaziabili di peccato, adescano le anime instabili, hanno il cuore rotto alla cupidigia, figli di maledizione! *[15]* Abbandonata la retta via, si sono smarriti seguendo la via di Balaàm di Bosòr, che amò un salario di iniquità, *[16]* ma fu ripreso per la sua malvagità: un muto giumento, parlando con voce umana, impedì la demenza del profeta. *[17]* Costoro sono come fonti senz'acqua e come nuvole sospinte dal vento: a loro è riserbata l'oscurità delle tenebre. *[18]* Con discorsi gonfiati e vani adescano mediante le licenziose passioni della carne coloro che si erano appena allontanati da quelli che vivono nell'errore. *[19]* Promettono loro libertà, ma essi stessi sono schiavi della corruzione. Perché uno è schiavo di ciò che l'ha vinto.

[20] Se infatti, dopo aver fuggito le corruzioni del mondo per mezzo della conoscenza del Signore e salvatore Gesù Cristo, ne rimangono di nuovo invischiati e vinti, la loro ultima condizione è divenuta peggiore della prima. *[21]* Meglio sarebbe stato per loro non aver conosciuto la via della giustizia, piuttosto che, dopo averla conosciuta, voltar le spalle al santo precetto che era stato loro dato. *[22]* Si è verificato per essi il proverbio:

Il cane è tornato al suo vomito
e la scrofa lavata è tornata ad avvoltolarsi nel brago.

3

[1] Questa, o carissimi, è già la seconda lettera che vi scrivo, e in tutte e due cerco di ridestare con ammonimenti la vostra sana intelligenza, *[2]* perché teniate a mente le parole già dette dai santi profeti, e il precetto del Signore e salvatore, trasmessovi dagli apostoli.

[3] Questo anzitutto dovete sapere, che verranno negli ultimi giorni schernitori beffardi, i quali si comporteranno secondo le proprie passioni *[4]* e diranno: "Dov'è la promessa della sua venuta? Dal giorno in cui i nostri padri chiusero gli occhi tutto rimane come al principio della creazione". *[5]* Ma costoro dimenticano volontariamente che i cieli esistevano già da lungo tempo e che la terra, uscita dall'acqua e in mezzo all'acqua, ricevette la sua forma grazie alla parola di Dio; *[6]* e che per queste stesse cause il mondo di allora, sommerso dall'acqua, perì. *[7]* Ora, i cieli e la terra attuali sono conservati dalla medesima parola, riservati al fuoco per il giorno del giudizio e della rovina degli empi.

[8] Una cosa però non dovete perdere di vista, carissimi: davanti al Signore un giorno è come mille anni e mille anni come un giorno solo. *[9]* Il Signore non ritarda nell'adempiere la sua promessa, come certuni credono; ma usa pazienza verso di voi, non volendo che alcuno perisca, ma che tutti abbiano modo di pentirsi. *[10]* Il giorno del Signore verrà come un ladro; allora i cieli con fragore passeranno, gli elementi consumati dal calore si dissolveranno e la terra con quanto c'è in essa sarà distrutta.

[11] Poiché dunque tutte queste cose devono dissolversi così, quali non dovete essere voi, nella santità della condotta e nella pietà, *[12]* attendendo e affrettando la venuta del giorno di Dio, nel quale i cieli si dissolveranno e gli elementi incendiati si fonderanno! *[13]* E poi, secondo la sua promessa, noi aspettiamo *nuovi cieli e una terra nuova*, nei quali avrà stabile dimora la giustizia.

[14] Perciò, carissimi, nell'attesa di questi eventi, cercate d'essere senza macchia e irreprensibili davanti a Dio, in pace. *[15]* La magnanimità del Signore nostro giudicatela come salvezza, come anche il nostro carissimo fratello Paolo vi ha scritto, secondo la sapienza che gli è stata data; *[16]* così egli fa in tutte le lettere, in cui tratta

di queste cose. In esse ci sono alcune cose difficili da comprendere e gli ignoranti e gli instabili le travisano, al pari delle altre Scritture, per loro propria rovina.

[17] Voi dunque, carissimi, essendo stati preavvisati, state in guardia per non venir meno nella vostra fermezza, travolti anche voi dall'errore degli empi; [18] ma crescete nella grazia e nella conoscenza del Signore nostro e salvatore Gesù Cristo. A lui la gloria, ora e nel giorno dell'eternità. Amen!

Prima lettera di Giovanni

1

[1] Ciò che era fin da principio, ciò che noi abbiamo udito, ciò che noi abbiamo veduto con i nostri occhi, ciò che noi abbiamo contemplato e ciò che le nostre mani hanno toccato, ossia il Verbo della vita *[2]* (poiché la vita si è fatta visibile, noi l'abbiamo veduta e di ciò rendiamo testimonianza e vi annunziamo la vita eterna, che era presso il Padre e si è resa visibile a noi), *[3]* quello che abbiamo veduto e udito, noi lo annunziamo anche a voi, perché anche voi siate in comunione con noi. La nostra comunione è col Padre e col Figlio suo Gesù Cristo. *[4]* Queste cose vi scriviamo, perché la nostra gioia sia perfetta.

[5] Questo è il messaggio che abbiamo udito da lui e che ora vi annunziamo: Dio è luce e in lui non ci sono tenebre. *[6]* Se diciamo che siamo in comunione con lui e camminiamo nelle tenebre, mentiamo e non mettiamo in pratica la verità. *[7]* Ma se camminiamo nella luce, come egli è nella luce, siamo in comunione gli uni con gli altri, e il sangue di Gesù, suo Figlio, ci purifica da ogni peccato.

[8] Se diciamo che siamo senza peccato, inganniamo noi stessi e la verità non è in noi. *[9]* Se riconosciamo i nostri peccati, egli che è fedele e giusto ci perdonerà i peccati e ci purificherà da ogni colpa. *[10]* Se diciamo che non abbiamo peccato, facciamo di lui un bugiardo e la sua parola non è in noi.

2

[1] Figlioli miei, vi scrivo queste cose perché non pecchiate; ma se qualcuno ha peccato, abbiamo un avvocato presso il Padre: Gesù Cristo giusto. *[2]* Egli è vittima di espiazione per i nostri peccati; non soltanto per i nostri, ma anche per quelli di tutto il mondo.

[3] Da questo sappiamo d'averlo conosciuto: se osserviamo i suoi comandamenti. *[4]* Chi dice: "Lo conosco" e non osserva i suoi comandamenti, è bugiardo e la verità non è in lui; *[5]* ma chi osserva la sua parola, in lui l'amore di Dio è veramente perfetto. Da questo conosciamo di essere in lui. *[6]* Chi dice di dimorare in Cristo, deve comportarsi come lui si è comportato.

[7] Carissimi, non vi scrivo un nuovo comandamento, ma un comandamento antico, che avete ricevuto fin da principio. Il comandamento antico è la parola che avete udito. *[8]* E tuttavia è un comandamento nuovo quello di cui vi scrivo, il che è vero in

lui e in voi, perché le tenebre stanno diradandosi e la vera luce già risplende. *[9]* Chi dice di essere nella luce e odia suo fratello, è ancora nelle tenebre. *[10]* Chi ama suo fratello, dimora nella luce e non v'è in lui occasione di inciampo. *[11]* Ma chi odia suo fratello è nelle tenebre, cammina nelle tenebre e non sa dove va, perché le tenebre hanno accecato i suoi occhi.

[12] Scrivo a voi, figlioli,

perché vi sono stati rimessi i peccati in virtù del suo nome.

[13] Scrivo a voi, padri,

perché avete conosciuto colui che è fin dal principio.

Scrivo a voi, giovani,

perché avete vinto il maligno.

[14] Ho scritto a voi, figlioli,

perché avete conosciuto il Padre.

Ho scritto a voi, padri,

perché avete conosciuto colui che è fin dal principio.

Ho scritto a voi, giovani,

perché siete forti,

e la parola di Dio dimora in voi

e avete vinto il maligno.

[15] Non amate né il mondo, né le cose del mondo! Se uno ama il mondo, l'amore del Padre non è in lui; *[16]* perché tutto quello che è nel mondo, la concupiscenza della carne, la concupiscenza degli occhi e la superbia della vita, non viene dal Padre, ma dal mondo. *[17]* E il mondo passa con la sua concupiscenza; ma chi fa la volontà di Dio rimane in eterno!

[18] Figlioli, questa è l'ultima ora. Come avete udito che deve venire l'anticristo, di fatto ora molti anticristi sono apparsi. Da questo conosciamo che è l'ultima ora. *[19]* Sono usciti di mezzo a noi, ma non erano dei nostri; se fossero stati dei nostri, sarebbero rimasti con noi; ma doveva rendersi manifesto che non tutti sono dei nostri. *[20]* Ora voi avete l'unzione ricevuta dal Santo e tutti avete la scienza. *[21]* Non vi ho scritto perché non conoscete la verità, ma perché la conoscete e perché nessuna menzogna viene dalla verità. *[22]* Chi è il menzognero se non colui che nega che Gesù è il Cristo? L'anticristo è colui che nega il Padre e il Figlio. *[23]* Chiunque nega il Figlio, non possiede nemmeno il Padre; chi professa la sua fede nel Figlio possiede anche il Padre.

[24] Quanto a voi, tutto ciò che avete udito da principio rimanga in voi. Se rimane in voi quel che avete udito da principio, anche voi rimarrete nel Figlio e nel Padre. *[25]* E questa è la promessa che egli ci ha fatto: la vita eterna.

[26] Questo vi ho scritto riguardo a coloro che cercano di traviarvi. *[27]* E quanto a voi, l'unzione che avete ricevuto da lui rimane in voi e non avete bisogno che alcuno vi ammaestri; ma come la sua unzione vi insegna ogni cosa, è veritiera e non mentisce, così state saldi in lui, come essa vi insegna.

[28] E ora, figlioli, rimanete in lui, perché possiamo aver fiducia quando apparirà e

non veniamo svergognati da lui alla sua venuta. *[29]* Se sapete che egli è giusto, sappiate anche che chiunque opera la giustizia, è nato da lui.

3

[1] Quale grande amore ci ha dato il Padre per essere chiamati figli di Dio, e lo siamo realmente! La ragione per cui il mondo non ci conosce è perché non ha conosciuto lui. *[2]* Carissimi, noi fin d'ora siamo figli di Dio, ma ciò che saremo non è stato ancora rivelato. Sappiamo però che quando egli si sarà manifestato, noi saremo simili a lui, perché lo vedremo così come egli è. *[3]* Chiunque ha questa speranza in lui, purifica se stesso, come egli è puro. *[4]* Chiunque commette il peccato, commette anche violazione della legge, perché il peccato è violazione della legge. *[5]* Voi sapete che egli è apparso per togliere i peccati e che in lui non v'è peccato. *[6]* Chiunque rimane in lui non pecca; chiunque pecca non lo ha visto né l'ha conosciuto.

[7] Figlioli, nessuno v'inganni. Chi pratica la giustizia è giusto com'egli è giusto. *[8]* Chi commette il peccato viene dal diavolo, perché il diavolo è peccatore fin dal principio. Ora il Figlio di Dio è apparso per distruggere le opere del diavolo. *[9]* Chiunque è nato da Dio non commette peccato, perché un germe divino dimora in lui, e non può peccare perché è nato da Dio.

[10] Da questo si distinguono i figli di Dio dai figli del diavolo: chi non pratica la giustizia non è da Dio, né lo è chi non ama il suo fratello.

[11] Poiché questo è il messaggio che avete udito fin da principio: che ci amiamo gli uni gli altri. *[12]* Non come Caino, che era dal maligno e uccise il suo fratello. E per qual motivo l'uccise? Perché le opere sue erano malvage, mentre quelle di suo fratello eran giuste.

[13] Non vi meravigliate, fratelli, se il mondo vi odia. *[14]* Noi sappiamo che siamo passati dalla morte alla vita, perché amiamo i fratelli. Chi non ama rimane nella morte. *[15]* Chiunque odia il proprio fratello è omicida, e voi sapete che nessun omicida possiede in se stesso la vita eterna.

[16] Da questo abbiamo conosciuto l'amore: Egli ha dato la sua vita per noi; quindi anche noi dobbiamo dare la vita per i fratelli. *[17]* Ma se uno ha ricchezze di questo mondo e vedendo il suo fratello in necessità gli chiude il proprio cuore, come dimora in lui l'amore di Dio? *[18]* Figlioli, non amiamo a parole né con la lingua, ma coi fatti e nella verità. *[19]* Da questo conosceremo che siamo nati dalla verità e davanti a lui rassicureremo il nostro cuore *[20]* qualunque cosa esso ci rimproveri. Dio è più grande del nostro cuore e conosce ogni cosa. *[21]* Carissimi, se il nostro cuore non ci rimprovera nulla, abbiamo fiducia in Dio; *[22]* e qualunque cosa chiediamo la riceviamo da lui perché osserviamo i suoi comandamenti e facciamo quel che è gradito a lui.

[23] Questo è il suo comandamento: che crediamo nel nome del Figlio suo Gesù Cristo e ci amiamo gli uni gli altri, secondo il precetto che ci ha dato. *[24]* Chi

osserva i suoi comandamenti dimora in Dio ed egli in lui. E da questo conosciamo che dimora in noi: dallo Spirito che ci ha dato.

4

[1] Carissimi, non prestate fede a ogni ispirazione, ma mettete alla prova le ispirazioni, per saggiare se provengono veramente da Dio, perché molti falsi profeti sono comparsi nel mondo. *[2]* Da questo potete riconoscere lo spirito di Dio: ogni spirito che riconosce che Gesù Cristo è venuto nella carne, è da Dio; *[3]* ogni spirito che non riconosce Gesù, non è da Dio. Questo è lo spirito dell'anticristo che, come avete udito, viene, anzi è già nel mondo. *[4]* Voi siete da Dio, figlioli, e avete vinto questi falsi profeti, perché colui che è in voi è più grande di colui che è nel mondo. *[5]* Costoro sono del mondo, perciò insegnano cose del mondo e il mondo li ascolta. *[6]* Noi siamo da Dio. Chi conosce Dio ascolta noi; chi non è da Dio non ci ascolta. Da ciò noi distinguiamo lo spirito della verità e lo spirito dell'errore.

[7] Carissimi, amiamoci gli uni gli altri, perché l'amore è da Dio: chiunque ama è generato da Dio e conosce Dio. *[8]* Chi non ama non ha conosciuto Dio, perché Dio è amore. *[9]* In questo si è manifestato l'amore di Dio per noi: Dio ha mandato il suo unigenito Figlio nel mondo, perché noi avessimo la vita per lui. *[10]* In questo sta l'amore: non siamo stati noi ad amare Dio, ma è lui che ha amato noi e ha mandato il suo Figlio come vittima di espiazione per i nostri peccati.

[11] Carissimi, se Dio ci ha amato, anche noi dobbiamo amarci gli uni gli altri. *[12]* Nessuno mai ha visto Dio; se ci amiamo gli uni gli altri, Dio rimane in noi e l'amore di lui è perfetto in noi. *[13]* Da questo si conosce che noi rimaniamo in lui ed egli in noi: egli ci ha fatto dono del suo Spirito. *[14]* E noi stessi abbiamo veduto e attestiamo che il Padre ha mandato il suo Figlio come salvatore del mondo. *[15]* Chiunque riconosce che Gesù è il Figlio di Dio, Dio dimora in lui ed egli in Dio. *[16]* Noi abbiamo riconosciuto e creduto all'amore che Dio ha per noi. Dio è amore; chi sta nell'amore dimora in Dio e Dio dimora in lui.

[17] Per questo l'amore ha raggiunto in noi la sua perfezione, perché abbiamo fiducia nel giorno del giudizio; perché come è lui, così siamo anche noi, in questo mondo. *[18]* Nell'amore non c'è timore, al contrario l'amore perfetto scaccia il timore, perché il timore suppone un castigo e chi teme non è perfetto nell'amore.

[19] Noi amiamo, perché egli ci ha amati per primo. *[20]* Se uno dicesse: "Io amo Dio", e odiasse il suo fratello, è un mentitore. Chi infatti non ama il proprio fratello che vede, non può amare Dio che non vede. *[21]* Questo è il comandamento che abbiamo da lui: chi ama Dio, ami anche il suo fratello.

5

[1] Chiunque crede che Gesù è il Cristo, è nato da Dio; e chi ama colui che ha

generato, ama anche chi da lui è stato generato. *[2]* Da questo conosciamo di amare i figli di Dio: se amiamo Dio e ne osserviamo i comandamenti, *[3]* perché in questo consiste l'amore di Dio, nell'osservare i suoi comandamenti; e i suoi comandamenti non sono gravosi. *[4]* Tutto ciò che è nato da Dio vince il mondo; e questa è la vittoria che ha sconfitto il mondo: la nostra fede.

[5] E chi è che vince il mondo se non chi crede che Gesù è il Figlio di Dio? *[6]* Questi è colui che è venuto con acqua e sangue, Gesù Cristo; non con acqua soltanto, ma con l'acqua e con il sangue. Ed è lo Spirito che rende testimonianza, perché lo Spirito è la verità. *[7]* Poiché tre sono quelli che rendono testimonianza: *[8]* lo Spirito, l'acqua e il sangue, e questi tre sono concordi. *[9]* Se accettiamo la testimonianza degli uomini, la testimonianza di Dio è maggiore; e la testimonianza di Dio è quella che ha dato al suo Figlio. *[10]* Chi crede nel Figlio di Dio, ha questa testimonianza in sé. Chi non crede a Dio, fa di lui un bugiardo, perché non crede alla testimonianza che Dio ha reso a suo Figlio. *[11]* E la testimonianza è questa: Dio ci ha dato la vita eterna e questa vita è nel suo Figlio. *[12]* Chi ha il Figlio ha la vita; chi non ha il Figlio di Dio, non ha la vita.

[13] Questo vi ho scritto perché sappiate che possedete la vita eterna, voi che credete nel nome del Figlio di Dio.

[14] Questa è la fiducia che abbiamo in lui: qualunque cosa gli chiediamo secondo la sua volontà, egli ci ascolta. *[15]* E se sappiamo che ci ascolta in quello che gli chiediamo, sappiamo di avere già quello che gli abbiamo chiesto.

[16] Se uno vede il proprio fratello commettere un peccato che non conduce alla morte, preghi, e Dio gli darà la vita; s'intende a coloro che commettono un peccato che non conduce alla morte: c'è infatti un peccato che conduce alla morte; per questo dico di non pregare. *[17]* Ogni iniquità è peccato, ma c'è il peccato che non conduce alla morte.

[18] Sappiamo che chiunque è nato da Dio non pecca: chi è nato da Dio preserva se stesso e il maligno non lo tocca. *[19]* Noi sappiamo che siamo da Dio, mentre tutto il mondo giace sotto il potere del maligno. *[20]* Sappiamo anche che il Figlio di Dio è venuto e ci ha dato l'intelligenza per conoscere il vero Dio. E noi siamo nel vero Dio e nel Figlio suo Gesù Cristo: egli è il vero Dio e la vita eterna.

[21] Figlioli, guardatevi dai falsi dèi!

Seconda lettera di Giovanni

[1] Io, il presbitero, alla Signora eletta e ai suoi figli che amo nella verità, e non io soltanto, ma tutti quelli che hanno conosciuto la verità, *[2]* a causa della verità che dimora in noi e dimorerà con noi in eterno: *[3]* grazia, misericordia e pace siano con noi da parte di Dio Padre e da parte di Gesù Cristo, Figlio del Padre, nella verità e nell'amore.

[4] Mi sono molto rallegrato di aver trovato alcuni tuoi figli che camminano nella verità, secondo il comandamento che abbiamo ricevuto dal Padre. *[5]* E ora prego te, Signora, non per darti un comandamento nuovo, ma quello che abbiamo avuto fin dal principio, che ci amiamo gli uni gli altri. *[6]* E in questo sta l'amore: nel camminare secondo i suoi comandamenti. Questo è il comandamento che avete appreso fin dal principio; camminate in esso.

[7] Poiché molti sono i seduttori che sono apparsi nel mondo, i quali non riconoscono Gesù venuto nella carne. Ecco il seduttore e l'anticristo! *[8]* Fate attenzione a voi stessi, perché non abbiate a perdere quello che avete conseguito, ma possiate ricevere una ricompensa piena. *[9]* Chi va oltre e non si attiene alla dottrina del Cristo, non possiede Dio. Chi si attiene alla dottrina, possiede il Padre e il Figlio. *[10]* Se qualcuno viene a voi e non porta questo insegnamento, non ricevetelo in casa e non salutatelo; *[11]* poiché chi lo saluta partecipa alle sue opere perverse.

[12] Molte cose avrei da scrivervi, ma non ho voluto farlo per mezzo di carta e di inchiostro; ho speranza di venire da voi e di poter parlare a viva voce, perché la nostra gioia sia piena.

[13] Ti salutano i figli della eletta tua sorella.

Terza lettera di Giovanni

[1] Io, il presbitero, al carissimo Gaio, che amo nella verità. *[2]* Carissimo, faccio voti che tutto vada bene e che tu sia in buona salute, come va bene per la tua anima. *[3]* Molto infatti mi sono rallegrato quando sono giunti alcuni fratelli e hanno reso testimonianza che tu sei verace in quanto tu cammini nella verità. *[4]* Non ho gioia più grande di questa, sapere che i miei figli camminano nella verità.

[5] Carissimo, tu ti comporti fedelmente in tutto ciò che fai in favore dei fratelli, benché forestieri. *[6]* Essi hanno reso testimonianza della tua carità davanti alla Chiesa, e farai bene a provvederli nel viaggio in modo degno di Dio, *[7]* perché sono partiti per amore del nome di Cristo, senza accettare nulla dai pagani. *[8]* Noi dobbiamo perciò accogliere tali persone per cooperare alla diffusione della verità.

[9] Ho scritto qualche parola alla Chiesa ma Diòtrefe, che ambisce il primo posto tra loro, non ci vuole accogliere. *[10]* Per questo, se verrò, gli rinfaccerò le cose che va facendo, sparlando contro di noi con voci maligne. Non contento di questo, non riceve personalmente i fratelli e impedisce di farlo a quelli che lo vorrebbero e li scaccia dalla Chiesa. *[11]* Carissimo, non imitare il male, ma il bene. Chi fa il bene è da Dio; chi fa il male non ha veduto Dio.

[12] Quanto a Demetrio, tutti gli rendono testimonianza, anche la stessa verità; anche noi ne diamo testimonianza e tu sai che la nostra testimonianza è veritiera.

[13] Molte cose avrei da scriverti, ma non voglio farlo con inchiostro e penna. *[14]* Spero però di vederti presto e parleremo a viva voce. *[15]* La pace sia con te. Gli amici ti salutano. Saluta gli amici ad uno ad uno.

Lettera di Giuda

[1] Giuda, servo di Gesù Cristo, fratello di Giacomo, agli eletti che vivono nell'amore di Dio Padre e sono stati preservati per Gesù Cristo: *[2]* misericordia a voi e pace e carità in abbondanza.

[3] Carissimi, avevo un gran desiderio di scrivervi riguardo alla nostra salvezza, ma sono stato costretto a farlo per esortarvi a combattere per la fede, che fu trasmessa ai credenti una volta per tutte. *[4]* Si sono infiltrati infatti tra voi alcuni individui - i quali sono già stati segnati da tempo per questa condanna - empi che trovano pretesto alla loro dissolutezza nella grazia del nostro Dio, rinnegando il nostro unico padrone e signore Gesù Cristo.

[5] Ora io voglio ricordare a voi, che già conoscete tutte queste cose, che il Signore dopo aver salvato il popolo dalla terra d'Egitto, fece perire in seguito quelli che non vollero credere, *[6]* e che gli angeli che non conservarono la loro dignità ma lasciarono la propria dimora, egli li tiene in catene eterne, nelle tenebre, per il giudizio del gran giorno. *[7]* Così Sòdoma e Gomorra e le città vicine, che si sono abbandonate all'impudicizia allo stesso modo e sono andate dietro a vizi contro natura, stanno come esempio subendo le pene di un fuoco eterno.

[8] Ugualmente, anche costoro, come sotto la spinta dei loro sogni, contaminano il proprio corpo, disprezzano il Signore e insultano gli esseri gloriosi. *[9]* L'arcangelo Michele quando, in contesa con il diavolo, disputava per il corpo di Mosè, non osò accusarlo con parole offensive, ma disse: *Ti condanni il Signore*! *[10]* Costoro invece bestemmiano tutto ciò che ignorano; tutto ciò che essi conoscono per mezzo dei sensi, come animali senza ragione, questo serve a loro rovina.

[11] Guai a loro! Perché si sono incamminati per la strada di Caino e, per sete di lucro, si sono impegolati nei traviamenti di Balaàm e sono periti nella ribellione di Kore. *[12]* Sono la sozzura dei vostri banchetti sedendo insieme a mensa senza ritegno, pascendo se stessi; come nuvole senza pioggia portate via dai venti, o alberi di fine stagione senza frutto, due volte morti, sradicati; *[13]* come onde selvagge del mare, che schiumano le loro brutture; come astri erranti, ai quali è riservata la caligine della tenebra in eterno.

[14] Profetò anche per loro Ènoch, settimo dopo Adamo, dicendo: "Ecco, il Signore è venuto con le sue miriadi di angeli per far il giudizio contro tutti, *[15]* e per convincere tutti gli empi di tutte le opere di empietà che hanno commesso e di tutti gli insulti che peccatori empi hanno pronunziato contro di lui". *[16]* Sono sobillatori pieni di acredine, che agiscono secondo le loro passioni; la loro bocca proferisce parole orgogliose e adùlano le persone per motivi interessati.

[17] Ma voi, o carissimi, ricordatevi delle cose che furono predette dagli apostoli del Signore nostro Gesù Cristo. *[18]* Essi vi dicevano: "Alla fine dei tempi vi saranno impostori, che si comporteranno secondo le loro empie passioni". *[19]* Tali sono quelli che provocano divisioni, gente materiale, privi dello Spirito.

[20] Ma voi, carissimi, costruite il vostro edificio spirituale sopra la vostra santissima fede, pregate mediante lo Spirito Santo, *[21]* conservatevi nell'amore di Dio, attendendo la misericordia del Signore nostro Gesù Cristo per la vita eterna. *[22]* Convincete quelli che sono vacillanti, *[23]* altri salvateli strappandoli dal fuoco, di altri infine abbiate compassione con timore, guardandovi perfino dalla veste contaminata dalla loro carne.

[24] A colui che può preservarvi da ogni caduta e farvi comparire davanti alla sua gloria senza difetti e nella letizia, *[25]* all'unico Dio, nostro salvatore, per mezzo di Gesù Cristo nostro Signore, gloria, maestà, forza e potenza prima di ogni tempo, ora e sempre. Amen!

Apocalisse

Apocalisse di Giovanni

1

[1] Rivelazione di Gesù Cristo che Dio gli diede per render noto ai suoi servi le cose che devono presto accadere, e che egli manifestò inviando il suo angelo al suo servo Giovanni. *[2]* Questi attesta la parola di Dio e la testimonianza di Gesù Cristo, riferendo ciò che ha visto. *[3]* Beato chi legge e beati coloro che ascoltano le parole di questa profezia e mettono in pratica le cose che vi sono scritte. Perché il tempo è vicino.

[4] Giovanni alle sette Chiese che sono in Asia: grazia a voi e pace da Colui che è, che era e che viene, dai sette spiriti che stanno davanti al suo trono, *[5]* e da Gesù Cristo, il testimone fedele, il primogenito dei morti e il principe dei re della terra.

A Colui che ci ama e ci ha liberati dai nostri peccati con il suo sangue, *[6]* che ha fatto di noi un regno di sacerdoti per il suo Dio e Padre, a lui la gloria e la potenza nei secoli dei secoli. Amen.

[7] Ecco, viene sulle nubi e ognuno lo vedrà;
anche quelli che lo trafissero
e tutte le nazioni della terra si batteranno per lui il petto.

Sì, Amen!

[8] Io sono l'Alfa e l'Omega, dice il Signore Dio, Colui che è, che era e che viene, l'Onnipotente!

[9] Io, Giovanni, vostro fratello e vostro compagno nella tribolazione, nel regno e nella costanza in Gesù, mi trovavo nell'isola chiamata Patmos a causa della parola di Dio e della testimonianza resa a Gesù. *[10]* Rapito in estasi, nel giorno del Signore, udii dietro di me una voce potente, come di tromba, che diceva: *[11]* Quello che vedi, scrivilo in un libro e mandalo alle sette Chiese: a Èfeso, a Smirne, a Pèrgamo, a Tiàtira, a Sardi, a Filadèlfia e a Laodicèa. *[12]* Ora, come mi voltai per vedere chi fosse colui che mi parlava, vidi sette candelabri d'oro *[13]* e in mezzo ai candelabri c'era uno *simile a figlio di uomo, con un abito lungo fino ai piedi* e *cinto* al petto con

una fascia *d'oro*. *[14] I capelli della testa erano candidi, simili a lana* candida, *come neve. Aveva gli occhi* fiammeggianti come fuoco, *[15] i piedi avevano l'aspetto del bronzo splendente* purificato nel crogiuolo. *La voce era simile al fragore di grandi acque. [16]* Nella destra teneva sette stelle, dalla bocca gli usciva una spada affilata a doppio taglio e il suo volto somigliava al sole quando splende in tutta la sua forza.

[17] Appena lo vidi, caddi ai suoi piedi come morto. Ma egli, posando su di me la destra, mi disse: Non temere! Io sono il Primo e l'Ultimo *[18]* e il Vivente. Io ero morto, ma ora vivo per sempre e ho potere sopra la morte e sopra gli inferi. *[19]* Scrivi dunque le cose che hai visto, quelle che sono e quelle che accadranno dopo. *[20]* Questo è il senso recondito delle sette stelle che hai visto nella mia destra e dei sette candelabri d'oro, eccolo: le sette stelle sono gli angeli delle sette Chiese e le sette lampade sono le sette Chiese.

2

[1] All'angelo della Chiesa di Èfeso scrivi:
Così parla Colui che tiene le sette stelle nella sua destra e cammina in mezzo ai sette candelabri d'oro: *[2]* Conosco le tue opere, la tua fatica e la tua costanza, per cui non puoi sopportare i cattivi; li hai messi alla prova - quelli che si dicono apostoli e non lo sono - e li hai trovati bugiardi. *[3]* Sei costante e hai molto sopportato per il mio nome, senza stancarti. *[4]* Ho però da rimproverarti che hai abbandonato il tuo amore di prima. *[5]* Ricorda dunque da dove sei caduto, ravvediti e compi le opere di prima. Se non ti ravvederai, verrò da te e rimuoverò il tuo candelabro dal suo posto. *[6]* Tuttavia hai questo di buono, che detesti le opere dei Nicolaìti, che anch'io detesto.

[7] Chi ha orecchi, ascolti ciò che lo Spirito dice alle Chiese: Al vincitore darò da mangiare dell'albero della vita, che sta nel paradiso di Dio.

[8] All'angelo della Chiesa di Smirne scrivi:
Così parla il Primo e l'Ultimo, che era morto ed è tornato alla vita: *[9]* Conosco la tua tribolazione, la tua povertà - tuttavia sei ricco - e la calunnia da parte di quelli che si proclamano Giudei e non lo sono, ma appartengono alla sinagoga di satana. *[10]* Non temere ciò che stai per soffrire: ecco, il diavolo sta per gettare alcuni di voi in carcere, per mettervi alla prova e avrete una tribolazione per dieci giorni. Sii fedele fino alla morte e ti darò la corona della vita.

[11] Chi ha orecchi, ascolti ciò che lo Spirito dice alle Chiese: Il vincitore non sarà colpito dalla seconda morte.

[12] All'angelo della Chiesa di Pèrgamo scrivi:
Così parla Colui che ha la spada affilata a due tagli: *[13]* So che abiti dove satana ha il suo trono; tuttavia tu tieni saldo il mio nome e non hai rinnegato la mia fede neppure al tempo in cui Antìpa, il mio fedele testimone, fu messo a morte nella vostra città, dimora di satana. *[14]* Ma ho da rimproverarti alcune cose: hai presso di te seguaci della dottrina di Balaàm, il quale insegnava a Balak a provocare la caduta dei figli d'Israele, spingendoli a mangiare carni immolate agli idoli e ad abbandonarsi

alla fornicazione. *[15]* Così pure hai di quelli che seguono la dottrina dei Nicolaìti. *[16]* Ravvediti dunque; altrimenti verrò presto da te e combatterò contro di loro con la spada della mia bocca.

[17] Chi ha orecchi, ascolti ciò che lo Spirito dice alle Chiese: Al vincitore darò la manna nascosta e una pietruzza bianca sulla quale sta scritto un nome nuovo, che nessuno conosce all'infuori di chi la riceve.

[18] All'angelo della Chiesa di Tiàtira scrivi:

Così parla il Figlio di Dio, Colui che ha *gli occhi* fiammeggianti come *fuoco e i piedi simili a bronzo splendente. [19]* Conosco le tue opere, la carità, la fede, il servizio e la costanza e so che le tue ultime opere sono migliori delle prime. *[20]* Ma ho da rimproverarti che lasci fare a Iezabèle, la donna che si spaccia per profetessa e insegna e seduce i miei servi inducendoli a darsi alla fornicazione e a mangiare carni immolate agli idoli. *[21]* Io le ho dato tempo per ravvedersi, ma essa non si vuol ravvedere dalla sua dissolutezza. *[22]* Ebbene, io getterò lei in un letto di dolore e coloro che commettono adulterio con lei in una grande tribolazione, se non si ravvederanno dalle opere che ha loro insegnato. *[23]* Colpirò a morte i suoi figli e tutte le Chiese sapranno che io sono Colui che scruta gli affetti e i pensieri degli uomini, e darò a ciascuno di voi secondo le proprie opere. *[24]* A voi di Tiàtira invece che non seguite questa dottrina, che non avete conosciuto le profondità di satana - come le chiamano - non imporrò altri pesi; *[25]* ma quello che possedete tenetelo saldo fino al mio ritorno. *[26]* Al vincitore che persevera sino alla fine nelle mie opere,

darò autorità sopra le nazioni;
[27] le pascolerà con bastone di ferro
e le frantumerà come vasi di terracotta,

[28] con la stessa autorità che a me fu data dal Padre mio e darò a lui la stella del mattino. *[29]* Chi ha orecchi, ascolti ciò che lo Spirito dice alle Chiese.

3

[1] All'angelo della Chiesa di Sardi scrivi:

Così parla Colui che possiede i sette spiriti di Dio e le sette stelle: Conosco le tue opere; ti si crede vivo e invece sei morto. *[2]* Svegliati e rinvigorisci ciò che rimane e sta per morire, perché non ho trovato le tue opere perfette davanti al mio Dio. *[3]* Ricorda dunque come hai accolto la parola, osservala e ravvediti, perché se non sarai vigilante, verrò come un ladro senza che tu sappia in quale ora io verrò da te. *[4]* Tuttavia a Sardi vi sono alcuni che non hanno macchiato le loro vesti; essi mi scorteranno in vesti bianche, perché ne sono degni. *[5]* Il vincitore sarà dunque vestito di bianche vesti, non cancellerò il suo nome dal libro della vita, ma lo riconoscerò davanti al Padre mio e davanti ai suoi angeli. *[6]* Chi ha orecchi, ascolti ciò che lo Spirito dice alle Chiese.

[7] All'angelo della Chiesa di Filadelfia scrivi:

Così parla il Santo, il Verace,
Colui che ha la chiave di Davide:
quando egli apre nessuno chiude,
e quando chiude nessuno apre.

[8] Conosco le tue opere. Ho aperto davanti a te una porta che nessuno può chiudere. Per quanto tu abbia poca forza, pure hai osservato la mia parola e non hai rinnegato il mio nome. *[9]* Ebbene, ti faccio dono di alcuni della sinagoga di satana - di quelli che si dicono Giudei, ma mentiscono perché non lo sono -: li farò venire perché si prostrino ai tuoi piedi e sappiano che io ti ho amato. *[10]* Poiché hai osservato con costanza la mia parola, anch'io ti preserverò nell'ora della tentazione che sta per venire sul mondo intero, per mettere alla prova gli abitanti della terra. *[11]* Verrò presto. Tieni saldo quello che hai, perché nessuno ti tolga la corona. *[12]* Il vincitore lo porrò come una colonna nel tempio del mio Dio e non ne uscirà mai più. Inciderò su di lui il nome del mio Dio e il nome della città del mio Dio, della nuova Gerusalemme che discende dal cielo, da presso il mio Dio, insieme con il mio nome nuovo. *[13]* Chi ha orecchi, ascolti ciò che lo Spirito dice alle Chiese.

[14] All'angelo della Chiesa di Laodicèa scrivi:
Così parla l'Amen, il Testimone fedele e verace, il Principio della creazione di Dio:
[15] Conosco le tue opere: tu non sei né freddo né caldo. Magari tu fossi freddo o caldo! *[16]* Ma poiché sei tiepido, non sei cioè né freddo né caldo, sto per vomitarti dalla mia bocca. *[17]* Tu dici: "Sono ricco, mi sono arricchito; non ho bisogno di nulla", ma non sai di essere un infelice, un miserabile, un povero, cieco e nudo. *[18]* Ti consiglio di comperare da me oro purificato dal fuoco per diventare ricco, vesti bianche per coprirti e nascondere la vergognosa tua nudità e collirio per ungerti gli occhi e ricuperare la vista. *[19]* Io tutti quelli che amo li rimprovero e li castigo. Mostrati dunque zelante e ravvediti. *[20]* Ecco, sto alla porta e busso. Se qualcuno ascolta la mia voce e mi apre la porta, io verrò da lui, cenerò con lui ed egli con me. *[21]* Il vincitore lo farò sedere presso di me, sul mio trono, come io ho vinto e mi sono assiso presso il Padre mio sul suo trono. *[22]* Chi ha orecchi, ascolti ciò che lo Spirito dice alle Chiese.

4

[1] Dopo ciò ebbi una visione: una porta era aperta nel cielo. La voce che prima avevo udito parlarmi come una tromba diceva: Sali quassù, ti mostrerò le cose che devono accadere in seguito. *[2]* Subito fui rapito in estasi. Ed ecco, c'era un trono nel cielo, e sul trono uno stava seduto. *[3]* Colui che stava seduto era simile nell'aspetto a diaspro e cornalina. Un arcobaleno simile a smeraldo avvolgeva il trono. *[4]* Attorno al trono, poi, c'erano ventiquattro seggi e sui seggi stavano seduti ventiquattro vegliardi avvolti in candide vesti con corone d'oro sul capo. *[5]* Dal trono uscivano

lampi, voci e tuoni; sette lampade accese ardevano davanti al trono, simbolo dei sette spiriti di Dio. *[6]* Davanti al trono vi era come un mare trasparente simile a cristallo. In mezzo al trono e intorno al trono vi erano quattro esseri viventi pieni d'occhi davanti e di dietro. *[7]* *Il primo* vivente era simile *a un leone, il secondo* essere vivente *aveva l'aspetto di un vitello, il terzo* vivente aveva *l'aspetto d'uomo, il quarto vivente* era simile a *un'aquila* mentre vola. *[8]* I quattro esseri viventi hanno *ciascuno sei ali,* intorno e dentro sono costellati di occhi; giorno e notte non cessano di ripetere:

Santo, santo, santo
 il Signore Dio, l'Onnipotente,
 Colui che era, che è e che viene!

[9] E ogni volta che questi esseri viventi rendevano gloria, onore e grazie a Colui che è seduto sul trono e che vive nei secoli dei secoli, *[10]* i ventiquattro vegliardi si prostravano davanti a Colui che siede sul trono e adoravano Colui che vive nei secoli dei secoli e gettavano le loro corone davanti al trono, dicendo:
[11] "Tu sei degno, o Signore e Dio nostro,
 di ricevere la gloria, l'onore e la potenza,
 perché tu hai creato tutte le cose,
 e per la tua volontà furono create e sussistono".

5

[1] E vidi nella mano destra di Colui che era assiso sul trono un libro a forma di rotolo, scritto sul lato interno e su quello esterno, sigillato con sette sigilli. *[2]* Vidi un angelo forte che proclamava a gran voce: "Chi è degno di aprire il libro e scioglierne i sigilli?". *[3]* Ma nessuno né in cielo, né in terra, né sotto terra era in grado di aprire il libro e di leggerlo. *[4]* Io piangevo molto perché non si trovava nessuno degno di aprire il libro e di leggerlo. *[5]* Uno dei vegliardi mi disse: "Non piangere più; ha vinto il leone della tribù di Giuda, il Germoglio di Davide, e aprirà il libro e i suoi sette sigilli".
[6] Poi vidi ritto in mezzo al trono circondato dai quattro esseri viventi e dai vegliardi un Agnello, come immolato. Egli aveva sette corna e sette occhi, simbolo dei sette spiriti di Dio mandati su tutta la terra. *[7]* E l'Agnello giunse e prese il libro dalla destra di Colui che era seduto sul trono. *[8]* E quando l'ebbe preso, i quattro esseri viventi e i ventiquattro vegliardi si prostrarono davanti all'Agnello, avendo ciascuno un'arpa e coppe d'oro colme di profumi, che sono le preghiere dei santi. *[9]* Cantavano un canto nuovo:
"Tu sei degno di prendere il libro
 e di aprirne i sigilli,
 perché sei stato immolato
 e hai riscattato per Dio con il tuo sangue

uomini di ogni tribù, lingua, popolo e nazione
[10] e li hai costituiti per il nostro Dio
un regno di sacerdoti
e regneranno sopra la terra".

[11] Durante la visione poi intesi voci di molti angeli intorno al trono e agli esseri viventi e ai vegliardi. Il loro numero era miriadi di miriadi e migliaia di migliaia *[12]* e dicevano a gran voce:
"L'Agnello che fu immolato
è degno di ricevere potenza e ricchezza,
sapienza e forza,
onore, gloria e benedizione".

[13] Tutte le creature del cielo e della terra, sotto la terra e nel mare e tutte le cose ivi contenute, udii che dicevano:
"A Colui che siede sul trono e all'Agnello
lode, onore, gloria e potenza,
nei secoli dei secoli".

[14] E i quattro esseri viventi dicevano: "Amen". E i vegliardi si prostrarono in adorazione.

6

[1] Quando l'Agnello sciolse il primo dei sette sigilli, vidi e udii il primo dei quattro esseri viventi che gridava come con voce di tuono: "Vieni". *[2]* Ed ecco mi apparve un cavallo bianco e colui che lo cavalcava aveva un arco, gli fu data una corona e poi egli uscì vittorioso per vincere ancora.

[3] Quando l'Agnello aprì il secondo sigillo, udii il secondo essere vivente che gridava: "Vieni". *[4]* Allora uscì un altro cavallo, rosso fuoco. A colui che lo cavalcava fu dato potere di togliere la pace dalla terra perché si sgozzassero a vicenda e gli fu consegnata una grande spada.

[5] Quando l'Agnello aprì il terzo sigillo, udii il terzo essere vivente che gridava: "Vieni". Ed ecco, mi apparve un cavallo nero e colui che lo cavalcava aveva una bilancia in mano. *[6]* E udii gridare una voce in mezzo ai quattro esseri viventi: "Una misura di grano per un danaro e tre misure d'orzo per un danaro! Olio e vino non siano sprecati".

[7] Quando l'Agnello aprì il quarto sigillo, udii la voce del quarto essere vivente che diceva: "Vieni". *[8]* Ed ecco, mi apparve un cavallo verdastro. Colui che lo cavalcava si chiamava Morte e gli veniva dietro l'Inferno. Fu dato loro potere sopra la quarta parte della terra per sterminare con la spada, con la fame, con la peste e con le fiere della terra.

[9] Quando l'Agnello aprì il quinto sigillo, vidi sotto l'altare le anime di coloro che furono immolati a causa della parola di Dio e della testimonianza che gli avevano resa. *[10]* E gridarono a gran voce:
"Fino a quando, Sovrano,
tu che sei santo e verace,
non farai giustizia
e non vendicherai il nostro sangue
sopra gli abitanti della terra?".

[11] Allora venne data a ciascuno di essi una veste candida e fu detto loro di pazientare ancora un poco, finché fosse completo il numero dei loro compagni di servizio e dei loro fratelli che dovevano essere uccisi come loro.
[12] Quando l'Agnello aprì il sesto sigillo, vidi che vi fu un violento terremoto. Il sole divenne nero come sacco di crine, la luna diventò tutta simile al sangue, *[13]* le stelle del cielo si abbatterono sopra la terra, come quando un fico, sbattuto dalla bufera, lascia cadere i fichi immaturi. *[14]* Il cielo si ritirò come un volume che si arrotola e tutti i monti e le isole furono smossi dal loro posto. *[15]* Allora i re della terra e i grandi, i capitani, i ricchi e i potenti, e infine ogni uomo, schiavo o libero, si nascosero tutti nelle caverne e fra le rupi dei monti; *[16] e dicevano ai monti e alle rupi: Cadete sopra di noi e nascondeteci* dalla faccia di Colui che siede sul trono e dall'ira dell'Agnello, *[17]* perché è venuto il gran giorno della loro ira, e chi vi può resistere?

7

[1] Dopo ciò, vidi quattro angeli che stavano ai *quattro angoli della terra*, e trattenevano i quattro venti, perché non soffiassero sulla terra, né sul mare, né su alcuna pianta.
[2] Vidi poi un altro angelo che saliva dall'oriente e aveva il sigillo del Dio vivente. E gridò a gran voce ai quattro angeli ai quali era stato concesso il potere di devastare la terra e il mare: *[3]* "Non devastate né la terra, né il mare, né le piante, finché non abbiamo impresso il sigillo del nostro Dio sulla fronte dei suoi servi".
[4] Poi udii il numero di coloro che furon segnati con il sigillo: centoquarantaquattromila, segnati da ogni tribù dei figli d'Israele:
[5] dalla tribù di Giuda dodicimila;
dalla tribù di Ruben dodicimila;
dalla tribù di Gad dodicimila;
[6] dalla tribù di Aser dodicimila;
dalla tribù di Nèftali dodicimila;
dalla tribù di Manàsse dodicimila;
[7] dalla tribù di Simeone dodicimila;
dalla tribù di Levi dodicimila;

dalla tribù di Ìssacar dodicimila;
[8] dalla tribù di Zàbulon dodicimila;
dalla tribù di Giuseppe dodicimila;
dalla tribù di Beniamino dodicimila.

[9] Dopo ciò, apparve una moltitudine immensa, che nessuno poteva contare, di ogni nazione, razza, popolo e lingua. Tutti stavano in piedi davanti al trono e davanti all'Agnello, avvolti in vesti candide, e portavano palme nelle mani. *[10]* E gridavano a gran voce:
"La salvezza appartiene al nostro Dio seduto sul trono e all'Agnello".

[11] Allora tutti gli angeli che stavano intorno al trono e i vegliardi e i quattro esseri viventi, si inchinarono profondamente con la faccia davanti al trono e adorarono Dio dicendo:
[12] "Amen! Lode, gloria, sapienza, azione di grazie, onore, potenza e forza al nostro Dio nei secoli dei secoli. Amen".

[13] Uno dei vegliardi allora si rivolse a me e disse: "Quelli che sono vestiti di bianco, chi sono e donde vengono?". *[14]* Gli risposi: "Signore mio, tu lo sai". E lui: "Essi sono coloro che sono passati attraverso la grande tribolazione e hanno lavato le loro vesti rendendole candide col sangue dell'Agnello. *[15]* Per questo stanno davanti al trono di Dio e gli prestano servizio giorno e notte nel suo santuario; e Colui che siede sul trono stenderà la sua tenda sopra di loro.

[16] Non avranno più fame,
né avranno più sete,
né li colpirà il sole,
né arsura di sorta,
[17] perché l'Agnello che sta in mezzo al trono
sarà il loro pastore
e li guiderà alle fonti delle acque della vita.
E Dio tergerà ogni lacrima dai loro occhi".

8

[1] Quando l'Agnello aprì il settimo sigillo, si fece silenzio in cielo per circa mezz'ora. *[2]* Vidi che ai sette angeli ritti davanti a Dio furono date sette trombe.
[3] Poi venne un altro angelo e si fermò all'altare, reggendo un incensiere d'oro. Gli furono dati molti profumi perché li offrisse insieme con le preghiere di tutti i santi bruciandoli sull'altare d'oro, posto davanti al trono. *[4]* E dalla mano dell'angelo il fumo degli aromi salì davanti a Dio, insieme con le preghiere dei santi. *[5]* Poi l'angelo prese l'incensiere, lo riempì del fuoco preso dall'altare e lo gettò sulla terra: ne seguirono scoppi di tuono, clamori, fulmini e scosse di terremoto.
[6] I sette angeli che avevano le sette trombe si accinsero a suonarle.
[7] Appena il primo suonò la tromba, grandine e fuoco mescolati a sangue

scrosciarono sulla terra. Un terzo della terra fu arso, un terzo degli alberi andò bruciato e ogni erba verde si seccò.

[8] Il secondo angelo suonò la tromba: come una gran montagna di fuoco fu scagliata nel mare. Un terzo del mare divenne sangue, [9] un terzo delle creature che vivono nel mare morì e un terzo delle navi andò distrutto.

[10] Il terzo angelo suonò la tromba e cadde dal cielo una grande stella, ardente come una torcia, e colpì un terzo dei fiumi e le sorgenti delle acque. [11] La stella si chiama Assenzio; un terzo delle acque si mutò in assenzio e molti uomini morirono per quelle acque, perché erano divenute amare.

[12] Il quarto angelo suonò la tromba e un terzo del sole, un terzo della luna e un terzo degli astri fu colpito e si oscurò: il giorno perse un terzo della sua luce e la notte ugualmente.

[13] Vidi poi e udii un'aquila che volava nell'alto del cielo e gridava a gran voce: "Guai, guai, guai agli abitanti della terra al suono degli ultimi squilli di tromba che i tre angeli stanno per suonare!".

9

[1] Il quinto angelo suonò la tromba e vidi un astro caduto dal cielo sulla terra. Gli fu data la chiave del pozzo dell'Abisso; [2] egli aprì il pozzo dell'Abisso e salì dal pozzo un fumo come il fumo di una grande fornace, che oscurò il sole e l'atmosfera. [3] Dal fumo uscirono cavallette che si sparsero sulla terra e fu dato loro un potere pari a quello degli scorpioni della terra. [4] E fu detto loro di non danneggiare né erba né arbusti né alberi, ma soltanto gli uomini che non avessero il sigillo di Dio sulla fronte. [5] Però non fu concesso loro di ucciderli, ma di tormentarli per cinque mesi, e il tormento è come il tormento dello scorpione quando punge un uomo. [6] In quei giorni gli uomini cercheranno la morte, ma non la troveranno; brameranno morire, ma la morte li fuggirà.

[7] Queste cavallette avevano l'aspetto di cavalli pronti per la guerra. Sulla testa avevano corone che sembravano d'oro e il loro aspetto era come quello degli uomini. [8] Avevano capelli, come capelli di donne, ma i loro denti erano come quelli dei leoni. [9] Avevano il ventre simile a corazze di ferro e il rombo delle loro ali come rombo di carri trainati da molti cavalli lanciati all'assalto. [10] Avevano code come gli scorpioni, e aculei. Nelle loro code il potere di far soffrire gli uomini per cinque mesi. [11] Il loro re era l'angelo dell'Abisso, che in ebraico si chiama Perdizione, in greco Sterminatore.

[12] Il primo "guai" è passato. Rimangono ancora due "guai" dopo queste cose.

[13] Il sesto angelo suonò la tromba. Allora udii una voce dai lati dell'altare d'oro che si trova dinanzi a Dio. [14] E diceva al sesto angelo che aveva la tromba: "Sciogli i quattro angeli incatenati sul gran fiume Eufràte". [15] Furono sciolti i quattro angeli pronti per l'ora, il giorno, il mese e l'anno per sterminare un terzo dell'umanità. [16] Il numero delle truppe di cavalleria era duecento milioni; ne intesi

il numero. *[17]* Così mi apparvero i cavalli e i cavalieri: questi avevano corazze di fuoco, di giacinto, di zolfo. Le teste dei cavalli erano come le teste dei leoni e dalla loro bocca usciva fuoco, fumo e zolfo. *[18]* Da questo triplice flagello, dal fuoco, dal fumo e dallo zolfo che usciva dalla loro bocca, fu ucciso un terzo dell'umanità. *[19]* La potenza dei cavalli infatti sta nella loro bocca e nelle loro code; le loro code sono simili a serpenti, hanno teste e con esse nuociono.

[20] Il resto dell'umanità che non perì a causa di questi flagelli, non rinunziò alle opere delle sue mani; non cessò di prestar culto ai demòni e *agli idoli d'oro, d'argento, di bronzo, di pietra e di legno, che non possono né vedere, né udire, né camminare*; *[21]* non rinunziò nemmeno agli omicidi, né alle stregonerie, né alla fornicazione, né alle ruberie.

10

[1] Vidi poi un altro angelo, possente, discendere dal cielo, avvolto in una nube, la fronte cinta di un arcobaleno; aveva la faccia come il sole e le gambe come colonne di fuoco. *[2]* Nella mano teneva un piccolo libro aperto. Avendo posto il piede destro sul mare e il sinistro sulla terra, *[3]* gridò a gran voce come leone che ruggisce. E quando ebbe gridato, i sette tuoni fecero udire la loro voce. *[4]* Dopoché i sette tuoni ebbero fatto udire la loro voce, io ero pronto a scrivere quando udii una voce dal cielo che mi disse: "Metti sotto sigillo quello che hanno detto i sette tuoni e non scriverlo".

[5] Allora l'angelo che avevo visto con un piede sul mare e un piede sulla terra,

alzò la destra verso il cielo
[6] e giurò per Colui che vive nei secoli dei secoli;

che ha creato cielo, terra, mare, e quanto è in essi: "Non vi sarà più indugio! *[7]* Nei giorni in cui il settimo angelo farà udire la sua voce e suonerà la tromba, allora si compirà il mistero di Dio come egli ha annunziato ai suoi servi, i profeti".

[8] Poi la voce che avevo udito dal cielo mi parlò di nuovo: "Va', prendi il libro aperto dalla mano dell'angelo che sta ritto sul mare e sulla terra". *[9]* Allora mi avvicinai all'angelo e lo pregai di darmi il piccolo libro. Ed egli mi disse: "Prendilo e divoralo; ti riempirà di amarezza le viscere, ma in bocca ti sarà dolce come il miele". *[10]* Presi quel piccolo libro dalla mano dell'angelo e lo divorai; in bocca lo sentii dolce come il miele, ma come l'ebbi inghiottito ne sentii nelle viscere tutta l'amarezza. *[11]* Allora mi fu detto: "Devi profetizzare ancora su molti popoli, nazioni e re".

11

[1] Poi mi fu data una canna simile a una verga e mi fu detto: "Alzati e misura il santuario di Dio e l'altare e il numero di quelli che vi stanno adorando. *[2]* Ma l'atrio

che è fuori del santuario, lascialo da parte e non lo misurare, perché è stato dato in balìa dei pagani, i quali calpesteranno la città santa per quarantadue mesi. *[3]* Ma farò in modo che i miei due Testimoni, vestiti di sacco, compiano la loro missione di profeti per milleduecentosessanta giorni". *[4]* Questi sono i due olivi e le due lampade che stanno davanti al Signore della terra. *[5]* Se qualcuno pensasse di far loro del male, uscirà dalla loro bocca un fuoco che divorerà i loro nemici. Così deve perire chiunque pensi di far loro del male. *[6]* Essi hanno il potere di chiudere il cielo, perché non cada pioggia nei giorni del loro ministero profetico. Essi hanno anche potere di cambiar l'acqua in sangue e di colpire la terra con ogni sorta di flagelli tutte le volte che lo vorranno. *[7]* E quando poi avranno compiuto la loro testimonianza, la bestia che sale dall'Abisso farà guerra contro di loro, li vincerà e li ucciderà. *[8]* I loro cadaveri rimarranno esposti sulla piazza della grande città, che simbolicamente si chiama Sòdoma ed Egitto, dove appunto il loro Signore fu crocifisso. *[9]* Uomini di ogni popolo, tribù, lingua e nazione vedranno i loro cadaveri per tre giorni e mezzo e non permetteranno che i loro cadaveri vengano deposti in un sepolcro. *[10]* Gli abitanti della terra faranno festa su di loro, si rallegreranno e si scambieranno doni, perché questi due profeti erano il tormento degli abitanti della terra.

[11] Ma dopo tre giorni e mezzo, un soffio di vita procedente da Dio entrò in essi e si alzarono in piedi, con grande terrore di quelli che stavano a guardarli. *[12]* Allora udirono un grido possente dal cielo: "Salite quassù" e salirono al cielo in una nube sotto gli sguardi dei loro nemici. *[13]* In quello stesso momento ci fu un grande terremoto che fece crollare un decimo della città: perirono in quel terremoto settemila persone; i superstiti presi da terrore davano gloria al Dio del cielo.

[14] Così passò il secondo "guai"; ed ecco viene subito il terzo "guai".

[15] Il settimo angelo suonò la tromba e nel cielo echeggiarono voci potenti che dicevano:

"Il regno del mondo
appartiene al Signore nostro e al suo Cristo:
egli regnerà nei secoli dei secoli".

[16] Allora i ventiquattro vegliardi seduti sui loro troni al cospetto di Dio, si prostrarono faccia a terra e adorarono Dio dicendo:

[17] "Noi ti rendiamo grazie,
Signore Dio onnipotente,
che sei e che eri,
perché hai messo mano alla tua grande potenza,
e hai instaurato il tuo regno.
[18] Le genti ne fremettero,
ma è giunta l'ora della tua ira,
il tempo di giudicare i morti,
di dare la ricompensa ai tuoi servi,
ai profeti e ai santi e a quanti temono il tuo nome,
piccoli e grandi,

e di annientare coloro
che distruggono la terra".

[19] Allora si aprì il santuario di Dio nel cielo e apparve nel santuario l'arca dell'alleanza. Ne seguirono folgori, voci, scoppi di tuono, terremoto e una tempesta di grandine.

12

[1] Nel cielo apparve poi un segno grandioso: una donna vestita di sole, con la luna sotto i suoi piedi e sul suo capo una corona di dodici stelle. *[2]* Era incinta e gridava per le doglie e il travaglio del parto. *[3]* Allora apparve un altro segno nel cielo: un enorme drago rosso, con sette teste e dieci corna e sulle teste sette diademi; *[4]* la sua coda trascinava giù un terzo delle stelle del cielo e le precipitava sulla terra. Il drago si pose davanti alla donna che stava per partorire per divorare il bambino appena nato. *[5]* Essa partorì un figlio maschio, destinato a *governare* tutte *le nazioni con scettro di ferro*, e il figlio fu subito rapito verso Dio e verso il suo trono. *[6]* La donna invece fuggì nel deserto, ove Dio le aveva preparato un rifugio perché vi fosse nutrita per milleduecentosessanta giorni.

[7] Scoppiò quindi una guerra nel cielo: Michele e i suoi angeli combattevano contro il drago. Il drago combatteva insieme con i suoi angeli, *[8]* ma non prevalsero e non ci fu più posto per essi in cielo. *[9]* Il grande drago, il serpente antico, colui che chiamiamo il diavolo e satana e che seduce tutta la terra, fu precipitato sulla terra e con lui furono precipitati anche i suoi angeli. *[10]* Allora udii una gran voce nel cielo che diceva:

"Ora si è compiuta
la salvezza, la forza e il regno del nostro Dio
e la potenza del suo Cristo,
poiché è stato precipitato
l'accusatore dei nostri fratelli,
colui che li accusava davanti al nostro Dio
giorno e notte.
[11] Ma essi lo hanno vinto
per mezzo del sangue dell'Agnello
e grazie alla testimonianza del loro martirio;
poiché hanno disprezzato la vita
fino a morire.
[12] Esultate, dunque, o cieli,
e voi che abitate in essi.
Ma guai a voi, terra e mare,
perché il diavolo è precipitato sopra di voi
pieno di grande furore,

sapendo che gli resta poco tempo".

[13] Or quando il drago si vide precipitato sulla terra, si avventò contro la donna che aveva partorito il figlio maschio. [14] Ma furono date alla donna le due ali della grande aquila, per volare nel deserto verso il rifugio preparato per lei per esservi nutrita per un tempo, due tempi e la metà di un tempo lontano dal serpente. [15] Allora il serpente vomitò dalla sua bocca come un fiume d'acqua dietro alla donna, per farla travolgere dalle sue acque. [16] Ma la terra venne in soccorso alla donna, aprendo una voragine e inghiottendo il fiume che il drago aveva vomitato dalla propria bocca.
[17] Allora il drago si infuriò contro la donna e se ne andò a far guerra contro il resto della sua discendenza, contro quelli che osservano i comandamenti di Dio e sono in possesso della testimonianza di Gesù.
[18] E si fermò sulla spiaggia del mare.

13

[1] Vidi salire dal mare una bestia che aveva dieci corna e sette teste, sulle corna dieci diademi e su ciascuna testa un titolo blasfemo. [2] La bestia che io vidi era simile a una pantera, con le zampe come quelle di un orso e la bocca come quella di un leone. Il drago le diede la sua forza, il suo trono e la sua potestà grande. [3] Una delle sue teste sembrò colpita a morte, ma la sua piaga mortale fu guarita.
Allora la terra intera presa d'ammirazione, andò dietro alla bestia [4] e gli uomini adorarono il drago perché aveva dato il potere alla bestia e adorarono la bestia dicendo: "Chi è simile alla bestia e chi può combattere con essa?".
[5] Alla bestia fu data una bocca per proferire parole d'orgoglio e bestemmie, con il potere di agire per quarantadue mesi. [6] Essa aprì la bocca per proferire bestemmie contro Dio, per bestemmiare il suo nome e la sua dimora, contro tutti quelli che abitano in cielo. [7] Le fu permesso di far guerra contro i santi e di vincerli; le fu dato potere sopra ogni stirpe, popolo, lingua e nazione. [8] L'adorarono tutti gli abitanti della terra, il cui nome non è scritto fin dalla fondazione del mondo nel libro della vita dell'Agnello immolato.

[9] Chi ha orecchi, ascolti:
[10] Colui che deve andare in prigionia,
andrà in prigionia;
colui che deve essere ucciso di spada
di spada sia ucciso.

In questo sta la costanza e la fede dei santi.
[11] Vidi poi salire dalla terra un'altra bestia, che aveva due corna, simili a quelle di un agnello, che però parlava come un drago. [12] Essa esercita tutto il potere della prima bestia in sua presenza e costringe la terra e i suoi abitanti ad adorare la prima

bestia, la cui ferita mortale era guarita. *[13]* Operava grandi prodigi, fino a fare scendere fuoco dal cielo sulla terra davanti agli uomini. *[14]* Per mezzo di questi prodigi, che le era permesso di compiere in presenza della bestia, sedusse gli abitanti della terra dicendo loro di erigere una statua alla bestia che era stata ferita dalla spada ma si era riavuta. *[15]* Le fu anche concesso di animare la statua della bestia sicché quella statua perfino parlasse e potesse far mettere a morte tutti coloro che non adorassero la statua della bestia. *[16]* Faceva sì che tutti, piccoli e grandi, ricchi e poveri, liberi e schiavi ricevessero un marchio sulla mano destra e sulla fronte; *[17]* e che nessuno potesse comprare o vendere senza avere tale marchio, cioè il nome della bestia o il numero del suo nome. *[18]* Qui sta la sapienza. Chi ha intelligenza calcoli il numero della bestia: essa rappresenta un nome d'uomo. E tal cifra è seicentosessantasei.

14

[1] Poi guardai ed ecco l'Agnello ritto sul monte Sion e insieme centoquarantaquattromila persone che recavano scritto sulla fronte il suo nome e il nome del Padre suo. *[2]* Udii una voce che veniva dal cielo, come un fragore di grandi acque e come un rimbombo di forte tuono. La voce che udii era come quella di suonatori di arpa che si accompagnano nel canto con le loro arpe. *[3]* Essi cantavano un cantico nuovo davanti al trono e davanti ai quattro esseri viventi e ai vegliardi. E nessuno poteva comprendere quel cantico se non i centoquarantaquattromila, i redenti della terra. *[4]* Questi non si sono contaminati con donne, sono infatti vergini e seguono l'Agnello dovunque va. Essi sono stati redenti tra gli uomini come primizie per Dio e per l'Agnello. *[5]* Non fu trovata menzogna sulla loro bocca; sono senza macchia.

[6] Poi vidi un altro angelo che volando in mezzo al cielo recava un vangelo eterno da annunziare agli abitanti della terra e ad ogni nazione, razza, lingua e popolo. *[7]* Egli gridava a gran voce:
"Temete Dio e dategli gloria,
perché è giunta l'ora del suo giudizio.
Adorate colui che ha fatto
il cielo e la terra,
il mare e le sorgenti delle acque".

[8] Un secondo angelo lo seguì gridando:
"È caduta, è caduta
Babilonia la grande,
quella che ha abbeverato tutte le genti
col vino del furore della sua fornicazione".

[9] Poi, un terzo angelo li seguì gridando a gran voce: "Chiunque adora la bestia e la

sua statua e ne riceve il marchio sulla fronte o sulla mano, *[10]* berrà il vino dell'ira di Dio che è versato puro nella coppa della sua ira e sarà torturato con fuoco e zolfo al cospetto degli angeli santi e dell'Agnello. *[11]* Il fumo del loro tormento salirà per i secoli dei secoli, e non avranno riposo né giorno né notte quanti adorano la bestia e la sua statua e chiunque riceve il marchio del suo nome". *[12]* Qui appare la costanza dei santi, che osservano i comandamenti di Dio e la fede in Gesù.

[13] Poi udii una voce dal cielo che diceva: "Scrivi: Beati d'ora in poi, i morti che muoiono nel Signore. Sì, dice lo Spirito, riposeranno dalle loro fatiche, perché le loro opere li seguono".

[14] Io guardai ancora ed ecco una nube bianca e sulla nube uno stava seduto, simile a un Figlio d'uomo; aveva sul capo una corona d'oro e in mano una falce affilata.

[15] Un altro angelo uscì dal tempio, gridando a gran voce a colui che era seduto sulla nube: "Getta la tua falce e mieti; è giunta l'ora di mietere, perché la messe della terra è matura". *[16]* Allora colui che era seduto sulla nuvola gettò la sua falce sulla terra e la terra fu mietuta.

[17] Allora un altro angelo uscì dal tempio che è nel cielo, anch'egli tenendo una falce affilata. *[18]* Un altro angelo, che ha potere sul fuoco, uscì dall'altare e gridò a gran voce a quello che aveva la falce affilata: "Getta la tua falce affilata e vendemmia i grappoli della vigna della terra, perché le sue uve sono mature". *[19]* L'angelo gettò la sua falce sulla terra, vendemmiò la vigna della terra e gettò l'uva nel grande tino dell'ira di Dio. *[20]* Il tino fu pigiato fuori della città e dal tino uscì sangue fino al morso dei cavalli, per una distanza di duecento miglia.

15

[1] Poi vidi nel cielo un altro segno grande e meraviglioso: sette angeli che avevano sette flagelli; gli ultimi, poiché con essi si deve compiere l'ira di Dio.

[2] Vidi pure come un mare di cristallo misto a fuoco e coloro che avevano vinto la bestia e la sua immagine e il numero del suo nome, stavano ritti sul mare di cristallo. Accompagnando il canto con le arpe divine, *[3]* cantavano il cantico di Mosè, servo di Dio, e il cantico dell'Agnello:
"Grandi e mirabili sono le tue opere,
  o Signore Dio onnipotente;
  giuste e veraci le tue vie,
  o Re delle genti!
[4] Chi non temerà, o Signore,
  e non glorificherà il tuo nome?
Poiché tu solo sei santo.
Tutte le genti verranno
  e si prostreranno davanti a te,
  perché i tuoi giusti giudizi si sono manifestati".

[5] Dopo ciò vidi aprirsi nel cielo il tempio che contiene la Tenda della Testimonianza; *[6]* dal tempio uscirono i sette angeli che avevano i sette flagelli, vestiti di lino puro, splendente, e cinti al petto di cinture d'oro. *[7]* Uno dei quattro esseri viventi diede ai sette angeli sette coppe d'oro colme dell'ira di Dio che vive nei secoli dei secoli. *[8]* Il tempio si riempì del fumo che usciva dalla gloria di Dio e dalla sua potenza: nessuno poteva entrare nel tempio finché non avessero termine i sette flagelli dei sette angeli.

16

[1] Udii poi una gran voce dal tempio che diceva ai sette angeli: "Andate e versate sulla terra le sette coppe dell'ira di Dio".

[2] Partì il primo e versò la sua coppa sopra la terra; e scoppiò una piaga dolorosa e maligna sugli uomini che recavano il marchio della bestia e si prostravano davanti alla sua statua.

[3] Il secondo versò la sua coppa nel mare che diventò sangue come quello di un morto e perì ogni essere vivente che si trovava nel mare.

[4] Il terzo versò la sua coppa nei fiumi e nelle sorgenti delle acque, e diventarono sangue. *[5]* Allora udii l'angelo delle acque che diceva:
"Sei giusto, tu che sei e che eri,
tu, il Santo,
poiché così hai giudicato.
[6] Essi hanno versato il sangue di santi e di profeti,
tu hai dato loro sangue da bere:
ne sono ben degni!".

[7] Udii una voce che veniva dall'altare e diceva:
"Sì, Signore, Dio onnipotente;
veri e giusti sono i tuoi giudizi!".

[8] Il quarto versò la sua coppa sul sole e gli fu concesso di bruciare gli uomini con il fuoco. *[9]* E gli uomini bruciarono per il terribile calore e bestemmiarono il nome di Dio che ha in suo potere tali flagelli, invece di ravvedersi per rendergli omaggio.

[10] Il quinto versò la sua coppa sul trono della bestia e il suo regno fu avvolto dalle tenebre. Gli uomini si mordevano la lingua per il dolore e *[11]* bestemmiarono il Dio del cielo a causa dei dolori e delle piaghe, invece di pentirsi delle loro azioni.

[12] Il sesto versò la sua coppa sopra il gran fiume Eufràte e le sue acque furono prosciugate per preparare il passaggio ai re dell'oriente. *[13]* Poi dalla bocca del drago e dalla bocca della bestia e dalla bocca del falso profeta vidi uscire tre spiriti immondi, simili a rane: *[14]* sono infatti spiriti di demòni che operano prodigi e vanno a radunare tutti i re di tutta la terra per la guerra del gran giorno di Dio onnipotente.

[15] Ecco, io vengo come un ladro. Beato chi è vigilante e conserva le sue vesti per non andar nudo e lasciar vedere le sue vergogne.

[16] E radunarono i re nel luogo che in ebraico si chiama Armaghedòn.

[17] Il settimo versò la sua coppa nell'aria e uscì dal tempio, dalla parte del trono, una voce potente che diceva: "È fatto!". *[18]* Ne seguirono folgori, clamori e tuoni, accompagnati da un grande terremoto, di cui non vi era mai stato l'uguale da quando gli uomini vivono sopra la terra. *[19]* La grande città si squarciò in tre parti e crollarono le città delle nazioni. Dio si ricordò di Babilonia la grande, per darle da bere la coppa di vino della sua ira ardente. *[20]* Ogni isola scomparve e i monti si dileguarono. *[21]* E grandine enorme del peso di mezzo quintale scrosciò dal cielo sopra gli uomini, e gli uomini bestemmiarono Dio a causa del flagello della grandine, poiché era davvero un grande flagello.

17

[1] Allora uno dei sette angeli che hanno le sette coppe mi si avvicinò e parlò con me: "Vieni, ti farò vedere la condanna della grande prostituta che siede presso le grandi acque. *[2]* Con lei si sono prostituiti i re della terra e gli abitanti della terra si sono inebriati del vino della sua prostituzione". *[3]* L'angelo mi trasportò in spirito nel deserto. Là vidi una donna seduta sopra una bestia scarlatta, coperta di nomi blasfemi, con sette teste e dieci corna. *[4]* La donna era ammantata di porpora e di scarlatto, adorna d'oro, di pietre preziose e di perle, teneva in mano una coppa d'oro, colma degli abomini e delle immondezze della sua prostituzione. *[5]* Sulla fronte aveva scritto un nome misterioso: "Babilonia la grande, la madre delle prostitute e degli abomini della terra".

[6] E vidi che quella donna era ebbra del sangue dei santi e del sangue dei martiri di Gesù. Al vederla, fui preso da grande stupore. *[7]* Ma l'angelo mi disse: "Perché ti meravigli? Io ti spiegherò il mistero della donna e della bestia che la porta, con sette teste e dieci corna.

[8] La bestia che hai visto era ma non è più, salirà dall'Abisso, ma per andare in perdizione. E gli abitanti della terra, il cui nome non è scritto nel libro della vita fin dalla fondazione del mondo, stupiranno al vedere che la bestia era e non è più, ma riapparirà. *[9]* Qui ci vuole una mente che abbia saggezza. Le sette teste sono i sette colli sui quali è seduta la donna; e sono anche sette re. *[10]* I primi cinque sono caduti, ne resta uno ancora in vita, l'altro non è ancora venuto e quando sarà venuto, dovrà rimanere per poco. *[11]* Quanto alla bestia che era e non è più, è ad un tempo l'ottavo re e uno dei sette, ma va in perdizione. *[12]* Le dieci corna che hai viste sono dieci re, i quali non hanno ancora ricevuto un regno, ma riceveranno potere regale, per un'ora soltanto insieme con la bestia. *[13]* Questi hanno un unico intento: consegnare la loro forza e il loro potere alla bestia. *[14]* Essi combatteranno contro l'Agnello, ma l'Agnello li vincerà, perché è il Signore dei signori e il Re dei re e quelli con lui sono i chiamati, gli eletti e i fedeli".

[15] Poi l'angelo mi disse: "Le acque che hai viste, presso le quali siede la prostituta, simboleggiano popoli, moltitudini, genti e lingue. *[16]* Le dieci corna che hai viste e la bestia odieranno la prostituta, la spoglieranno e la lasceranno nuda, ne mangeranno le carni e la bruceranno col fuoco. *[17]* Dio infatti ha messo loro in cuore di realizzare il suo disegno e di accordarsi per affidare il loro regno alla bestia, finché si realizzino le parole di Dio. *[18]* La donna che hai vista simboleggia la città grande, che regna su tutti i re della terra".

18

[1] Dopo ciò, vidi un altro angelo discendere dal cielo con grande potere e la terra fu illuminata dal suo splendore.
[2] Gridò a gran voce:
"È caduta, è caduta
Babilonia la grande
ed è diventata covo di demòni,
carcere di ogni spirito immondo,
carcere d'ogni uccello impuro e aborrito
e carcere di ogni bestia immonda e aborrita.
[3] Perché tutte le nazioni hanno bevuto del vino
della sua sfrenata prostituzione,
i re della terra si sono prostituiti con essa
e i mercanti della terra si sono arricchiti
del suo lusso sfrenato".

[4] Poi udii un'altra voce dal cielo:
"Uscite, popolo mio, da Babilonia
per non associarvi ai suoi peccati
e non ricevere parte dei suoi flagelli.
[5] Perché i suoi peccati si sono accumulati fino al cielo
e Dio si è ricordato delle sue iniquità.
[6] Pagatela con la sua stessa moneta,
retribuitele il doppio dei suoi misfatti.
Versatele doppia misura nella coppa con cui mesceva.
[7] Tutto ciò che ha speso per la sua gloria e il suo lusso,
restituiteglielo in tanto tormento e afflizione.
Poiché diceva in cuor suo:
Io seggo regina,
vedova non sono e lutto non vedrò;
[8] per questo, in un solo giorno,
verranno su di lei questi flagelli:
morte, lutto e fame;

sarà bruciata dal fuoco,
poiché potente Signore è Dio
che l'ha condannata".

[9] I re della terra che si sono prostituiti e han vissuto nel fasto con essa piangeranno
e si lamenteranno a causa di lei, quando vedranno il fumo del suo incendio, [10]
tenendosi a distanza per paura dei suoi tormenti e diranno:
"Guai, guai, immensa città,
Babilonia, possente città;
in un'ora sola è giunta la tua condanna!'".

[11] Anche i mercanti della terra piangono e gemono su di lei, perché nessuno
compera più le loro merci: [12] carichi d'oro, d'argento e di pietre preziose, di perle,
di lino, di porpora, di seta e di scarlatto; legni profumati di ogni specie, oggetti
d'avorio, di legno, di bronzo, di ferro, di marmo; [13] cinnamòmo, amòmo, profumi,
unguento, incenso, vino, olio, fior di farina, frumento, bestiame, greggi, cavalli,
cocchi, schiavi e vite umane.
[14] "I frutti che ti piacevano tanto,
tutto quel lusso e quello splendore
sono perduti per te,
mai più potranno trovarli".

[15] I mercanti divenuti ricchi per essa, si terranno a distanza per timore dei suoi
tormenti; piangendo e gemendo, diranno:
[16] "Guai, guai, immensa città,
tutta ammantata di bisso,
di porpora e di scarlatto,
adorna d'oro,
di pietre preziose e di perle!
[17] In un'ora sola
è andata dispersa sì grande ricchezza!".

Tutti i comandanti di navi e l'intera ciurma, i naviganti e quanti commerciano per
mare se ne stanno a distanza, [18] e gridano guardando il fumo del suo incendio:
"Quale città fu mai somigliante all'immensa città?". [19] Gettandosi sul capo la
polvere gridano, piangono e gemono:
"Guai, guai, immensa città,
del cui lusso arricchirono
quanti avevano navi sul mare!
In un'ora sola fu ridotta a un deserto!
[20] Esulta, o cielo, su di essa,
e voi, santi, apostoli, profeti,

338

perché condannando Babilonia
Dio vi ha reso giustizia!'".

[21] Un angelo possente prese allora una pietra grande come una mola, e la gettò nel mare esclamando:
"Con la stessa violenza sarà precipitata
Babilonia, la grande città
e più non riapparirà.
[22] La voce degli arpisti e dei musici,
dei flautisti e dei suonatori di tromba,
non si udrà più in te;
ed ogni artigiano di qualsiasi mestiere
non si troverà più in te;
e la voce della mola
non si udrà più in te;
[23] e la luce della lampada
non brillerà più in te;
e voce di sposo e di sposa
non si udrà più in te.
Perché i tuoi mercanti erano i grandi della terra;
perché tutte le nazioni dalle tue malìe furon sedotte.
[24] In essa fu trovato il sangue dei profeti e dei santi
e di tutti coloro che furono uccisi sulla terra".

19

[1] Dopo ciò, udii come una voce potente di una folla immensa nel cielo che diceva:
"Alleluia!
Salvezza, gloria e potenza
sono del nostro Dio;
[2] perché veri e giusti sono i suoi giudizi,
egli ha condannato la grande meretrice
che corrompeva la terra con la sua prostituzione,
vendicando su di lei
il sangue dei suoi servi!".

[3] E per la seconda volta dissero:
"Alleluia!
Il suo fumo sale nei secoli dei secoli!".

[4] Allora i ventiquattro vegliardi e i quattro esseri viventi si prostrarono e adorarono Dio, seduto sul trono, dicendo:
"Amen, alleluia".

[5] Partì dal trono una voce che diceva:
"Lodate il nostro Dio,
voi tutti, suoi servi,
voi che lo temete,
piccoli e grandi!".

[6] Udii poi come una voce di una immensa folla simile a fragore di grandi acque e a rombo di tuoni possenti, che gridavano:
"Alleluia.
Ha preso possesso del suo regno il Signore,
il nostro Dio, l'Onnipotente.
[7] Rallegriamoci ed esultiamo,
rendiamo a lui gloria,
perché son giunte le nozze dell'Agnello;
la sua sposa è pronta,
[8] le hanno dato una veste
di lino puro splendente".

La veste di lino sono le opere giuste dei santi.
[9] Allora l'angelo mi disse: "Scrivi: Beati gli invitati al banchetto delle nozze dell'Agnello!". Poi aggiunse: "Queste sono parole veraci di Dio". *[10]* Allora mi prostrai ai suoi piedi per adorarlo, ma egli mi disse: "Non farlo! Io sono servo come te e i tuoi fratelli, che custodiscono la testimonianza di Gesù. È Dio che devi adorare". La testimonianza di Gesù è lo spirito di profezia.
[11] Poi vidi il cielo aperto, ed ecco un cavallo bianco; colui che lo cavalcava si chiamava "Fedele" e "Verace": egli giudica e combatte con giustizia.
[12] I suoi occhi sono come una fiamma di fuoco, ha sul suo capo molti diademi; porta scritto un nome che nessuno conosce all'infuori di lui. *[13]* È avvolto in un mantello intriso di sangue e il suo nome è Verbo di Dio. *[14]* Gli eserciti del cielo lo seguono su cavalli bianchi, vestiti di lino bianco e puro. *[15]* Dalla bocca gli esce una spada affilata per colpire con essa le genti. Egli *le governerà con scettro di ferro* e pigerà nel tino il vino dell'ira furiosa del Dio onnipotente. *[16]* Un nome porta scritto sul mantello e sul femore: Re dei re e Signore dei signori.
[17] Vidi poi un angelo, ritto sul sole, che gridava a gran voce a tutti gli uccelli che volano in mezzo al cielo: *[18]* "Venite, radunatevi al grande banchetto di Dio. Mangiate le carni dei re, le carni dei capitani, le carni degli eroi, le carni dei cavalli e dei cavalieri e le carni di tutti gli uomini, liberi e schiavi, piccoli e grandi".

[19] Vidi allora la bestia e i re della terra con i loro eserciti radunati per muover guerra contro colui che era seduto sul cavallo e contro il suo esercito. *[20]* Ma la bestia fu catturata e con essa il falso profeta che alla sua presenza aveva operato quei portenti con i quali aveva sedotto quanti avevan ricevuto il marchio della bestia e ne avevano adorato la statua. Ambedue furono gettati vivi nello stagno di fuoco, ardente di zolfo. *[21]* Tutti gli altri furono uccisi dalla spada che usciva di bocca al Cavaliere; e tutti gli uccelli si saziarono delle loro carni.

20

[1] Vidi poi un angelo che scendeva dal cielo con la chiave dell'Abisso e una gran catena in mano. *[2]* Afferrò il dragone, il serpente antico - cioè il diavolo, satana - e lo incatenò per mille anni; *[3]* lo gettò nell'Abisso, ve lo rinchiuse e ne sigillò la porta sopra di lui, perché non seducesse più le nazioni, fino al compimento dei mille anni. Dopo questi dovrà essere sciolto per un po' di tempo. *[4]* Poi vidi alcuni troni e a quelli che vi si sedettero fu dato il potere di giudicare. Vidi anche le anime dei decapitati a causa della testimonanza di Gesù e della parola di Dio, e quanti non avevano adorato la bestia e la sua statua e non ne avevano ricevuto il marchio sulla fronte e sulla mano. Essi ripresero vita e regnarono con Cristo per mille anni; *[5]* gli altri morti invece non tornarono in vita fino al compimento dei mille anni. Questa è la prima risurrezione. *[6]* Beati e santi coloro che prendon parte alla prima risurrezione. Su di loro non ha potere la seconda morte, ma saranno sacerdoti di Dio e del Cristo e regneranno con lui per mille anni.

[7] Quando i mille anni saranno compiuti, satana verrà liberato dal suo carcere *[8]* e uscirà per sedurre le nazioni ai quattro punti della terra, Gog e Magòg, per adunarli per la guerra: il loro numero sarà come la sabbia del mare. *[9]* Marciarono su tutta la superficie della terra e cinsero d'assedio l'accampamento dei santi e la città diletta. Ma un fuoco scese dal cielo e li divorò. *[10]* E il diavolo, che li aveva sedotti, fu gettato nello stagno di fuoco e zolfo, dove sono anche la bestia e il falso profeta: saranno tormentati giorno e notte per i secoli dei secoli.

[11] Vidi poi un grande trono bianco e Colui che sedeva su di esso. Dalla sua presenza erano scomparsi la terra e il cielo senza lasciar traccia di sé. *[12]* Poi vidi i morti, grandi e piccoli, ritti davanti al trono. Furono aperti dei libri. Fu aperto anche un altro libro, quello della vita. I morti vennero giudicati in base a ciò che era scritto in quei libri, ciascuno secondo le sue opere. *[13]* Il mare restituì i morti che esso custodiva e la morte e gli inferi resero i morti da loro custoditi e ciascuno venne giudicato secondo le sue opere. *[14]* Poi la morte e gli inferi furono gettati nello stagno di fuoco. Questa è la seconda morte, lo stagno di fuoco. *[15]* E chi non era scritto nel libro della vita fu gettato nello stagno di fuoco.

21

[1] Vidi poi un nuovo cielo e una nuova terra, perché il cielo e la terra di prima erano scomparsi e il mare non c'era più. *[2]* Vidi anche la città santa, la nuova Gerusalemme, scendere dal cielo, da Dio, pronta come una sposa adorna per il suo sposo. *[3]* Udii allora una voce potente che usciva dal trono:

"Ecco la dimora di Dio con gli uomini!
Egli dimorerà tra di loro
ed essi saranno suo popolo
ed egli sarà il "Dio-con-loro".
[4] E tergerà ogni lacrima dai loro occhi;
non ci sarà più la morte,
né lutto, né lamento, né affanno,
perché le cose di prima sono passate".

[5] E Colui che sedeva sul trono disse: "Ecco, io faccio nuove tutte le cose"; e soggiunse: "Scrivi, perché queste parole sono certe e veraci.
[6] Ecco sono compiute!
Io sono l'Alfa e l'Omega,
il Principio e la Fine.
A colui che ha sete darò *gratuitamente*
acqua della fonte *della vita.*
[7] Chi sarà vittorioso erediterà questi beni;
io sarò il suo Dio ed egli sarà mio figlio.

[8] Ma per i vili e gl'increduli, gli abietti e gli omicidi, gl'immorali, i fattucchieri, gli idolàtri e per tutti i mentitori è riservato lo stagno ardente di fuoco e di zolfo. È questa la seconda morte".
[9] Poi venne uno dei sette angeli che hanno le sette coppe piene degli ultimi sette flagelli e mi parlò: "Vieni, ti mostrerò la fidanzata, la sposa dell'Agnello". *[10]* L'angelo mi trasportò in spirito su di un monte grande e alto, e mi mostrò la città santa, Gerusalemme, che scendeva dal cielo, da Dio, risplendente della gloria di Dio. *[11]* Il suo splendore è simile a quello di una gemma preziosissima, come pietra di diaspro cristallino. *[12]* La città è cinta da un grande e alto muro con dodici *porte*: sopra queste porte stanno dodici angeli e *nomi* scritti, i nomi delle dodici *tribù dei figli d'Israele. [13] A oriente tre porte, a settentrione tre porte, a mezzogiorno tre porte e ad occidente tre porte. [14]* Le mura della città poggiano su dodici basamenti, sopra i quali sono i dodici nomi dei dodici apostoli dell'Agnello.
[15] Colui che mi parlava aveva come misura una canna d'oro, per misurare la città, le sue porte e le sue mura. *[16]* La città è a forma di quadrato, la sua lunghezza è uguale alla larghezza. L'angelo misurò la città con la canna: misura dodici mila stadi; la lunghezza, la larghezza e l'altezza sono eguali. *[17]* Ne misurò anche le mura:

sono alte centoquarantaquattro braccia, secondo la misura in uso tra gli uomini adoperata dall'angelo. *[18]* Le mura sono costruite con diaspro e la città è di oro puro, simile a terso cristallo. *[19]* Le fondamenta delle mura della città sono adorne di ogni specie di pietre preziose. Il primo fondamento è di diaspro, il secondo di zaffiro, il terzo di calcedònio, il quarto di smeraldo, *[20]* il quinto di sardònice, il sesto di cornalina, il settimo di crisòlito, l'ottavo di berillo, il nono di topazio, il decimo di crisopazio, l'undecimo di giacinto, il dodicesimo di ametista. *[21]* E le dodici porte sono dodici perle; ciascuna porta è formata da una sola perla. E la piazza della città è di oro puro, come cristallo trasparente.

[22] Non vidi alcun tempio in essa perché il Signore Dio, l'Onnipotente, e l'Agnello sono il suo tempio. *[23]* La città non ha bisogno della luce del sole, né della luce della luna perché la gloria di Dio la illumina e la sua lampada è l'Agnello.

[24] Le nazioni cammineranno alla sua luce
e i re della terra a lei porteranno la loro magnificenza.
[25] Le sue porte non si chiuderanno mai durante il giorno,
poiché non vi sarà più notte.
[26] E porteranno a lei la gloria e l'onore delle nazioni.
[27] Non entrerà in essa nulla d'impuro,
né chi commette abominio o falsità,
ma solo quelli che sono scritti
nel libro della vita dell'Agnello.

22

[1] Mi mostrò poi *un fiume d'acqua viva* limpida come cristallo, che scaturiva dal trono di Dio e dell'Agnello. *[2] In mezzo* alla piazza della città e *da una parte e dall'altra del fiume si trova un albero di vita* che da' dodici raccolti e produce frutti ogni *mese; le foglie* dell'albero servono *a guarire* le nazioni.
[3] E non vi sarà più maledizione.
Il trono di Dio e dell'Agnello
sarà in mezzo a lei e i suoi servi lo adoreranno;
[4] vedranno la sua faccia
e porteranno il suo nome sulla fronte.
[5] Non vi sarà più notte
e non avranno più bisogno di luce di lampada,
né di luce di sole,
perché *il Signore Dio li illuminerà*
e regneranno nei secoli dei secoli.

[6] Poi mi disse: "Queste parole sono certe e veraci. Il Signore, il Dio che ispira i profeti, ha mandato il suo angelo per mostrare ai suoi servi ciò che deve accadere tra breve. *[7]* Ecco, io verrò presto. Beato chi custodisce le parole profetiche di questo

libro".

[8] Sono io, Giovanni, che ho visto e udito queste cose. Udite e vedute che le ebbi, mi prostrai in adorazione ai piedi dell'angelo che me le aveva mostrate. *[9]* Ma egli mi disse: "Guardati dal farlo! Io sono un servo di Dio come te e i tuoi fratelli, i profeti, e come coloro che custodiscono le parole di questo libro. È Dio che devi adorare".

[10] Poi aggiunse: "Non mettere sotto sigillo le parole profetiche di questo libro, perché il tempo è vicino. *[11]* Il perverso continui pure a essere perverso, l'impuro continui ad essere impuro e il giusto continui a praticare la giustizia e il santo si santifichi ancora.

[12] Ecco, io verrò presto e porterò con me il mio salario, *per rendere a ciascuno secondo le sue opere*. *[13]* Io sono l'Alfa e l'Omega, il Primo e l'Ultimo, il principio e la fine. *[14]* Beati coloro che lavano le loro vesti: avranno parte all'albero della vita e potranno entrare per le porte nella città. *[15]* Fuori i cani, i fattucchieri, gli immorali, gli omicidi, gli idolàtri e chiunque ama e pratica la menzogna!

[16] Io, Gesù, ho mandato il mio angelo, per testimoniare a voi queste cose riguardo alle Chiese. Io sono la radice della stirpe di Davide, la stella radiosa del mattino".

[17] Lo Spirito e la sposa dicono: "Vieni!". E chi ascolta ripeta: "Vieni!". Chi ha sete venga; chi vuole attinga gratuitamente l'acqua della vita.

[18] Dichiaro a chiunque ascolta le parole profetiche di questo libro: a chi vi aggiungerà qualche cosa, Dio gli farà cadere addosso i flagelli descritti in questo libro; *[19]* e chi toglierà qualche parola di questo libro profetico, Dio lo priverà dell'albero della vita e della città santa, descritti in questo libro.

[20] Colui che attesta queste cose dice: "Sì, verrò presto!". Amen. Vieni, Signore Gesù. *[21]* La grazia del Signore Gesù sia con tutti voi. Amen!

Indice

Made in the USA
Coppell, TX
13 December 2020

44760748R00204